Amanecer en el Zócalo

ELENA PONIATOWSKA

Amanecer en el Zócalo

Los 50 días que
confrontaron a México

 Planeta

Diseño de portada: Vivian Cecilia González
Fotografía de portada: Miguel Dimayuga/*Proceso*

© 2007, Elena Poniatowska
Derechos reservados
© 2007, Editorial Planeta Mexicana, S.A. de C.V.
Avenida Presidente Masarik 111, 2o. piso
Colonia Chapultepec Morales
C.P. 11570 México, D.F.

Primera edición: junio de 2007
ISBN: 978-970-37-0610-5

Impreso en los talleres de Litográfica Ingramex, S.A. de C.V. Centeno núm. 162, colonia Granjas Esmeralda, México, D.F. Impreso y hecho en México - *Printed and made in Mexico*

www.editorialplaneta.com.mx
www.planeta.com.mx
info@planeta.com.mx

A Jesusa Rodríguez,
en homenaje

Cincuenta días
para la historia

"En México hay millones de seres humanos que no tienen siquiera lo
indispensable y pusieron toda su esperanza en esta elección."

Selección de fotos de Elena Poniatowska, cortesía de La Jornada y su equipo de fotógrafos. Otras fotos, según
se indica, son de Jorge Paredes, Barnard Steele, y del archivo Isaac Masri.

"No queremos un diezmo de democracia, queremos el 100 por ciento de democracia."

En las tiendas de camapana viven niños, adolescentes, ancianos, los mexicanos más desprotegidos. Su convicción es sorprendente, su ánimo también.

El pasaje Zócalo-Pino Suárez, lópezobradorista.

AMLO abraza a cada uno como si fuera un tesoro. Tiene razón, el Zócalo es su tesoro.

Conmueve el fervor de la gente, los rostros de las personas de la tercera edad que apoyan la causa.

Doña Luchita, ex panista.

"No estás solo, no estás solo, no estás solo", responde la multitud.

"Nos duele que nos digan que estamos aquí por dinero."

Rolando de la Rosa hizo el caballito de Troya que galopa todos los domingos para llegar al templete y convertirse en símbolo de la resistencia.

"Gracias a Vicente Fox, México pasó de ser la dictadura perfecta a la caricatura perfecta."

Una veintena de cocineras hace comida que no sólo aprovechan los militantes sino los vagabundos y cualquiera que se acerque a decir: "hoy no he comido."

Foto: Archivo de ISAAC MASRI

¿No te quieres cortar el pelo?

Lejos de desalentar, la granizada sirvió de poda en la voluntad de los habitantes de los campamentos.

La lluvia no cesa. Llueve sobre la ciudad como llueve en mi corazón.
Llora mi corazón, la lluvia es su llanto.

Foto: Archivo de Isaac Masri

Uno de los muñecos de tela cosidos por las costureras del terremoto del 85.

"Este pueblo es renegado."

Rayo de Esperanza,
el luchador
que encabeza el ayuno.

Fotos: Barnard Steele

La palabra *fraude* estaba en la boca
de 14 millones de mexicanos
que no se van a dejar.

Body paint en la Alameda en apoyo al movimiento.

Foto: Archivo de Isaac Masri

"Esto es un acto de resistencia civil pacífica y no una provocación."

FRAUDE AL DESNUDO

La pintora y activista
Cecilia Márquez.

Jesusa, sacerdotiza y monaguillo
a la vez, con su casco de minero,
es figura indispensable.

Marcelo Ebrard refrendó su lealtad al candidato presidencial de la CPBT.

Martí Batres: "Frente a cualquier ataque responderemos con una movilización pacífica, a cada golpe responderemos con una flor."

No quiero hueso.

"Fox, no hables de democracia,
porqué tú no la hiciste,
la destruiste."

"Fox declaró que él
no ve crisis postelectoral."

"Estamos aquí porque no podemos quedarnos con los brazos cruzados."

"Legiones de ciudadanos en toda la República no se dejan ablandar.
Persisten, cada vez más furiosos, en denunciar el fraude."

"Si el fraude se consuma, yo seguiré luchando hasta la restauración de la República",
dice AMLO.

La derecha no iba a permitir que AMLO llegara a la Presidencia
y la campaña sucia ha sido la más terrible que pueda imaginarse.

Tomar la Bolsa de Valores y otras
instituciones se apega al espíritu
pacífico de la resistencia civil.

Fotos: Barnard Steele

Foto: Archivo de Isaac Masri

AMLO se respalda en la historia.

El presidente de más de 14 millones de mexicanos.

ÍNDICE

Agradecimientos

Éste es un diario de los cincuenta días del plantón, enriquecido por la lectura de los periódicos. Agradezco a Bolívar Huerta el aporte de su invaluable ojo científico y la dedicación con la que leyó y comentó una de las últimas versiones de esta crónica. A Arturo Navarrete y Teresa Verthein por la ayuda en la transcripción de los artículos, y a mis compañeros reporteros por su admirable talacha cotidiana en la que se apoya esta crónica. Tengo una deuda muy especial con Jaime Avilés, cuyos valientes reportajes, a los que recurro con frecuencia, son una fuente de inspiración.

I
LA DECISIÓN

SÁBADO 29 DE JULIO DE 2006

Vamos Jesusa, Paula y yo a la casa de campaña en San Luis Potosí núm. 64, esquina con Córdoba. Curiosamente no veo a tantos esperando en la calle. Andrés Manuel López Obrador nos recibe de inmediato: "Ya lo pensé bien, nos vamos a quedar. Vamos a instalarnos en campamentos sobre Reforma, Juárez, Madero y el Zócalo, hasta que el Tribunal Electoral del Poder Judicial de la Federación (TEPJF) ordene volver a contar los votos en todas las casillas". El sol entra de golpe por la ventana porfiriana. Retengo algunas frases: "A lo mejor ya no voy a poder ser presidente, pero lo que más orgullo me da es representar a la gente humilde de México. Si mi único propósito fuese llegar a la Presidencia de la República, ya habría negociado con políticos y empresarios y estaría amarrado, pero como no me presté al juego de las componendas, los poderosos se vengaron. […] Lo mío no es un asunto personal, ya lo he repetido muchas veces, no soy un ambicioso vulgar, no estoy obsesionado con el poder, siempre he sostenido que el poder sólo tiene sentido si se pone al servicio de los demás. Nunca me ha atraído la parafernalia del poder ni el poder por el poder". "No voy a dejar trozos de dignidad en el camino y voy a seguir defendiendo la democracia." "He luchado veinte años por una democracia verdadera." A Jesusa le dice que van a ser indispensables actividades culturales para mantener a la gente en el Zócalo. ¡Qué compromiso! Tengo miedo, me angustio, qué es eso de que nos vamos a quedar, ¿cómo nos vamos a quedar? ¿Lo habrá discutido con José Agustín Ortiz Pinchetti y demás colaboradores? Jesusa, en cambio, se entusiasma. En el momento en que salimos entra Marcelo Ebrard con un plano en la mano.

Hace siete días, AMLO me pidió que hablara el domingo 30 desde el templete y como le respondí que tenía que salir del país, Jesusa aceptó leer mi escrito. "Salgo en la madrugada a la Universidad de Banff, en Calgary, Canadá, es una invitación de hace ocho meses", explico de nuevo. "A ver, léeme lo que escribiste." El sol sigue entrando bonito por la ventana. Al terminar Andrés Manuel me pide: "Si puedes, deja tu viaje, el chiste es que tú hables". Paula me dice al salir: "¿Te fijaste que sólo se dirigía a mí?" ¡Ay, mi hijita, mi palomita!

Paula regresa a la casa y Jesusa y yo vamos a comprar una tienda de campaña al *mall* en la avenida Universidad a un lado de Sears. "Allá hay una agencia de viajes." Insiste en cambiar el boleto. "Te vas en la noche, después del mitin, llegas el lunes a Calgary a tiempo para dar tu conferencia." Cambiarlo cuesta 589 dólares y debo pasar la noche en Vancouver, en el Executive Inn Express que cuesta 170 dólares, más todos los taxis y quién sabe qué diablos.

—¡Jesu, esto va a salir en casi mil dólares! —me alarmo.

—Yo te doy el dinero, yo lo consigo, haz patria, nunca vas a volver a vivir nada igual, es tu país.

—Es sábado. ¿Cómo aviso a última hora? ¡No debe haber nadie en la universidad!

—¡Que se frieguen! Esto es mucho más importante.

—En las universidades de Estados Unidos y Canadá no puedes quedar mal. Se corre la voz y no vuelven a invitarte.

—¿Ah sí? ¿Y con tu país sí puedes quedar mal?

—No es lo mismo.

—¿Qué te importa? —se irrita—. ¿Te importa más una pinche conferencia que tu país?

Colgada del teléfono, me paso la tarde y parte de la noche tratando de comunicarme a Calgary, envío *e-mail* tras *e-mail*. María Consuelo Mejía se apiada y consigue por internet un hotel Quality Inn más barato (93 dólares) cercano al aeropuerto, pero tengo que tomar el *shuttle* y esperar tres horas y media entre dos vuelos porque no llego directo a Calgary. Entre tanto, intento repasar el dizque discurso. Los nervios no me dejan. Duermo mal. Por fin en la madrugada decido suspender el viaje. ¡Perdónenme allá en Banff, Rosemary Sullivan y Laurie Dawson! Me consuelo pensando que mi padre y mi madre estuvieron en la Resistencia en Francia en los cuarenta: ella conducía una ambulancia; él, capitán del ejército, alcanzó a De Gaulle en África, atravesó los Pirineos a pie y lo encarcelaron un mes en Jaca. ¿Estaré rindiéndoles tributo?

La resistencia civil pacífica

Hace ya tiempo que Jesusa me introdujo a la desobediencia civil y a Henry David Thoreau y me hizo leerlo, como hizo que *La Jornada* le dedicara un suplemento. Ya había leído *Walden,* acerca de su vida en una cabaña dentro de un bosque, y me pareció una contradicción que el gran amante de los árboles fuera también fabricante de lápices. Thoreau tiene una concepción no violenta de la lucha social en la que campean la ética, la imaginación, el ingenio, la propia iniciativa, la creatividad, la libertad y la política. "Piensa en Gandhi, en Martin Luther King, en Angela Davis, en Michael Moore, en Cindy Sheehan, en los objetores de conciencia, los que se negaron a ir a Vietnam, los que no hacen su servicio militar. Él fue quien dijo que el gobierno debe tener el poder que nosotros le concedemos." "¿Quiénes nosotros?" "Nosotros, los ciudadanos. ¿No te parece bueno? Thoreau, en 1845, dijo que había que negarse a pagar impuestos, por estar en contra de la esclavitud y de la guerra gringa contra México. ¡Y tú te asustas porque yo boicoteo a Wal-Mart, Banamex, Sabritas, la Bolsa de Valores, Jumex, Santa Fe, Televisa! Es mi conciencia la que me lo pide y es tu deber de ciudadana."

La elección más nutrida de la historia

Después de las elecciones del 2 de julio, el IFE le dio el triunfo a Felipe Calderón. Andrés Manuel López Obrador se quedó turulato. No lo podía creer. Nunca había contemplado la posibilidad de

17

la derrota y como dicen los politólogos no tenía plan B. A muchos mexicanos nos asestaron un palo en la cabeza. A Jesusa no la calentaba ni el sol. Yo pensaba que a pesar de todas las campañas, la del miedo, la de los empresarios, el dineral gastado en machacar por radio y televisión que AMLO es un peligro para México, la diferencia entre uno y otro era de 0.57 por ciento, Andrés Manuel tenía que ser el ganador.

Hubo dos mítines apoteóticos en dos domingos consecutivos, el 16 y el 23 de julio para pedir el recuento de los votos. En el del 16 de julio, Carlos Monsiváis y Sergio Pitol se aliaron públicamente a la causa de López Obrador, "si un candidato presidencial es un 'peligro para México' lo son también los que deciden votar por él en números tan elevados". "El desgaste del adversario suele producirse, pero el manipulador pierde en la esfera la oportunidad de gobernar." "No queremos, no necesitamos, no le concedemos un sitio a la violencia." Monsiváis y Pitol fueron también los primeros en reflexionar en La Gente, así con mayúsculas, y decir que, desde hace tiempo, "La Gente es sinónimo del Yo y esta operación donde lo colectivo apenas enmascara lo individual es propia del tiempo donde el egoísmo a ultranza no funciona y la tradición insiste en el egoísmo".

"[...] En política, lo contrario del odio no es el amor, sentimiento nobilísimo que, fuera de las fechas sagradas del consumismo, no encuentra su sitio en el mercado. Lo contrario del odio es el ejercicio sistemático de la razón [...]."

"[...] Cientos o miles de millones de pesos invertidos en retener oprobiosamente el poder exhiben la violencia del gran capital sobre la ciudadanía."

"Si el dinero a raudales decide quién gobierna, el gobierno que llega obedecerá al dinero a raudales. Si así han querido ganar, así inevitablemente querrán gobernar. Tanto gasto, tanto han de recuperar con creces. Mentir para imponerse es ignorar en definitiva la ubicación de la verdad."

En la casa de campaña de San Luis Potosí la indignación crecía. ¿Qué decían los antilopezobradoristas? Aceptaban que la elección había sido muy reñida, sin violencia, ni muertos, incluso la consideraban "la jornada cívica más importante de nuestra historia: casi 42 millones de votantes", según Federico Reyes Heroles, pero lamentaban que AMLO fuera tan mal perdedor. La palabra *fraude* estaba en la boca de catorce millones de mexicanos que no se iban a dejar. Bárbaramente agredido durante la campaña, AMLO advirtió que seguiría en la lucha.

Estados Unidos debe dar gracias

"Finalmente —según Jorge G. Castañeda—, Estados Unidos debe dar gracias por lo que tiene. La aparente victoria de Calderón le ahorró a Washington un importante acertijo. [...] López Obrador quizá no es otro Hugo Chávez, pero definitivamente podría ser tomado como otro Luis Echeverría. [...] Y además López Obrador nunca aclaró su postura respecto a Chávez o Cuba: lo que en verdad pensaba sobre la manera en que ambos países eran gobernados."

Domingo 30 de julio de 2006

A las ocho de la mañana Paula no sabe si llevar a Luna de veinte meses al Zócalo. "No hay nada más seguro que el Zócalo. Todas la vamos a cuidar. Llévala en la carriola", ordena Jesusa que ya se puso sobre los hombros su inseparable rebozo y carga una diminuta tienda de campaña como para un ratón y una bolsa de dormir. "Llevo tres mudas." El día amaneció claro y transparente. Paula se viste de blanco, yo de amarillo. Lupita Loaeza me mandó de regalo un suéter amarillo: "Vístete de amarillo to-dos-los-dí-as". Chaneca, Paula, Lencho, Luna, la carriola y yo subimos a la Tracker que Jesusa maneja a toda velocidad. Nos estacionamos a un costado de la Catedral. ¡Qué bello es el Zócalo, Dios mío! El clima de entusiasmo cautiva. ¡Qué gran sonrisa la de la plaza! Con razón los jóvenes se sienten bien en las manifestaciones. La solidaridad abraza, hace feliz. Quizá sea ése el primer paso del tan traído y llevado amor al prójimo.

En medio del ruido más ensordecedor, Luna duerme el más plácido de los sueños. Jesu sube al templete, una suerte de altar techado de plástico blanco en el que se encuentra la consola del sonido a la que no le entiendo nada, pero si no funcionara estaríamos perdidos. Tres técnicos la manejan y se sienten superiores al resto de la humanidad. Al lado del templete, dos grandes grúas levantan sus brazos de mecano y frente a los palacios de tezontle rojo que forman un cuadrángulo resaltan mantas y carteles, además de las cartulinas al alcance de la vista: "No al fraude electoral", "Aquí no se rinde nadie", "No a la imposición", "Fox, tu madre no quiso ver el fraude", "Soy un bebé renegado" (cartulina colgada del pecho de un bebé), porque la derecha considera "renegados" a quienes no aceptan la victoria del PAN, "280 millones de pesos del Consejo Coordinador Empresarial se gastaron en desprestigiar a AMLO", "La derecha con miedo es mucho peor que la derecha con odio, porque con miedo se hacen las guerras", "El miedo es la base de la dictadura", "No queremos a FECAL en Palacio Nacional", "Nosotros no afectamos a terceros porque nosotros somos los terceros", "La libertad es como la mañana, hay quienes esperan dormidos a que llegue y hay quienes caminan toda la noche para alcanzarla", "No pasarán" y una foto de Elba Esther Gordillo retocada para verse idéntica al Chucky de la película de terror: "La Diabólica". ¡Quién sabe dónde tienen la cabeza los que colgaron a Stalin y a Lenin! "Son del PT (Partido del Trabajo) que viene del Partido Comunista." "¿Qué no leen historia?" Estas efigies harán que Monsiváis diga que se equivocaron de plaza y se equivocaron de época. Sin embargo, Andrés Manuel ha proclamado que tiene que haber muchas izquierdas y mientras él lo siga pensando, habrá lugar para los estalinistas. ¿O no? Varias consignas provienen del desafuero del año pasado: "Todos somos López", "Los López, los Gómez, los Sánchez, los Pérez, todos estamos con López", "Nosotros los López, ustedes los ricos", "Fox gobierna con la cola", "Me matan si no trabajo y si trabajo me matan", "El pueblo manda y Vicente no obedece, hay que meterlo al bote".

Los balcones son palcos privilegiados para ver el espectáculo, los del Gran Hotel, el hotel Majestic y el Holiday Inn negrean de concurrentes. "¡Mira qué cantidad de mirones, son muchísimos!", exclama Paula. Abajo se apretuja la gente que pretende quedar lo más cerca posible de AMLO. La emoción me zumba en los oídos. Como todos los demás, me he ganado el título de ciudadana. Mientras él llega, la gente camina despacito por el Zócalo en grupos de cuatro a diez o doce. Al rato ya no podrán ni moverse. Como ellos, otros manifestantes preguntan: "¿Ya apartaste un lugar? ¿Quién se quedó apartando? Yo quiero verlo de cerca".

La solidaridad es la reina de la fiesta. Hace una hora mientras íbamos hacia el templete, una mujer que sólo veía yo en las manifestaciones me tendió una camiseta. Otra, una mascada; otra, un monedero que ahora mismo traigo en la bolsa. "Allá están regalando tortas de mole." "¿Cómo que regalando?" "Sí, regalando." En el Zócalo, dar es natural. Tortillas, tacos, tortas, guisados, arroz (ese maravilloso arroz rojo a la mexicana con chícharos y zanahorias), frutas, aguas y refrescos, todo está allí en la plancha para los que tienen hambre. "¿Es gratis?" "¡Claro, sírvase, sírvase más!"

Recuerdo la solidaridad de los dos terremotos de 1985. "Yo le ayudo, aquí con mi pala voy a escarbar." Fue la gente de la calle la que sacó de los escombros a los damnificados. Aquí, por iniciativa propia la gente instala su generosidad a flor de banqueta. "¿Quiere agua? Al rato, con el calor, le va a hacer falta."

Son miles, hombres, mujeres, ancianos, niños y seis discapacitados que han recorrido en silla de ruedas —la silla es la mitad de su cuerpo— cinco kilómetros y le declaran a Ángeles Cruz Martínez que "no vamos a dejar que nos roben la esperanza". A su lado, otros muchachos se pronuncian: "Tenemos la obligación de luchar: no se nos permitiría que por cuidarnos nos echáramos para atrás". La gente les aplaude, el pulgar hacia arriba como lo hace Andrés Manuel en su cartel amarillo. Una mujer cuenta que muchos indígenas de la sierra llegarán a apoyar al Peje, pero vienen a pie desde Ixtlahuaca porque no tienen dinero para el pasaje.

Tampoco es fácil para los que no necesitan silla de ruedas. Allí está la barrera de granaderos. "¡Ustedes también son pueblo!", les gritan y las mujeres sin más les prenden en el pecho un moñito tricolor. Los policías se dejan, alguno hasta sonríe. A las caravanas de la provincia —Guerrero, Hidalgo, Puebla, Quintana Roo, Sonora, Sinaloa, Ciudad Obregón— los deslumbra la gran plaza y se destantean, no saben dónde acomodarse, quizá por eso los chilangos ofrecen agua y comida para que se sientan bien recibidos.

Suceden cosas que conmueven

Blanche Petrich escribe en *La Jornada* de unos manifestantes (iba yo a decir peregrinos) que se echaron un viaje de veintidós horas en autobús desde Chihuahua "porque allá en el norte no hay información". Vienen con mucho coraje. Según Blanche, la impresión en Chihuahua es que jugaron a la mala, por eso vinieron, porque algo salió mal y quieren aclararlo. "En el centro la protesta se vive con mucha intensidad."

Intensidad la de Jesusa que después de revisar que todo esté en orden en el templete acomoda su bolsa de dormir en un rinconcito. Repite una y otra vez: "Soy la mujer más feliz, en este momento no hay mujer más feliz que yo".

Por lo pronto Jesusa no sólo es la maestra de ceremonias, es la organizadora, la que concibe los actos, el alma del movimiento. Hoy las cosas se van a hacer a su modo, no al del PRD que acostumbra asestarles a los oyentes el grito pelón de sus soporíferos discursos dichos con la previsible y desgastada retórica de izquierda. Entre una perorata y otra, la gente allí parada espera. ¡Cuánta santa paciencia! Sería importante revivir a Pellicer, quien sabía que sobre la tierra no suceden cosas de mayor importancia que las rosas. Sí, que a la gente le florecieran rosas en la cabeza. Hoy habrá música, cantantes, Eugenia León, entretenimiento, globos, confeti, mujeres oradoras, Regina Orozco, una fiesta popular. Tomaremos la palabra, sí, pero nadie lo hará más de ocho minutos salvo AMLO.

Frente al micrófono, Evangelina Corona cuenta cómo las costureras se descubrieron a sí mismas cuando vieron que eran las últimas en salir de los escombros en 1985 porque la sociedad entera las olvidó. Pequeña e incendiaria, habla Rosario Ibarra de Piedra de los contestatarios, los objetores de conciencia, los presos políticos, entre ellos su hijo, Jesús Piedra Ibarra, desaparecido en 1975 y al que ve ahora en todos los muchachos que luchan. Se indigna contra el gobierno: "¿Cuándo alzaron la voz para decir que la Secretaría de Gobernación, la PGR y la Presidencia atentaron contra los derechos de nuestros desaparecidos?"

Es el turno de Guadalupe Loaeza y les explica a dos millones en esta tercera gran movilización contra el fraude por qué estamos en el Zócalo: "Estamos aquí porque no hay certeza en las elecciones, porque no podemos quedarnos con los brazos cruzados, porque no permitiremos que nos vean la cara y nos den atole con el dedo, estamos aquí porque todos somos López, porque ni la Virgen de Guadalupe le cree al PAN".

El camino de excepción

Llega Andrés Manuel desde la calle de Madero, por ese camino de excepción abierto entre la multitud, seguido por sus tres hijos: José Ramón, Andrés Manuel y Gonzalo.

La multitud se electriza como en los partidos de futbol o frente a las estrellas de rock, la plaza amarilla de banderolas, cachuchas, camisetas, gritos, el alto grito amarillo de Octavio Paz (a quien no le hubiera gustado estar aquí), una oleada amarilla pretende acercarse a Andrés Manuel, él estrecha manos, abraza y besa a mujeres y a niños, se detiene ante los que tienen el cabello blanco, la gente puntea "pre-si-den-te, pre-si-den-te, pre-si-den-te". Es difícil conservar la calma. La pasión política es tan fuerte como la pasión amorosa.

Su camisa es blanca, su pelo entrecano. Nadie sonríe como él. La gente pobre lo ve como el remedio a todos sus males. Doña Luchita se emociona: "Lo quiero más que al papa Juan Pablo". AMLO abraza a cada uno como si fuera un tesoro. Tiene razón, el Zócalo es su tesoro.

López Obrador vive en la austeridad y desde hace más de veinticinco años habita un departamentito modesto en Copilco, trabajó
para los pobres en la Chontalpa, Tabasco, como más tarde habría de
hacerlo en el Distrito Federal. ¡Cuántas madres solteras, cuántos
hombres y mujeres de la tercera edad beneficiados por él! Sabe caminar por la tierra, la de México, la de los campesinos más olvidados, la de los mineros, la de los petroleros, la de los pescadores. No
echa relajo, no asiste a fiestas, no derrocha ni presume. Se siente mal
en los salones y las verandas del Castillo de Chapultepec bajo la luz
de las arañas y nunca lo han convidado al Club de Industriales o al
Club de Empresarios, al Club France o al centro comunitario Ma-
guen David. A veces aburre con su cantinela porque es terco como
una mula y se sabe una sola canción: la de la democracia y la repite
hasta el cansancio. Lo único que no me gusta de él es cuando habla
de sí mismo con el yo mayestático. ¿Quién es "nosotros"?, le pregunto y entonces se le cierra la cara. Cuando no quiere escuchar al
otro, se le cierra la cara.

En el libro *2006, el año de la izquierda en México,* coordinado por
Guillermo Zamora, Juan Villoro escribió que AMLO era un caudillo formidable y un limitado estadista, pero apoyarlo significaba
creer en un proyecto colectivo.

Cuando me toca hablar, Paula y Luna (que ya no duerme) se
paran junto a mí y aclaro bajo el cielo de México que somos tres
generaciones las que queremos democracia. "Aquí estamos ahora,
frente a ustedes, mi hija Paula, mi nieta Luna, tres generaciones que
buscamos un México más justo."

Digo que ya se nos prendió el corazón y hemos aprendido a ser
más valientes y que somos dos millones de personas de pie, en el
ombligo de la luna, en el corazón de México y con nuestra presencia queremos darle al gobierno una prueba contundente de nuestro
descontento. No nos quedamos en nuestra casa a esperar como hace
dieciocho años y nos hemos organizado, aunque todavía no muy
bien porque apenas es el principio. Somos los de a pie, somos los
que marchamos, somos los que levantamos la voz.

Les cuento que en Ciudad Obregón un campesino me dijo:

"Cuídelo mucho, porque un líder así surge en la vida de un país cada cien años".

"Resistimos hoy porque vamos a resistir mañana y porque en cada uno de nosotros están las raíces de la resistencia civil y pacífica que es el fundamento de nuestra historia, Morelos, Hidalgo, Guadalupe Victoria, Juárez, Madero, Zapata, Villa, Lázaro Cárdenas resistieron como lo hicieron Demetrio Vallejo, Valentín Campa, Othón Salazar, Frida Kahlo, Rosario Ibarra, Evangelina Corona, Rubén Jaramillo, Florencio El Güero Medrano, Tere la limonera que nos mandó fruta y nos dio agua, los huelguistas de Río Blanco y de Nueva Rosita, los mineros de Pasta de Conchos y las costureras damnificadas de los dos terremotos de 1985.

"Nuestra resistencia es abierta, legal, transparente y la hacemos aquí a ojos vistas y a cielo abierto, bajo el vuelo de los helicópteros. No somos conspiradores ni los judas de cartón que tanto le gustaron a Diego Rivera. La resistencia amanece todos los días a nuestro lado, la resistencia nos fortalece y nos hace los hombres y las mujeres que aspiramos a ser, la resistencia construye al México que queremos para nuestros hijos."

Les hablo del Zócalo, esa gran plaza que para mí es la más bella del mundo y les digo que "aquí están la sangre y los huesos de nuestros abuelos. México es nuestro por legítimo derecho, no somos huérfanos, somos mexicanos y hoy más que nunca México nos pertenece en esta gran fiesta de la resistencia". Andrés Manuel me besa, el abrazo de Jesusa es muy apretado, Evangelina Corona sonríe con su risa de manzana fresca. Guadalupe Loaeza lleva puesto un maravilloso huipil de terciopelo negro con flores bordadas con hilo de oro: "¿Quieres que te consiga uno? Me lo vendió Beatriz Paredes".

Cifras: 1 800 consejeros distritales, 970 mil representantes de los partidos, 24 769 observadores nacionales y 639 internacionales

El 23 de julio, Enrique Krauze había escrito en *Reforma*: "Tras una jornada electoral libre, ordenada y pacífica en la que sufragaron

42 249 541 mexicanos cuyos votos fueron computados en 130 477 casillas por 909 575 ciudadanos (no funcionarios), el candidato del PRD a la Presidencia, Andrés Manuel López Obrador, resultó perdedor por un margen de 0.57 por ciento, equivalente a 240 822 votos, frente al candidato del PAN, Felipe Calderón. Los números del sistema electrónico de conteo preliminar, avalado por la Universidad Nacional Autónoma de México, coincidieron con el recuento final efectuado en los trescientos distritos electorales que concentraron las actas de las casillas". Si la izquierda había perdido la Presidencia, debía estar contenta porque Marcelo Ebrard había ganado con el 47 por ciento —un triunfo innegable— y la izquierda se había convertido en la segunda fuerza en el Poder Legislativo.

"Sin embargo, AMLO no aceptaba su derrota y al grito rabioso de 'Voto por voto, casilla por casilla' el 6 de septiembre el TRIFE daría el resultado final del conteo. (Obtuvo 127 diputaciones, 29 senadurías, el único perdedor AMLO.)

"El mundo ha visto muchas veces esa película. Es el huevo de la serpiente dictatorial. Un hombre impermeable a la verdad objetiva, un Mesías que se ha proclamado 'indestructible', pretende secuestrar la democracia mexicana y, de no obtener el rescate exigido, incendiar al país. No exagero. De hecho, el vocero del PRD, Gerardo Fernández Noroña, declaró hace unos días a *Los Angeles Times* que, en última instancia, está abierta la vía de la 'insurrección'."

Hasta aquí Krauze. Según el académico Bolívar Huerta, la UNAM oportunamente desmintió haber avalado el PREP. Aclaró que sólo brindó asesoría técnica y que la responsabilidad en la operación era competencia exclusiva del IFE.

El miedo a la izquierda

¿Por qué la derecha quiere a toda costa impedir que la izquierda llegue al poder? Allí está el ejemplo de François Mitterand que se mantuvo durante dos periodos de siete años y acabó por conquistar a la derecha francesa. Aquí la derecha es una mafia formada por empresarios (sin mucha imaginación), sectores de la burocracia, medios, ejército y clero.

La izquierda en México siempre ha ido a la zaga de los acontecimientos y sus militantes se expulsan y se destruyen los unos a los otros como en los tiempos del viejo Partido Comunista Mexicano en el que Diego Rivera proponía su propia expulsión. Ahora mismo hay quienes siguen a Cárdenas, otros a AMLO y otros más pertenecen a La Otra Campaña del subcomandante Marcos, las tres corrientes desunidas frente a la cerrada, la compacta, la tremenda complicidad de los de arriba. ¿No es ésta desunión responsable de la impermeabilidad de la derecha?

AMLO DICE: "Estamos reunidos, ciudadanos libres de todas las clases y condiciones sociales, mexicanas y mexicanos de todos los colores, de todas las edades, razas y lenguas que pueblan nuestra gran nación. Hay indígenas, obreros, campesinos, empresarios, integrantes de clases medias, empleados, profesionistas, artistas, intelectuales, comerciantes, estudiantes, maestras y maestros, médicos, enfermeras, universitarios. Todo lo que representa nuestro pueblo.

"De manera particular, quiero destacar la presencia de mucha gente humilde, del pueblo pobre, que es la base de nuestro país y de nuestro movimiento; ellos son mi mayor timbre de orgullo como ser humano y como dirigente.

"Tengamos presente que la democracia no sólo es el mejor sistema de gobierno que la humanidad haya encontrado; es, también, el método más eficaz para garantizar la convivencia en condiciones de armonía. [...] En un país como el nuestro, con tantos privilegios y tanta desigualdad, la democracia adquiere una dimensión social fundamental, se convierte en un asunto de supervivencia. La democracia es la única opción, la única esperanza para millones de pobres, para la mayoría de la gente, de mejorar sus condiciones de vida y de trabajo.

"A 28 días de la elección, tenemos la certeza, todos los elementos y pruebas para sostener sin titubeos que ganamos la Presidencia de la República.

"La prueba más contundente de que ganamos la elección presidencial estriba en la actitud de rechazo asumida por el candidato de la derecha ante la demanda de que se cuenten de nuevo todos los votos. Si él sostiene que ganó, no tiene por qué negarse a despejar dudas y a limpiar la elección. El que nada debe, nada teme.

"Escuchen bien, amigas y amigos, lo que les voy a decir, quiero una respuesta de ustedes, sincera. Les propongo que nos quedemos aquí, en Asamblea Permanente, hasta que resuelva el Tribunal.

"Les propongo que aquí nos quedemos, que permanezcamos aquí, día y noche, hasta que se cuenten los votos y tengamos un Presidente Electo con la legalidad mínima que nos merecemos los mexicanos. Les aseguro que no será en vano nuestro esfuerzo y sacrificio."

Los campamentos a lo largo de Reforma

"Si decidimos quedarnos, nos organizaremos de la siguiente manera:

"Aquí en el Zócalo se quedarán los que provienen de los treinta y un estados del país, y a lo largo de Madero, Juárez y todo el Paseo de la Reforma hasta la Fuente de Petróleos, se establecerán los habitantes de las dieciséis delegaciones del Distrito Federal.

"Lo aclaro más. Aquí en el Zócalo organizaremos treinta y un campamentos, uno por estado, y dieciséis más, uno por cada delegación, desde el Zócalo hasta la Fuente de Petróleos. Estamos hablando de cuarenta y siete campamentos.

"Durante el tiempo que estemos en Asamblea Permanente, en todos los campamentos y en todas las plazas públicas, del Zócalo hasta la Fuente de Petróleos, habrá eventos artísticos y culturales.

"Llamo a intelectuales, artistas y a trabajadores de la cultura a organizar talleres, exposiciones, foros de lectura de poesía, eventos musicales, torneos de ajedrez, obras de teatro, talleres infantiles. Con este propósito, diariamente se dará a conocer una cartelera cultural.

"También llamo a los médicos a favor del movimiento para que nos ayuden a formar brigadas de salud que atiendan a enfermos y a la gente necesitada de atención especial."

Después del primer momento de estupor en que la gente guarda silencio: "¿Nos quedamos?", muchos deciden que sí. Habría de contarme más tarde el diputado Rafael Quintanar, mi amigo de Quintana Roo, que hubo quien le dijera que se tiraría allí mismo a ras de suelo. Nadie se lo esperaba, nadie venía preparado. Yo me preguntaba: "¿Qué pensarán los que no votaron por AMLO, cómo van a reaccionar, no estamos yendo demasiado lejos? ¿Qué va a pasar mañana con el tránsito?" "¡Van a enfurecerse mis amigos de Las Lomas, los de Polanco!" "¿Y el hotel Nikko y el Camino Real?"

En el curso de la tarde, en los tianguis, en el mercado, en los puestos de los ambulantes que tanto le critican a López Obrador, los manifestantes compraron colchonetas, cobijas, tendieron cartones en el piso para protegerse del agua. Metros y metros de plástico se convirtieron en toldos y tiendas de campaña. Claro que en la noche la lluvia se les metió.

Una vez repuestos de la conmoción inicial, varios habitantes de Tláhuac fueron a su casa a las cuatro de la tarde a traer cobijas, abrigos, comida, agua, pero otros se quedaron así, sin nada, o con un suéter prestado.

"¿Están seguros de que quieren quedarse, porque a su edad el frío puede ser peligroso?", les preguntaron a los *pejeviejitos*. "La duda ofende. Claro que queremos, además yo soy muy desvelada", respondió doña Socorro de setenta años (cuatro menos que yo), que pasó la noche en vela frente a un anafre para calentarse.

También don Evaristo de ochenta años se acostó y se envolvió como taco, indignado de que pretendieran enviarlo a casa.

A la mañana siguiente, a pesar de la mala noche, Clementina Chávez asienta: "Sólo vamos a irnos a nuestra casa si el candidato de derecha acepta el recuento de los votos". Otra se le une: "Yo voy al paso de López Obrador: si él se queda, yo también. Quisiera tener diez años menos y hallarme en su lugar, ¡qué no les haría yo a los que nos robaron los votos!"

De nosotras, Jesusa durmió en su diminuta tienda de campaña como un honguito aplastado a unos metros de la tienda de AMLO.

En la noche, mientras escuchaba yo las gotas de agua multiplicarse, volverse incontrolables y azotarse con una furia ensordecedora contra la ventana en Chimalistac, pensé en Jesu allá sola en el Zócalo.

LUNES 31 DE JULIO

A las doce del día, la transformación del Zócalo es una enorme sorpresa. ¿Es el Zócalo o es una feria popular? Temprano en la mañana, por orden de Marcelo Ebrard, se instalaron tras del templete unas tiendas de campaña *pípiris nice,* blancas, enormes, con ventanitas que se cierran con un zíper. Cada diputado tiene su campamento con su tiendota que él costea en parte. La de Jesusa ya no es la ratonera de anoche sino la carpa de un pachá pero, claro, sigue siendo tienda de campaña y durante el día se convierte en salón de juntas. Allí se meten los jefazos a deliberar. ¡Híjole, cuántos conciliábulos! Las carpas detrás del templete se levantan en un lugar de excepción porque allí se encuentra la de Andrés Manuel López Obrador, exactamente bajo el balcón desde el cual el presidente de la República da el Grito.

La ausencia de autos es lo primero que apabulla, lo segundo son las carpas a ras del agua sobre la plancha del Zócalo, el asta bandera con la inmensa bandera lacia y ensopada, los charcos entre las carpas y los plásticos que parecen erguirse como velas sobre una laguna. ¡Cuánta humedad! ¿Qué se sentirá acampar en plena vía pública? Familias enteras están decididas y hasta veo unos niños todavía dormidos encima de colchonetas y cobijas. A pesar de la humedad, el Zócalo humea, huele a café, a pan, a cebolla, es un inmenso tianguis como el que le atribuyó Diego Rivera a la gran Tenochtitlan y pintó celestialmente. Aquí en la esquina, una quesadillera fríe las de papa, las de chicharrón, las de huitlacoche y reparte las aguas. Allá, hierve el atole. ¿Cómo consiguieron abastecerse con esa rapidez? Más tardó AMLO en proponer que nos quedáramos que ellos en sacar anafres y tortillas y prepararse una salsita de chile.

La ruptura de la vida cotidiana es palpable. Gente que ni por equivocación se dirigía la palabra ahora se habla. Rompieron su ritmo y su estilo de vida. Caminan de otro modo porque han descubierto una manera totalmente distinta de vivir la calle. "No vayas a ir al Centro, es peligroso, no lleves nada de valor, allá me arrancaron la bolsa, el ambulantaje que AMLO permitió es un cochinero." "No sabes con quién vas a cruzarte."

A esas calles que son de violencia los huelguistas les dan un uso diferente. Ahora todos somos ambulantes aunque no tengamos nada que vender. En vez de supuestos maleantes se cruza uno con expresiones abiertas, dispuestas al diálogo, a la sombra de la voz de Regina Orozco que canta arias de ópera que rebotan contra los muros de tezontle. ¡"Oh, celeste Aída, oh celeste México, oh plantón de la esperanza!"

"El precio de la verdad es uno mismo", decía Simone Weil. Las historias de lucha se repiten en cada campamento. "Allá junto está la APPO." Hace más de un mes, en el camino de Oaxaca a Juchitán, conocí a maestros que pedían aumento de sueldo para igualarlo al de los más favorecidos. Detenían automóviles. Jamás imaginé que se les declararía la guerra y serían reprimidos como lo fueron. ¡Qué digo, asesinados porque Oaxaca vive en estado de guerra! Ni en la peor pesadilla pude imaginar que serían tan bárbaramente agraviados. ¡Y allá, al pie del cañón, mi gran amigo Toledo!

La verdad soy un guajolote, cor, cor, cor, cor, cor. ¿A qué sombra me arrimo? En el Zócalo, en menos de veinticuatro horas, los oaxaqueños han montado cocinas que son la envidia de sus vecinos. Cuentan que los neoleoneses, los guerrerenses y chiapanecos son maestros del plantón pero visito a los queretanos porque en esa tienda duerme mi nueva amiga María de la Luz Chapela que fue panista como yo (bueno, yo no fui panista sino devota de don Manuel Gómez Morín). Si fuera fiel a mis orígenes, le habría dado el voto a Santiago Creel.

Una panista en el plantón

María de la Luz Mendoza de Chapela tiene ochenta y siete años, once hijos y veinticinco nietos que le parecen pocos porque si cada uno tuviera tres serían treinta y tres, el número ideal. ("Claro que me sé el nombre de los veinticinco nietos, si cada uno es cada uno, ¿cómo no los voy a reconocer si son muy distintos?")

A diferencia de Luchita, una abuela del PAN rezó el rosario durante toda la campaña para que AMLO no ganara. "Lo único que hace son marchas que nos estorban. No tiene argumentos, AMLO sólo moviliza a la gente que no piensa, en cambio Calderón mueve a la gente pensante." Cuando AMLO preguntó: "¿Nos quedamos?", Luchita respondió: "Pues me quedo". "Es la ventaja de ser viejo, ya todos mis hijos se casaron y puedo disponer de mi tiempo. Cuando tengo que ir a mi casa, tomo el metro, es muy cómodo."

Con su pelo blanco, su bastón y su dinamismo, todos en el campamento quieren a Luchita, como llaman a María de la Luz. Le va bien llamarse Luz porque es luminosa y alegre. Dan ganas de comérsela. "Yo a usted me la como, doña Luchita, me la como", y ella ríe con una risa tan joven como su voz. Va de un lado a otro sin quejarse jamás y sin pedir que le den atención especial. Al contrario, cuando le dije que no se mojara, me respondió que ella florecía con el agua como las plantas porque tiene un pedacito de tierra (media hectárea) cerca de Querétaro en el pueblo de Guadalupe. Siembra maíz y árboles frutales y procura que sus vecinos los siembren también. "Ese pedazo de tierra es para los queretanos. Por eso aquí estoy en el campamento de Querétaro."

Gonzalo Chapela, el inventor del himno de Acción Nacional

"Mi marido era Gonzalo Chapela, fundador del PAN y compositor. Sí, sí, él compuso su himno nacional y yo no quiero que lo canten porque siento que lo ensucian. Estoy aquí con AMLO porque el PAN se murió hace mucho. Pertenecí al PAN de Gómez Morín, al de González Luna, el de Christlieb. A Gómez Morín lo conocí cuando yo era novia de Gonzalo. Él fue padrino de uno de mis hijos. Mi marido Gonzalo Chapela era de Michoacán como yo y Luis Calderón Vega, el padre de Felipe Calderón, era muy amigo suyo.

Él sí era a todo dar. Mi marido pertenecía al grupo de muchachos que se reunían en su casa en Morelia a hablar de política. No quiero ni decir el nombre de Felipe Calderón de tanto que me duele. En esas reuniones pretendíamos rescatar al país. Nos vinimos a vivir a México a un edificio cercano al despacho de Manuel Gómez Morin porque él nos citaba con frecuencia. Acción Nacional fue un partido limpio, con ideales, sin deseos de beneficio personal. ¡Y vamos viendo lo que es ahora! Don Manuel se sentaría a llorar.

"Yo vivo en Chimalcoyoc en la carretera a Cuernavaca y allá fue López Obrador y como es un pueblo chico, lo vi tan cerca como ahorita a usted. Me pareció un hombre auténtico, sin deseos de medrar o de que las cosas sirvan para él. Por eso estoy aquí en el plantón."

Luchita guisa, barre, pone en orden la tienda de campaña. "Ahorita vengo, voy a recoger." Lee y platica con los visitantes. Sale de su carpa a misa de siete, como llaman a la conferencia que da AMLO en la noche. También asiste a otras reuniones. "Ya fuimos a la carpa de Zacatecas, hoy creo que es en la de Puebla, mañana en Michoacán. Quiero ser un elemento útil."

Luchita es madre de un investigador excepcional, José Ignacio Chapela, graduado de la Universidad de Berkeley, California, quien descubrió que el maíz transgénico modificaba al maíz en Oaxaca y publicó un artículo en *Nature* (la revista que dio a conocer a Darwin) y por primera vez en trescientos cincuenta años *Nature* se retractó acusando a Chapela de hacer una mala investigación. Cinco científicos de la UNAM hicieron de nuevo el experimento y demostraron que Chapela tenía razón. A Chapela lo persiguieron. Lo interceptó un auto, cuatro sujetos lo treparon a una Suburban y llevaron a una casa perdida y le pidieron que abandonara su trabajo y se uniera al equipo de Monsanto.

Siempre se ha dicho que los transgénicos no afectan al ser humano y Chapela descubrió que sí dejan huellas en la cadena del ADN.

"Aquí en el plantón quisiera ver a más jóvenes —continúa Luchita—, los de la UNAM, los del Poli y los de las prepas, los de los CCH que fundó Pablo González Casanova. Cuando se entusiasman, los muchachos pesan mucho y siento que falta su presencia. Andrés Manuel es un ser privilegiado. Yo lo quiero con toda mi alma pero eso no quita que yo vea sus defectos porque es humano, ¿no? Me gustaría abrazarlo."

—Pues vamos.

—Mejor otro día —se retrajo.

—No, lo que sea que suene.

Acompañé a Luchita detrás del templete. Cuando AMLO se disponía a subir a hablar lo llamé. "Mírala, tiene ochenta y siete años." Empezó a llover. A pesar de su prisa y del llamado de la multitud (pre-si-den-te, pre-si-den-te) Andrés Manuel la abrazó y la besó y luego tomó sus dos manos y las besó.

La llevé de regreso a la carpa de Querétaro. "Ya ni la lluvia siento", me aseguró ella con su irresistible sonrisa.

Anastasia Flores Moreno

Es diminuta y su pelo blanco peinado con cuatro trenzas, dos al frente que se unen muy apretadas con dos atrás, la hacen parecer una escolapia a la que su madre envía a la escuela arreglada con esmero.

"Soy Anastasia Flores Moreno de la Revolución Blanca pero me conocen como Vanessa. También estoy en el Club de la Tercera Edad. Hago tai-chi, yoga, expresión corporal y caminata (acabo de recibir una medalla de oro por la caminata de 400 metros), pero ahora no me dejan, no me vaya a dar un paro. Tengo noventa y cuatro años y rotas las rodillas, pero me pusieron prótesis y hasta bailo.

"Soy vegetariana y tomo tres litros de agua diarios. Mire, hoy me peinó mi nieta por las prisas de venir en el metro Oceanía desde Norte 190 en la colonia Peñón de los Baños, por el lado del deportivo Aragón, al lado de la Pensador Mexicano.

"Ya pasé a sexto año de pastoral, canto en el coro los domingos. Tuve dos hijas, una morena y una rubia, pero se me murió la güerita. La morena tuvo quince hijos pero se murió también de cuarenta y cinco años porque en el Centro Médico le cortaron los nervios.

"Tengo quince nietos, siete hombres que pisan como los gallos y fabricaron cuarenta y dos bisnietos, treinta y tres tataranietos. Acabamos de perder el cuarto bisnieto de dieciséis años, un altote de dos metros muy aplicado en su bachillerato que cayó de una azotea de tres metros de altura al ir a arreglar la bomba de agua.

"Ahorita estoy con el diputado Emilio Serrano en la Plaza de la Constitución", señala con un bracito flaquito y un dedo más flaco aún una carpa perdida entre muchas otras. "Si alguna vez veo a Fox voy a decirle: 'Agáchese que le voy a dar dos cachetadas'. Por mentiroso, incapaz, desobligado y traidor porque sabe mejor que nadie que nuestro presidente es López Obrador." (Río de sólo visualizarla obligando al altísimo Fox a doblarse en dos para darle sus cachetadas pero ella me reconviene: "Si sigue riéndose, se las voy a dar a usted".)

Un abrazo apretado, un beso en la frente

Doña Herminia viene desde San Fernando, del Estado de México. Se levantó antes de las cinco de la mañana para llegar al Zócalo. No imagina que tendrá a AMLO al alcance de un abrazo apretado, de un beso en la frente. Cuando ocurre queda aturdida. "¡Me besó, me besó. ¿Vieron cómo me besó?"

Una señora sacude sus sábanas. El ambiente es festivo. Desde las siete de la mañana, las mujeres comenzaron las labores consideradas propias de nuestro sexo o sea las domésticas: limpiar, calentar café, y no sólo eso, ya fueron por pan. ¿Cómo le hicieron? La pobreza es ingeniosa, la pobreza no se arredra ante nada, la pobreza no tiene miedo. Los pobres son prestidigitadores, sacan una flor de por aquí, un salero de por allá y del sombrero de copa salta el conejo de la risa y de la creatividad. No quepo en mí de la admiración. "Ahora vienen las compañeras de la guardia." Llegan cuatro mujeres bañadas, el pelo mojado, risueñas, contentas, la pura buena vibra. "¡Otro día de lucha!" Las que pasaron una noche de gran incomodidad han amanecido con el mismo fervor. Nunca imaginaron lo que les esperaba. "Aquí durmieron mis nietos, ni modo, no les va a pasar nada y esta causa es justa. Me voy a quedar el tiempo que me lo pida el Peje."

Desvelados, cansados, los huelguistas sin embargo sonríen. Están tan prendidos que ninguno aceptaría que le dijeran: "Vete a tu casa". Veo tableros de ajedrez, fichas de dominó, barajas, juegos de lotería. ¿De dónde salieron? La gente es increíble, ha cambiado la faz del Centro. La gente es la única que puede improvisar su vida de un momento a otro porque vive al día, sin nada. Ayer en la noche me dijo una amiga de la infancia: "Salte, eso es para gente que no tiene nada que hacer, por eso están allí, pura gente de oquis". Si viniera al Zócalo comprobaría que la gente no tiene desperdicio. Ojalá escuchara a Alberto Dogart Murrieta contarles cuentos a los niños y a los adultos que a veces son niños grandes, a Jorge Reyes que hace música prehispánica, a Celina Durán que organiza los eventos y a los muchachos que proyectan películas como *Memorias de un mexicano, ¿Dónde está Emiliano Zapata?, El apando* y *La sombra del caudillo.*

De pronto, acuclillado en el suelo veo a un muchacho que pinta grandes letras rojas en una cartulina: "Estamos luchando contra la imposición para no llegar a ser un país que aprueba la tortura".

El tambache… y los de Polanco

¡Cuántas tortillas! ¡Torres de tortillas que suben piso por piso! No veo pan pero sí tortillas. Somos el pueblo del sol, el del maíz. La comida es sagrada. Las mujeres llegan con guisados ya hechos, arroz, frijoles, canastitas de alambre de esas que son tan bonitas llenas de huevos. El café humea. Vienen de Coyoacán, de Tlalpan y hasta de Tepepan en Xochimilco, y exclaman al hacer su entrada en la carpa: "A ver, a ver, ya llegué".

"Desde allá venimos con nuestro tambache. Para llegar tomo dos microbuses y hago dos transbordos en el metro", le dicen a

Érika Duarte, reportera de *La Jornada*. Cada quien trae lo que puede, y "lo que es seguro es que nadie nos paga nada, tenemos que poner de nuestro bolsillo. Imagínese, ¿quién podría sostener todo esto sin el apoyo de la colectividad?". "Nos duele que nos digan —con el afán de desacreditar el movimiento— que estamos aquí por dinero."

En *Reforma*, Alberto González exalta el reparto de 700 kilos de tortillas que cuatro jóvenes uniformados con playeras verdes con el logotipo "Nuestro Maíz" llevaron de regalo al Paseo de la Reforma. "De acuerdo con su vendedor Alejandro Villegas, Nuestro Maíz dona al plantón todos los días entre 700 y 750 kilos de 'tortilla natural' sin químicos.

"Con el donativo también estamos promoviendo el producto."

"[…] En el campamento de Tlalpan, Maricela platica que vecinos de Polanco llegan a preguntar qué necesitan. 'Nos traen de todo, no sólo comida, también cobijas. Hay una familia que tiene una purificadora de agua, y viene a dejar los garrafones sin cobrarnos nada'. […] 'Hay quienes vienen a desayunar o a comer con nosotros y nos traen todo.' […] Entre las cuatro y cinco de la tarde 'es la hora pico, pero hay ocasiones en que a las siete de la noche les servimos a aquellos que llegan de trabajar a hacer la guardia nocturna', indican Ismael Feria y Alejandra Luna, cocineros del campamento de Iztacalco.

"Aquí no se le niega el alimento a nadie, porque este movimiento también es humanitario; no importa si la gente pertenece al PAN. Les damos de comer a todos, hasta donde alcance."

La vida es dura

Todo lo que ha sucedido tiene un grado de coherencia que me quita el aliento. Es la coherencia del que sabe que la vida es dura, que hay que arreglárselas solo, tomar decisiones prácticas, inmediatas. El anafre, las tortillas, la luz, el agua. En el Zócalo están ya paraditos catorce enormes tambos del agua que después los huelguistas habrán de hervir en recipientes y ollas para volverla potable. La luz, como en las colonias pobres, se roba por medio de "diablitos". Los excusados los da el gobierno. La necesidad de comunicación es grande. "Mira, hazle así y asado." Transformar la vida es también la oportunidad de conocerse. Todo sucede muy rápidamente aunque a lo mejor tomó años en madurar. En un instante se llena el Zócalo, en un instante se hace una salsa, en un instante se lavan los trastes, en un instante se viste a un niño para llevarlo a la escuela, en un instante se sube al camión, en un instante el maestro califica al niño, en un instante se destruye una pareja, basta una sola palabra tuya y mi alma será sana y salva.

Yo no sabría tomar las iniciativas que han florecido en el Zócalo. Einstein dijo que si no aprendíamos a pensar en una forma nueva pereceríamos. Estar en el Zócalo no es cosa de Einstein pero tiene algo de él.

La necesidad también es una gran maestra. Te enseña a hacer mucho con muy poco. Aquí los términos *oprimidos* y *opresores,* la idea de clases, desaparece ante la gran necesidad de resolver problemas inmediatos. ¿Qué comer? ¿Dónde y cómo? ¿Dónde los pocillos? ¿Dónde las cucharas? Aquí la irresponsabilidad, la estupidez, la corrupción no tienen cabida. Aquí la maquinaria social tiene que funcionar y ni modo que se ponga a aplastar espíritus o a romper corazones. Aquí hay niños, ancianos y mujeres que alimentar. Aquí las divisiones sociales pierden todo sentido, hay una tarea común: la de la supervivencia. No hay hostilidad y si la hay no la percibo. El poder social se construye entre todos y mientras éste crece, el individuo desaparece. En la carpa de Javier González Garza levantaron ya una cocina colectiva a la medida de todos. Podemos entrar a pedir un taco y si hay, no nos será negado. ¡Cuánto asombro causaría si tocara yo a una puerta de Las Lomas o del Pedregal o de San Ángel o de Chimalistac para pedirlo! Imagino que la sirvienta me diría que tiene que preguntarle a su patrona. Estaría yo fuera de contexto, causaría un conflicto, habría roto los cánones. Además, ahora que lo pienso, ya no tocan los pordioseros a la puerta de la casa pidiendo un taco. Será porque todas las zonas residenciales tienen vigilancia policiaca y les da miedo. O será porque hemos matado todos los perros y su carne en tacos se vende en los puestos de Miguel Ángel de Quevedo. Cuando llegué a México, en la colonia Juárez, a cada rato había que correr a la puerta a entregar un taco de arroz o de cualquier guisado.

Los que aquí están tampoco buscan la compensación que nos importa tanto a los privilegiados. Sólo hay aceptación de lo que sucede en este momento y debe hacerse. La tarea es muy concreta y no puede esperar. La estufita de gas es indispensable pero también veo con sorpresa un DVD.

Caos vial y acceso al Centro Histórico

Según el diario *Reforma*: "Sólo hay caos vial, pérdidas millonarias, miles de usuarios de transporte perjudicados. Los simpatizantes de AMLO rompen el pavimento de Reforma para colocar los pilotes de los campamentos. Más de 4 mil personas desquician el DF, entre las 3:00 y las 4:30 hay sólo 1 659 personas en el Zócalo, 2 423 en Reforma, Juárez y Madero, 4 082 en total y el promedio de personas por campamento es sólo de 87 personas".

"¿Qué dicen los afectados?"

"Nuestra clientela ha bajado 20, 25 por ciento", informa René López, trabajador del hotel Emporio.

"En mi oficina de cien personas llegaron veinte", dice Concepción Lamoglia, empleada de la empresa de la Torre Mayor.

"Salí del metro y no encontré microbús. Me impactó", dice Alma Hidalgo, usuaria de transporte público.

Vicente Román, proveedor de alimentos, se lamenta: "Llevo productos y con el calor se me echan a perder".

"La ciudad de los plantones es tremendamente nociva para el resto de los mexicanos."

Bertha Teresa Ramírez informa que vecinos del Centro opinan que "al manifestarse este domingo mediante un comunicado, la asociación de vecinos indicó que existe la idea de que todos los accesos están cerrados y que los comercios y centros de entretenimiento no ofrecen servicio de manera regular; sin embargo, quisiéramos decir que esto es falso".

"Sí se puede llegar al Centro y todo funciona de manera normal. Restaurantes, bares, hoteles, comercios en general, centros culturales y museos están todos abiertos en horarios normales y continúan con todas sus actividades regulares."

Alejandra Ezeta, coordinadora general de la asociación de vecinos, quiso "dejar muy claro que no estamos tomando una postura política a favor de nadie. Es una posición pragmática en beneficio de los comerciantes y prestadores de servicio del Centro".

"La vida en el Centro Histórico, dentro de lo que cabe, sigue normal y nosotros los invitamos a que vengan y se den cuenta de que la situación es mucho menos mala de lo que parece."

Los mexicanos más desprotegidos

En las tiendas de campaña en el Zócalo y el Paseo de la Reforma viven niños, adolescentes, ancianos, los mexicanos más desprotegidos. Su convicción es sorprendente, su ánimo también. Son los nacos, o al menos así los llaman por pobres, morenos, indígenas, fracasados, ignorantes, vulgares, vagos. Según los ciudadanos enfurecidos por el bloqueo, no tienen ni oficio ni beneficio y por eso pudieron venir a asentarse en los campamentos y hacer que los comerciantes del rumbo pierdan dinero.

Esos a los que llaman "muertos de hambre" o "pelados" son los que crean la riqueza de este país, los que hacen los carros en los que nos subimos, la ropa que nos ponemos, las casas en donde vivimos, los palacios que hoy nos encuadran. Todo lo que usamos, la comida que consumimos, la hacen estos "nacos" buenos para nada. La verdadera riqueza de este país es "la gente" que ha sido explotada por generaciones y merece una vida mejor. Somos un país grandioso y podemos ser una potencia bárbara, somos cien millones de mexicanos, la doceava economía del mundo a pesar del manejo torpe y toda la rapacidad. "Yo cerré mi puesto en el mercado para venir al campamento porque voté por AMLO y no me voy a dejar. Con AMLO íbamos a tener una mejor vida y nos la están quitando estos desgraciados. Lo de mi puesto lo traigo aquí al plantón —verduras, semillas, pollos— para que todos coman Aquí también hay campesinos que vinieron con su familia porque no quieren quedarse en su casa a esperar. Queremos estar juntos y fortalecernos para ver qué nos dice AMLO y qué vamos a hacer."

En los campamentos que organizan las juchitecas, expertas en mandar, sus habitantes limpian, cocinan, informan, vigilan, van y vienen, imprimen volantes. El ambiente es festivo: niños, juegos, partidas de ajedrez La gente está ahí las veinticuatro horas y su resistencia es alegre. Sus exigencias son legítimas, no hay nada turbio o egoísta en ellas, no tienen por qué esconderse, intentan vivir de manera normal y exigir lo que quieren, cuánto lo quieren y cuántos son los que lo quieren.

Algunos estudiantes de universidades privadas han logrado convencer a sus compañeros recelosos de lo que ven en los campamentos y muchos curiosos visitan el Zócalo.

De ese modo no

Así encabeza su "Plaza pública" Miguel Ángel Granados Chapa el martes, 1º de agosto: "Por respeto a los usuarios de la vía pública donde se han instalado los campamentos de la Coalición por el Bien de Todos [...] deben revisar su actual estrategia y abrir la circulación de las calles donde se asentaron desde el domingo los campamentos [ya que] genera dificultades y complicaciones de diversos géneros y afecta los derechos de terceros. No sólo de quienes viven o trabajan y acuden a diligencias de distinta naturaleza, sino también de quienes tienen que encontrar caminos alternos por donde circular y provocan o sufren los efectos laterales de aquella clausura. No considerar la situación de miles, quizá cientos de miles de personas, es una intrínseca falta de respeto impropia de un movimiento democrático".

De piedra ha de ser la cama

Paula, Lencho y yo no salimos de nuestro asombro: el Zócalo es cama, es excusado, es regadera, es cocina, es patio, es sala, es cuerpo. ¡Cuántos cuerpos! Los cuerpos son carne, son fuerza bruta, son energía, son materia. Si le pasa algo a uno solo de esos cuerpos, la responsabilidad es nuestra. Todos somos nuestro cuerpo pero en el Zócalo más porque a esa envoltura humana hay que acostarla, oírla, cubrirla, darle de comer, llevarla al baño, secarla, limpiarle el sudor, sonarla, peinarla y aunque no lo queramos ésa es la que ocupa espacio y la que ahora llena esta inmensa plancha de concreto frente a Palacio Nacional. El cuerpo es la materia prima de este movimiento. Lo que yo veo de Andrés Manuel es su cuerpo, pero ese cuerpo lleva adentro la decisión de millones, su interioridad, su deseo, su vida y su muerte. "Yo estoy dispuesta a morir por él", me dice la joven Lucía Castillo y me espanta su convicción al igual que la de esta inmensidad de mexicanos que aquí aguardan. Le han entregado su libertad individual a él, a uno solo, el líder. ¿No le dará miedo a AMLO esa tremenda responsabilidad de conducir a la gente? ¿Qué pensará al abrazar a uno y a otro mientras lo jalonean entre las vallas para que les dé la mano? ¿Qué demostramos aquí nosotros con nuestro cuerpo? ¿Qué extraordinario y antiguo ritual interpretamos? ¿A qué Dios estamos ofrendando nuestro sacrificio? ¿Acaso somos sólo un símbolo del mal gobierno? Aquí hay ancianos y niños. Los viejitos sobre todo conmueven y preocupan. María Consuelo Mejía, la directora de Católicas por el Derecho a Decidir, vio a una mujer mayor con las piernas vendadas que no quería sentarse con tal de no perder de vista a AMLO. Habló con un señor grande que le dijo que a sus ochenta y cinco años había puesto en él toda la ilusión de los años que le quedan de vida. "Es mi futuro." ¿Qué se hace con la esperanza, Dios mío?

Volviendo al templete, esa suerte de inmenso trono, ese altar a los cuatro vientos en el que cabemos más de cincuenta, lo que más me llama la atención es el cáliz levantado al cielo con las dos manos llamado "sonido". Sin sonido todo se iría a pique y aquí el sonido se oye a todo volumen. Se oyó anoche, se oyó temprano en la mañana y ahora mismo las ondas sonoras de "Lágrimas negras" resuenan contra los vidrios de los palacios que rodean la plaza. Las canciones de Silvio Rodríguez (el favorito de Andrés Manuel) recorren el Paseo de la Reforma, rodean el Caballito, suben hasta llegar a La Palma que no se inmuta y es el más bello de los monumentos del Paseo, vuelan hacia el punto final: la Fuente de Petróleos. Imposible escuchar los claxonazos enojados de los conductores que avanzan a paso de tortuga —eso si avanzan— por el Paseo de la Reforma. Me preocupa mucho su enojo pero como ya van veinte veces que lo digo, no tiene caso repetirlo. "No, Elena, no. Si nos subimos a la acera nadie nos va a hacer caso", replicó AMLO, tajante.

La sala de la casa

Había yo publicado el 9 de julio en *La Jornada*: "El Zócalo es la sala de la casa de Andrés Manuel López Obrador. A más de quinientos mil hombres y mujeres de todas las edades les pregunta: '¿Les parece el miércoles a las seis?', y responden que sí, levantan la mano al unísono, la agitan de derecha a izquierda. 'Aquí, aquí, aquí estoy', señalan. 'Soy yo, veme.' Se sienten reconocidos. La intimidad de la relación de AMLO abarca toda la plaza. La conversación pública se vuelve privada. Cada hombre, cada mujer, es su interlocutor personal. Andrés Manuel vuelve a consultar: '¿El domingo 16, les gusta? ¿Les parece que salgamos desde el Museo Nacional de Antropología?'. 'Síiiiiiii.' El *sí* ondea a través de todos los cuerpos, las banderas de México lo sostienen en el aire. 'Síiiiiiii.' Vuelve a interrogar: '¿A las cuatro?' Mane, mi hijo que siente que esto lo concierne directamente, le responde en voz alta a cien metros de distancia: 'No, yo a esa hora no puedo, ya tengo un compromiso', y los demás ríen. AMLO ha convertido al Zócalo en la sala de su casa. Él nos recibe y nos pasa. Nos sentimos a nuestras anchas que son las suyas. No importa que llueva y se abran los paraguas, no importan las horas de espera, no importa la incomodidad y las apachurradas, la gente está prendida. Una señora ha llevado sus canarios, otra, su gallo bien tapadito. A los niños de brazos tampoco les asusta la multitud. Nadie tiene miedo, aquí en este Zócalo se desconoce la palabra *peligro*. Aquí ningún mexicano es un peligro para el otro. 'Órale, órale, no empujen' y el orden se restablece porque la fraternidad es inmensa.

"El ingenio también.

"La paz, AMLO insiste en la paz, todo se va a hacer pacíficamente, cuando AMLO dice que no se van a tomar las carreteras una señora responde como si estuviera platicando con él: 'Pero ¿por qué no?' Recuerdo las piedras que los campesinos seguidores de Evo Morales colocaron en 2001 en la carretera de La Paz, Bolivia, al lago Titicaca y que quitaron para que pudiéramos pasar. 'Todo lo vamos a hacer por la vía pacífica, nada con la violencia', AMLO echa a andar las consultas, las redes ('traigan a diez más'), la información nacional. Ha nacido un inmenso movimiento popular. 'Aquí no se rinde nadie', le dice una mujer a otra que llora, 'no, si no estoy llorando sino de felicidad de ver a tanta gente'. Un hombre de bigote blanco advierte '2006 no es 1988'. Arrancan, meten primera, el movimiento popular es una inmensa consulta. 'Antes que nada, ¿aprueban ustedes esta propuesta para empezar así?' '¿Estamos de acuerdo con esto para empezar?' '¿Qué les parece si hacemos el compromiso de que cada uno de los que están aquí invite para el domingo 16 de julio cuando menos a diez más?' '¿Cómo ven?' '¿Qué les parece?' Los que siguen a Andrés Manuel, que son millones, no van a aceptar que les ordenen: 'Váyanse a su casa'. '¿Está bien?'"

La relación amorosa

El diálogo con AMLO es continuo, los huelguistas saben que él está allí aunque se encierre en su tienda de campaña. Saberlo allí es ya una garantía. Da confianza. Protege. La relación entre él y los demás, día tras día, no se limita al sermón de las siete, aunque en el templete sólo puedan responderle con un inmenso *síííííí*. ¿Qué pasaría si alguno le dijera que no? Creo que AMLO lo escucharía, discutiría con él, al menos eso espero porque a AMLO no le gusta que le digan que no. ¿Estaremos viviendo todos juntos un duelo, nuestra derrota? A AMLO sí le importamos, por eso nos acompaña, por eso lo acompañamos. ¿Es cierto que el poder está en la gente y no en las instituciones como nos lo dice él? Queremos creerlo. Quiero creerle, necesito creerlo.

En la tienda de campaña le digo a Jesu que la necesidad es una realidad tan sólida como la fuerza o la aflicción, la comida o la enfermedad y enfrentarla es una fuente inagotable de sabiduría. Los valores de los *rich and beautiful* tienen más que ver con lo imaginario, el poder social, el orgullo, la fama, el prestigio, la apariencia de justicia, la mentira, la guerra, la opinión pública, la ideología. Aquí en el Zócalo, no hay nada de eso, éste es el mundo de la necesidad y la necesidad es muy exigente, muy concreta. "Sí, por eso hay que estar aquí", me dice Jesusa. "Si dejáramos de estar perderíamos la oportunidad de nuestra vida." Yo no soy tan contundente. Soy de las que siempre han creído —como lo dice el cura de campaña de George Bernanos— que la gracia está en todas partes pero Jesusa se la niega a los ricos y discutimos. "¿La gracia de Dios?", me espeta Jesusa. "Yo no creo en la gracia de Dios ni en la aniquilación de uno mismo ni en la extrema humillación en la que tú te mueves como pez en el agua, Elena." "Es que yo busco pensar con verdad, me importa mucho que la verdad me sea concedida." "¿Cuál verdad, la de Dios?" "Sí." "Allí está nuestra diferencia, Elena, yo no creo en Dios."

Jesusa Rodríguez. Morir en el Zócalo

Jesusa sigue exaltada pero le está fallando la voz y tiene esas ojeras negras que le salen cuando está superacelerada. Me echa ojos de puñal cuando aconsejo: "¿No sería bueno que te fueras a tu casa?" Liliana también, creo, se lo pidió. Jesusa hace años que tiene asma, pero no oye razones. Hace seis meses en Taninul, a un lado de

Tamtok, frontera entre San Luis Potosí y Tampico, Jesusa inventó que fuéramos en bicicleta Marcela y yo con ella, a ver el nacimiento del agua caliente, un ojo de agua maravilloso entre los manglares. Liliana que se las sabe todas se negó, Marcela y yo pedaleamos bajo el sol tras Jesusa durante horas y nunca llegamos al maldito nacimiento. Nos tiramos a medio camino con la lengua de fuera sobre unos abrojos —no podíamos continuar ni regresar al hotel— hasta que unos campesinos se apiadaron y nos dieron aventón en su pick-up con todo y bicicleta. "No, güeritas, si para el ojo de agua todavía faltan diez kilómetros." Cuando llegamos ya Jesusa estaba en el agua pero reconoció: "Ahora sí me costó trabajo, creí que no llegaba". Como yo estaba enchiladísima, me consoló: "Vas a ver que ahorita pasa el tren arriba, en la montaña". En efecto, si levantábamos los ojos podíamos ver el puente sobre el vacío. El ojo de agua donde nadábamos se mecía bajo las vías y en lo alto un puente de juguetería iba de un peñasco a otro. De pronto como en un cuadro de José María Velasco oímos el silbato y pasó el tren encima de nuestra cabeza. "Ya ves, ¿no valió la pena? ¡Mira qué homenaje a *El tren pasa primero*! ¿Puedes creerlo? ¿Puedes entender el regalo que acabo de hacerte además de esta agua deliciosa?" La verdad se me pasó el coraje aunque en la noche ni Marcela ni yo dormimos de tantos dolores en brazos y patas.

Ahora en el plantón sucedía lo mismo. Jesusa moriría de pie a medio Zócalo antes de rendirse.

La presencia de la comunidad artística, como se la pidió AMLO a Jesusa, es pieza clave en el plantón y ella, Jesu, es la clave. Los muchachos llegan entusiasmados y contagian a otros, en realidad todo el Zócalo es un contagio, ir al Zócalo es adquirir sarampión, varicela y los visitantes regresan "a ver cómo ayudo", "a ver para qué sirvo", "denme algo que hacer, no las voy a defraudar", "quiero ser útil, cualquier cosa que se ofrezca", "para qué soy bueno". Jesusa celebra el espíritu de lucha, abre espacios, mantiene el entusiasmo, los hace sentirse bien. Habla sin parar durante horas, habla con micrófono y sin él, habla porque no le queda de otra, tiene que llenar las horas, tiene que mantener a la gente en el Zócalo, el plan-

tón no puede desinflarse. Son miles los que quieren subir al templete. "Claro que puedes decir tu poema." "Qué bueno escuchar-
te cantar." "Mañana a las diez te va a tocar a ti." "Tienes talento."
Todos quieren figurar en la tarde porque en la mañana hay menos
gente. "¿Me escuchará López Obrador?" Julia Arnaud y Alejandra
Frausto canalizan los impulsos y la comunidad artística independiente se vuelca en bailes y canciones. Pero Jesusa no sólo los pone
a bailar, abre espacios de reflexión como los abre Paco Ignacio Taibo II, Fernando Díaz Enciso y otros a lo largo del corredor Centro Histórico-Reforma.

Jaraneros, solistas, trovadores, guitarristas, hasta un clavecinista,
desfilan por el Paseo de la Reforma. Desde las doce del día estallan
los conciertos de música clásica, boleros, música country, ranchera,
el rap, el reggaeton, rock pesado. Gabriel Sánchez Ballesteros se ocupa de la delegación Gustavo A. Madero y procura que las conferencias sean formativas y de autoayuda. Acuden no sólo huelguistas sino
vecinos de la colonia.

Sentado en una de las butacas del foro cultural del campamento
de la Cuauhtémoc, cuyo repertorio incluye boleros y las clásicas de
Rigo Tovar, don Manuel Severiano Peñaloza se confiesa perredista.
Desde que AMLO era jefe de Gobierno le ha compuesto canciones:
"¡Viva López Obrador!", "El proyecto alternativo de nación", "Ya
viene la democracia", "Andrés Manuel presidente", "Seguimos en
pie de lucha", son algunas de sus composiciones que, al estilo del
norte, compuso a lo largo de la lucha.

Cómo colocarse el condón

En el campamento de la delegación Iztacalco, la educación sexual es
casi gráfica. Un profesor —¿o será un gimnasta?— explica la manera correcta de colocarse el condón.

Entre la fiesta y la furia, el agua pasa a segundo lugar a pesar de
que cae como si se desfondara el cielo sobre la Plaza de la Constitución. La gente de todos modos llega y se encienden los ánimos a

pesar de que en muchas tiendas de campaña la preocupación principal es desaguar el piso y esquivar los chorros concentrados en las esquinas.

—Pásame ese plástico.

No todos tienen paraguas y sin embargo resisten los ramalazos. La rabia es su combustible.

Los niños y jóvenes del plantón

Las vacaciones de los niños, hijos de los manifestantes, serán inolvidables. Nadie los obliga a bañarse, se acuestan a la hora que les da la gana, corren entre las tiendas de campaña, juegan futbol a media calle sin el menor peligro y sus padres apenas si los vigilan porque en este momento el lugar más seguro de México es el Zócalo.

"Aquí hasta feria gratis tenemos frente a la Alameda Central", asegura Ana, una de las madres de familia de la Magdalena Contreras. Algunos de los niños no quieren regresar a su casa cuando el plantón termine; saben que se acabará ese inusual campamento de verano. Los niños son libres mientras sus padres asisten a una y otra reunión (¡cuántas reuniones!). Ayer el último niño en irse a la cama fue Nacho, de once años, quien jugó primero a las escondidas entre los campamentos, luego al futbol y metió gol en el Hemiciclo a Juárez. "Ya estoy cansado de correr y no me pudieron agarrar." Nacho ya no quiere irse. "Allá no se puede jugar, siempre hay broncas y no hay luz como aquí que se juega bien chido."

Los jóvenes bailan entre carpa y carpa. Se mueven sabroso. Sus pasos de baile atraen a los curiosos. Si son buenos, los espectadores aconsejan: "Deberían inscribirse en el concurso 'Bailando por la boda de mis sueños'". En donde más se baila es en el campamento de Iztapalapa.

"Anoche, después de que tocó Salario Mínimo, decidimos visitar campamentos a la una de la mañana —me cuenta Jesusa Rodríguez—. Aunque las piernas ya no nos daban, escogimos el de Tlalpan y el de Milpa Alta, los más lejanos. Frente al Auditorio encontramos a la gente medio dormida pero se levantó a ofrecernos un cafecito e hizo fiesta a las cuatro de la mañana. Un muchacho cumplía años y Leo Soqui (acordeonista de la resistencia) tocó y le cantamos 'Las mañanitas'. ¡Lo que hace la solidaridad! Nos pidieron que por favor fuéramos al último de los campamentos porque allá hacía falta la fiesta y los habíamos animado muchísimo. Pensaban que nunca nadie iría a visitarlos tan lejos."

"Lo más bonito es darnos cuenta del ánimo de la gente que no está en el ojo del huracán (que es el Zócalo), sino cerca del Bosque de Chapultepec. Lo que AMLO ha logrado en veinte años de caminar por el país es encender la flama de la resistencia.

"Muchos de los que están en el plantón no conocen la ciudad y organizamos visitas guiadas a museos, a la Catedral, a Bellas Artes".

El futuro del país

Mientras escucho a Jesusa, recuerdo el gran desprecio (quizás hasta odio) de la provincia por los chilangos a raíz de los dos terremotos de septiembre de 1985. Ahora no lo percibo por ningún lado. Jesusa dice que "entonces la naturaleza nos frenó, pero ahora nos están fregando el futuro y ése sí es un chingadazo. Quejarse de no poder cruzar una calle me parece lamentable cuando está en juego el futuro del país".

"AMLO es un líder, por eso a mí me molesta mucho cuando los analistas dicen que es un Mesías y lo seguimos hipnotizados sin la menor capacidad crítica. Cualquier movimiento se acaba si no tiene un conductor. Los peces nadan en conjunto y no chocan entre sí, ni se pierden porque un nervio les pasa las vibraciones del jefe que los hace nadar en la misma dirección. El cardumen sigue al pez jefe.

"Andrés Manuel no se aferra a la Presidencia, su meta es más social que política. ¡Nooo, nooo, nooo, te aseguro que ya no quiere ser presidente!" […] Si se recuentan los votos y resulta vencedor,

FECAL tendría un mínimo de legalidad. No merecemos de ninguna manera un presidente espurio, sin autoridad moral ni política."

"¿Quién ha cambiado las cosas en este país? La gente. Hay quien dice que Cuba no cambió, que están jodidos, que no tienen Liverpool ni Palacio de Hierro, pero la gente vive una vida de dignidad y te aseguro que la dignidad alimenta más que el consumo."

"El error estratégico del Subcomandante Marcos fue no haberse quedado en el Zócalo en 2005 cuando vino a firmar la ley indígena."

A Jesusa la llaman al templete. Sacerdotisa y monaguillo a la vez, con su casco de minero, sus trenzas, su huipil de flores rojas, su pantalón de manta y sus huaraches, es ya una figura indispensable, pero por lo pronto está forzando la voz tras del micrófono y se oye muy mal.

Martí Batres

En el Vips de Madero, en el Zócalo, lleno a reventar, entrevisto a Martí Batres, presidente del Comité Ejecutivo del PRD en el DF. Sentado a una mesa con otros perredistas a los que abandona cuando me ve, platicamos Lorenzo, Paula y yo mientras nos zampamos unos huevos divorciados. Martí sólo toma café porque ni modo de hablar con la boca llena.

"Cuando un movimiento se radicaliza se dan los linchamientos. Como partido nos toca impedir que se rompa el puente de comunicación entre los dos bandos, porque si se rompe nos volvemos Venezuela donde no hay agua tibia: o todo es negro o todo o es blanco.

"Por eso me parece muy importante no perder a gente como Carlos Monsiváis, hoy en desacuerdo con la toma del Zócalo. Condenar no lleva a ningún lado, mira cómo se empequeñeció el zapatismo. 'Si usas tenis Nike, eres capitalista, si trabajas para Televisa, lárgate.' Sólo los puros y ortodoxos pueden estar adentro. Es muy importante que gente como Monsiváis mantenga su espacio adentro. El movimiento debe tener una gama de colores: rojo, rosa, pistache, salmón."

Martí comenta la carta de Monsiváis del 1° de agosto a López Obrador, publicada en *La Jornada,* después de su discurso del 16 de julio en la asamblea informativa en el Zócalo al lado de Sergio Pitol. Firman también Rolando Cordera, Adolfo Sánchez Rebolledo y Jenaro Villamil y señalan que el plantón "es una protesta justa, pero no puede ni debe convertirse en un agravio para la ciudad de México al transformarse en un bloqueo de vialidades públicas y afectar a tantos".

Advierten que "si no quieren desvirtuarse, las causas legítimas y legales no deben imponerse sobre una ciudad y sus habitantes y es injusto lastimar primero a los capitalinos y dejar para más tarde la confrontación con los responsables de ese magno fraude que se inició con el desafuero". Llegan a la conclusión: "No vemos de qué modo se avanza en la justicia electoral si en el camino se ofende sin razón a una sociedad", dado que "no se puede reducir un movimiento nacional a un problema grave de vialidad".

"Tres movilizaciones gigantescas no han cambiado al gobierno —prosigue Martí—. Si el gobierno no cede, quiere decir que aun dentro del marco constitucional no hemos ido lo suficientemente lejos y hay acciones nuevas que emprender. La resistencia civil en otros países contra el racismo, el colonialismo o fraudes electorales enseña formas de lucha que aún no intentamos. En Ucrania, los manifestantes contra el fraude electoral en 2004 contra el presidente Víctor Yuschenko, que fue envenenado con dioxina, se sentaron masivamente afuera del Palacio Legislativo y lo declararon vencedor frente a Yanukovich.

"En otros países se optó por sentarse en espacios de carácter comercial y financiero para inhibir su actividad.

"En México, las acciones de los panistas contra fraudes electorales a las que aún no llegamos incluyeron la toma de puentes internacionales, la de consulados, la de carreteras. El gobierno de Fox condecoró a Lech Walesa y la lucha antigubernamental en Polonia fue más dura que la nuestra y duró una década en la que hubo manifestaciones, huelgas, toma de oficinas, encarcelamientos.

"La resistencia busca generar la suficiente fuerza para lograr su objetivo sin llegar a la violencia. La resistencia civil es fronteriza entre el pacifismo y la desobediencia, por ejemplo, la de Gandhi, la de Martin Luther King. La idea de los *sittings* vino de los negros a quienes les prohibían sentarse con los blancos en el autobús. Por ello, se sentaron frente a la Casa Blanca."

No causamos molestias insuperables

"Cuando el gobierno del DF renovó el Paseo de la Reforma y cambió de sitio el monumento a Cuauhtémoc, la obra duró varios meses pero al final todos reconocieron su beneficio. Lo mismo sucedió con el distribuidor de Zaragoza. No creo que sea tan cierto que la sociedad se escandalice con la toma del Paseo de la Reforma. Sólo lo hacen ciertos sectores. Es más una protesta en los medios de comunicación que una protesta inherente de los usuarios.

"Hoy en la mañana hice mis actividades normales y no percibí molestias. Si la gente realmente se asustara, no habría votado por Vicente Fox para presidente en el 2000, cuando el PAN tomó carreteras y cerró puentes internacionales.

"Lo más importante es la causa. ¿Por qué ganó Fox la Presidencia de la República? Porque la gente votó por terminar un régimen de partido de Estado que había durado setenta años.

"Ahora el PAN exige que el Gobierno del DF desaloje las vialidades y los empresarios hablan de 435 millones de pesos en pérdidas. Ningún turista va a venir porque la embajada de Estados Unidos dice que es peligroso visitar la ciudad de México. ¿Por qué no dice con López Obrador que la mejor salida al conflicto es la apertura de los paquetes electorales? Obviamente, porque los Estados Unidos se opone a un gobierno de izquierda. Si el TEPJF responde al llamado de López Obrador y hace un nuevo conteo AMLO levantará el plantón en el Zócalo y en el Paseo de la Reforma. [...] El costo mayor no es que la gente se enoje porque no hay paso, el costo mayor es no luchar. La historia nos castigaría por no luchar.

La gente nos castigaría también, si la convocamos, ganamos la elección de 2006 y dejamos de luchar por ella. Si les decimos: 'Váyanse a su casa', ya perdimos."

"Me llama la atención que tras del que supuestamente ganó, hay un vacío total. ¿Dónde están los panistas que votaron por Calderón, dónde está la supuesta mayoría? ¿Dónde el pueblo? ¿Si ganaron por qué no festejan? ¿Por qué no defienden su causa? ¿Por qué tienen la cara agria? En cambio, el candidato que según el IFE no ganó tiene a la gente movilizada un mes después de la elección. Quiere decir que abajo hay una realidad distinta de la que nos pintan, quiere decir que del lado de Calderón hay un cascarón, y del lado de Andrés Manuel, un pueblo que empuja una causa."

"En el 88 se nos metió en una falsa disyuntiva: la violencia o canalizar la lucha en la creación de un partido político. Era injusto porque hay muchas formas de lucha que no llegan a la violencia y tienen que ensayarse. Si el Tribunal resuelve en cinco días que se cuente voto por voto, ganamos porque la legitimidad la da el mayor número de votos. Si el Tribunal se anda por las ramas y decide abrir unas casillas y otras no y los jueces exclaman: 'Miren, todo está igual', la lucha va a seguir."

Martí regresa a su mesa, y una señora alta y guapa viene a saludarme.

Según Ricardo Monreal Ávila, la resistencia civil la pagan los 127 diputados y 29 senadores del PRD que ganan más de $120 000 netos que reducirán más de 25 por ciento para el movimiento ciudadano que encabeza AMLO.

María Teresa Guerra Ochoa, de Sinaloa

El domingo 30 de julio, María Teresa Guerra Ochoa llegó al DF con más de mil sinaloenses que costearon su viaje. Es bonito ver cómo bajan de los autobuses los que vienen de fuera y no se quejan aunque se estacionen a varias calles del Zócalo y queden tan lejos como en la calzada de Tlalpan porque ya el Zócalo está lleno. Algunos traen sus botellas de agua y su itacate, la mayoría visten pobremente pero caminan hacia el Zócalo con alegría hasta que ya no pueden moverse y se quedan de pie el uno al lado del otro. ¡Qué multitud! A veces ni siquiera alcanzan a ver las pantallas colocadas estratégicamente en las calles aledañas al Zócalo, el Hemiciclo a Juárez y el Paseo de la Reforma. Ninguno puede llegar al lago que ahora ya no es de agua sino de piedra sobre el que se construyó la capital azteca de Tenochtitlan. El Templo Mayor, dedicado a Tláloc y a Huitzilopochtli, los dioses de la lluvia y de la guerra, yace bajo la Catedral y a cada rato se rebelan y estallan coléricos en estelas, lápidas, piedras y pasadizos para demostrar que aún son ellos quienes mandan.

"De los mil sinaloenses que llegaron, se quedaron ciento diez. El domingo próximo vendrá su relevo", informa María Teresa Guerra Ochoa. Los que se fueron están reforzando las organizaciones distritales en Sinaloa para venir al DF a apoyar, a pesar del bombardeo mediático que desacredita el movimiento. "Los medios intentan vendernos la idea de que es inconcebible que el IFE sea deshonesto si lo conforman ciudadanos irreprochables."

María Teresa asevera "que la gente tiene que presionar. El PAN, en el 2000, fue mucho más enérgico. En Sinaloa, en 1989, el candidato Manuel Clouthier llegó a quemar el Palacio Municipal, hizo plantones, huelga de hambre. Lo que enfrentamos ahora es una desacreditación mediática: nos llaman malos perdedores, belicosos, pero tenemos derecho a luchar para que se limpie la elección".

Lo que buscamos va más allá de Andrés Manuel

"Creo, como dijo AMLO, que el nuestro es un problema de proyecto de país: qué queremos para México. Me parece muy peligroso que la gente que hoy nos gobierna —ligada a la ultraderecha— haga una regresión democrática y volvamos al fraude electoral y a la simulación. Es la primera elección cerrada de nuestra historia, la primera que gana la izquierda. Quienes lo apoyamos estamos convencidos de lo que él representa. Se trata de defender al país y evitar que la intolerancia se institucionalice. Lo que buscamos va más allá de la persona de AMLO."

"Resulta absurdo pensar que es mucho más agresivo bloquear el tránsito de Paseo de la Reforma que bloquear la transición a la democracia. Es más violento entrar a un sexenio con un presidente en el que no creemos, que pedirle al Tribunal Electoral que le dedique seis días al recuento. Quitarnos el petróleo, la electricidad y parte del territorio nacional es mucho más grave que decirle a la gente en programas de TV que va a perder su casa, su trabajo, su escuela, lo que sea, si vota por determinado candidato. ¿No le parece mucho peor que tomar una calle?"

Gran parte de lo que hace AMLO va en su contra

En *Reforma*, Denise Dresser escribe: "'Aquellos que los dioses quieren destruir, primero enloquecen', escribió Eurípides. Y muchos que observan a Andrés Manuel López Obrador piensan que ha enloquecido. Que ha perdido la cordura. Que se le ha caído un tornillo y aunque convoque a millones en el Zócalo, ha perdido toda oportunidad de encontrarlo. Porque gran parte de lo que hace va en contra de su aspiración presidencial. Porque gran parte de lo que dice hace imposible cumplirla. Si en realidad su objetivo es llegar a Los Pinos, su comportamiento de las últimas semanas dificulta que algún día llegue allí. Toda acción entraña —lógicamente— consecuencias, y las de AMLO corren en sentido contrario de alguien que quiere, alguna vez, gobernar el país. [...] Por ello se vuelve lógico pensar que la apuesta de AMLO es otra. Ya no la Presidencia de la República sino la conciencia combativa, crítica y radical del país. Ya no Palacio Nacional sino la plaza pública. Ya ni siquiera el recuento de todos los votos, sino la esperanza de que el TRIFE deseche esa posibilidad. Para entonces poder afirmar que todo fue un fraude, que todo está corrompido, que todo el sistema es un asco. Para poder dedicarse entonces a lo que sabe hacer mejor: pelear, combatir, movilizar. Pasar a la historia como el hombre que quiso ser presidente, pero prefirió ser piedra en el zapato. Para ser reconocido en los libros de texto gratuito como otro de los revolucionarios que tanto admira. Y demostrar, como lo sugiere Shakespeare en *Hamlet,* que 'aunque esto sea una locura, hay método en ella'".

MARTES 1º DE AGOSTO

Llama Silvia Navarro temprano en la mañana: "La gente que va a su trabajo está furiosa. Es un gravísimo error tomar el Paseo de la Reforma, todavía el Zócalo pasa, pero el Paseo de la Reforma... Dígale a AMLO que recapacite, sálganse antes de que sea demasiado tarde".

Guadalupe Loaeza me cita a las doce del día en su casa en Plaza Río de Janeiro para una entrevista en su programa del Canal 40. "Ándale, es un momento histórico, tienes que hablar de él", me dice al ver mi renuencia. Lupita es una mujer generosa y valiente. En esta lucha lo ha sido especialmente porque no ha de ser nada fácil sostener a AMLO en el *Reforma,* sola, al lado de Lorenzo Meyer, Miguel Ángel Granados Chapa y Sergio Aguayo Quesada.

Los radicales son rechazados porque todo lo echan a perder. No hay forma de parar al que está dispuesto a todo. "Recordemos la triste historia de la última huelga del CGH en la UNAM en la que el PRD jugó con fuego y al final quedó chamuscado", dice Jorge Alcocer en *Reforma.*

Mujeres

Cuando quieren conciliar, los políticos buscan mujeres y ahora se piensa en un comité de mujeres para coordinar la Resistencia Civil Pacífica. AMLO confía en las mujeres, dijo que en su gabinete habría más mujeres que hombres. Se barajan los nombres de Ani Pardo, Eugenia León, Chaneca Maldonado, Jesusa Rodríguez, Regina Orozco, Claudia Sheinbaum, Julieta Egurrola, Olga Harmony, Carmen Gaitán, Guadalupe Loaeza, Rosa Beltrán, Raquel Serur, Luz del Amo, Cristina Barros, Isela Vega, Susana Cato, Lydia Cacho, Evangelina Corona, Mónica Mansour, Marta Lamas, Marta Acevedo, Berta Hiriart, Marcela Rodríguez, Gabriela Rodríguez, Emilienne de León, María Emilia Caballero, Maricarmen Fernández, María O'Higgins, Beatriz Zalce, Lourdes Arizpe, Margo Glantz, Laura Esquivel. Podrían ir a pararse a la sede del Tribunal y participar en medidas muy concretas como las que ya tomó Jesusa con el boicot a Sabritas, Jumex, Jugos del Valle que se prefieren a los refrescos Pascual hechos con frutas frescas que provienen de cosechas mexicanas. Las mujeres pueden ser visitadoras, protectoras, propagandistas porque todo lo que tenga repercusión afuera del país es recomendable.

A las tres voy al Zócalo. Jesusa está afónica. Hablamos casi a gestos como los sordomudos, cuchicheamos, ella pega su boca a mi oreja y yo grito enojada.

—La única forma de que te alivies es que dejes de hablar.

Estoy consciente de que si ella deja de hablar, el plantón se cae.

—No puedo fallarle a la gente, no puedo abandonar a AMLO.

—Pon a Regina Orozco, tiene buenísima voz. Ponla a cantar el Himno Nacional.

—¿Todo el día? ¡Estás loca!

—Jesu, estás de la patada, tienes que ir a tu casa a curarte y a dormir, pareces Drácula, no seas necia, te va a dar neumonía.

—Ya le hablé a Gustavo Reyes Terán y me va a dar un tratamiento.

—¿Aquí en el Zócalo? ¡Vete a tu casa!

Por fin, después de la asamblea de las siete de la noche accede a abandonar el Zócalo. Gracias a Dios, Alejandra Frausto que la ayudó desde el primer momento a organizar y Julia Arnaud toman el relevo frente al micrófono. Jesusa se lleva su casco de minero apretado contra su pecho y le pregunto por qué. "Por casualidad. Lo usé para hacer el personaje de antropóloga que explora las selvas amazónicas del Club de Desobediencia Civil: *Los enemigos de Fox* hace dos años. Cuando empezó el plantón pensé: 'Voy a llevar mi casco'. El casco resulta lo mejor del mundo en contra del granizo. Se moja, sí, pero nomás lo volteas, lo vacías de agua y vuelves a ponértelo".

Norberto Rivera pide orar por la patria

El cardenal Norberto Rivera pide orar durante una semana por la patria. Su vocero Valdemar Romero ruega que los manifestantes no se usen para agredir a nadie. El obispo auxiliar Antonio Ortega Franco impulsa una jornada para la reconciliación del país. En cambio, el obispo de Torreón, Raúl Vera, simpatiza con la causa de AMLO como lo hace con las causas sociales.

El Universal asegura que el plantón "afecta a más de diez millones de personas y a otro tanto que trabajan y transitan en una urbe hoy tomada por campamentos". "Si alguien cree que con estas medidas ayuda a su candidato a obtener un fallo favorable en los tribunales está en un completo error." "Esta exacerbada estrategia irrita con razón a quienes padecen las incomodidades y atropellos de las movilizaciones que paradójicamente se hacen en nombre de la democracia y la estabilidad del país."

Miles de automovilistas buscan esquivar los embotellamientos, insultos, claxonazos, rostros de desesperación en las calles vecinas al Paseo de la Reforma.

"Este movimiento social es muy complejo —me dice mi amigo Javier Aranda—, involucra a miles de ciudadanos a quienes creó muchas expectativas. ¿Qué van a hacer con ellas? Sí, sí, los panistas son terribles pero hay que ser más inteligentes que ellos, ganarle a la campaña del miedo que envenenó las elecciones y convirtió a AMLO en el monstruo de la laguna negra. Tomar el Zócalo es una afrenta y no se lo van a perdonar. La ciudad es un caos. ¡Acuérdate cómo odian las manifestaciones los automovilistas y cómo detestan a quienes las hacen!"

Javier Aranda llama de nuevo porque dice que AMLO no atiende a la crítica y ésta es indispensable al poder público. "No puedes gobernar si no oyes."

¿Habría reconocido el PAN a AMLO? Quién sabe. Javier Aranda piensa que sí. En cambio, yo creo que si impidió con esa saña que ganara, la aceptación de su triunfo habría sido imposible.

"Al no respetar el conteo, AMLO debió ser más prudente porque todos creíamos en él hasta que tomó el Zócalo y sobre todo el Paseo de la Reforma. Es un desastre que no haya ganado la izquierda pero podemos provocar otro desastre si perdemos la prudencia y la generosidad", concluye Javier.

Un reducido número de radicales dispuestos a todo

También mi amiga Rosa Nissan quien votó por AMLO opina que al radicalizarlo, López Obrador colocó a su movimiento en un callejón sin salida. "Muchos se arrepienten de haber votado por él y los que quedan son los radicales, y yo les tengo miedo a los radicales. El plantón le da en la torre a la ciudad porque los trabajadores son los que sufren para atravesarla. Dejar la ciudad partida es un grave error político. Todos los que votaron por AMLO ahora reniegan de él.

"Es una gran equivocación llamar a los pobres, humildes, la mayoría son soberbios, al menos los que he visto en el plantón. Saben muy bien lo que quieren y lo gritan a voz en cuello. Pobretearlos les resultaría inaceptable. ¿Pobre yo? Pobre, Calderón."

AMLO DICE: "No estamos en contra de las instituciones, desconfiamos de las personas que tienen en sus manos a las instituciones.

"[…] Si se cuentan los votos, va a ser una decisión histórica, de esas que se dan en muy pocas ocasiones en la vida pública de México.

"Desgraciadamente, las instituciones siempre han estado al servicio de los poderosos, el estado de derecho que ha imperado es el del dinero y el del poder por encima de todo. Muy pocas veces las instituciones han estado a la altura del pueblo.

"[...] Se lo planteamos al candidato del PAN. Le dijimos que si él aceptaba el recuento, respetaríamos el resultado y el que llegara a la Presidencia iba a poder gobernar con un mínimo de legalidad.

"Muchas veces lo he explicado, en otros países se lleva a cabo el recuento de los votos. Así pasó en Costa Rica en febrero de 2006 que ganó con un margen de 1.12 por ciento el presidente Óscar Arias. Aceptó la petición del candidato Otón Solís que había quedado en segundo lugar, se llevó a cabo el recuento, Arias reafirmó su triunfo y Costa Rica quedó en paz. La gente quedó satisfecha.

"Aquí estamos hablando de un margen menor si aceptamos el resultado oficial de 0.58 por ciento y el señor de la derecha que supuestamente viene de la lucha opositora por la democracia se niega al recuento.

"[...] Queremos que en el Zócalo haya música pero hasta determinada hora si les parece a ustedes, porque hay familias, niños, muchos quieren descansar y todos tenemos que estar muy bien para que no haya ningún problema, que nadie se enferme, que se duerma poco pero bien, que no haya mucho ruido.

"Otra recomendación es que se cumpla con lo de la limpieza, que cuidemos bien los espacios, que estén limpios, que no se afecten jardines, que no se pinten monumentos históricos como aquí lo dice Jesusa, los cochinos son otros."

MIÉRCOLES 2 DE AGOSTO

Gracias a que durmió bien, y sobre todo por la curación de caballo que le hizo Gustavo Reyes Terán y su ayudante de padres japoneses Akío Murakami (que es un verdadero encanto) y fueron hasta su casa, ¡cura milagrosa!, Jesusa amaneció con voz y sin ojeras.

Paula y yo comemos con Julio Scherer. Luna se quedó dormida en la casa. Julio es amigo personal de AMLO y ha compartido su mesa en la calle de Odontología en Copilco con sus tres hijos, José Ramón, Andrés y Gonzalo que ya está casi tan alto como su padre. Dice Julio que la comida es muy sencilla: una sopa, un guisado, agua fresca y párenle de contar. La hace Nidelia venida de Teapa, Tabasco. Una vez, Julio llevó un pastel pero nunca abrieron el paquete y esa frugalidad emocionó a Julio. "¡Fíjate qué modestia, me encanta, me encanta!"

Nos dice que se siente angustiado por AMLO y la suerte de los que estamos en el plantón. Julio padece insomnio. "Leo toda la noche." Su hijo Julio Scherer Ibarra es parte del equipo de AMLO.

AMLO toma una gran cantidad de café, lo cual preocupa a Chaneca. "Hay que darle descafeinado, ni cuenta se va a dar", le dice a su secretaria de años, Laurita Nieto. Ahora en el Zócalo, Nico, el chofer Nicolás Mollinedo, le trae su comida aunque a veces se la mandan del campamento de Tabasco al igual que a Jesusa. De vez en cuando, también, Jesusa va al Gran Hotel o a la cafetería La Blanca cerca de la célebre calle de Tacuba (palabra prehispánica). Allá las maternales meseras van pasando cafetera y lechera en mano y sirven vasos de café con leche ("ándale, m'hijita, no se te vaya a enfriar") y se agradece.

La tienda de campaña de López Obrador

Imposible entrar corriendo como Pedro por su casa a la tienda de campaña de López Obrador. Él es el jefe. Es difícil verlo a pesar de que su carpa está pegada al templete. De cinco por dos metros marca Ridgeway, blanca y amarilla, las primeras noches se le metió el agua como a la de Jesusa, que también sirve para las reuniones en las que destaca Dante Delgado porque se estira cuan largo es y ocupa más espacio que los demás. Leonel Cota, Manuel Camacho Solís, José Agustín Ortiz Pinchetti, Porfirio Muñoz Ledo, Ricardo Monreal, a veces Arturo Núñez, tienen que encogerse. Todos llevan impermeables y paraguas y Dante una gorrita negra que cubre su pelo blanco. Dante es elegantísimo. Su abrigo es de Yves Saint Laurent. En cambio Ricardo Monreal usa un sombrero negro horrible y Manuel Camacho Solís se ve escamado.

A las carpas principales les pusieron tablas de madera para elevarlas y ahora el agua de lluvia corre bajo las tarimas que no impiden la humedad. "¡Esto es Venecia, somos una ciudad acuática!", dice Isela Vega. Así deberíamos haber conservado la gran Tenochtitlan en vez de secar el lago.

En la noche puede verse, a través de la lona, el perfil de AMLO que todavía tiene visitantes. César Yáñez es quien le organiza las citas y es peor que una esfinge; nunca sé lo que está pensando, no se le mueve un músculo de la cara. Ni del cuerpo.

Imposible caminar libremente entre las tiendas de campaña por las innumerables rejas y porque ocho guardaespaldas vestidos de civil lo cuidan. Entrevisté a uno de ellos, de treinta y cinco años, que me pidió omitir su nombre, como lo obliga su oficio. Alto y fornido, chilango de Tepito, cuenta que fue un niño supertremendo, superlatoso, expulsado de todas las escuelas y criado en la Obrera. Con razón escogió ese oficio: "Sí, estamos aquí cuidando las instalaciones. Creemos que él corre peligro a raíz de lo de Colosio y todo lo que se trama en torno a una figura pública de su altura. Entonces nuestra tarea es impedir que entre gente ajena para evitar un atentado o algo parecido.

"No estamos armados pero sí sabemos defensa propia. También nos enseñan a detectar a los sospechosos. Casi en un parpadeo logramos adivinar quién viene con la intención de hacer algo malo. Se le nota luego luego, hasta en la forma de mirar.

"Cuando está el licenciado hablando en público, nos fijamos en los gestos de las personas, a dónde voltean, qué se están agarrando, si están abriéndose la ropa. Imposible que alguien entre con un arma, porque en el momento de ver el bulto le caemos encima.

"Escogí este oficio por convicción, porque me gusta y disparo bien, pero no me considero guarura. Soy un civil aunque tuve carrera militar. Por eso mismo, conozco defensa propia".

Le cuento a mi guarurote que una amiga de izquierda me aseguró que en el metro se sentó frente a dos señoras que comentaban: "Pues yo sí voy mañana al Zócalo porque me dan $200".

"Pues que me digan dónde para irme a formar desde ahorita porque yo no he visto a nadie a quien le den un peso por estar aquí. Tengo mucho contacto con la gente y que yo sepa a nadie le dan sino desayuno, comida y cena. Las señoras guisan con las tortillas, carne, semillas y verduras que los simpatizantes vienen a regalar al plantón.

—¿Regalan mucho?

—¡Uy sí, muchísimo!

Para corroborar sus palabras me señala unas botellas de agua que un señor de Monclova vino a regalar hoy en la mañana: "Para calmar tu sed de democracia, agua purificada AMLO. Monclova, Coahuila, en pie de lucha".

También de Monclova trajo una cantidad de latas de atún tan enorme como la pirámide de la luna de Teotihuacán.

—Va usted a ver cómo en un ratito se acaba —sonríe.

Raúl López dice que no ha dormido desde el domingo (30 de julio) por atender uno de los dos centros de acopio instalados en la plancha del Zócalo.

Preso durante dieciocho años de sus treinta y cuatro de vida, originario de Tepito se unió a la campaña del PRD y ahora su misión es ayudar a crear un México libre de delincuencia.

—Aporté $18 000 a la compra de despensas.

—¿Cómo le hizo?

—Convencí a centros de abasto de donar alimentos al campamento.

En menos de veinte minutos una decena de mujeres ofrecen camas, colchones, cobijas, naranjas, agua y productos enlatados.

Dentro del área del templete, una veintena de cocineros hace comida que no sólo aprovechan los militantes sino los vagabundos y cualquiera que se acerque a decir: "Hoy no he comido".

"El abastecimiento para los manifestantes —según señala Cintya Contreras de *Excélsior*— se hace con aportaciones voluntarias de comerciantes, trabajadores del GDF y simpatizantes del movimiento.

"Un grupo de perredistas acudió a principios de semana a pedir donativos para los huelguistas. [...] Otra fuente de abastecimiento es la de los tianguistas, quienes llevan a la plancha del Zócalo camionetas repletas de frutas, verduras y semillas para repartir entre los campamentos. 'Nos pagan cuando lleguen al poder'". ¡Con qué ojos, divina tuerta, pero la esperanza es inmensa!

Trabajadores del Gobierno del DF llevan a los centros de acopio aceite, arroz, frijol, azúcar y huevos.

La Jornada se vende a $5.00 en el Zócalo y en los campamentos. Los moneros de *La Jornada* son los más celebrados porque les sacan el aire a los pomposos fanfarrones de la derecha.

Lo primero que busco cuando abro *La Jornada* es lo mejor de *La Jornada*: sus caricaturistas: el Fisgón, Ahumada, Helguera, Hernández, Magú. A Gis y Trino, a Rius los busco en sus historietas. Extraño en *Proceso* a Boogie el Aceitoso que le fascinaba a Guillermo.

Algunas carpas funcionan sólo como cocinas, en especial la de Iztapalapa que hace la más deliciosa de las sopitas de fideo y otra sopa de lentejas de chuparse los dedos.

"Son cosas baratas y yo les sé dar sazón", presume Susana Benavides, mientras se limpia las manos con el delantal.

"Cada persona tiene su ideología —afirma Roger van Gunten—. Casi la mitad de los electores votaron por AMLO [...] y la otra mitad por Felipe Calderón. Esto se refleja en el arte, sólo que ahora sabemos los nombres."

David Huerta, poeta e hijo de Efraín, comenta que esta pluralidad es sana. "Lo primero que yo exijo es que se cuenten los votos."

Alejandro Gertz Manero, ex secretario de Seguridad Pública local y federal, declaró a Ricardo Zamora de *Excélsior*: "El bloqueo actual de Paseo de la Reforma es diferente: las fuerzas políticas defienden sus intereses en un momento crucial para la vida política del país.

"Creí que me iba a morir en el sistema en que nací y no iba a ver el asomo de la democracia en este país y ahorita estamos viendo una crisis por la democracia y una situación que se puede empeorar, mejorar o aclarar".

Una cascarita en el Zócalo

El espacio se divide con rejas portátiles que impiden el ingreso a cualquiera, un cerco de ocho por ocho metros y, por si fuera poco, se alzan cuatro retenes y vallas metálicas custodiadas por hombres que juegan una cascarita cuando no llueve. ¡Ha de ser bonito echarse una cascarita frente a Palacio Nacional! Uno de ellos, gordito, me sonríe y me calienta el corazón que a veces está muy mojado.

En uno de los costados de la carpa blanca de Jesusa, empiezan a aparecer los regalos de los huelguistas: el Santo Niño del Plantón, dos macetas de flores, un ramo de rosas de plástico, un mantelito, el retrato de la Virgen de Guadalupe, un periódico mural traído del Pedregal de Santo Domingo por Fernando Díaz Enciso, unos impermeables amarillos como de bombero comprados por Chaneca que a cada rato encuentra cosas geniales.

Los instrumentos básicos de resistencia, según Jesusa, son una colchoneta, una cobija, unos pants, unos tenis muy cómodos, unos calcetines de repuesto, porque si te mojas hay que cambiarse rápido, varias botellas de agua, una pasta de dientes, un jabón, un peine, un rollo de papel higiénico, unas aspirinas y párale de contar. "Aquí te enseñas a valorar hasta un pasador de pelo."

Ha de ser extraño dormir con alguien que jamás has visto antes. Durante las primeras noches varios hombres y mujeres durmieron a la intemperie, sin más protección que algunos periódicos y cartones para amortiguar el suelo. Son muchas las tiendas individuales o de pareja y pululan las *vecindades* de hasta diez personas, y ahí es más difícil pasar la noche por el frío y los ronquidos.

Por la mañana se hace el recuento de lo que sucedió en la noche, el estallido de un cohete a las dos de la mañana, dos *palomazos* que unos trasnochados arrojaron desde su auto al campamento de Tláhuac, el rugido de varios motores que le dieron la vuelta al Zócalo, las mentadas de madre con el claxon ("¿ya nos vienen a desalojar?", preguntó una incauta). El miedo al desalojo es una constante como lo es el rumor de la intervención del ejército, el "ya van a venir por nosotros". En los cruces de Reforma con Insurgentes y el Circuito Interior, los faros de automóviles deslumbran.

Los diputados del PRD aclaran que "cualquier salida represiva contra AMLO y los miles de mexicanos que lo respaldan en el Zócalo y en el Paseo de la Reforma constituiría una locura, una inmoralidad que profundizaría como nunca la crisis política en el país", pero lo cierto es que todos los días hay amenazas que a muchos nos tienen en ascuas. Cualquier ruido en las altas horas de la noche suscita temor, el amago pende de un hilo en la cabeza de los manifestantes, "ya vienen por nosotros", "me dijeron que esto va a acabar muy mal", "corremos un gran riesgo", "el país es una bomba de tiempo", cualquier acción represiva anularía la política como vía de solución y desenmascararía el autoritarismo del gobierno foxista y del PAN. AMLO recomienda no enfrentar a las fuerzas públicas si se intenta un desalojo pero advierte que Fox tendrá que asumir el costo político de la represión.

Dante Delgado, presidente de Convergencia, pide "no hacer caso de rumores" y no olvidar que el ejército mexicano es una institución del pueblo. "Los soldados son mexicanos pobres, saben lo que es tener hambre."

De todos los males, nada peor que la tormenta.

La lluvia llega en la noche como un oleaje a azotar su rabia contra los techos de lona. Imperiosa se mete en el menor resquicio e interrumpe el sueño. No es la lluvia de García Márquez sobre Macondo. Quiere destruirnos.

El Jetta blanco

A las cinco de la mañana, AMLO que es madrugador va en su Jetta blanco manejado por Nicolás Mollinedo a su casa a bañarse, desayunar, leer los periódicos con rapidez porque a las ocho ya está de nuevo en el Zócalo, listo para recibir a quienes lo buscan. Lo poco que lo vi nunca lo encontré arrugado o descuidado; siempre limpio. Después de comer se lavaba los dientes. Era bonito verlo allí parado al lado de un tambo, su vaso en una mano, su cepillo en la otra y enjuagarse con el agua del tinaco.

En *Milenio* Jairo Calixto Albarrán escribe: "Los bloqueos propician la socialización de los diversos estratos porque, como dice Ismael Rodríguez en *Nosotros los pobres* y *Ustedes los ricos,* unos y otros no se comprenden porque, tristemente, no se conocen".

Todos esperan el recorrido de AMLO por las diversas carpas. Al llegar, Azcapotzalco, Cuajimalpa, Xochimilco, Milpa Alta y Tlalpan lo vitorean, los niños corren hacia él, las mujeres lo abrazan. "Vengo a verlos a ustedes porque son los que están más alejados del Zócalo."

Otra andanada de aplausos. El ambiente en los campamentos es muy especial, recuerda a mis campamentos de *girl scout,* los veo dispuestos a la buena acción diaria, a querer a su prójimo, a protegerlo. ¡Qué angustia el conteo de los votos! ¿Qué irán a resolver los magistrados? Andrés Manuel les dice que va a seguir adelante, que no se va a rajar, cuenta con su apoyo, él nunca los va a dejar porque "son ustedes los que me hacen fuerte". Las mujeres le sonríen, conmovidas. Él las abraza. "Sé que esto que ustedes hacen es muy difícil pero ni modo, hay que seguir adelante. No queremos una nueva elección sino el conteo de los votos."

Algunos hablan de un presidente interino, Andrés Manuel no los secunda porque no está de acuerdo. (Cuando no está de acuerdo con algo, se tensa, se le cierra la cara.) Al mismo tiempo repite que no quiere el poder por el poder. "Comprendo las protestas. Yo espero que la gente en el Paseo de la Reforma y en el Centro nos comprenda porque vale la pena que en nuestro país haya democracia; no podemos permitir que unos cuantos, los privilegiados de siempre, sean los que decidan sobre el destino de la nación."

Por más que abrace o levante un niño en brazos, no hay nada demagógico en él, no es para la foto, le sale de adentro y eso todos lo perciben.

No veas para abajo

Dentro del cerco de ocho metros montaron cinco letrinas móviles cerradas con candado, una decía "Mujeres". La primera vez que usé una letrina pública, un domingo, a un costado de Catedral, Chaneca me advirtió: "No veas, nomás no veas y tápate la nariz". Claro que vi y olí y salí espantada de la miseria humana, pero a los tres días se instalaron otras letrinas menos públicas para las que había que pedir llave y ya nada fue problema.

Laurita Nieto, secretaria de AMLO desde los tiempos del Comité Ejecutivo del PRD, llega todos los días en su automóvil con una computadora portátil. Le dicta sus discursos, le pide que se comunique con uno y con otro. El celular está a la orden del día. Laurita tiene cinco o a lo mejor quince. Saltan de quién sabe dónde a su mano como grandes pulgas de metal, interrumpen, suenan a la menor provocación. ¡Gracias, ángel de la guarda, dulce compañía porque no tengo celular ni de noche ni de día!

"Este gran movimiento tiene que cambiar al país", dice el diputado del PRD Inti Muñoz y en la madrugada recorre los campamentos del Paseo de la Reforma como si fuera un campo de batalla. La ciudad amanece a la neblina y a la humedad que sube de la plancha de concreto cubierta de charcos negros, el frío cala los huesos e Inti —delgado, nervioso, sus rasgos faciales acendrados por la angustia— pregunta en las distintas tiendas de campaña: "¿Tuvieron frío?" "¿Ya comieron?" Parece templario, protector de la ciudad santa. Podría seguirse por todos los campamentos e inquirir dónde están los arqueros, dónde la infantería, dónde los heridos, en qué sitio emplazaron la catapulta, cómo van a verter el aceite caliente, a qué horas levantarán las escaleras contra las murallas del fuerte, en qué momento el puente levadizo, cuál será la bandera, el grito de guerra. En la mañana de bruma gris que padecemos todos envueltos en nuestra cobija como capa protectora cavilo: ¿hacia dónde avanza Inti Muñoz?

"Yo soy de los que se niegan a perder la esperanza. Nuestro gran movimiento puede cambiar este sistema político y esta democracia chafa en la que se imponen los dueños del dinero. […] Lo que hemos visto es inédito. La sociedad de los que no cuentan, la chusma, la pura gente de la calle es la que va darles un nuevo país a los jóvenes. […] Una forma de resistir a la soledad y a la fragmentación es justamente lo que hacemos, juntarnos, participar, solidarizarnos."

Ahora a las nueve de la mañana fuimos varios compañeros a recorrer los campamentos. El más feliz es el de la Revolución Blanca. Platiqué con alrededor de ciento veinte viejecitos y me dieron una lección.

Tú ordenas, Andrés Manuel

A las cinco de la tarde, López Obrador recorre los campamentos de la Venustiano Carranza y la Cuauhtémoc, mientras la Plaza de la Constitución se llena para la asamblea informativa de las siete. La gente baila, aplaude y sigue a su líder. "Tú ordenas, Andrés Manuel."

A las nueve, pequeñas gotas caen sobre las carpas y después de unos minutos se convierten en aguacero.

"En la carpa de Chiapas la lluvia no importa. Bailan al son de la marimba mientras que los campamentos de Oaxaca e Hidalgo se inundan y los habitantes sacan el agua a escobazos y cubetazos.

"A las diez y media, cuando los bajacalifornianos bailan 'El tucanazo', Gabino Cue, ex candidato a la gubernatura de Oaxaca, saca el agua de su campamento que empapó las colchonetas a pesar de que se hallaban sobre tarimas de madera.

"Todavía a media noche el campesino Agustín Rojas sufre los estragos de la lluvia. Algunos de sus paisanos montan un nuevo dormitorio bajo los arcos del edificio del Ayuntamiento. No extraña ni su trabajo ni su casa en su tierra. 'Mi esposa viene el fin de semana.'

"Un imitador de Alberto Vázquez divierte a la gente, minutos antes de que una pareja de cantantes rancheros de la tercera edad inicie su concierto.

"En Lafragua se inicia un concierto de música electrónica, sumado al de rock dos calles adelante, sin entorpecer al de música popular que se desarrolla justo a un costado de la avenida Insurgentes mezclado con mentadas alternadas con gritos de apoyo de automovilistas."

Jesusa, te queremos

Jesusa sube y baja del templete. Casi siempre vestida de blanco, su largo pelo negro recogido, su huipil y sus aretes de cuentitas huicholes, se ha convertido en una figura imprescindible. Andrés Manuel puede ausentarse pero ella no. "¿Y Jesusa?" "¿Dónde está Jesusa?" "Necesitamos consultar a Jesusa". Jesusa es la de las decisiones prácticas. Toma el micrófono, presenta a los artistas y lo que le dice a la gente es profundo y significativo. Sus oyentes la aman. La llaman Jesusa, Jesusa, levantan pancartas para que ella las lea: "Jesusa, te queremos".

A Jesusa que no se conmueve con facilidad se le llenan los ojos de lágrimas. "Te estás matando, Jesusa", le digo porque vive al rojo vivo y me repite como chachalaca chiflada: "Soy la mujer más feliz, no hay nadie más feliz en todo México que yo". Escoba en mano, barre el agua, recoge la tienda de campaña, saca la basura, sube al templete y lo limpia de serpentinas y confeti entre número y número, habla por teléfono en sus dos celulares, comenta los artículos de periódico y los programas de radio, inventa concursos y cuando le toca cantar o bailar al siguiente invitado lo anuncia de tal modo que quede muy complacido. A veces regaña desde el templete por aquello de la limpieza y alguno que otro rezonga: "A ver, Jesusa, que se baje aquí como nosotros a guisar, a lavar, a acomodar, a ver, a ver". En la tienda de campaña establece el programa del día siguiente. "¡Que nadie nos vaya a fallar!" Marca un número y otro en su celular. "Mañana te espero a las cinco." Apunta en una libreta el orden del día. Si estalla un cohete, sube al templete a tranquilizar a todos. "Es un cohete, no pasa nada." Abre el botiquín de primeros auxilios a quien lo necesita. Y lo cierra. Todo lo conserva en perfecto orden. Lo que no entiendo es cómo puede aguantar el estruendo del sonido puesto a todo lo que da hasta las once de la noche. Tampoco entiendo cómo le hace AMLO. Los grupos de roqueros suben y bajan en un atronador repiqueteo tribal de tambores y trompetas que a mí me ponen los nervios de punta. "¿Que qué?", le pregunto a Jesusa cada vez que me dirige la palabra porque no oigo nada. ¿Cómo puede López Obrador tener una conversación con este ruido, si apenas si logro escucharme a mí misma?

Los grandes temas del Zócalo

En la tienda de campaña, Jesusa, Dolores Heredia, Julia, Alejandra Frausto e Isela Vega bromean. Dicen que el Zócalo es un excelente spa y una clínica de belleza insuperable porque comen muy poco y por lo tanto es fácil llegar a la esbeltez. "Venga por su bronceado *Zócalo* y su masaje de granizo." Hablan de la hidroterapia proporcionada por las tormentas diarias. "Nada más saludable para tu abdomen y tus muslos adiposos que una buena granizada." El Zócalo es un lugar de placer porque los masajes sólo pueden compararse al beneficio espiritual que brinda la cercanía con la Catedral y sus campanazos que recuerdan el paso del tiempo. "Somos muy felices." El Zócalo en pleno celebra las frases de Jesusa: "Ya estamos hartos de gobernadores que protegen a pederastas y tienen casas en el extranjero". "¡Adiós, góber precioso!" "Me gustan los que luchan." "México es plural pero México no debe dividirse." "¿Cómo se construye un gran país? Diciéndole la verdad." "Si la gente se moviliza, ya la hicimos." "A los que dicen que AMLO habla irrespetuosamente al afirmar que las elecciones fueron un cochinero habría que decirles que las aguas negras van a ahogarnos si gana el PAN." "La batalla cívica por la defensa del voto la libramos los que estamos en el Zócalo, no los que están en Foxilandia." "No dejaremos que nos roben la esperanza." "Cada vez vamos a ser más las mujeres que les gritemos *fuera* a los políticos."

Jesusa es una fuente de información, saca temas de los artículos de *La Jornada* y de ellos desprende lo que va a ocurrir durante el día. Como casi dormimos en Catedral diserta entre otros muchos temas sobre cómo la Iglesia católica destruyó la cultura indígena. "Es muy claro que ustedes, católicos, ya no creen en la jerarquía del Vaticano y tienen a los cardenales y a los obispos en muy mala estima, en cambio reconocen al cura liberal, buena onda, que se la juega con ustedes y lucha por los pobres. Ustedes son católicos y entienden muy bien las religiones del antiguo México."

Desde el templete Jesusa habla de sus caballitos de batalla y es bonito ver cómo la gente la escucha sin escandalizarse cuando trata el tema del condón y la educación sexual. Escoge a Giordano Bruno como médico de almas y les cuenta que lo quemaron vivo con una mordaza en la boca en Piazza di Fiori en Roma y que hasta la fecha el Vaticano no lo perdona. Es un hereje necesario para la Iglesia. "Ahora en el Zócalo, AMLO y nosotros somos los herejes necesarios al Estado, por eso los medios nos convierten en peligrosos y violentos pero la muerte violenta de Giordano Bruno es una clara prueba de la violencia absoluta del Vaticano."

Desde su pequeño templete Jesusa desafía al gran templete de Catedral. Sacerdotisa, oficia su misa al aire libre mientras el cardenal Norberto Rivera lo hace entre los gruesos muros coloniales. Jesusa aborda uno de los temas más cercanos a su corazón: el mundo prehispánico. Me sorprende la atención que los huelguistas ponen en escucharla, la oyen con el mismo respeto que a AMLO. Al terminar envían mensajes al templete para abundar sobre el tema o corregir a Jesusa. Los nombres de Paul Westheim y Alfredo López Austin corren de la boca de Jesusa a la de sus oyentes. Les cuenta que no había dioses en la antigüedad sino fuerzas, como la de Tloque Nahuaque. La energía del agua se llama Chalchitlicue, la del sol Xiutecuitle, la del fuego de la tierra, Huehuetéotl. Los españoles convierten esas energías en dioses. La energía más importante, Tloque Nahuaque, Miguel León-Portilla la convierte en el dios del cerca y del junto. Cuando una civilización llega a su punto más alto se vuelve monoteísta y Nezahualcóyotl —el emperador poeta— escogió a Tloque Nahuaque porque es la fuerza que sostiene al universo. Según Paul Westheim, todo en el universo mesoamericano es doble movimiento: una fuerza que se expande y otra que se contrae.

Por lo visto, los habitantes del Zócalo tienen un conocimiento de su pasado que los hace escuchar en medio de un gran silencio. ¿O será la estupefacción? Yo también estoy estupefacta. Jesusa nos seduce al decirnos que nuestra misión es mantener la vida en movimiento y hace girar sobre nuestra cabeza una piedrita atada a un mecate. "Así, así, ésa es la moción del universo, sigámosla porque es nuestra herencia cultural."

¿Qué dirías tú, Guillermo, de esta clase de astronomía?

La resistencia civil pacífica implica más creatividad que el arte porque el arte es un acto espontáneo, individual y no responde a los acontecimientos inmediatos; en cambio, la resistencia es un acto de creatividad oportuno que debemos sacarnos de la manga en el momento preciso. El arte individual no corre riesgos pero la resistencia sí, porque la policía puede caernos en cualquier momento. "La resistencia es muy pura porque viene de lo más profundo de tu ser."

Escucho embobada a Jesusa y veo que los demás tampoco quieren perder una sola de sus palabras. Al final les pide a sus oyentes que sigan enviando sus ideas que son una maravilla por nuevas y creativas. "Se llevan de calle a los becarios del Conaculta o el Cenart."

Libros en la acera de la Alameda

Poemas de Bertolt Brecht, José Martí, Pablo Neruda y Jaime Sabines pueden leerse en la acera de la Alameda sobre la avenida Juárez, bajo la carpa blanca del libroclub que promueve la activista Lilia Partida.

En huacales de madera forrados con papel de china de colores, cerca de doscientos ejemplares se ofrecen al público. Pueden leerlos allí mismo o llevárselos a su casa, sin identificación. "Priva la confianza que estrecha los lazos entre la gente. Hasta el momento todos los libros han sido devueltos; el acervo lo hicimos con los ejemplares que nos regalan", le dice Lilia Partida a Érika Duarte.

El libroclub cuenta también con un "tendedero de poesía", en el que los autores cuelgan con pinzas unas hojitas con poemas: "Si te gusta uno, llévatelo".

Raúl Arroyo, de cincuenta y siete años, acude frecuentemente desde el municipio de Ecatepec, dice que es "promotor", es decir, subempleado, sin ingreso fijo, prestaciones ni seguro social; pero se da su tiempo para leer periódicos, revistas y libros.

"Estos tiempos de lectura y reflexión me han servido para darme cuenta de lo atrasado que está el país. Con esta elección creímos en otro futuro. Ahora, como no encuentro trabajo de planta, quizá tenga que irme a Estados Unidos o a Canadá."

Pero qué necesidad, para qué tanto problema

"Es poco lo que traemos, pero no damos lo que nos sobra", comenta Gloria Ortega, tras lamentar que entre semana no pueda venir. "Da tristeza la actitud que ha tomado el Tribunal, pero no debemos claudicar." De Lomas de Plateros llega con chamarras, cobijas y alimentos para el campamento de Álvaro Obregón.

"Es mentira que la gente que trabaja en Reforma nos tenga coraje por ocupar el Paseo de la Reforma, al contrario, muchos antes de entrar a sus oficinas llegan con cobijas y despensas", informa Edna Guerrero a Érika Duarte y a Rocío González. Hace varios días se turna con su familia para dormir en el campamento de Gustavo A. Madero.

A todos los que se presentan en el Zócalo con despensas "se les pide que mejor se las entreguen a los compañeros de los estados, porque están lejos de sus casas y en malas condiciones"

"Llegan con cazuelas de mole, arroz, chicharrón guisado y varios platillos, así como ollas de café. Esas muestras de apoyo nos hacen más llevadera la resistencia y nos animan."

Familias enteras rodean la glorieta de la Diana Cazadora para ver lo mismo un espectáculo de lucha libre, bailes populares y folclóricos o un imitador de Juan Gabriel, que a tono con el momento canta: "Pero qué necesidad, para qué tanto problema".

Fernando Díaz Enciso y la vocación artística

A la iniciativa del libroclub se ha sumado la de la Escuela de Artes y Oficios Emiliano Zapata en Coyoacán. El proyecto surgió del Pedregal de Santo Domingo, que sabe llevar la cultura a las clases marginadas gracias al liderazgo de Fernando Díaz Enciso y sus talleres de teatro y escultura hoy en el Paseo de la Reforma.

Según Mónica Mateos de *La Jornada,* el megaplantón es un "semillero de ideas y cuna de vocaciones artísticas". "Éste no es un plantón de ociosos y no somos ignorantes", dice Gabriel Sánchez desde su tienda de campaña en la glorieta de Cuauhtémoc.

"Los pintores hacen pejelagartos cubistas, soles aztecas abstractos y mujeres picassianas que ofrecen sus servicios a favor de la democracia.

En su tramo de avenida Juárez a la Fuente de Petróleos, el Paseo de la Reforma se convierte, sobre todo en las tardes, en un centro cultural que Mónica considera "callejero, multifacético, de puertas abiertas, solidario, gratuito e irreverente".

Frente a la tienda Zara, semivacía, diez niños participan en el taller de reciclado, que esa tarde elabora palos de lluvia como si la lluvia no nos diera suficientes palos.

Para los pejeniños se han instalado varias televisiones pero también juegos de mesa. Los pejejitos pintan, graban en linóleo, leen un libro, escuchan rock, moldean plastilina, los jóvenes juegan ajedrez, ven un documental o hace origami en el campamento de la delegación Gustavo A. Madero con el maestro Carlos Velarde.

En un campamento cercano a la glorieta de La Palma, Juan Francisco Bustamante, de Sonora, explica que disfruta enormemente de "la música de los tenores. No tengo oportunidad de ir a conciertos".

Cuentacuentos, mesas de análisis político, tertulias "con los trovadores de la casa", aunado a las "exposiciones permanentes" de murales, consignas, fotografías y esculturas convierten al Paseo de la Reforma en un megacentro cultural, "con tintes izquierdosos". En la *pejebiblioteca* los libros se prestan "a la palabra" y su sistema funciona "mejor que la megabiblioteca Vasconcelos, porque no sólo devuelven los libros sino regalan uno extra".

En el campamento de la delegación Álvaro Obregón se dan talleres de máscaras, cine, lectura (el más solicitado), alebrijes, y para niños el llamado "pinta tu pejejito".

¿Qué se hace con los viejos directorios telefónicos? Los simpatizantes de AMLO tienen la respuesta porque transforman hojas de la sección amarilla, recipientes de lata y cartón, envases de refrescos, canastillas de huevo, periódicos, en objetos que pueden venderse.

Según Josefina Quintero, "en los talleres de pintura, los temas de dibujo son el camino por el cual se llega a la democracia o el sol naciente. También hay lienzos de artistas reconocidos, algunas pinturas quedaron en un periódico mural, como un testimonio de la resistencia civil".

Doña María Luisa aprovecha las horas para leer y asegura que el movimiento le ha permitido leer más que en su casa "porque aquí me siento muy tranquila".

Raúl Llanos informa que: "Los lazos que van de un lado a otro de la calle o de poste a poste sostienen el extenso mosaico de hojas que consignan el grito enmudecido de inconformidad de los capitalinos que durante el día desfilaron por los campamentos: '¡Voto por voto, casilla por casilla!' '¡No a la imposición!'"

Y ahí, entre esas miles de voces de tinta y papel, una más se lanza esperanzada: "La libertad es como la mañana: hay quienes esperan dormidos a que llegue, y hay quienes caminan toda la noche para alcanzarla". Así es este movimiento.

El *Diario de la Resistencia* imprime cinco mil ejemplares todos los días.

—¿No quieres que te enseñe a bailar tango, güerita? —me pregunta un chavito.

¡Qué tonta fui! De haber accedido habría salido del plantón bailando tango.

Los veracruzanos son los más creativos del plantón. Jesusa adora a los jaraneros. "No se miden, vienen todos los días." Ofrecen un taller de zapateado "no para matar las horas sino para vivir con ganas".

"Apaga tu 'tele', enciende tu intelecto. Lee un libro." Al exhorto lo acompañan propuestas de lectura, como *Juárez y su obra,* de Justo Sierra; *Huesos en el desierto,* de Sergio González Rodríguez sobre las mujeres asesinadas de Ciudad Juárez y *El Yunque, la ultraderecha en el poder,* de Álvaro Delgado.

Misa en ascuas

Patricia Muñoz Ríos nos remite a las puertas de Catedral: "Líbranos del PAN, de Felipe Calderón", rezaron ayer miembros de la CPBT al asistir a la misa dominical en la Catedral en busca del cardenal Norberto Rivera para condenar su injerencia en la política.

"Norberto, no juzgues para que no seas juzgado; no somos lo-quitos, sólo vemos las cosas diferentes. ¡Voto por voto, casilla por casilla!" "Dios es amor."

Algunos feligreses gritaron: "¡La casa de Dios se respeta!" In-dignada, una señora mayor pidió: "¡Sáquenlos… sáquenlos!", y un sacerdote del área de bautizos dio aviso: "Ya llegaron otra vez los perredistas muertos de hambre". La misa dominical transcurrió tan tensa que el cardenal Rivera la remató a toda velocidad.

"Norberto Rivera, el infierno te espera." "Norberto Rivera, defensor de pederastas."

"¡Son reventadores, son provocadores!", alguien dio la voz de alerta por un magnavoz.

Para evitar que entraran más inconformes, los vigilantes cerraron las puertas de Catedral. "Los de camiseta amarilla son una amenaza."

Antes de retirarse los manifestantes rezaron un padrenuestro, que al final pedía: "Líbranos de Calderón, amén".

La arquidiócesis de México precisó que el Gobierno del DF brindará seguridad durante la misa que oficiará Norberto Rivera en la Catedral "para evitar algún altercado entre fieles católicos y ma-nifestantes" y no porque "veamos un riesgo a la integridad física del cardenal".

"La Catedral no es un lugar apropiado para hacer una protesta de tipo político", escribe Ángel Bolaños.

Más de mil canciones y el "pejeshopping"

Todos los días llegan al templete poemas y canciones en hojas de papel y hasta en cuadernos completos. También arriban discos acer-ca de AMLO con su cara sonriente en la carátula. ¿Cómo pudieron hacerlos, cuánto cuesta grabar un disco? Además de los muñecos de tela cosidos por las costureras del terremoto del 85 que representan a AMLO de cuerpo entero con la banda presidencial, me regalan discos y Jesusa dice que a ella le han dado más de mil canciones compuestas por la gente. "Yo no sé si a Cuauhtémoc Cárdenas también le escribían corridos pero sé que hay un culto por AMLO como jamás se había visto", exclama Jesusa.

—Oye, pues esto ya no es el Zócalo, esto es Lourdes o la Villa; al rato van a empezar los milagros y aquí se nos va a llenar de muletas, ex votos y jaculatorias —le respondo.

—¡Qué fea palabra!

De veras el templete es un pequeño santuario "donde la sangre oficia sus misterios paralelos" diría Octavio Paz pero allí no se venera a la Virgen de Guadalupe sino a AMLO. Llegan multitud de ofrendas, retratos de AMLO al óleo de todos los tamaños, esculturas que lo representan, almohadas bordadas en punto de cruz con su sonrisa y su mechón sobre la frente, fotografías en glorioso tecnicolor, pocillos con su imagen, mantas, una parafernalia inmensa que no es la que fabrica el PRD, ni corresponde al aluvión habitual de plumas y relojes, camisetas y cachuchas, cintillos y pañoletas que se regalan a los militantes, sino fetiches y amuletos de un culto preocupante porque ¿quién bajará a AMLO de ese altar?

Una de las características del paseo a lo largo del corredor Zócalo-Reforma es el *pejeshopping*. Su imagen —ya sea en banderas, pines, gorras, pulseras, etiquetas adhesivas, diademas, caricaturas y playeras— se ha convertido en un verdadero producto de colección.

Videos, discos compactos —con todo y el "Rap del Peje"—, flores amarillas y libros saltan a lo largo del corredor y se le van pegando a uno.

Chaneca los tiene todos. No sé cómo pueden caber en su casa de San Jerónimo. Va a tener que construirle otro piso.

Muchos vendedores ambulantes dejan sus clásicos puntos de venta en la Alameda o en la calle de Moneda y llegan al plantón. "Aquí está el negocio." Aprovechan la afluencia de asistentes a las asambleas informativas de AMLO y a los campamentos y ofrecen pulseras e imanes antiestrés (mi papá usaba una de cobre), suéteres, pants, zapatos, corbatas, calcetines, guantes, elotes, chocolates, dulces, muñecos de peluche. El número de comerciantes ambulantes en Madero va en aumento a pesar de la prohibición. La mayoría de los vendedores reciben el "chiflido de alerta" mediante aparatos de radio. Así, cuando pasan los cuicos esconden su mercancía que vuelven a instalar diez minutos más tarde.

—Yo sólo compro lo del Peje —me informa Chaneca.

Ignacio Rodríguez Reyna analiza el carácter de AMLO: "López Obrador debía reconocer cuánta responsabilidad tiene en haber ayudado a que las cosas se encuentren donde están. Será muy difícil que reconozca sus fallas y errores, que se equivocó al no ir al debate, que eligió mal a sus colaboradores cercanos, que no le importa la eficiencia sino la lealtad absoluta, que no escucha a nadie que no se llame AMLO, que dilapidó una ventaja cómoda en las encuestas. Que la soberbia le gana constantemente".

Estamos aquí por nuestra propia convicción

La hora del crepúsculo es la de las confidencias y las mujeres hablan de su destino con un café en la mano. María Teresa Rivas es la filósofa y la escuchan amigos, parientes y vecinos de otros campamentos. Durante los días de resistencia es fácil hacerse de amigos porque todos dependemos de todos. "¿Ya comiste?" "¿Cómo amaneciste?" "¿Dormiste bien?" La guardia nocturna es otra fuente de acercamiento. "¿Un cafecito pa'l frío?" Es cierto que hace frío. A lo largo del Paseo de la Reforma hierve el agua para el café porque en algunas carpas, como en la de la Asamblea de Barrios, en las inmediaciones del Eje Central, tienen una buena cafetera. En otras, a cada rato se les descompone como la licuadora. Son importantísimas las lámparas. Aunque el Zócalo está muy bien iluminado, Jesusa trae su lámpara de mano y hay una linterna en cada tienda de campaña.

¡Cuántas incomodidades! Una mujer duerme sobre dos sillas y un cartón atravesado, otra saca un silbato para protegerse y dar la voz de alarma, la tercera acomodó su bolsa de dormir sobre tablones para evitar la humedad. "Hay que vigilar. A ese que llegó anoche yo no lo conozco, jamás lo había visto y como es demasiado amable podría ser un infiltrado." ¡Pobre!, pienso. ¡Qué trabajo tan grande ser infiltrado! Tengo que preguntarle a Jesusa si hay infiltrados y de quiénes desconfía. La verdad, nunca desconfío de nadie. "Y así te va", ironizaría Jesusa. También, por razones de espacio, hay que reubicar constantemente a quienes llegan, mandarlos a los campamentos del Paseo de la Reforma y eso es difícil porque la mayoría quiere estar en el Zócalo. "Lo más cerquita del Peje, por favor."

"Yo con mi pejejito", me dice doña Luchita.

Arturo Páramo de *Excélsior* está pendiente de "cuando AMLO sale de noche". "Son las 21:30 horas del jueves. Llovizna ligero en la plaza, el plantón entra poco a poco en un sopor y despide olores indescifrables.

"Dentro de una de las tiendas detrás del templete, AMLO discute con su círculo más cercano de colaboradores.

"Los hombres apenas hablan. Afuera sobre la plancha del Zócalo, las mujeres no dejan de llamarlo. '¡Llueve y llueve, y tus mujeres no se mueven!' La lluvia arrecia por momentos. Las mujeres no cejan: '¡Ocho por ocho, Andrés es un bizcocho!' Incluso se las arreglan para brincar pese a la llovizna: '¡El que no brinca es panista!'

"Cada noche se reúne gente en la parte de atrás del templete resguardada por vigilantes porque, al paso de los días corrió la voz de que en las noches, AMLO sale para ir a su casa.

"AMLO sale de la tienda a las 21:42 horas. Se aproxima a la reja. Mujeres y hombres lo vitorean: '¡Andrés, Andrés!', mientras él se acerca sobre sus piernas de jugador de beisbol."

Dice Arturo Páramo que está un poco cojito pero las mujeres no se lo notamos. Lo único que notamos es lo bonito que nos besa.

"Viene sonriendo hasta el grupo de gente, estrecha manos, les planta besos en la mejilla a las mujeres, carga a niños, les planta besos también a ellos. Son menos de cinco minutos de encuentro directo, se da la vuelta y se dirige a su Jetta blanco para perderse en las calles del Centro."

Es cierto, AMLO la toma a una del cuello, la atrae hacia su cara, una siente esa mano fuerte en su cabello, en su nuca, penetra hasta las meninges que fosforescean y, zas, cae el beso en la mejilla, naturalmente.

Juan Ordóñez

Viene todos los días desde Tláhuac. Aunque viaja durante más de dos horas, este joven alumno del Conalep recoge propaganda informativa sobre la resistencia civil pacífica, para llevarla a Tláhuac a sus compañeros y vecinos.

"No me quedo aquí porque quiero cooperar en lugar de disminuir las raciones de comida", explica mientras recorre con su mochila los campamentos, donde ya lo reconocen porque siempre pregunta en qué puede ayudar. Desde que cumplió dieciocho años se afilió al PRD, y quiere que otros jóvenes se enteren de las causas del plantón.

Algunos fines de semana se queda a dormir para "agarrar buen lugar" en las asambleas informativas de AMLO. Trae cobijas de su casa, así como rollos de papel de baño y víveres que colecta entre sus conocidos. "Ya no basta con pertenecer al partido, hay que salir a la calle."

Sobrevivir entre una pobreza que es muy cansada

Jorge Octavio Ochoa de *El Universal* recorre los campamentos para hablar con uno y otro y escribe: "Ella tiene razón para estar ahí. Su marido trabajó durante veintisiete años como chofer en los camiones de San Ángel, y cuando desapareció la Ruta 100, sólo le dieron $70 000 de liquidación. En el umbral de la llamada *tercera edad,* él y ella tienen que vender frutas, 'o lo que sea', para poder sobrevivir. No hay pensión ni 'ayuda para viejitos' que los caliente. A sus sesenta y cuatro años, Herminia Arenal Convoy camina desde el kilómetro 13 de la carretera México-Toluca para llegar a tiempo a la cita —siete de la mañana— e iniciar otro recorrido de dos horas, tras de AMLO, desde la Fuente de Petróleos hasta la puerta de Chapultepec".

Ella también ha sufrido pérdidas por tres generaciones. "La pobreza es más cansada que estas marchas, créamelo." La acompañan su nieto, su hija y el yerno. Caminan juntos, despacio, por ese tendido de carpas que ocupa todo Paseo de la Reforma.

Cada quien madura sus infortunios de distinta forma. A unos pasos de ella, Consuelo Reyes Jerónimo, de setenta y cuatro años, sonríe y camina con paso firme.

—¿No se ha cansado?

—¡Nooo, todavía puedo... y voy a seguir hasta donde él llegue!

Viene desde San Pedro El Chico con sus dos hijas y dos nietos, "¡y hasta el perro me traje!", remata, feliz, orgullosa.

Rafael Tonatiuh escribe que "al llegar al cruce de Reforma y Bucareli los chiquillos y chiquillas, renegados y renegadas (pero recontentos y recontentas), se divierten con los automovilistas que vienen sobre Rosales, mentando la madre con los clásicos cinco claxonazos. Les responden con el ya afamado grito (igualmente de cinco sílabas): "¡Voto por voto!" Armaron varios carteles con la leyenda: "Tu tu tu tú tú, voto X voto". Otro cartel digno de gente digna reza: "Yo también trabajo pero me preocupa el país".

Las actividades a las seis de la mañana en los distintos campamentos de provincia comienzan con el corrido "Rubén Jaramillo", que canta Juan Gómez, del campamento de Morelos.

En el de Coahuila prefieren el ejercicio a la música. "Inhalen, exhalen... inhalen, exhalen", les dice uno a los que todavía están acostados. "Ahora levántense despacio y estiren los brazos, estiren las piernas e intenten tocarse las puntas de los pies."

El de Ciudad Nezahualcóyotl despierta jugando dominó, el de Hidalgo ve televisión, los campistas de Tabasco son los más dormilones. Todos empiezan el día con una misma consigna que resonará cual eco en los distintos campamentos: "Voto por voto, casilla por casilla".

Noemí Díaz, de cincuenta y seis años, viene de Tizayuca, Hidalgo, y faltó cuatro días a su trabajo en una pastelería, pero no le importa. "Sólo quiero ver por diez segundos a mi Peje." Aketzalli, de origen mixteco, aligera la espera con copal, tabaco y garra de león para cargar de energía a AMLO.

Una señora formada en la cola del agua lleva en brazos a su bebé y le dice: "A ver, hijo, repite: voto por voto…".

Los miércoles de dos por uno en el cine quedaron rebasados por la costumbre diaria, y gratuita, de ver películas bajo las lonas.

"Ya no cabíamos allá y nos mandaron para acá. No tenemos fecha de regreso, vamos viviendo al día, no venimos preparados para uno o para más días."

"No vamos a permitir que nos digan cochinos", exclama una señora que barre una de las carpas. Afuera los botes de basura ostentan la frase "Este movimiento es limpio".

En *Reforma,* Érika Hernández reseña que "en el campamento de Aguascalientes cuelga una imagen de Jesús y sus apóstoles con fotos de Calderón y otros panistas y la leyenda: 'Bienaventurados los que no son un peligro para México, porque ellos tendrán chamba en mi reino. El Evangelio según Hildebrando'".

El plantón es también un mitin político porque todos ofrecen pruebas del fraude y discurren sobre la manipulación cibernética, cuentan con documentos fidedignos sobre los errores del PREP y conocen por su nombre a los jueces del TRIFE. Bolívar Huerta cuenta que un grupo considerable de académicos y ciudadanos trabajó con los datos del IFE tanto del PREP como del conteo distrital, llegando a la conclusión, por separado, de que sus análisis despertaban sospechas y dudas razonables sobre la validez y transparencia de los datos. Surgió la hipótesis de un fraude cibernético por medio de la introducción de un algoritmo en la unidad de cómputo del IFE que acomodó y manipuló los resultados electorales para favorecer a Felipe Calderón. Bolívar Huerta señala que "de acuerdo con la manera en que se fueron capturando las actas de escrutinio en cada uno de los trescientos distritos electorales se esperaría encontrar en la base de datos del PREP y el conteo distrital algunos comportamientos aleatorios o azarosos, sin embargo, los análisis de varios de nosotros demuestran que existen ordenamientos que se relacionan más con la presencia de factores sistemáticos o deterministas que borran el azar natural con que se capturaron en trescientos distritos los datos de la elección. Si retomamos una de las definiciones más aceptadas sobre el azar que dice que si una serie de números no puede obtenerse por un algoritmo más corto que la serie misma, se considera que es aleatoria, podemos afirmar que ni el PREP ni el conteo distrital mostraron comportamientos azarosos debido a que un algoritmo computacional en las máquinas del IFE ordenó y alteró sus datos sistemáticamente".

De dónde saca el dinero López Obrador

Según Arturo Cano de *La Jornada* una mujer mayor, diminuta y claridosa llamada Isla del Carmen fue a visitar a su proveedor que es un comerciante muy adinerado que le surte pantalones que ella revende en Campeche. "Tengo años tratándolo, ¿y sabe qué fue lo único que me preguntó? ¿De dónde sale el dinero para que López Obrador nos mantenga a todos aquí?"

"La ropa que traigo puesta no se usa en Campeche —le contesté—. Me la dieron unas gentes bonitas de aquí, para que pudiera quedarme en el plantón. Y usted..., usted no me ha ofrecido ni un café."

El plantón cuesta $40 por persona. Excusados, $1 500 al mes. Sillas, $15 diarios cada una; casa de campaña, $600 diarios la más económica. Luz por campamento, $300; mesas, $75 al día, el tablón. Son cuarenta y siete los campamentos. Por la diversión los artistas no cobran. El PRD pagó el plantón.

A Jesusa le pido que me corrobore esta información sobre los costos.

—Es una buena pregunta porque no tengo la menor idea. Yo sé que costó muy caro, que hubo dinero del PRD, del PT, de Convergencia, de simpatizantes y de los diputados que pusieron parte de su sueldo para sostenerlo. El dinero que utilicé fue el que dio la gente pobre, pusimos una urna en el Zócalo, en la que se llegaron a juntar $70 000. ¡Impresionante! Veías a señoras muy pobres que se acercaban: 'Yo voy a poner mis 10 pesitos diarios', y yo les decía: 'Pero, ¿por qué va usted a ponerlos?' Y respondían: 'Porque quiero y porque Andrés Manuel es mi marido y me mantiene'.

"Yo no tuve que ver con la infraestructura y el sonido. Te hablo de las bandas populares —los indígenas trajeron diez bandas musicales y les dimos $50 000—. También hicimos una función del coro monumental en el Monumento a la Revolución que dirigió Eduardo García Valle y en eso gastamos un buen."

—¿De qué te mantienes tú ahora?

—Liliana y yo decidimos dejar El Hábito porque teníamos para vivir dos años tranquilamente. Como no pagamos renta y no tenemos gastos importantes, volvimos a recibir un sueldo hasta ahora que trabajamos en cinco estados. Presentamos la obra *Las noches árabes* en el Bajío.

"Cuando representamos *El maíz* en el Teatro de la Ciudad nos pagaron $15 000 a cada una. También fuimos a Sevilla y nos pagaron 5 mil dólares por dos funciones y 2 500 por un taller de cabaret que di en Cádiz.

"Con $70 000, Lili y yo vivimos seis meses, pero de todas maneras Lili alega que una lucha política te tiene que dar la posibilidad de vivir y tiene razón, pero no en este caso, porque esto es resistencia. De toda la gente con la que he trabajado durante estos seis meses, nadie pide un centavo, me he encontrado con gente muy pobre que me dice: 'Además de ir a diario, quiero dar unos pesitos'. ¡Imagínate si vamos a estar quejándonos de nada!"

En *El Universal* Diego Valadés reflexiona: "Si el Tribunal Electoral recuenta o no los votos, y si declara presidente a un candidato o a otro o a ninguno, el resultado será el mismo: más crisis.

"[…] Hay una presión excesiva y desproporcionada sobre el Tribunal. Se exige que la buena justicia resuelva lo que generó la mala política y se espera que los jueces compongan en semanas lo que estropearon los políticos en años".

Lo que propone Valadés, que también es director del Instituto de ¬nvestigaciones Jurídicas de la UNAM, es crear un pacto constitucional en el que se contemple subsanar los aspectos más vulnerables de la política mexicana, y no precisamente redactar una nueva Constitución.

AMLO busca el martirio

"Hay políticos que buscan el poder, pero hay otros que buscan el martirio —dice Jorge Chabat en *El Universal*—. Y tal parece que esta última opción es la de la izquierda [...], tal parece que el PRD se siente más cómodo en la protesta, en la marcha, en la toma de avenidas, que en el cauce institucional, en la presentación de documentos, en la lucha legal."

Raúl Cremoux asienta que "el grupo que hoy rodea y asesora a López Obrador es, qué duda cabe, todo menos fiel a lo que pudiera considerarse representantes de la izquierda. Si lo fueran no habrían formado el núcleo fundamentalista que hoy en su estrategia tiene impotentes y desesperados a los habitantes del DF. [...] Haber logrado el número tan alto de legisladores, triunfo al cual no se le hace un reproche y cargar todo el peso de un supuesto fraude en un individuo es boicotear las posibilidades reales de introducir en un futuro gobierno lineamientos y acciones progresistas. [...] De la izquierda, la real, la población espera muchísimo más que posiciones reduccionistas y cada vez más desbordadas".

Llueve sin parar. La tierra se está licuando, vamos a desaparecer. Una tromba inunda los campamentos del plantón y destruye parte del techo de la nueva librería Rosario Castellanos del Fondo de Cultura Económica en la que Carlos Fuentes presenta su último libro. Calderón declara que ganó la Presidencia en una elección "limpia". Alejandro Encinas, el jefe del GDF, libera las laterales de Reforma y ofrece exenciones tributarias a los hoteles afectados.

AMLO DICE: "Sí, lo que pasa es que ustedes son mucha pieza, son mujeres, hombres conscientes, niñas, niños, jóvenes. Es molesto vivir a la intemperie, dormir en el suelo, resentir las inclemencias del tiempo.

"También generamos molestias a terceros, pero vale la pena para que haya democracia.

"Sería terrible, sería realmente dañino para nuestro país, que se implantara una democracia simulada, una democracia de mentiras.

"Miren, tiene mucha fuerza política y moral nuestra demanda del recuento de los votos.

"No le vamos a entrar a ninguna negociación que no tenga como punto de partida el recuento de los votos. Que no estén pensando que van a cooptarnos; nosotros nunca vamos a traicionar al pueblo de México.

"Hay un dato que me gustaría que rebatieran nuestros adversarios. ¿Ustedes creen que es normal que en una elección en donde se instalan 130 mil casillas se levantan 130 mil actas, haya errores aritméticos en 72 mil actas, en el 60 por ciento de todas las actas? ¿Eso es normal?

"¿Saben qué pasa cuando un medio de comunicación no es objetivo, saben qué pasa cuando un medio de comunicación no es profesional, saben qué pasa cuando un medio de comunicación está muy cercano al poder y muy distante del pueblo? Ese medio de comunicación pierde credibilidad. No sirve.

"[…] Miren, muchas cosas de las que me enteré, fue precisamente por la gente, que nos manda correos, nos da consejos, nos transmite sus experiencias. Baste decir que la demanda del voto por voto, lo repito, no surgió de nosotros, sino del pueblo, de la gente.

"En la gente hay mucha sabiduría, nuestro pueblo es sabio. Un problema de nuestros empresarios es que desprecian al pueblo, piensan que el pueblo no cuenta, no vale, creen que la política sólo es asunto de los políticos y se equivocan porque la política es asunto de todos.

"¿Seguimos en Asamblea Permanente? Que levanten la mano."
"Aquí seguimos."
"¡Viva la democracia!"
"¡Viva México!"

JUEVES 3 DE AGOSTO

A las siete de la mañana suena el teléfono, hablan para entrevistarme. Son programas de radio: Ricardo Rocha, Sergio Sarmiento, Alejandra Palacios, periodistas de Monterrey, Guadalajara, Aguascalientes, Argentina y Venezuela.

Anoche Paula se llevó a los niños a casa de Carlos, su cuñado. Su familia política se ríe de ella: "Por lo visto, la familia Hagerman Haro pasa sus vacaciones en el Zócalo".

De veras que Gustavo Reyes Terán no sólo es un gran investigador sino un médico de primera. Jesusa ya no podía hablar y ahora habla. Chaneca tenía una tos de perro tísico y se le quitó. Jesusa pasa por mí y vamos a la explanada de Bellas Artes a instalar el Comité de Resistencia Civil Pacífica para convertir en corredor cultural los cuarenta y un campamentos de Reforma. "Hay que hacer de la protesta una fiesta y una reflexión", dice Jesusa ante Daniel Giménez Cacho, Regina Orozco, Héctor Bonilla, Vicente Rojo Cama, Rafael Barajas El Fisgón, Isela Vega, Guillermo Briseño, Alejandra Frausto y Gustavo Garza, que insisten en el "Voto por voto y casilla por casilla". Otros integrantes del Comité Ciudadano de Resistencia Pacífica son Gilberto Aceves Navarro, Eugenia León, Demián Bichir, Julieta Egurrola, Gabriel Macotela, Diego Luna, Gustavo Pérez, Rafael Segovia, María Novaro, Guadalupe Loaeza, Esther Orozco y Julio Solórzano Foppa. Los rockeros: Maldita Vecindad, Molotov, Santa Sabina y Panteón Rococó, que antes del 2 de julio prefirieron no comprometerse con ningún candidato, ante la evidencia del fraude ahora quieren participar. Ya lo hacen El Negro Salvador Ojeda, Gabino Palomares, Nina Galindo, Alberto Zuckerman, Los Nakos, Armando Vega Gil y otros.

Dolores Heredia lee el manifiesto: "Estamos aquí no sólo para apoyar a un líder, sino para defender el irrenunciable derecho del pueblo a elegir a sus gobernantes y hacer valer su voluntad; sin manipulación electrónica, sin trampas de conteos, sin recursos oscuros ni influencia mediática o apoyo desde la estructura del poder".

Jesusa comenta que este programa no sólo es "para que la resistencia se convierta en una fiesta, sino porque la mejor manera de reflexionar es estar contentos". Héctor Bonilla expone su desacuerdo con la toma de las calles, "hay otras formas de resistencia civil" y asegura que sus declaraciones se malinterpretaron y "se me hizo parecer como hermano de Felipe Calderón". La carcajada es general pero cuando afirma: "Ésta es una reunión plural, civil, crítica y no fascista, por lo que manifiesto públicamente mi derecho a disentir", el silencio es de plomo. "Estoy con el movimiento de AMLO, soy consciente de que hubo fraude, pero el bloqueo es un error", concluye. Ya no lo volvemos a ver.

Con su habitual inteligencia, Rafael Barajas El Fisgón señala: "Estamos ante un régimen que espera el desgaste de millones de ciudadanos, pero no será así porque nuestra petición es absolutamente razonable y atendible. Los plantones molestan, pero tenemos que hacerlos para que se limpie la elección [...]. Nosotros también queremos desalojar las calles, por eso deben contar voto por voto".

Imágenes del plantón más grande del mundo

Frente a los hoteles de lujo, los restaurantes, los bancos y las oficinas de Reforma se ofrecen clases de oratoria "para aprender a echar rollo". También se proyectan documentales "formativos"; los más populares son los que narran la noche de Tlatelolco en 1968.

Un par de policías de la SSP capitalina, asignados para vigilar el orden en los campamentos, cuentan que les ha tocado oír recitales "muy buenos, de violines y toda la cosa. Uno a veces no tiene chance ni el dinero para ir a ese tipo de espectáculos; oírlos en la calle nos gusta, aunque nos regañen, porque estamos aquí para hacer el rondín y vigilar".

En los parabuses se improvisan instalaciones, de papel picado o de dibujos de niños en bolsas de papel de estraza con la frase: "Que las diferencias que nos fragmentan y enfrentan no impidan mirar hacia el mismo punto".

"La vida no está detenida aquí. Ni estamos echando la *güeva*. Invitamos a quien quiera a confirmarlo."

La democracia ultrajada y la serenata vampírica

"En el campamento de Azcapotzalco se improvisó el *performance La democracia ultrajada*", según Arturo Jiménez. "Música de tango y flamenco, una cuerda, dos pedazos de satín blanco y el atrevimiento de Lizbeth que se desnuda a media calle (no por pudor sino por el frío y la lluvia) bastan para asombrar a muchos."

"Dicen que por las noches salen vampiros a cantarle a la democracia bajo la forma poética de la décima a ritmo de son jarocho", consigna Arturo que se memorizó hasta la tonada.

"Pedimos que se recuente / voto a voto la elección, / es por el bien de la nación / pa' que haya quien la gobierne. / Calderón mejor atente, / yo te lo digo sin grilla: / sin recuento de casillas / no serás reconocido, / sólo con fusil prendido / podrás sentarte en la silla."

Esa noche de sábado a domingo, como parte de las actividades, la Brigada Vampiro de son jarocho recorre varios campamentos del Zócalo al Periférico.

Una cascarita frente al Hemiciclo a Juárez

En Bellas Artes hay espacio suficiente para jugar futbol. Transforman todas las calles en canchas donde vuela la pelota. Ya los del campamento de Iztapalapa, frente al hotel Sheraton de la Alameda Central, colocaron tres pequeñas canchas y tanto los del plantón como los que van pasando se echan una cascarita.

Jugar cascaritas a medio Paseo de la Reforma o en la avenida Juárez se vuelve una costumbre cotidiana en este reparto de la libertad que es el plantón. Es proyectar un viaje. Los manifestantes juegan frente al Hemiciclo a Juárez como si estuvieran en el llano de su colonia, y algo muy nuevo, el espacio es otro, la ciudad cambia totalmente cuando la gente la vive. Sucede otro fenómeno sorprendente, yo que nunca he entendido el futbol ahora descubro el diálogo entre el balón y el muchacho que va pateándola, se le adelanta para detenerla, esquiva al otro jugador e inventa no sólo la relación con su pelota sino un lenguaje que todos comprenden, el de la velocidad, el de la convivencia. Bajo el hotel Sheraton, no reconozco el Paseo de la Reforma, ni entiendo cómo puede ser tan nuestro.

En el Zócalo se instalan cuatrocientas personas. Regina Orozco canta. Le piden: "Por favor, no acabe nunca porque no nos queremos ir".

La ciudad se juega el alma.

La granizada del 3 de agosto

Son las ocho de la noche del miércoles 3 de agosto, AMLO ya dio su sermón y pienso no sin temor que llevamos muchos días con sus noches de lluvia. Oigo llover hora tras hora. En el Zócalo lo que más hago es ver caer la lluvia. En el Zócalo el agua nunca deja de caer, en mi casa sí porque mi ángel de la guarda tiene alas muy grandes y los árboles de la Plaza Federico Gamboa amortiguan el agua pero aquí la lluvia se ensaña. Nos odia. La lluvia es infinita, es un tambor en la cabeza y veo cómo la tienda, a pesar de la tarima, se va llenando de agua. Jesusa ya no oye ni lo que ella misma dice en su celular porque la lluvia arrecia y se vuelve atronadora. De pronto ya no es agua, arremete con furia, quiere acabar con nosotros. "Esto no es agua", le grito a Jesusa que no me escucha, es granizo, qué digo, piedra. "Jesusa, esto ya ni granizo es, están cayendo rocas del cielo", se precipitan sobre la ciudad, tapizan el techo de la tienda de campaña y lo hunden, lo van a reventar, toneladas de piedras se azotan contra los coches, nos vamos a morir. "¿Qué vamos a hacer?" Tampoco me oye. Me vuelvo de agua. Al día siguiente sabremos que el granizo tuvo que ser quitado con palas mecánicas y tractores.

I. LA DECISIÓN

Chorros de agua corren entre las tiendas de campaña, verdaderas trombas color chocolate. En los campamentos cercanos, el espectáculo es desolador. La granizada no sólo empapó y destruyó toldos y muros de plásticos, sino venció catres y reventó bolsas de dormir, cobijas y almohadas, desgarró abrigos y pantalones, camisas, suéteres, banderolas y cachuchas amarillas. También ensopó papeles, aparatos de sonido, fotografías y mensajes de los visitantes. Una licuadora yace tirada en el pasillo, veo una televisión boca abajo, una silla de plástico blanco boca arriba, un chorro de agua cae como cascada destrozándolo todo.

Es el diluvio universal.

"La gente no va a aguantar, se va", le digo a Jesusa. Es increíble. Hilda Sepúlveda y sus dos nietos de menos de seis años duermen sin decir "agua va" en la humedad del campamento de la Asamblea de Barrios sobre la avenida Juárez.

Jesusa sube al templete con su casco de minero y toma el micrófono:

"De aquí nadie se va a ir. El granizo cayó con tanta fuerza que atravesó el plástico y nos mojamos con nuestras cosas, pero aquí estaremos hasta que se limpie la elección."

En otros campamentos, las hojas de los árboles taparon las coladeras pero los huelguistas se volvieron plomeros. Sin botas de hule, ni chamarras, ni gorras protectoras, ni equipo de ninguna clase, poetas, ensayistas y sociólogos abrieron las coladeras y las destaparon con palos de escoba. "¡Ya ven, los filósofos también le hacemos a la cañería!"

Eduardo Flores exclama: "De pronto vi todas mis cosas en el agua: trastes, comida. Fue difícil ver que se perdía la ropa. Algunos hasta tuvieron que subirse en las sillas, sobre todo los niños y las mujeres porque el hielo alcanzó más de veinte centímetros.

"Mi carpa de la delegación Iztacalco fue una de las más dañadas con la de la Asamblea de Barrios".

Le pregunto a una muchacha, Eusebia Gómez Palacios: "¿Y tú qué sientes?" Y no puedo creer que me hable del fraude. "Siento mucha impotencia, porque tengo el sentimiento de que nos robaron la elección, de que fuimos ultrajados y sin embargo, cuando intento explicármelo o intento explicárselo a personas que votaron por el PAN, no encuentro argumentos claros para hacerlo." "Yo me refería a la granizada, Eusebia, no a la política." Ni siquiera me escucha, está poseída, esa sí que es una iluminada. "Lo que importa es el fraude y qué bueno que la veo porque usted me va a dar buenos argumentos." "Ahora no puedo hablar sino de la granizada que es tan sucia como la campaña del miedo contra AMLO." Ahí sí Eusebia reacciona y me dice que la gente está muy enojada. "A mí me da lo mismo si AMLO no me pela, con tal de que me dé chance de participar. El día de la última asamblea tomé un taxi de regreso a mi casa y el taxista, superagresivo conmigo, me dijo que cómo era posible que hubiera venido al plantón, que López Obrador era un manipulador que lleva al país al abismo: 'Ustedes creen en la revolución pero no se vayan a arrepentir si aparecen muertos por la revolución que están armando'."

Es increíble. La gente barre el granizo y ríe. La gente saca el agua a escobazos fuera de su tienda de campaña y ríe. "No van a quedarse hoy en la noche, ¿verdad?" "Claro que sí, aquí vamos a dormir." "Pero ¿cómo están?" "Nosotros bien pero a los que les fue muy mal porque el agua subió treinta centímetros es en el campamento de Álvaro Obregón, a la altura de la Torre Mayor. ¿Por qué no van para allá?" "¿Y las cosas?" "No, ésas sí se empaparon y unas de plano se perdieron pero ya el personal de protección civil está desazolvando." "¿Están seguros de que se van a quedar?" "Sí."

Tiemblo de frío y me castañetean los dientes de sólo pensarlo.

Esa noche ni siquiera Jesu permanece en su tienda de campaña porque el agua la ha invadido por completo. López Obrador, sí.

Lejos de desalentar, la granizada sirvió de poda en la voluntad de los habitantes que viven en los campamentos desde el Zócalo hasta la Fuente de Petróleos.

"Una de las cosas que he aprendido en este movimiento es que aquí nadie piensa en sí mismo, hay gente que carece de todo y aguanta inclemencias con tal de seguir en la causa", señala Zazil Carreras Ángeles.

Para evitar futuras inundaciones, los huelguistas levantan las tiendas de campaña sobre huacales. "Vamos a tener una casa de dos pisos", dijo una niña que no se da cuenta de los estragos, y le ayuda a su padre a pegar una consigna: "Esta lucha no ha terminado".

El Paseo de la Reforma ha cambiado de cara

"Unos cuantos días y el Paseo de la Reforma ha cambiado de cara —se preocupa *Reforma*—. Carteles, mantas y banderines a favor de AMLO cubren sus monumentos históricos [...]. Sus fuentes ahora son adornos de las casas de campaña y de gigantescas lonas. Las pequeñas pirámides que dividen el Paseo de ida y vuelta resguardan bodegas de víveres, los árboles se confunden con los excusados portátiles y las nuevas coladeras en las aceras sirven para desechar el agua que sale de los grandes tinacos. Ningún semáforo es respetado, cuelgan enormes mantas y puede leerse: 'No al fraude'. 'Ni un paso atrás.' 'Todos somos López.'"

La indignación

Miles de capitalinos indignados por el bloqueo de Reforma y el Centro Histórico se concentran en la furia de una familia que protesta en el Paseo de la Reforma a la altura del Circuito Interior. Otra en el cruce de Insurgentes Sur y Río Churubusco pregunta: "¿Por qué no se aplica el Bando 13 que prohíbe bloqueos que desquicien el tráfico y afecten el libre tránsito?" En pequeño plantón, la familia Garza Aguilar y sus tres hijos exigen con una manta: "Fuera Encinas".

En *El Universal,* mi muy querida escritora Sara Sefchovich se desgarra las vestiduras: "Lo veo y no lo creo. Veo a veinte millones de ciudadanos atrapados, veo a mi ciudad tomada, con sus calles rotas a propósito, sus monumentos y edificios pintarrajeados, su economía lastimada, sus habitantes hostigados, todo por la acción de personas que abandonaron sus hogares y empleos para venir a impedirnos que nosotros lleguemos a los nuestros [...]. Cuesta trabajo entender que alguien pueda castigar precisamente a quienes masivamente le mostraron su apoyo y solidaridad a él y al partido que es el suyo: los capitalinos.

"Cuesta trabajo entender que teniendo a su alrededor a tanta gente lúcida, capaz y experimentada, la mejor de México sin duda, se estén cometiendo errores tan graves que apuntan a un suicidio político. Cuesta trabajo entender que un líder de ese tamaño, con ese carisma, con ese arrastre, con ese historial, cumpla paso a paso con el guión que le elaboraron sus enemigos, ese mismo guión con el que se hizo la publicidad que resultó tan efectiva para asustar a millones de mexicanos".

Ricardo Monreal, de la Coalición por el Bien de Todos, respeta las críticas en contra de la toma del Paseo de la Reforma y el Zócalo: "Pero el atraco es enorme y no vamos a desalojarlos".

Legítima, la insurrección popular

En *Reforma*, Lorenzo Meyer escribe que el actual movimiento de resistencia civil fue consecuencia de "un mal procesamiento de las tensiones que resultaron del choque electoral, muy abierto y directo de intereses ideológicos y de clase".

"[...] El estado de derecho —continúa Meyer— es respetable sólo cuando existe la certeza social de las mayorías de que el gobierno lo acata. Por eso, cuando el propio Estado lo violenta, la insurrección popular se legitima (como en las revoluciones sociales) y aparece una nueva realidad política que se sustenta en la lógica del poder ciudadano. Si en las elecciones del pasado 2 de julio se cometió un ilícito de Estado (con la participación de Elba Esther, el presidente del IFE, organismos empresariales, la Iglesia, medios de comunicación, etc., quienes, en solidaridad, sincronizaron sus intereses para descarrilar un proyecto político de cambio), ahora resulta que hay que apelar solemnemente a la decencia de esos actores hegemónicos. Así, 'los intelectuales', además de no pensar por México, se transforman en abogados oficiosos de la hegemonía llamando a preservar un estado de derecho que fue previamente demolido."

Francisco de Paula León Olea lamenta que "en el México de 2006 resulta que no sólo 'los intelectuales' [...] piensan por México, sino que hasta los conductores de los medios (de la radio y la televisión) se autodesignan los guías espirituales de la Patria. Con sus muy dignas excepciones, no hay conductor que no se sienta el padre o la madre intelectual de los mexicanos, que no abuse del micrófono para dictar recetas éticas e investirse como representantes de la voz misma del pueblo".

La violencia

"El malestar social no surge de la paz, sino de una violencia previa", según Carlos Montemayor. Para él, "confundimos la violencia institucionalizada de la pobreza, el desempleo, la desnutrición infantil, el hambre, la carencia de vivienda, la inseguridad en pensiones y en salud, este proceso de empobrecimiento abrumador, con la paz social.

"México vive bajo presión, la de los empresarios y su terrible poder y la de las instituciones que pesan sobre la sociedad. Estas dos presiones son mucho más poderosas y violentas que la toma del Paseo de la Reforma".

Javier Sicilia en *Proceso* es contundente: "La base de la resistencia civil es lo que Gandhi llamó *ahimsa* (no violencia), cuyas raíces rescatan una actitud fundamental de la lucha no violenta: no dañar al enemigo. Lo que Gandhi buscaba mediante la resistencia civil no era aplastar al enemigo, sino llevarlo a lo que llamó *satayugrah* (la adhesión a la verdad).

"Para que la fuerza de la desobediencia civil sea efectiva, es necesario que quienes la emplean hayan derrocado al tirano que habita en su interior".

Los intelectuales

Llaman ciento treinta y un personalidades a respetar la decisión del Tribunal, descartan fraude y apoyan al TRIFE, anuncia *Reforma*. Piden no alimentar una espiral de crispación. Nadie debe lesionar a las instituciones.

El Universal prevé una confrontación entre intelectuales. En un desplegado, un centenar de escritores, académicos y artistas rechazan las evidencias de confabulación contra uno u otro candidato y sostienen que no queda sino esperar la resolución del TRIFE. Los firmantes son José Woldenberg, Federico Reyes Heroles, Jorge Castañeda, Héctor Aguilar Camín, José Luis Cuevas y Guillermo Soberón. El candidato Felipe Calderón se suma a la protesta y afirma que no es válido ejercer la libertad de expresión afectando a otros en su derecho al libre tránsito y al trabajo.

En respuesta, cuatrocientos ochenta miembros de la comunidad artística y cultural se pronuncian por el recuento y alegan que la votación sufrió irregularidades decisivas. Lo firman Sergio Pitol, Fernando del Paso, Enrique González Pedrero, Julieta Campos, Juan Villoro, Carlos Monsiváis, José Agustín, Margo Glantz, David Huerta, José María Pérez Gay, Rafael Segovia, Hugo Gutiérrez Vega, Héctor Vasconcelos y Paco Ignacio Taibo II, entre otros.

Son momentos de definición y los intelectuales y artistas no pueden estar "entre dos aguas". Deben decidir si defienden a la extrema derecha o están a favor de un nuevo proyecto de nación.

Lorenzo Meyer escribe en *Reforma* que cualquiera que sea el resultado final, "la protesta actual indica una gran falla en la conducción de una elección que hubiera podido ser un gran paso en la consolidación de la democracia". Él no firma el desplegado.

En su "Jaque mate", Sergio Sarmiento indica que "la lógica del secuestro de quien nada tiene que ver en el asunto es tan perversa que muchos simpatizantes del propio AMLO la han cuestionado. Hay una izquierda inteligente en el país que entiende lo terriblemente injusto del ataque de AMLO a los trabajadores que deben ganarse la vida en el corredor turístico pero que también se da cuenta de lo contraproducente de esa agresión a los habitantes del Distrito Federal para la imagen de López Obrador y del PRD".

Empresarios y hoteleros exageran costos del plantón

Los hoteleros no están tan enojados como se dice, según Eduardo Martínez Cantero de *La Jornada*. Pedro Salcedo García, presidente de la Asociación Latinoamericana de Micro, Pequeños y Medianos Empresarios (Alampyme), declaró que exageran al quejarse de las pérdidas económicas que genera el plantón.

"Si bien existen pérdidas, éstas no ascienden a los 435 millones de pesos diarios calculados. Más allá de pérdidas económicas hay un fondo político que debe resolverse lo antes posible."

En *El Universal* Fabiola Cancino informa que "el Gobierno del Distrito Federal afirmó que otorgará apoyos a todos los establecimientos mercantiles afectados por el bloqueo encabezado por la Coalición por el Bien de Todos, y aseguró que las inversiones en la ciudad de México no se han frenado.

"En contraste, la Confederación Patronal de la República Mexicana (Coparmex) aseguró que las pérdidas superan los 2 500 millones de pesos".

En *Reforma* Adriana Bermeo pregunta: "'¿Beneficios?' 'Qué va, puras pérdidas', así se expresa Ernesto Cervantes, gerente de Casona Villasa, restaurante de la Zona Rosa, quien asegura que las ventas bajaron 60 por ciento y tuvo que recortar el personal a más de la mitad. 'Empezamos siendo cuarenta empleados y ahora somos dieciséis. No podemos cerrar, por eso pusimos un menú ejecutivo y paquetes de desayuno, a pesar de que se trata de un restaurante de primer nivel.'

"Ernesto Castro vende tacos de guisados. Abrió a mediados de julio, le iba bien, pero con el plantón 'a mí se me fueron las ventas. Antes a las cuatro ya había terminado y ahora me voy a las seis y siempre se me quedan guisados'. Ángeles Cabrera, dueña de una tienda fotográfica con cuarenta y cuatro años de antigüedad, asegura que nunca había pasado una crisis de esa magnitud".

La Asociación de Vecinos Unidos por el Centro Histórico declaró que lo que afecta la campaña desatada por las cámaras de comercio "la gente siente miedo y deja de venir. Nos afecta más esta campaña que el plantón".

José Luis Romero, del restaurante Los Girasoles; Rebeca Jiafed, del Sushi Ito; Karla Miranda, del bar-galería El Patio de Mi Casa; Alejandra Ezeta, coordinadora general de la asociación, y Mohamed Mazeh protestan: "Nos sentimos usados por las cámaras porque dan cifras irreales sin preguntarnos cuál es la merma de las ventas".

Reforma explica que "en el corredor turístico de Paseo de la Reforma hay 132 mil negocios que generan 87 mil millones de pesos al año. Los efectos del plantón pueden compararse con los estragos causados por el huracán Vilma."

Se dice que el plantón hace que los hoteles pierdan dos millones de pesos y dejen a 100 mil personas sin transporte público o que llegan hasta tres horas tarde a su trabajo.

Hasta los amigos de AMLO critican el bloqueo. Monsiváis habla de imposición. "El bloqueo puede hacerse en la plancha del Zócalo, en las aceras y en las glorietas pero no en las calles ni en las avenidas."

También Lázaro Cárdenas Batel desaprueba el bloqueo. "Debe escucharse a los ciudadanos y respetar su derecho porque si no, puede ser contraproducente."

Un cable de la Associated Press advierte que los turistas temen venir a México. Van a perderse 11 800 millones de dólares. Ésa es la fuente de ingresos de muchas familias. Sólo la ciudad de México pierde a diario 23 millones de dólares por culpa de AMLO.

En cambio algunos quisieran hacer acciones "más radicales", según Arturo Cano de *La Jornada*. "Yo tengo mi farmacia cerrada, aquí duermo en condiciones incómodas y no entiendo a los que dicen ser pueblo y pueden ver este fraude sin hacer nada."

"Mi hijo trabaja en Reforma y Bucareli —dice Cristina Serrano— y ahora tiene que salir a las siete para llegar a las nueve." Líder del mercado Hidalgo, Cristina protesta: "Mejor vamos a hacer una huelga de hambre, pero real. O una caminata de veinticuatro horas. ¿No estamos dispuestos a dar la vida? ¡Pues ya, no estas mamadas!"

"La verdad, ésta es una *resistencia light* — aclara Sebastián Alvarado—. A mediados de julio, el domingo de la segunda asamblea informativa, íbamos a bloquear todas las entradas de la ciudad."

Josefina López, vecina de San Cosme, recuerda los bloqueos de pozos petroleros en Tabasco y ningunea el plantón: "Aquí la tenemos *papita*... y si en Reforma no hay tanta gente como aquí, ¿para qué bloquear el Paseo?"

"No aceptar el recuento de los votos de la elección del 2 de julio es una violencia muy grave", declara Pablo González Casanova a Karina Avilés.

"Son las fuerzas dominantes de ricos y poderosos las que exigen 'en nombre del derecho' reprimir el plantón en el Zócalo y el Pasco de la Reforma.

"Se debe pedir al ejército mexicano que por ningún motivo acepte ser utilizado para la guerra contra el pueblo."

"En la calle de Madero, los jóvenes montan un periódico mural: 'Cuando los panistas eran renegados' con recortes de periódico del 31 de julio de 1988, cuando el PAN exigió el conteo voto por voto", informan Rocío González y Érika Duarte de *La Jornada*.

Limpias espiritistas

En el Zócalo y en el Paseo de la Reforma el ingenio de los mexicanos enseña desde limpias espiritistas y misas católicas, funciones de video, insultos, recitales, campeonatos de futbol, concursos de belleza y hasta burócratas en patines, según Sara Pantoja.

"Treinta comerciantes de Tepito, encabezados por María Rosette, se tomaron de la mano, alrededor de varios minianafres donde ardía carbón e incienso en la avenida Juárez casi esquina con Reforma.

"'Es una limpia para defendernos de la miseria y la desesperación en la que está el país. Vamos a hacer una oración universal para que haiga paz y armonía en México', explica doña Carmen, quien aprendió este mágico oficio 'desde el vientre' de su madre vidente.

"Minutos antes, en el cruce de Insurgentes y Reforma, Kitzia Paredes, de veinticinco años, y Bernard Steele, de vientitrés, de ascendencia inglesa, vistieron su Audi rojo con cartelones que pedían el conteo voto por voto. Asomados por el quemacocos, levantaban sus cartelones [...].

"Los contrastes no sólo fueron de clase social, sino de expresión laboral y religiosa. Desde muy temprano, una de las carpas del Zócalo se acondicionó como capilla alumbrada por veladoras. Allí llegó un sacerdote que ofició misa por altavoz."

La chachalaca, la chachalaca

En el campamento de Iztapalapa transforman a "La cucaracha" en "La chachalaca, la chachalaca, ya no puede ni hablar, porque no tiene, porque le falta, su cerebro pa' pensar", y el verso a verso de Machado que canta Joan Manuel Serrat se convierte en "voto a voto".

"No al pinche fraude", dice un cartel con la foto del presidente del IFE, Luis Carlos Ugalde, a quien "se busca por delincuente electoral".

Unas guayabas en almíbar hierven en un perol enorme. Su olor detiene a jóvenes y niños y seduciría a Gabriel García Márquez.

Las señoras dejan de guisar chicharrón en salsa verde a la llegada de los reporteros. "No son de Televisa, ¿verdad?", pregunta una muy molesta. Cuando se le dice que no, explica que Televisa "miente todos los días". En el campamento de Puebla, a la Virgen de Guadalupe la flanquean dos cartelones que exigen el "voto a voto".

"Corra la voz, hay que boicotear a las empresas que apoyaron la campaña de miedo en contra de AMLO. Apague su tele. No le haga el juego a la ley de la triple T" (Televisa, Televisión Azteca y Telmex). Aquí en el plantón se ve a Carmen Aristegui, a Ricardo Rocha y se escucha a José Gutierrez Vivó en Radio Monitor y a Jorge Saldaña que vive en Xalapa y recuerdo con mucho cariño.

"AMLO es quizás el líder popular más carismático que ha tenido México desde Francisco I. Madero", declara Fuentes quien critica sus métodos porque "a la democracia podría echarla a perder cualquier exigencia más allá de la ley".

"No apruebo la ocupación del Paseo de la Reforma. Creo que la plancha del Zócalo es suficiente para manifestarse, sin dañar la libertad de terceros. Contrariamente a lo que piensa AMLO, la mayoría de la gente que votó es conservadora."

Para Gustavo Iruegas "la ocupación del Paseo de la Reforma —la vía más elegante de la capital— es mucho más que una molestia. Es una prueba de fuerza. Dicho más coloquialmente, se trata de jugar vencidas entre la oligarquía, pequeña y poderosa, y el pueblo pobre, cuantioso y resistente, muy resistente [...]".

AMLO DICE: "Anoche fue difícil aquí en el Zócalo por la granizada que afectó toda la ciudad, y más a los compañeros en los campamentos de Reforma, pero aguantamos porque tenemos convicciones, principios. Queremos hacer valer no sólo nuestros derechos, sino también los derechos de todos los demás. Que no nos reclamen nuestros hijos el día de mañana, que podamos verlos de frente y decirles que nosotros estuvimos a la altura de las circunstancias.

"No tienen por qué molestarse nuestros adversarios mandándonos decir que actuemos en el marco de la legalidad y sin violencia. Los que actúan fuera de la ley y siempre han golpeado el estado de derecho, aunque lo invocan, los que pisotean todo son ellos. Nuestro pueblo siempre ha actuado de manera responsable.

"Ya quisieran los de arriba ser como los de abajo. ¡Arriba los de abajo!

"Allí andan con su campañita a favor de la paz y sus moñitos blancos. ¿De qué paz hablan, de la paz porfiriana, de la paz de los sepulcros? No, la paz, que lo oigan bien y que lo oigan lejos, es fruto de la justicia y de la democracia. Me gustaría que me contestaran con argumentos por qué esa institución impecable organizó una elección en donde 72 mil actas tienen errores aritméticos, el 60 por ciento de todas las actas que se levantaron en el país."

VIERNES 4 DE AGOSTO

A las dos de la tarde, vamos Lencho y yo a entrevistar a Alejandro Encinas. ¡Otra vez al Zócalo! Lencho me cuenta que la vendedora del puesto de periódicos en la esquina de 20 de Noviembre (quien conoció a los jefes de gobierno sexenio tras sexenio) le regalaba chicles a AMLO y lo llamaba "guapo". A él le dio por decirle "gracias, guapa". Todos los días se repetía el mismo ritual, "ése es mi gallo".

La gente no tiene miedo de acercarse a AMLO, cae sobre su pecho (y en cierta forma también a sus pies). Es el hombre más besado y abrazado de México. No entiendo cómo todavía le quedan mejillas. Hay seres que provocan la rendición. Las mujeres le dicen "soy tuya"; niñas, jóvenes y viejas, todas acuden al verlo, su carisma las jala.

Estamos dándole una lección de democracia al mundo:
Alejandro Encinas, jefe de Gobierno del Distrito Federal

Alejandro Encinas, jefe de Gobierno está en el ojo del huracán. La prensa, la televisión, la radio, lo bombardean: "Exige la iniciativa privada a Encinas aplicar la ley o irse", "Baja la credibilidad de Encinas", "Piden a Encinas: haga su chamba", "O cumple o deja su puesto". Sin embargo, Enrique Quintana, comentarista político y analista financiero —a quien respeto desde hace años— asegura que el conflicto postelectoral no parece estar haciendo mella en la economía. Ante su satanización, Encinas, seguro de sí mismo, sonríe desde lo alto de su buena disposición. Jovial, tranquilo, a él tampoco parece estarle haciendo mella el cierre del Paseo de la Reforma y el plantón, que según los analistas afecta a millón y medio de autos y causa trastornos casi insuperables. Ya de por sí los que usan el transporte público la tienen difícil pero ahora su travesía se ha vuelto infernal. A Encinas le reprochan ser juez y parte, él es perredista y sucesor de Andrés Manuel López Obrador en la jefatura de Gobierno del Distrito Federal. ¿Cuál sería su reacción si fuera el PAN el que hubiera tomado el Zócalo?

"Si el Partido Acción Nacional estuviera haciendo actos de resistencia civil pacífica, como los ha hecho durante muchos años a nivel nacional y en los estados, yo lo respetaría en los mismos términos y condiciones [...], el uso de la fuerza pública no resuelve nada. Ahí están las experiencias negativas de Atenco, de Lázaro Cárdenas, Michoacán, de los maestros de Oaxaca, que demuestran que una mala decisión agrava el conflicto."

El neofranquismo felipista

Tiene razón Julio Hernández López cuando dice que, para los opositores de AMLO, "lo importante es lo vial, no lo electoral; el Paseo de la Reforma, no la manipulación de Hildebrando; el quehacer urbano de Alejandro Encinas, no el mapachismo magisterial de Elba Esther Gordillo; los errores de López Obrador, no la injerencia de Vicente Fox; los chavos que juegan futbol en la calles tomadas, no los anuncios del Consejo Coordinador Empresarial; los agujeros hechos al pavimento, no la Ley Televisa..., el orden vial como preludio del autoritarismo que instalaría el neofranquismo felipista, frente a la prescindible noción de justicia (electoral, social) que se pretende convertir en cínico motivo de burla, en desdén clasista, en causa de vergüenza ciudadana".

Cada día llegan más simpatizantes. Distintas reacciones

A pesar de la lluvia, pocos se han movido de los campamentos y cada día llegan más simpatizantes aunque los asombrados citadinos dicen que durante el día, y sobre todo en la noche, el Paseo de la Reforma está vacío. Se llena los fines de semana con los simpatizantes que vienen de provincia.

La gente está pendiente de quién asiste y quién no, como los michoacanos —una de las delegaciones más numerosas—, que ayer reclamaron la ausencia del presunto senador Silvano Aureoles Conejo.

"Anda en España con su novia." Epifanio Arroyo recalcó que el otro senador electo, Leonel Godoy, está de tiempo completo con ellos, según Enrique Méndez y Andrea Becerril.

El espacio del campamento de Tabasco es insuficiente: cincuenta personas tuvieron que dormir en los portales, porque, además, se inundó la carpa.

"Mientras algunos decidían si se quedaban o regresaban —cuenta Arturo Núñez, coordinador del campamento de Tabasco— los dejó el autobús, y tuvimos entonces que cooperarnos para pagar los pasajes del grupo que debía volver a Villahermosa. Conseguimos chamarras y cobertores. Hubo gran respuesta de la gente."

David Brooks, corresponsal de *La Jornada* en Nueva York, informa que "para algunos observadores estadounidenses el conflicto postelectoral en México y las movilizaciones masivas no son 'amenazas', sino que podrían fortalecer y profundizar la democracia en México, pero para otros esta crisis representa un revés en la evolución política del país, pero en un punto hay aparente consenso: la necesidad de que surja un gobierno que sea percibido universalmente como 'legítimo'".

AMLO *está loco*

"AMLO está fuera de sí, perdió la cabeza, sólo se escucha a sí mismo. ¿O a quién escucha? ¿A ti? ¿Escuchará a Pérez Gay, a Julio Scherer, a Monsiváis? Absolutamente encaprichado, quiere inmolarse y volver mártires a todos sus seguidores. ¿Qué no se da cuenta de que millones de mexicanos lo están odiando? ¡Eso de 'primero los pobres' es una payasada porque a los que más amuela con su plantón es a los pobres. [...] Te juro que me dan ganas de irme de México con todo y mi familia."

Llamada telefónica de mi amiga Sandy Celorio.

La furia en contra de AMLO es evidente: "Pretender educar a AMLO en los valores de la democracia resulta tiempo perdido —dice Jorge Alcocer de *Reforma*—. [...] Andrés Manuel es producto del conflicto, ése es su ambiente, en él se sabe conducir como pocos y sin él sus limitaciones y carencias salen a la luz, mostrando a un personaje carente de las dotes propias del político que se sabe sujeto a las reglas y sometido a los límites que supone la democracia.

"Su ascenso en el PRD no fue producto de aportaciones a la construcción del naciente partido, sino de sus frecuentes actos de protesta en el terruño tropical, que merecieron primeras planas en los diarios capitalinos, llamando la atención de quien se convirtió en su tutor y protector, el ingeniero Cuauhtémoc Cárdenas, que lo propuso en su lugar en noviembre de 1990 como primer presidente nacional del partido del sol azteca".

Las radios alternativas

Rocío González y Érika Duarte informan que "con pausas en las que se transmiten las disposiciones de protección civil, Federico, locutor en turno de Radio Libertad, trabaja en equipo: 'Maribel la hace de locutora y de mitotera: a ella le tocan las entrevistas y a Mauricio la programación. Por la mañana no faltan las noticias, y por la tarde el mensaje de AMLO, que bajamos de Radio Monitor. Nos toca una zona difícil, porque diariamente tenemos recordatorios familiares de algunos automovilistas, pero intentamos dar una programación cultural, inclusive han participado aquí Daniel Giménez Cacho y Luis Mandoki, entre otros.

"'Las radios comunitarias llevarán de manera itinerante la voz del movimiento de resistencia civil a barrios y colonias. Complementamos la difusión mediante el volanteo'.

"Sin importar su dolor de piernas y rodillas, María Cristina

Lozano, Susana González y Martha Elena Gavia, las tres con más de sesenta años de edad, recorren los campamentos para repartir volantes".

Desde los micrófonos de Radio Resistencia, en una de las tribunas abiertas en las radios comunitarias, los activistas dan su testimonio y aguantan los golpes. "No estamos sorprendidos por la agresión de la que fue objeto un grupo de compañeros en la Cámara de Diputados, porque no esperamos menos de nuestros adversarios."

Al acercarse a uno de los campamentos y leer las consignas, Silvia Ánimas Ochoa de sesenta años no pudo evitar que sus lágrimas recorrieran las grietas de su rostro, al ver "la voluntad de lucha que hay en tanta gente por defender la democracia".

"Nos han pisoteado y lo quieren seguir haciendo. El PRI gobernó tantos años en contra de los intereses de la gente porque no había ningún líder que se propusiera cambiar esa situación. Por eso, ahora que lo tenemos, no lo vamos a dejar solo."

Manuela Ortiz explica que se quedará hasta que sea necesario, "porque esta lucha es más importante que ordenar mi casa".

El surgimiento de radios comunitarias es un triunfo del bloqueo. Rocío González y Érika Duarte comunican que "a la par de la muestra Expo Fraude 2006 continúan ampliándose los espacios de expresión en los campamentos de las dieciséis delegaciones".

Radios comunitarias, tribunas abiertas, cinedebates, exposiciones fotográficas, de carteles y cientos de metros de papel kraft son algunos de los espacios de difusión.

Diseñadores, maestros, educadoras, pintores, cantantes y hasta la pequeña Sheina, de cuatro años, "que ayuda a sus papás a repartir estampitas de López Obrador", mantienen vivo el movimiento.

Para darles las buenas noches a los del campamento de Coyoacán, Fernando Díaz Enciso pone la *Pequeña serenata nocturna* de Mozart.

Según Jaime Avilés en Chapultepec, "horas antes de la cuarta asamblea informativa, cerca de la puerta de Los Leones, nítidos altavoces magnifican las palabras de un locutor aficionado que proclama con voz de terciopelo: 'Radio Voluntad Popular, transmitiendo desde el Paseo de la Reforma, con 340 watts de potencia, en espera del mensaje que dará a la nación el presidente AMLO'".

—¿En qué frecuencia se oye esta estación?

En ninguna —responde el locutor, después de mandar al aire una versión de "Bonita" de Luis Alcaraz, tocada con órgano melódico—. Esto es como una obra de teatro o como una radio comunitaria en proyecto. Somos del movimiento a favor de una Constitución política para el DF. [...] Estamos "transmitiendo" de nueve de la mañana a diez de la noche.

El único que tiene bien puestos sus huevos es AMLO

Gabriela Rodríguez estuvo en Seattle, estado de Washington, en el momento de las grandes marchas de los indocumentados y encontró la misma dignidad e indignación que en el Zócalo, el primero en un contexto laboral y el segundo en el marco postelectoral; "uno en la Second Avenue y otro en Paseo de la Reforma".

Jesús Moctezuma, vendedor ambulante de Ecatepec, me explica: "Con todo respeto, pero la maestra Esther es una lamehuevos del señor Ugalde; Calderón sólo quiere sangrar al pueblo y a Fox le rompió los huevos su esposa Marcos le trabaja a Salinas y aquí el único que tiene bien puestos sus huevos es Andrés Manuel".

"Se trata de un movimiento poderosísimo de dos rostros del que hay que resaltar la lección que brinda al mundo entero: una masa crítica que hace visible la debilidad del modelo económico y político, y una lucha de clases que evidencia las disparidades y las fallas de una democracia secuestrada por el empresariado. Es un movimiento de resistencia que llega al límite y opta por la desobediencia civil, no por la violencia [...].

"Bien me decían mis amigos estadounidenses: nosotros debimos reaccionar como ustedes ante los dos fraudes electorales que hemos vivido: el de Florida, en 2000, y el de Ohio en 2004; hoy tenemos un presidente impuesto."

Vigilancia en los campamentos de Paseo de la Reforma

El Zócalo está protegido pero los campamentos no, y contra ellos se manifiesta la furia antilopezobradorista. Los dueños de casas en Las Lomas detestan a AMLO con odio jarocho y quisieran verlo tres metros bajo tierra. Desprecian a sus simpatizantes. "Bola de nacos." "Viven todos por ningún lado, son los muertos de hambre de siempre, pelados, indios sin madre, parias, seguramente ladrones que ahora tienen la oportunidad de darle un marco a su vida, los cuatro costados del Zócalo, hacerse la ilusión de una gran familia y ahí van como manzanitas todos a la misma canasta. ¡Allí donde viven seguramente carecen de todo! ¡Como ni casa tienen mil veces mejor el Zócalo! AMLO es un derrotado que se rodea de derrotados."

Los júniors le dan la vuelta al Zócalo en la noche y tocan a claxonazo limpio. Se escuchan gritos de "¡Órale, nacos!". Los "nacos" se sobresaltan, los niños lloran, las madres los toman en brazos. La comisión de vigilancia puso en marcha un operativo de seguridad para resguardar a los que duermen en el Paseo de la Reforma porque ya un júnior embistió una carpa —por suerte vacía— y rompió una mesa. Los manifestantes decidieron poner vigilantes y abrir alguna calle sobre las laterales para permitir el ingreso de vehículos en caso de urgencias.

También se han repartido mapas con la ubicación de servicios médicos, sanitarios y agua potable.

Poco a poco la magia del plantón nos va vistiendo. Suave y adherente, hay días en que la lluvia no es lluvia sino un polen que alimenta. Es imposible que suceda esto pero sucede. Veo los charcos hasta con simpatía y me meto a ellos con todo y zapatos como cuando era niña. ¿Es esto la realidad o estoy viviendo en las nubes (negras)? Los faroles se reflejan en los charcos y el agua reverbera, espejo de sí misma.

Según Josefina Quintero y Agustín Salgado, "las muestras de solidaridad con el plantón continúan. Ayer un grupo de adolescentes cirqueros hizo acrobacias. 'Estas marometas son para alentarlos en su lucha'".

Araceli Silva Ribera, madre de familia, de la Miguel Hidalgo, cocina un guisado más, para que "todos por lo menos tengan un taco en la panza". Con frecuencia se escucha: "Desayuné en Michoacán, comí en Zacatecas y cené en Chiapas".

Integrantes del Foro Nuevo hacen una caravana del Ángel de la Independencia al Hemiciclo a Juárez, encabezados por dos monigotes, Supermarcelo y Pejemán, y una mujer que representa "la justicia subyugada".

Marcelino Bordillo, ingeniero electricista, participó en el bloqueo de Banamex. "Viera qué satisfacción verles la cara de enojo a los ricachones."

Juan Pablo Becerra-Acosta consigna en *Milenio*: "En el pavimento de la avenida Juárez, a la altura de la Alameda Central, los fieles del insurgente voto por voto extienden largos rollos de papel color cartón en los cuales los transeúntes y afines a su causa escriben frases de apoyo a su movimiento de resistencia: 'El pueblo había estado dormido', 'Los grandes cambios vienen de las grandes revoluciones: ésta es una de ellas', 'Nunca nadie fue tan adorado como López Obrador', 'López Obrador, ¡cómo te admiro!', 'Si dejan que Felipe gane, nos levantamos en armas', '¿No saben de historia? Ya hubo una revolución. ¿Quieren otra?', 'Andrés, no claudiques; hasta la muerte si es necesario', 'Más vale morir de pie que vivir arrodillado', 'Éste pueblo es renegado', 'Mi país a *(sic)* despertado', 'Es ahora o nunca', 'Esto ya no lo para nadie', 'Ni crean que nos vamos a rajar', 'Yo soñé que ganábamos en el TRIFE', 'Si no ceden, ¡que venga la revolución!', 'Señor presidente López Obrador: estamos esperando instrucciones', 'AMLO, eres la neta', 'Eres bien chido, AMLO', 'Protesto, luego existo', 'Obrador, estamos contigo hasta la muerte, no importa lo que pase', 'Estamos en la cresta de la historia', 'Dejemos la paz a un lado', 'Andrés Manuel, la historia te absolverá', 'Aparte de renegados, somos más de catorce millones de encabronados', '¡Insurrección ya!', 'Chinguemos a Calderón'".

Tiene razón Epigmenio Ibarra cuando dice que un movimiento que no incida en la vida del país no tiene sentido porque de lo único que puede echar mano AMLO ahora es de la movilización de la gente. "Calderón es un candidato oficial y López Obrador es el dirigente de un movimiento popular a favor del cambio", coincide Pablo Gómez.

AMLO DICE: "Mañana, sábado 5 de agosto, es un día importante porque si el Tribunal hace el recuento de votos, vamos a respetar los resultados. Desgraciadamente en la historia de nuestro país —sobre todo en la historia reciente— son excepcionales los actos en los que los hombres encargados de impartir justicia no se someten al poder y al dinero y *no* actúan en función del interés general. […] Por ello, considero que los magistrados no pueden dejar pasar esta oportunidad histórica. La sociedad mexicana y las futuras generaciones sabrán reconocerlo.

"Desgraciadamente, México es el país de la impunidad y del sometimiento. […] ¡Para la estabilidad política, económica y financiera del país, voto por voto, casilla por casilla!

"¡Para dejar atrás la cultura política de la desconfianza, voto por voto, casilla por casilla!

"¡Para que todos los mexicanos estemos bien con nuestra conciencia cívica y con nosotros mismos, voto por voto, casilla por casilla!

"¡Para contribuir a la paz social, voto por voto, casilla por casilla!

"¡Para que no siga triunfando el dinero sobre la dignidad y la moral del pueblo, voto por voto, casilla por casilla!

"¡Para que a ninguna mexicana o mexicano que votó el 2 de julio le quede el sentimiento de insatisfacción o de farsa, voto por voto, casilla por casilla!

"¡Para que nunca se cierren las puertas a la democracia, voto por voto, casilla por casilla!

"¡Para mantener en alto el decoro de México, voto por voto, casilla por casilla!

"¡Para iniciar una etapa de fortalecimiento a las instituciones, voto por voto, casilla por casilla!

"¡Para afianzar la legalidad, para hacer a un lado la ley del embudo, para que verdaderamente vivamos en un estado de derecho y no de chueco, voto por voto, casilla por casilla!

"¡Para contribuir a la reconciliación y a la unidad de los mexicanos, voto por voto, casilla por casilla!

"¡En esencia, para mantener a salvo la democracia, voto por voto, casilla por casilla!

"Desde esta plaza, reiteramos nuestro compromiso. Si el Tribunal hace el recuento de votos, vamos a respetar los resultados.

"[...] No es exagerado decir que el destino de la vida pública de México está en manos de los ciudadanos magistrados y tienen una responsabilidad histórica con la nación. Queremos la apertura total de las casillas. Nada de que sólo una pequeña parte de los paquetes electorales."

SÁBADO 5 DE AGOSTO

Es mal día hoy en el Zócalo, hace frío, el cielo encapotado no deja pasar ni un rayito de sol. Jesusa se ve extenuada. También AMLO está tenso y tiene ojeras. Quién sabe qué mala noticia le habrán dado. Camino por los campamentos a ver a quién entrevisto y la ansiedad puede cortarse con cuchillo. Hasta los niños están conscientes de que algo pasa porque hoy resuelve el TRIFE, y como no hay esperanzas en él, el campamento del Zócalo amaneció planchado.

Desde ayer, la Coalición por el Bien de Todos reforzó los campamentos en Reforma, para preparar a la gente ante un fallo adverso del Tribunal Electoral. Para el domingo unas 500 mil personas en los plantones podrían ser movilizadas, porque militantes de estados del centro del país llegaron al Zócalo y los llevaron a los campamentos del Paseo de la Reforma porque no cabían. Según los censos del equipo perredista, amanecieron 11 mil personas en el plantón.

AMLO aseguró que los campamentos no sólo están mejor organizados, sino que "sigue llegando gente".

La salida hacia la izquierda

Jorge G. Castañeda hace historia: "¿Es México un país de derecha como lo dice Carlos Fuentes? Hasta 88 parecía que la salida del autoritarismo priísta sería hacia la izquierda: con Cárdenas hacia un régimen más social, laico, nacionalista y plenamente democrático", dice Jorge Castañeda. "Ésa era la salida deseada, no podía ser de otro modo porque si bien el 'pueblo mexicano' (las comillas son porque, al erigirlo en sujeto histórico absoluto, nadie puede saber exactamente de quién se trata) quería democracia, también quería, en teoría, justicia social, juarismo, nacionalismo antiyanqui, entendidos todos estos nobles objetivos tal como los había definido el consenso ideológico imperante en México y en América Latina hacia mediados de los ochenta. No podía haber otra salida más que a la izquierda porque así era 'el pueblo' y la mejor prueba de que eso anhelaba 'el pueblo' es que correspondía perfectamente a lo que postulaban los políticos e intelectuales de izquierda, por definición cercanos 'al pueblo'.

El cielo es mal presagio

Arturo Páramo escribe en *Excélsior* que "el cielo gris, cerrado, es mal presagio. Seis patrullas montan guardia en la avenida Santa Anna, aunque no habrá manifestaciones masivas. Todos saben ya que el fallo del Tribunal es irreversible. En la mañana, unos muchachos formaron frente al Tribunal las letras de 'voto por voto'. Se tiraron en el suelo, la *v,* la *o,* la *t.* Un chico con máscara de AMLO se acostó en el piso. Se dice que vendrá gente desde el Zócalo y del Politécnico. Nada. Los que llegan son los ancianos de la Revolución Blanca, encabezados por el diputado saliente Emilio Serrano.

"Cuatro ataúdes descansan ante las rejas. Una máscara mortuoria de Vicente Fox es vituperada. Comienza a llover y los manifestantes se apretujan bajo la carpa del ayuno permanente, se les ve tristes, enojados y arrecia la lluvia. […] Estruja estar aquí. Los perredistas —unos cien a lo mucho— gritan como si en ello se les fuera la vida. '¡Señores magistrados: en sus manos está la paz o el enfrentamiento!', arenga Serrano al micrófono".

El TRIFE sentencia a los pobres a ser pobres toda su vida.
Conteo total o paro nacional

Según Marcela Turati en *Excélsior,* "en primera fila, Adela Sarabia grita furiosa como todos a su alrededor y llora con quienes viven el fallo como una sentencia a ser pobres de por vida. '¡Quiero hacer la revolución, ahora mismo los llamo desde el templete!' Una valla metálica y sus ochenta años se lo impiden".

"Sonarán los machetes si no abren los paquetes", grita Isela Vega en medio de un grupo de jóvenes.

Adela, chiquita, encogida, envuelta en una capa de plástico transparente de $15, su maquillaje corrido por la lluvia advierte: "Nos engañaron diciéndonos que fuéramos a votar, pero el pueblo no se va a quedar así". "¡Vamos a hacer la guerra, no es justo! Si no es por las buenas, es por las malas, ya nos cansamos del gobierno para los ricos", exclama enardecida Margarita González, una guerrerense avecindada en Neza, la capital del fraude desde que "tiraron toda la votación de Obrador, ahí, en Xochica."

Las mujeres amenazan con armarse al grito de "Conteo total o paro nacional", "El pueblo se cansa de tanta pinche transa", "Magistrados, traidores de la patria, ¿de cuánto fue el billete?". Banderas amarillas y carteles de "no al pinche fraude" ondeaban en lo alto.

A consecuencia de la noticia, un vendedor de pollos en un mercado de Neza, Adolfo Benítez, declara: "Huelga de pago de impuestos", y anuncia que boicoteará los centros comerciales y "no prenderá la tele".

"Tenemos que sonreír, qué más nos queda", dice a su familia un cuarentón que de tan triste pidió no ser entrevistado. "Necesito un café para calentarme el corazón, ahorita no puedo hablar."

En el campamento de Hidalgo, a un lado de un charco, unos campesinos intentan dibujar a AMLO con la dificultad de quien rara vez toma un lápiz. Una oaxaqueña que no aprendió a hablar español ("vengo a apoyar el foto *(sic)* por casilla",) mira atenta la película de Gandhi y escucha al actor de la cinta decir: "Donde no hay justicia hay que luchar, pero descarrilando trenes no vamos a lograrlo".

Como reguero de pólvora, en los campamentos se decreta la "alerta amarilla". La instrucción es no despegarse de las carpas. Otra orden es hacer la limpieza para que el Zócalo esté despejado si la policía viene por ellos.

"Vamos a ver qué nos dice AMLO y si se necesita una revolución, la hacemos."

En las cartas al editor de *Reforma,* Carlos Ochoa Aranda, de Tetlamaya, Coyoacán, envía una foto de Heberto Castillo con el siguiente mensaje: "Si uno de los fundadores del PRD, Heberto Castillo, viviera, seguramente se daría un balazo al observar a un partido que se llenó de ex priístas transas, un partido que López Obrador secuestró para designar y palomear a todo aquel que él quiera que ocupe un lugar en su organigrama. También se volvería a morir de mirar a gente que parecía honesta, como Pablo Gómez y Jesús Ortega, pero que ahora resultan lo contrario".

Jesusa, que tiene una obra teatral sobre el maíz y siempre ha luchado contra el maíz transgénico, me cuenta que cuarenta minutos antes del arribo de Fox a la Universidad La Salle, campus Nezahualcóyotl, un grupo de perredistas hicieron una manta amarilla con granos de maíz frente a la entrada: "Fox, a donde vayas escucharás 'voto por voto'". Cien campesinos escribieron con dos toneladas de granos de maíz "voto por voto" en el Parque Lira a cien metros de Los Pinos. Vaciaron cincuenta sacos para exigirle modificar su política relativa al maíz en el Tratado de Libre Comercio. De paso corearon: "Voto por voto, casilla por casilla", "Voto por voto, no al TLC". Arrojaron a la policía parte del maíz que sacaron de un camión. También escribieron: "Por la democracia y la soberanía alimentaria" en apoyo a una frase de campaña de AMLO.

AMLO DICE: "Este día, como es sabido, los integrantes del Tribunal Electoral determinaron rechazar nuestra demanda de abrir los paquetes y contar todos los votos emitidos el 2 de julio.

"¿Por qué sí abrir el 9 por ciento de las casillas y no cuando menos el 62 por ciento de las casillas que tienen los mismos errores y las mismas características?

"[...] No estamos acudiendo a una agencia del Ministerio Público, estamos hablando de un Tribunal que de acuerdo con la Constitución tiene el propósito de dar certeza al proceso electoral, un Tribunal para garantizar nada menos que la autenticidad de la democracia.

"No permitiremos la imposición, porque no queremos que se siga rechazando a los jóvenes en las universidades públicas por falta de espacio.

"Si permitimos que se imponga la derecha van a seguir sin revisar el Tratado de Libre Comercio, permitiendo la importación, la entrada libre de maíz, de frijol, para seguir golpeando a los productores del campo.

"[...] Por lo pronto sólo quiero preguntarles:

"¿Vamos a mantener la demanda del voto por voto, casilla por casilla?"

"Síiiiiiiii."

"¿Vamos a continuar con la resistencia civil pacífica?"

"¡Síiiiiiiii!"

"¿Nos vamos o nos quedamos?"

"¡Nos quedamos!"

"El pueblo es nuestro principal recurso. Tengamos mucha confianza, acuérdense cuando ocurrió el desafuero, fue algo parecido. Se pusieron de acuerdo arriba, decidieron destituirme, desaforarme, nada más que no pudieron porque el pueblo es mucha pieza y aquí estamos y vamos a seguir estando.

"Hay una frase con la que quiero terminar, una frase del presidente de México que más admiro, que todavía gobierna con su ejemplo, el presidente Benito Juárez. Decía: 'El pueblo que quiere ser libre, lo será'.

"Hidalgo enseñó que el poder de los reyes es demasiado débil cuando gobierna contra la voluntad de los pueblos.

"Vamos a triunfar."

DOMINGO 6 DE AGOSTO

En el Zócalo están que arden porque el TRIFE se negó a abrir todos los paquetes. Me enfrasco en una conversación con Rosa Nissan acerca de cuál es el papel del escritor. Para algunos es encender fuegos, echar a perder la tranquilidad y denunciar la hipocresía y la falsedad pero como lo hizo José Revueltas, porque ser didáctico o moralista no sirve de nada; para otros es hacerse ilusiones (como yo). Rosa alega que debería haber un lazo muy fuerte entre la ética y la política pero no lo hay. En primer lugar somos escritores pero también somos ciudadanos. Como escritores sólo somos hombres o mujeres comunes y corrientes. Si nos creemos la divina garza, allá nosotros. Siempre oí decir que José Revueltas sería mejor escritor si no le hubiera entregado su vida a la política, ¿pero podía hacer otra cosa? Rosa Nissan coincide: "Revueltas amaba demasiado a los demás, de ahí su compromiso". Recuerdo la frase de Louis de Broglie: "El que quiera salvar su vida, la perderá".

Mientras iba al Zócalo y veía la lluvia sobre el parabrisas, pensé en lo que hoy a medio día me dijo María Consuelo Mejía: "Elena, ya no sufras tanto, recuerda que tú tienes tu oficio: eres escritora". ¿Por qué entonces siento la derrota en carne propia si la política no es lo mío?

La democracia es libertad de expresión y libertad de palabra. Como la música, la democracia les pertenece a todos, alega Rosa Nissan. Todos somos políticos pero hay un problema fundamental: ¿es México una democracia? No, no lo es, nos cuentan cuentos.

Cuando nacemos hacemos un pacto para toda la vida. Lo firmamos a ciegas hasta el día en que nos damos cuenta de que no hemos llegado a la democracia. México no llega nunca. "Ni Calderón ni AMLO tienen la importancia que tú les das, lo que importa es México", insiste Rosa Nissan. "Ya no te preocupes, si las cosas no salieron ahora, organicemos bien a la izquierda para que gane en el 2012". Y luego concluye: "Cuando viajo fuera de México llevo mi patria adentro".

¿Qué significa paralizar el Zócalo contra la suerte de cincuenta millones de mexicanos en situación de pobreza?, reflexiono así como deduzco —luego de la plática con Rosa— que la verdad como concepto histórico no existe.

"¿Cuánto les pagan?", me grita Sandy Celorio. Nadie nos paga por defender el voto. ¿Cuántas manos de mexicanos dispuestas a ayudar al país están en el Zócalo? Por enésima vez me doy cuenta de que la agresiva es la riqueza; la pobreza es la que aguanta. Resuenan en mi cabeza todas las consignas escuchadas en los últimos días: "La voluntad de la mayoría es la cúspide de la democracia. Las modernas computadoras pueden enfermarse de una plaga: la corrupción". "No regresaremos a nuestras casas. Nadie nos va a parar." "El ratón loco anda suelto." "La voluntad de los ciudadanos siempre termina imponiéndose." "México tiene derecho a una vida mejor." "La voz de millones de mexicanos se hace oír en esta plaza, su eco resuena en todo México." "La esperanza es nuestra bandera, la esperanza lleva al triunfo, aquí todos somos triunfadores." "No hemos perdido la prudencia en un país que no cumple la ley." "A los mexicanos nos hace bien protestar, discutir, manifestarnos, tener valor civil, estamos ayudando a pensar, a legitimar, a vivir, con la ley en la mano." "La fuerza y los golpes técnicos son los puntales del fraude." "Mejor el odio real al amor hipócrita." "Estamos preocupados pero nos va a ir bien porque somos perseverantes." "Idealismo y realismo son nuestras banderas." "Somos la mejor gente, nunca vamos a retirarnos de la contienda." "El avance de nuestro país es enorme y estamos donde tenemos que estar." "Gastón Billetes, con mi voto no te metes." "Renunciemos a protagonismos encubridores de deficiencias personales." "Cientos de miles de vela-doras, una por cada ciudadano, ardieron aquí mismo en la Plaza de la Constitución." "La agresión israelí al pueblo libanés ofende al pueblo mexicano. Imposible meterse con un pueblo indefenso."

Jesusa arriesga a diario todo su (des)prestigio. Recibe las consig-nas, las quejas, las frases de apoyo, las críticas y supongo que se le llena el alma de piedritas. La verdad, nunca la he visto tan contenta ni tan apasionada. "Dejar la ciudad partida, grave error de AMLO." "La cultura debe empezar en las escuelas en todo el país: música, danza, teatro, computación, lectura, de abajo hacia arriba." "Go-bierno de los de abajo." "Hay que rediseñar todas las burocracias se-cretariales y eliminar los gastos suntuarios en vez de programas so-ciales." "Librar al país de una burocracia expansiva y voraz es lo primero."

Los que fundamos la izquierda ya valemos madre

Luis Sosa Pérez (según Arturo Cano), viejo dirigente sindical en-carcelado en trece ocasiones, la primera en 1959, cuando la lucha de los ferrocarrileros, asevera: "Hubo un tiempo en que nos sentía-mos muy entusiasmados porque llenábamos el Teatro Lírico, y aho-ra mire, llenamos el Zócalo, ésta es una lucha de masas. [...] Esto se ha multiplicado tanto que los que fundamos la izquierda ya valemos madre, y esto ya ni los líderes lo pueden parar".

Deud Malacón, de Campeche, es de los que creen que "tienen que venir acciones más radicales". Y a su lado el abogado Javier Hernández asegura que este movimiento no se va a desgastar por-que tiene muchas reservas. "El martes llegan varios camiones de Campeche y vamos a recibirlos. Si le tiran al desgaste se equivocan."

Doña Silvia Montero de la Cruz, jalisciense madre de diez hi-jos, lleva una semana en el plantón. "Ahorita están conmigo cuatro de mis hijos y una nuera, pero nos vamos turnando. Mis hijos y yo tenemos la convicción de que sólo un cambio real, verdadero, pro-fundo, puede traer un mejor futuro para nuestros descendientes."

Habría que mirarle a los ojos cuando dice la frase anterior, sin asomo ninguno de demagogia. Igual que cuando completa: "Estoy consciente de que la resistencia civil es algo que a veces crea mártires y no me importa".

El "¡voto por voto…!" no para. Rayo de Esperanza, el luchador que encabeza el ayuno, esgrime su rayo amarillo de madera. Se alzan pancartas con López Obrador cruzado por una banda tricolor. Una mujer que representa a la democracia es "crucificada". Cantan el Himno Nacional. Desde la calle llegan bocinazos en pro y en contra de los manifestantes. Al menos aquí los lopezobradoristas aún creen en el milagro del conteo total. Quienes escuchan la sesión en la radio piden silencio. "Se recontarán 11 398 casillas", dice el locutor.

Estalla la ira. Los manifestantes vociferan pegados a la reja, les tiembla la mandíbula, se les desorbitan los ojos, quedan roncos y luego afónicos. Deliran de rabia cuando los magistrados caminan por la explanada del Tribunal, del otro lado de la reja a diez metros de distancia. Los alaridos arrecian: "¡Qué poca madre!", "¡FECAL no pasará!", "¡Vendidos!", "¡Traidores!"… Instantes después Serrano ordena bloquear los seis accesos al Tribunal y adelanta la futura radicalización de la resistencia civil. Más tarde se permite la salida del inmueble al personal y a reporteros.

Las voces se enciman y los gritos de rabia también. "El Tribunal Electoral rechaza contar voto por voto. Sólo ordena el recuento en 11 839 casillas. La mayoría de las casillas que se abrirán se encuentran en Baja California, Tamaulipas, Sonora, Chihuahua, Nuevo León, San Luis Potosí, Aguascalientes, Veracruz y el Estado de México." "El fraude está en las actas" solloza una mujer. "El conteo rápido es ya el fraude." Se escucha un grito: "Manipulación, mas no la alteración de las cifras". "La encuesta de salida fue favorable y ahora nos hacen esto." "Calderón dio la cifra con la que iba a ganar y acertó. Hicieron un modelo y administraron la llegada de las cifras." El griterío se hace más fuerte y sólo alcanzo a escuchar la frase "manipulación de los paquetes". "Nunca el puntaje de Calderón es mayor, sin embargo, le regalan 1.04 por ciento de ventaja. Si abrimos los paquetes vamos a ganar." "Voto por voto, casilla por casilla; 50 mil casillas impugnadas de 130 mil casillas." "Obviamente se trata de una elección fraudulenta." "Calderón no se puede reconocer; hay que seguir luchando. Moralmente no podemos aceptar esta elección." "Está de por medio la estabilidad política, lo mejor es la transparencia." "Patricia Mercado tiene 1.7 por ciento, Campa 1.2 por ciento. El fraude está en las actas." "Lo más importante es cuidar que ya no le sigan metiendo mano a los paquetes", y una petición humorística dentro de la furia reinante: "No saquen al voto de sus casillas".

Agenda ciudadana

En *Reforma*, Lorenzo Meyer dice que la batalla electoral pone a las capas populares a organizarse políticamente para influir en la agenda nacional. "Si el movimiento de AMLO no se descarrila, podría ser un peligro para la derecha. Lo que está ocurriendo en México no puede caracterizarse como política normal. Un sector de las capas populares que sin ser mayoría es muy numeroso se ha politizado muy rápidamente. Se resiste a volver a las márgenes del sistema del poder y está desafiando pacífica pero consistentemente un orden que todos los indicadores disponibles de distribución de ingresos, de desarrollo humano y el de sentido común, muestran que redunda en un beneficio exagerado e ilegítimo de los pocos en detrimento de los muchos. Es posible que la energía política de las clases llamadas peligrosas y hoy populares no hubiera emergido a la superficie si la campaña electoral se hubiera conducido de una forma menos dura y parcial. Claro que sin esa parcialidad, es posible que el 2 de julio la derecha ni siquiera hubiera tenido la pequeña ventaja de medio por ciento que finalmente alega haber tenido. La campaña electoral real duró años y nunca se llevó a cabo en condiciones de equidad. Se desarrolló en un terreno donde el presidente y otros actores impidieron el juego limpio. Para empezar, en el 2003, las dos fuerzas dominantes en el Congreso Federal, el PRI y el PAN, decidieron dar forma a una directiva del Instituto Federal Electoral

(IFE) 'a modo'. En efecto, de los nueve consejeros encargados de dirigir la institución, cuatro lo fueron a propuesta del PAN y cinco del PRI, incluido el consejero presidente. Poco importó a los diseñadores de este consejo, entre ellos y notablemente Elba Esther Gordillo, la marginación del PRD de este proceso. Tampoco importó que la experiencia en materia electoral de algunos consejeros fuera nula, que su cercanía con las cúpulas de los partidos que los propusieron fuera mucha e incluso que uno de ellos simplemente no tuviera el grado universitario exigido por la ley."

Jesusa Rodríguez anima a la multitud que se agolpa en las mamparas que bordean el templete. Dicta consignas que todos repiten a voz en cuello, los que llegaron del norte, los que vinieron del sur. Muchos ni siquiera conocían la capital y la descubren. Rodean el templete para ver a su líder. Ondean banderas, las voces de "¡voto por voto!" se enardecen, el grito resuena en el Zócalo y los automovilistas tocan la bocina: "Mé-xi-co, Mé-xi-co". "¡Llueve, llueve, el pueblo no se mueve, llueve, llueve, el pueblo no se mueve!" Y no se mueve. Los paraguas son hongos negros bajo el cielo.

Faltan 900 mil boletas

Jesusa anuncia a López Obrador quien sale de su tienda y el aplauso llena la plaza. Miles de voces corean "pre-si-den-te".

"Es notorio que no estamos de acuerdo con la decisión del Tribunal", y los paraguas responden al únisono "¡no!" La multitud corea "voto por voto, casilla por casilla". Andrés Manuel advierte que faltan 900 mil boletas. "¡Fraude, fraude!", Pregunta que si continúa la exigencia del voto por voto, casilla por casilla. "¡Ni un paso atrás, ni un paso atrás!"

La gente parece atrapada. Espera. "¡Felipe, entiende, el pueblo no te quiere!", repite una y otra vez. También los automovilistas que dan la vuelta al Zócalo apenas se mueven, las ventanillas abiertas a pesar de la lluvia.

Otros se quedan bajo las carpas por aquello de la gripa. Jesusa vuelve a gritar consignas y empieza la música. Algunos se meten a su tienda de campaña a oír la entrevista que le hizo Brozo a López Obrador. Casi todos los campamentos tienen tele y licuadora y absolutamente todos una radio que sólo apagan a las siete de la noche. Entre las miles de pancartas destaca una: "Ugalde, hijo de tu pinche madre".

Si en el Zócalo todos mueren de coraje porque sólo se abre un porcentaje pequeñísimo de casillas, para otros la decisión del TEPJF de aceptar el recuento de votos en 11 839 casillas en 149 distritos —lo que implica la revisión de cerca de 4 millones de votos— es hacerle el juego a la Coalición por el Bien de Todos que no se lo merece. ¿Por qué hacerles caso a esa chusma? Los votos ya se contaron y se contaron bien.

Jesusa grita: "Voto por voto, casilla por casilla, los tambores puntean nuestra indignación". "México no está polarizado, México está encabronado." "Si no se cuentan los votos siempre quedará la duda." "A muchos que iban a votar por AMLO les dijeron que las boletas estaban empapadas y ya no servían y se les impidió votar. Este fraude se hizo en contra de la gente pero ahora es el agua la que está ahogando al PAN." "Con López Obrador están los trabajadores, los empresarios defienden sus negocios." "Ya es hora de que les toque a los de abajo." "El sur y el norte son hermanos que caminan de la mano." "Si no hay democracia no hay estabilidad." "El fuego de López Obrador será cada vez más. Todos somos réferis, todos somos jueces, todos queremos elecciones limpias." "La lucha va más allá de AMLO, la lucha es nuestra. Nuestro movimiento social pacífico es el futuro de nuestros hijos. México, levántate. No hay dos Méxicos, el del sur y el del norte, y no permitas que te dividan. Hay un solo México profundo, el de los que estamos aquí diciendo la verdad." "No es cierto que la sociedad esté dividida, nosotros somos un volcán imposible de apagar. Cerremos filas, démonos la mano, ésa será nuestra válvula de escape porque no tenemos miedo. Cada uno de nosotros es un peligro. A ver, vengan por nosotros." "Un líder como AMLO aparece cada cien años." "La muerte del derecho es la muerte de nuestros hijos." "México no puede estar al servicio del gran capital." "La elección no fue limpia, vamos a seguir luchando por nuestros principios." "No somos rebeldes sin causa, nuestra causa es la de la justicia." "Queremos legitimidad. Andrés Manuel, por todos los motivos." "Hildebrando está cubierto de pilares de oro y plata, romperemos un pilar para ver toda la caca." "Son sólo 233 mil votos de diferencia, pero 42 millones 385 mil dudas." "El Consejo Coordinador Empresarial gastó 280 millones de pesos en desprestigiar a AMLO." "El SNTE metió mil y tantos millones. La derecha con miedo es peor que la derecha con odio porque con miedo hacen las guerras. El miedo es la base para que se dé una dictadura."

Jesusa es la menor de ocho hermanos Rodríguez Ramírez Gama, hijos de doña Jesusa Ramírez Gama y del médico neumólogo Isidro Rodríguez. Nació el 3 de noviembre de 1955 (podría ser mi hija porque Mane, mi hijo mayor, es del 7 de julio de 1955, o sea que Mane le lleva cuatro meses). Los ocho hijos son Enrique (Kiko), Luis, Eduardo, Alberto, José Manuel El Caníbal, que es al que mejor conozco, Marcela, la compositora, Gabriela y Jesu, la más creativa, la inventora de todos los juegos, la líder de la familia.

Jesu es como ella sola y físicamente es un poco como yo, así xocotita, aunque más altita y digo altita porque no me saca mucho y se peina como Jesusa Palancares y como Tina Modotti con la raya en medio y jamás volverá a cortarse el pelo ni a dejar de vestirse de huehuenche. Ya para siempre así, es como ella sola. La conocí hace veintiséis años cuando actuó en la obra de Silvia Plath *Vacío*, dirigida por Julio Castillo, con Isabel Benet en el Foro Sor Juana Inés de la Cruz. Luego supe que ella movía con sus manos los títeres de Hugo Hiriart en *Minostastás* (nadie podía verla a ella, ni siquiera a la hora de los aplausos) y le dije a Octavio Paz que viéramos la obra. De ahí a seguirla a su show nocturno en El Fracaso a un costado de la Plaza de la Conchita donde vivía Sergio Pitol no hubo más que un paso y lo di con la ayuda de Guillermo Haro que festejaba todas sus ocurrencias. Después de muchos años de giras por Europa y Estados Unidos con el *Don Giovanni*, de Mozart, el *Macbeth*, de Shakespeare, y las obras de Marguerite Yourcenar, abrió El

Hábito en el llamado feudo de Salvador Novo con Liliana Felipe y dieron trescientos veinte espectáculos. Resucitaron a Chavela Vargas y le rindieron homenaje a Pita Amor, a Cachirulo, a las hermanas Landín. El Hábito se convirtió en una gran central de energía. Convincente a más no poder, Jesusa dice verdades de a kilo y les abre la conciencia a muchos.

Un atardecer en el Zócalo, alguien le gritó desde el público: "Jesusa, ¿cuándo te casas?", y ella respondió sin más: "Estoy casada desde hace veintiséis años con una mujer que se llama Liliana Felipe y soy muy feliz". No hubo ni asomo de homofobia.

La consagración de la impunidad

La chusma, como la llaman los poderosos, no ceja. Aunque se muera va a permanecer en el Zócalo, mantener la propuesta del conteo voto por voto, casilla por casilla, incrementar los actos de resistencia civil y vigilar los 149 distritos.

Porfirio Muñoz Ledo grita a voz en cuello que lo único que contó para los magistrados fue la cuestión aritmética, contar los votos en las urnas sin importar su origen o si fueron inducidos por actos ilegales. "Es la consagración de la impunidad del gobierno y los partidos, es la ruptura del orden jurídico", según Gil Olmos de *Reforma*.

"La ciudadanía no es patente de corso. Hubo evidencias de una gran mayoría de ciudadanos de buena fe, pero hubo otros que fueron los primeros que se inscribieron dentro del orden alfabético, que obedecieron a consignas. Eso ha sido probado porque hay casillas, sobre todo en el Bajío, en donde más del 60 por ciento de los representantes de casilla, seguidores de Elba Esther Gordillo, son maestros sindicalizados."

El TEPJF anuncia que sólo contará el 9 por ciento de las casillas porque la Coalición por el Bien de Todos sólo impugnó doscientos treinta de un total de trescientos distritos electorales. López Obrador condena la resolución. "Ante esa respuesta del Tribunal la resistencia civil continuará."

La decisión del TRIFE cayó mucho peor que la granizada y veo miradas dolidas o enardecidas en casi todos los rostros. ¡11 938 casillas! ¡Se recontarán 11 938 de casillas! ¡Cuánta capacidad del gobierno de México para lastimar a su gente! Desde el templete habla Rosario Ibarra de Piedra quien sabe conmover a sus oyentes a tal grado que se hace un silencio total en el Zócalo al que han acudido hombres, mujeres y muchos ancianos. Todos están indignados. Después, ya con la presencia de López Obrador, hablan Alberto Anaya del Partido del Trabajo, Dante Delgado de Convergencia, y Guadalupe Acosta Naranjo, secretario general del PRD. De los tres, quien mejor habla es Dante, pero los tres aseguran que organizarán actos de protesta en todo el país, la lucha sigue y ellos van a encargarse de que no haya desgaste y sobre todo ninguna fisura entre los partidos de izquierda (¡eso sí que es difícil, si no es que imposible!). Nadie se va a rendir. La duda vive, la lucha sigue. La verdad yo estoy triste. Me la he vivido haciendo ilusiones, las dulces ilusiones de un amor que ya se fue, como versa la canción. Andrés Manuel es muy fuerte, dice que nosotros lo fortalecemos. No me siento capaz de fortalecer a nadie, pero en fin, seguiré haciéndome las ilusiones. Mamá, si allá donde estás supieras la falta que me haces, regresarías. Rezo bajito, "que todo esto tenga sentido", que no lo barran mañana las escobas de vara, que siga yo oyendo el ruido de los huesos. Quisiera que se me apareciera José Martí (que AMLO cita a cada rato) porque ese leve gorrión, ese hombre sincero de donde crece la palma, siempre me gustó sobre todo porque dijo que todo un pueblo puede tener la dignidad de un solo hombre: "Cuando hay muchos hombres sin decoro hay siempre otros que tienen el decoro de muchos hombres. Ésos son los que se rebelan con fuerza terrible contra los que les roban a los pueblos su libertad, que es robarles a los hombres su decoro. En esos hombres van miles de hombres, va un pueblo entero, va la dignidad humana".

En su arenga, Dante copia a Andrés Manuel López Obrador. Pregunta y pregunta: "¿Están de acuerdo en intensificar las acciones de resistencia civil pacífica?" Si alguien dijera que no, capaz que lo linchan allí mismo. "¿Están dispuestos a hacerlo?", grita Dante. De nuevo machaca su pregunta. "¿Vamos a hacerlo juntos?" "¡Síííííí!" responden. "No se oye, más fuerte." Me dan ganas de ahorcarlo. ¿Por qué nos trata con ese paternalismo? O será que estoy triste. Después habla Guadalupe Acosta Naranjo también a gritos. ¿Por qué gritan los políticos? ¿Qué no ven que estamos lastimados? ¿No se dan cuenta de que todo nos duele? Guadalupe Acosta Naranjo es más prudente: "Esto apenas comienza. Quienes pensaron que el Tribunal tenía palabras mágicas y que a partir de su veredicto la gente iba a decir: 'Bueno, ya me voy para mi casa porque ya decidió el Tribunal Electoral' están muy equivocados. No nos conocen, vamos a engrandecer este movimiento, vamos a ser todavía más fuertes y vamos a ganar la democracia para este país". Alberto Anaya del PT insiste en que López Obrador es el próximo presidente de la República y todos aplauden "pre-si-den-te, pre-si-den-te".

AMLO DICE: "No queremos un diezmo de democracia, queremos el 100 por ciento de democracia.

"[…] Sé muy bien lo que están sacrificando. Hace una semana nadie estaba preparado para quedarse y sin embargo muchos se quedaron.

"[…] La política, a diferencia de lo que piensan algunos, es un noble oficio, pero también implica optar, decidir entre inconvenientes. Hemos escuchado atentamente las críticas y los cuestionamientos que se nos han hecho, incluso por parte de amigos cercanos, de intelectuales y de ciudadanos que apoyan nuestro movimiento y que votaron por nosotros, pero que no están de acuerdo con algunas de nuestras acciones de resistencia civil, en particular con que se hayan instalado campamentos desde el Zócalo hasta el emblemático Paseo de la Reforma. Quisiéramos que entendieran nuestras razones, somos respetuosos de la opinión de todos los mexicanos, porque la esencia de la democracia es la tolerancia y la libertad de expresión. Sólo en el autoritarismo se cancela en la práctica el derecho a disentir de los ciudadanos.

"[...] Estamos cerrando calles que, por cierto, en el nombre llevan la historia de justicia y de lucha, todo lo que ha significado en nuestro pueblo el que haya libertad, el que haya justicia.

"Una calle se llama Francisco I. Madero, apóstol de la democracia. ¿Qué no lo veían los aristócratas de entonces como un subversivo, un rebelde cuando convocó a luchar en contra de la dictadura porfirista? ¿No lo encarcelaron y condenaron su movimiento? Sin embargo, una de las calles más importantes de la capital y muchas de las calles más grandes del país llevan su nombre. El luchador por la democracia.

"Otra calle lleva el nombre de Benito Juárez. ¿Qué no resistieron Juárez y los liberales todos los embates de los conservadores? ¿Y no resistió la intervención francesa que muchos mexicanos aplaudían? Siempre lo hostigaron y tuvo que irse a la frontera norte en un peregrinar para sacar adelante la lucha de la República, para hacerla valer y para hacer valer nuestra independencia nacional.

"[...] No nos han dejado nuestros adversarios otra opción.

"[...] Si no hay una transformación profunda en todos los órdenes de la vida pública de México, si no logramos un cambio verdadero, no habrá patria para todos, no habrá patria para el humillado, seguiremos siendo un país de unos cuantos y se seguirá cancelando un futuro digno a la mayoría de los mexicanos.

"Se equivocaron quienes nos aconsejan que nos portemos bien, que no echemos por la borda nuestro capital político. Nos dicen: 'Miren cómo avanzaron, tienen ahora no sé cuántos diputados, senadores, creció mucho la Coalición por el Bien de Todos, hay que cuidar ese capital político'.

"[...] De una vez también les decimos a nuestros adversarios que pase lo que pase, aunque andan zopiloteando, queriéndose quedar con la industria eléctrica y el petróleo, no lo vamos a permitir.

"[...] Los poderosos han desatado por esa razón una campaña de desprestigio como hace mucho tiempo no se veía en nuestro país, han alimentado el clasismo, el racismo y la intolerancia, inventaron la leyenda de que somos un peligro para México.

"Hablan de la chusma, de los nacos como si hubiera seres humanos de sangre azul o mexicanos de primera y de segunda. Han hecho, aunque hipócritamente lo oculten, del color de la piel y del desprecio por los pobres y los de abajo su causa mayor.

"Después de 1996 o 97 comenzó una apertura en los medios de comunicación, porque antes ni pagando querían transmitir los mensajes del PRD, se inició un periodismo más libre, más independiente, más distante del poder y más cercano a la sociedad.

"[…] Que nadie se confunda y que se entienda bien. Nuestro movimiento combina al mismo tiempo la humildad con el orgullo, somos muy orgullosos.

"[…] Pensemos muy bien que estamos luchando por nosotros y por las nuevas generaciones, por los que vienen detrás de nosotros. Vamos a limpiarles el camino a nuestros hijos, a nuestros nietos. Vamos a desbrozarles el camino para que no tengan que padecer ni que sufrir.

"[…] ¿Están de acuerdo en que mañana hagamos la asamblea en el Tribunal?

"[…] Miren, ¿saben cuál es nuestro principal recurso, el fundamental recurso? Es el pueblo.

"[…] Por eso lo mejor es que cada quien se haga responsable de enterarse cuando haya una actividad que invite y que corra la voz y que estemos todos siempre atentos y participando.

"Vamos adelante, ¿tienen esa convicción?"

"¡Síííííííííí!"

"[…] Aunque me quedara solo pero con la convicción de que estoy luchando por una causa justa, lo haría con tozudez, defendiendo mi manera de pensar.

"[…] ¿Saben qué les digo? Soy muy fuerte porque me siento bien con mi conciencia, me siento bien con el prójimo, me siento bien conmigo mismo.

"Y como decía el liberal Ponciano Arriaga: 'Mientras más me golpean, más digno me siento'.

"O como decía otro liberal, Melchor Ocampo: 'Me quiebro pero no me doblo'."

"No estás solo, no estás solo, no estás solo", responde la multitud.

I. LA DECISIÓN

LUNES 7 DE AGOSTO

Si olvido el gafete no tengo que preocuparme demasiado porque los guardianes gorditos futboleros, detrás del templete, me dejan pasar y algunos hasta me sonríen. Cuando llego cargada como burro también ayudan. Hombres y mujeres me entregan cartas, bolsas de plástico con tortillas, medicinas (ninguna ha caducado, advierten), salchichas, un cuarto de jamón, cinco latas de atún sin aceite, dos botellas de aceite Capullo, una colchoneta, almohadas, tres cobijas, un bolsa de dormir, un poema enmarcado en un cuadro, unas tabletas de chocolate (y me aseguran: "Quitan el frío"), leche evaporada, saquitos de arroz y de frijol negro. "Cuídelo mucho, no vaya a dejarlo solo, no se vaya usted a ir, no vaya a abandonarnos, la necesitamos." "Cuídelo mucho, no lo vayan a matar."

Tengo ganas de decirles que yo también soy huérfana, pero sólo puedo pensar en lo que me contó Jesu. Cuando un viejito en el plantón supo que no iban a recontarse todos los votos, fue a buscarla al templete: "Es que no les importamos", lloró.

Tiene razón.

En *Reforma* aparece una foto de Andrés Manuel que habla de los *rich and beautiful:* "Han hecho, aunque hipócritamente lo oculten, del color de la piel y del desprecio por los pobres y los de abajo su causa mayor".

¿Se equivoca AMLO? La discriminación va por el camino del dinero, ese poderoso caballero. Un prieto como un zapote tiene el color de su dinero, el verde dólar lo reivindica. Jesusa Palancares decía: "Si yo tuviera bienes, sería mexicana, pero como soy pobre, el perro me echa una miada y sigue adelante".

Pabellones despoblados y un AMLO que no tiene límites

Para los que están en contra del plantón, la toma del Centro de la ciudad y del Paseo de la Reforma es lo peor que podría habérsele ocurrido a AMLO, porque lastima a la gente que pretende defender. Para Jesús Silva-Herzog Márquez, "es un durísimo golpe a sus aliados". "Ahora sí que me arrepiento de haber votado por él", me dicen antiguos partidarios de AMLO. Para él: "Los campamentos no muestran rebosantes legiones de simpatizantes sino pabellones despoblados, unos cuantos partidarios dispuestos a desquiciar el día de miles. Evidentemente ésta no es una intimidación eficaz contra los miembros de la corte electoral. No es tampoco un desafío serio a los panistas. Se trata de una puñalada en la espalda al gobierno perredista del Distrito Federal, una agresión del movimiento lopezobradorista contra el partido que lo postuló."

En *Reforma,* Germán Dehesa, quien ayudó en forma definitiva con su entrañable columna a salvar al sufrido Estado de México de las garras de Arturo Montiel, pondera: "AMLO, lo sabemos, no conoce límites y vive además con la comodidad de saber que no hay, por lo pronto y a la vista, alguien que le marque, le señale, le imponga esos límites. Por su parte, Calderón cayó en una suerte de estupefacción de la que aún no sale, más que para hablar con patético maniqueísmo de los violentos y los pacíficos y para señalar que se respetarán las decisiones del Tribunal. Ése es todo su discurso".

Platico con un mensajero de tienda de abarrotes, Ramón Solís Herrera:

—Si no va a su trabajo, ¿no corre el riesgo de que lo despidan?

—Claro, pero me importa mucho escuchar a AMLO a las siete y por eso salgo antes de la ferretería. Voy a pedir cambio de turno.

—¿Y su patrón qué dice?

—Dice que AMLO es un imbécil y que yo soy otro.

—¿Y no le contesta?

—Me tengo que aguantar hasta encontrar otro trabajo y no me importa si no lo encuentro fácil, estoy dispuesto a correr hambre. Aquí les traigo tortillas y comida a los de los campamentos más necesitados. ¡No quiero tener más años de PAN, el país no podría aguantarlos, ya ve cómo nos fregó Fox!

Según *Reforma,* los diputados y senadores de la Coalición por el Bien de Todos sólo visitan el plantón de día y se van a dormir a su casa. Otros se bañan en hoteles. Durante el día permanecen en las carpas y aportan dinero a su campamento pero algunos reconocen que no pueden hacerlo porque se lo gastaron en sus campañas. Tonatiuh Bravo alquiló una habitación para que se bañen y la pagan entre todos. Lo mismo sucede con restaurantes cercanos. Los senadores tienen la obligación moral de apoyar el plantón, declaró la senadora tlaxcalteca María del Carmen Ramírez.

Javier González Garza: coordinador de la bancada perredista

En el Zócalo me topo con El Güero, como le dicen a González Garza, a quien conocí en el 68 y volví a encontrar encima de los escombros de un edificio en la colonia Roma en el terremoto de 1985.

"Vengo de la izquierda de toda la vida, desde el 68. Fui nombrado coordinador de los diputados de la fracción parlamentaria del PRD. Tengo dos campamentos, uno en la glorieta de Colón, el de la delegación Gustavo A. Madero, y otro en el distrito 2 en la Lindavista, frente al comité distrital.

"Tenemos instalaciones para información y discusión política en las que hacemos eventos culturales. El día de ayer, Paco Ignacio Taibo II nos dio una conferencia sobre Hidalgo. Me han emocionado las conferencias sobre los muralistas: Rivera, Orozco y Siqueiros. Nuestra radio local es Radio Libertad. [...] Tengo mucha experiencia en movimientos sociales y hoy nos acusan de lo mismo que nos acusaban en el 68: de no aceptar la ley cuando los que la violan son otros, de no ser institucionales cuando los que han roto la institucionalidad son ellos."

El caballo de huacales

Además de su maravilloso caballo de huacales, Rolando de la Rosa encimó hace años el rostro de Marilyn Monroe sobre el clásico retrato de la Virgen de Guadalupe. Al día siguiente, las autoridades no sólo quitaron el cuadro que colgaba de uno de los muros del Museo de Arte Moderno sino que corrieron al director Jorge Manrique.

Hoy, Rolando nos da el caballito de Troya de huacales que apareció hace más de un año cuando la gran manifestación del desafuero. Es su mejor obra. Galopa todos los domingos sobre sus piernas de madera para llegar al templete y convertirse en símbolo de la resistencia. Y del ingenio popular.

"Tómense de la mano", ordena Jesusa como general de división; lo hacen desde el Zócalo hasta la Fuente de Petróleos. "Estas manos unidas son el símbolo de nuestra fuerza." "Ésta es la cadena humana que protege a Andrés Manuel." "Inviten a los que vayan pasando." A veces pienso que ese nombre de Jesusa no es en vano, porque al rato Jesusa dirá el Sermón de la Montaña y repartirá panes y peces. Sólo que ahora ya no es Jesús sino Jesusa. Me conformo con ser su María Magdalena.

Hay que saber ganar

Carlos Montemayor opina sobre el Tribunal: "En la democracia hay que saber perder. Pero también, y sobre todo, hay que saber ganar. Particularmente en México, donde el poder político ha formado parte del patrimonio privado de pequeñas familias revolucionarias, económicas, o de la transición democrática. Estas familias no aprenden a perder. Pero aun reteniendo el poder, no han aprendido a ganar. En la democracia, aprender a ganar significa aceptar resultados de comicios donde no haya la menor sombra de duda.

"En el México de 2006, aprender a ganar debería significar que el recuento de voto por voto fuese la mejor manera de confirmar cuál fue verdaderamente el voto ciudadano. De lo contrario estaríamos obligando a los ciudadanos a creer que el que gana tiene que hacerlo como sea, sin demostrar hasta el último instante que ganó. También estaríamos proponiendo que el perdedor tiene que aprender a perder como sea, sin que le demuestren que efectivamente perdió.

"La desconfianza que los mexicanos tenemos en el Poder Judicial es inmensa. Desde los jueces de primera instancia hasta en ocasiones la Suprema Corte de Justicia (caso de la reciente extradición de seis ciudadanos vascos), las resoluciones suelen apartarse de la ley y someterse a intereses de autoridades políticas o de grupos económicos. Mal comienzo sería el nuestro si los magistrados del Tribunal Electoral no se dieran la opción de actuar conforme a la ley, sino conforme a la presión o negociación política.

"[...] La ley es incómoda cuando se aplica y cuando debemos someternos a su lógica. Pero más peligroso es favorecer la consolidación de un poder que se acostumbre hoy y mañana a no tener ley.

"[...] La presión social tiene su espacio. Las leyes, si las queremos efectivas, también. La negociación política es un camino más corto de solución. El derecho es un camino más largo y técnicamente más complejo, y quizá tedioso para muchos. Pero es más seguro para civilizar a los poderes económicos y políticos que suelen enseñorearse de México."

AMLO DICE: "La transformación del país es nuestro objetivo superior.

"[...] La Constitución de 1824 es el fruto de la lucha de la Independencia de nuestro país. La Constitución de 1857 es también fruto del movimiento de los liberales para hacer valer reformas fundamentales en nuestro país. Y la Constitución de 1917 es el fruto de la lucha del pueblo de México por la justicia y por la democracia, por esas dos grandes demandas: sufragio efectivo y justicia social.

"No son nada más los votos, es que en cada voto hay un ciudadano, hay un ser humano esperanzado para que haya justicia en nuestro país, eso es lo que estamos defendiendo.

"Vuelvo a hacer el llamado a los magistrados, todavía es tiempo para rectificar. Dicen que nosotros no respetamos a las instituciones. Yo quiero aclarar que no estamos en contra de las instituciones, estamos en contra de quienes tienen en sus manos a las instituciones y no han sabido actuar con rectitud, con patriotismo, a la altura de nuestro pueblo.

"No nos vamos a rendir. Nuestros adversarios apuestan a nuestro desgaste y se equivocan. Lo dije ayer, lo repito ahora: no nos vamos a cansar de pensar y de actuar como somos, ese cansancio no se va a presentar en el movimiento. Puede haber cansancio físico, pero no nos vamos a cansar de ser como somos.

"Para los que nos acusan de intransigentes, les decimos que den a conocer, así como están dale, dale y dale con lo del Paseo de la Reforma, que den a conocer así, dale, dale y dale, que le ofrecimos al candidato de la derecha que si aceptaba el recuento de todos los votos y si el resultado lo favorecía nosotros íbamos a aceptar ese resultado y se iban a terminar las movilizaciones.

"Pero ¿qué respuesta hubo? Nada, absolutamente. Porque anda ahí de cínico diciendo que ganó. ¿Por qué, si dice que ganó, se niega a la transparencia? El que nada debe, nada teme. No tiene autoridad moral. Bien lo decía ese gran presidente Benito Juárez: 'El triunfo de la reacción es moralmente imposible', y parafraseando a Juárez podemos decir: 'El triunfo de la derecha es moralmente imposible'."

II
LLAMADO A MI PUERTA

Martes 8 de agosto

¿Por qué estoy en esto? ¿Cómo empezó todo? ¿Por qué sigo en esta parrilla de carbones ardientes? El domingo 3 de abril de 2005, el candidato de la izquierda, a quien apenas conocía a no ser por *La Jornada,* llamó por teléfono: "Quiero verla ahora. ¿Puedo ir a su casa? Somos vecinos". Eran las diez de la mañana. Me asusté y de inmediato llamé a Mane y también a Jesu. Sonó el timbre de la casa. Tardé en abrir y allí parados en la puerta estaban juntos y sonrientes Mane, mi hijo, y Andrés Manuel, los dos con el mismo pelo entrecano. A los diez minutos llegó Jesu y nos sentamos en los sillones amarillos de la sala. Nadie quiso café, lo cual agradecí porque de la emoción lo habría tirado.

—Quiero que me ayude en lo del desafuero.

—¿Yo? Pero si no sé ni organizar mi casa.

Imposible adivinar que a partir de ese domingo cambiaría mi vida.

Andrés Manuel López Obrador jamás sospechó que un año más tarde, Jesusa, sentada allí con su huipil y su calzón de manta, sería figura clave en la resistencia civil. Contrariamente a lo que suele suceder, Jesusa casi no habló. Mane y Andrés Manuel sí. Mane le dijo que le parecía importante que pintara su raya en los casos de Bejarano y de Ponce. "Expreso lo que todo mundo piensa. ¿Cómo es posible que usted no supiera qué hacían sus colaboradores más cercanos los fines de semana? ¿No debía tenerlos a la mano para cualquier emergencia? ¿Es normal que Ponce volara a Las Vegas cada fin de semana a jugarse los sueldos de los mexicanos y saquear el erario? ¿Por qué no aclarar este asunto de una vez por todas?" AMLO

139

reiteró lo que viene diciendo desde el momento del escándalo: no controla a su equipo en los días de asueto. ¿Una ama de casa no se da cuenta de que su cocinera le roba los domingos? Puede suceder. "Sé que este asunto molesta mucho a la opinión pública", respondió pero no fue más allá. Jesusa parecía de piedra. Desde luego, compartí la preocupación de Mane. Cuando por fin se despidió (Nico y el coche blanco esperaban en el empedrado de la Plaza Federico Gamboa) le pregunté a Jesu: "¿Y ahora qué hago?" "No te preocupes, no ha de ser tan difícil."

Pero sí fue difícil. Me vi envuelta en una frenética actividad que podría resumir en el verbo *hablar*. Había que estar lista a las siete de la mañana, bañada y desayunada y seguirla durante todo el día hasta caer redonda. Jamás regresamos Chaneca y yo sino a media noche. Chaneca pidió licencia en *La Jornada* y empezamos a girar como pirinolas en compañía de José Agustín Ortiz Pinchetti (a quien quise de inmediato) y sus dos secretarias: Amelia Bianchi y María Teresa Carrasquedo, cada una con tres celulares; Martí Batres y en dos ocasiones Teresa Juárez, viuda de Heberto Castillo. Nos reuníamos en la calle de Ámsterdam, oficina de Ortiz Pinchetti. En la madrugada salíamos a hacer eso que a mí me resulta difícil: hablar en público. Sé escuchar, pero hablar frente a mucha gente me cuesta. Mi madre era tímida y se lo heredé. Supongo que serlo a los setenta y cuatro años es una limitación imperdonable. Hablar, hablar, hablar, no se me da. Chaneca en cambio estaba a sus anchas porque aprendió a mandar hace años.

A las ocho en punto, después de haber tomado una taza de café bien negro entrevistamos a tranviarios, pequeños empresarios, senadores en huelga, magistrados, petroleros, electricistas, estudiantes, rectores, médicos y enfermeras, cineastas, comerciantes, vendedores de frutas y verduras, jefes delegacionales, amas de casa y hasta transeúntes, porque una mañana tuve que pararme como merolico frente a la puerta principal de Palacio Nacional para arengar, llena de vergüenza, a quienes iban pasando. Gracias a Dios, Martí Batres es un gran orador y le hacen rueda, pero escuché a una señora de mandil comentar entre dientes: "Par de güevones, pónganse a trabajar".

El 26 de abril de 2005, AMLO conoció una victoria sin precedente cuando más de un millón de personas reunidas en el Zócalo
lo apoyaron contra el desafuero. El gobierno dio marcha atrás.

A raíz del triunfo, una semana más tarde, cuando sentadita al
lado de la bugambilia pergeñaba las primeras páginas de una novela, Andrés Manuel regresó a la casa en su Jetta blanco para solicitar
ahora sí tuteándome: "Quiero que seas mi asesora, hagas propuestas
y te entrevistes con el mundo de la literatura, del arte y de la ciencia para hacer un proyecto de cultura". ¡Madre de los apachurrados!
¿Podía yo decir que no? Ahora pienso que sí pero no me atreví.
Solo sé decir que sí, ésa es la gran tragedia de mi vida. ¿Se tira usted de la más alta montaña? Sí. ¿Puede meterse a esta ola del tamaño de una casa? Sí. Todos los desafíos son buenos. Aunque no tenga paracaídas, me tiro. Cuando le pregunté al Pejc por Chaneca, me
respondió: "En esta ocasión, no puede por su compromiso con *La
Jornada*. ¿Y yo? ¿Y mi trabajo? ¿O acaso no tenía yo trabajo? ¿Escribir no es trabajo? Empecé a dudarlo y me concentré en la ausencia de Chaneca. Ya no saldríamos juntas a la calle, ya no la vería yo
resolver problemas de estacionamiento brindándoles inmensas pro-
pinas a los acomodadores, ya no sonreiríamos juntas ante tal o cual
pequeña victoria, ya no platicaríamos entre reunión y reunión de la
crema que te quita diez años de la cara, ya no tendría yo a quién
preguntarle: "¿Cuánto va a durar esto?"

Las primeras juntas en la casa de campaña de San Luis Potosí
consistieron en escuchar a través de la gran mesa de trabajo (que se
convertía en comedor) al abogado Javier Quijano Baz, a Juventino
V. Castro y Castro a quien siempre le pedía yo su jugo de naranja,
a mi admirado Luis Villoro Toranzo, a Rogelio Ramírez de la O, a
René Drucker, a Enrique González Pedrero, a José María Pérez
Gay, a Marta Pérez Bejarano a quien recurrí varias veces para preguntarle quiénes eran los héroes, las especialidades, la historia y la
geografía de cada estado (porque también hacía yo perfiles de los estados para que Ignacio Marbán preparara los discursos de AMLO y
supiera que la poetisa Enriqueta Ochoa era de Torreón y había que
mencionarla).

En los desayunos, los temas a tratar versaban sobre la marginación, la falta de oportunidades laborales, la corrupción, el analfabetismo, la pérdida de valores y las estrategias para desarrollar un sistema de protección civil eficiente, los derechos humanos y la justicia cívica. Enrique González Pedrero hablaba de las ventajas del parlamentarismo, en contra de nuestro sombrío presidencialismo, y de algo que me gustaba, de Charles de Gaulle, un hombre de excepción, un héroe en el sentido más sobrio del término. Decía que un personaje de esa naturaleza no se improvisa de la noche a la mañana; René Drucker insistía en que un país sin ciencia está perdido, Luis Villoro terminaba emocionándose al defender a los indígenas y los acuerdos de San Andrés Larráinzar: "[...] el problema de México es que la identidad está construida sobre la exclusión de las culturas indígenas y ése es un problema mayúsculo. No va a haber democracia mientras no se solucione ese conflicto"; la intimidad entre Chema Pérez Gay y AMLO saltaba a la vista, Javier Quijano hacía el resumen de la reunión y nos lo enviaba después hermosamente impreso. Y Andrés Manuel se mostraba demasiado optimista en cuanto a las encuestas que lo favorecían en la carrera presidencial. En esa época repetía, viniera o no al caso: "Vamos bien, vamos bien".

Así como a René Drucker le tocaba la ciencia, a mí me tocó la cultura e hice varios proyectos.

El 30 de mayo de 2006 muy cerca de las elecciones y cuando se decía que AMLO llevaba seis puntos de ventaja sobre Calderón, Raúl Padilla López me llamó desde Guadalajara para invitarme a una gran mesa sobre cultura en San Ildefonso en la que participarían el propio Raúl, Víctor Hugo Rascón, Carlos Monsiváis, Manuel Felguérez, Epigmenio Ibarra, Carlos Montemayor, Sabina Berman —a quien Padilla López le tiene un especial aprecio—, Demián Bichir, Ángeles Mastretta, Pedro Armendáriz y Néstor García Canclini.

Como me tocó clausurar el evento terminé diciendo que hasta lavarse los dientes era cultura.

La mayoría de los ponentes leyó un texto, otros improvisaron.

Andrés Manuel podía estar con nosotros hora y media y éramos muchos. Faltaba poco tiempo para las elecciones, el auditorio lleno a reventar hervía de entusiasmo, al final del acto AMLO casi no habló pero se veía contento, pero no tanto como el día anterior en el Club Libanés, en su encuentro organizado por el grupo de Bolívar Huerta y Laurette Godinas con científicos y humanistas de la UNAM y de la UAM.

La Albóndiga de Porcelana

Si a mí me preguntaran a boca de jarro qué es la cultura la ligaría al cultivo de la tierra. Diría que cultura tiene que ver con hacer crecer. Diría que hacer cultura es sembrar. Supongo que me remonto a lo primitivo y a lo simple. Del cultivo de la tierra, los hombres y las mujeres pasaron a otros cultivos como el del alma o la conciencia, al mundo del espíritu que desarrolla las bellas artes, la ciencia, la filosofía, la sociología. La cultura se va transformando a lo largo del tiempo, cada siglo le da su sello particular, cada ser humano la interpreta a su modo, por ejemplo, el ex presidente José López Portillo nombró en su sexenio a su hermana Margarita —a la que consideraba ejemplo de refinamiento y espiritualidad— directora de la Cineteca Nacional. El pueblo le puso a doña Margarita, en cuya gestión se incendió la Cineteca, La Albóndiga de Porcelana.

Propuestas de cultura

Me aventé un primer documento de doscientas treinta y cinco páginas y un segundo de doscientas treinta páginas, que Andrés Manuel no leyó pero José María Pérez Gay, sí. Chema se interesó sobre todo por los candidatos propuestos para cultura: Juan Villoro, Lourdes Arizpe, Sabina Berman, Raquel Sosa, Rossana Fuentes, Raúl Padilla López (que convirtió la FIL de Guadalajara en un espléndido triunfo), Inti Muñoz, Víctor Hugo Rascón, Luis López Moctezuma (que hoy vive en Mexicali y fue gran rector de la universidad), Rafael Segovia, José Sergio Barrales Domínguez, rector del conflictivo Chapingo que me impresionó y una lista gigantesca de gente (con dirección y teléfono) que podía colaborar y ni siquiera era lopezobradorista sino al contrario: Celia Chávez de García Terrés, Sandy Celorio, Amelie Olaíz cuyas virtudes ponderaba en páginas y páginas de apretada computadora. Insistí mucho en María del Consuelo Mejía a quien mucho admiro y en Marta Acevedo con sus suplementos para niños. Lo que más trabajo me costó fue el inmenso directorio telefónico.

Después del primer desayuno, AMLO anunció a la prensa quiénes serían sus asesores. Mis amigos reporteros preguntaron quién de todos nosotros quedaría en qué secretaría. Con aspavientos respondí yo (en el pequeño patio de la casa de San Luis Potosí núm. 64) que en ninguna, que no quería hueso. Tanto Andrés Manuel como los periodistas rieron. La verdad, no creo que los que desayunamos en la casa de campaña quisiéramos algo más que el cambio de México a un gobierno de izquierda. Sólo dos habían sido confirmados públicamente como miembros del gabinete: José María Pérez Gay en Relaciones Exteriores y Rogelio Ramírez de la O en Hacienda.

Entramos a otra etapa. Viajé a España y al regresar la derecha había intensificado la guerra sucia en contra de AMLO a través de *spots* siniestros y AMLO se presentó de nuevo en Chimalistac, esta vez con su hijo mayor, José Ramón, que tiene una sonrisa parecida a la suya. Hablamos de la sucia campaña en la que el PAN lo tachaba de populista. En un anuncio, un muro de ladrillos se desploma y aparece un rótulo: "López Obrador, un peligro para México". En otro, una familia lopezobradorista pierde su casa al votar por él, en otro más, después del virulento presidente de Venezuela, Hugo Chávez que le replica a Fox que no se meta con él, López Obrador le dice a Fox en cámara lenta: "Cállateeee, chachalaaaca" y el chiste se convierte en una terrible amenaza. Conclusión: "López Obrador, un peligro para México". La derecha de toda América Latina usa a Hugo Chávez para asustar a la gente. Es el nuevo Fidel Castro. ¿Cómo contrarrestar la campaña? Me aventé como el Borras o como esos viejos toreros barrigones, ridículos y conmovedores que marean al toro en el ruedo antes de que entre el matador. Filmé otro *spot* muy ingenuo el mismo día en que platicamos. En él pedía a los panistas que no mintieran ni calumniaran al decir que Andrés Manuel era un peligro para México. La publicista Tere Struck mandó un coche por mí y un señor muy amable, el chofer y yo fuimos a un estudio rascuache cercano a mi casa. Una muchacha de manos dulces me peinó y no tuve que repetir sino una vez el texto escrito sobre mi libreta Scribe. Salió al aire el 7 de abril de 2006 (por cierto, nunca me lo mandaron como prometieron) y a partir de entonces me tocó una semana santa de lanza en el costado, esponja, vinagre y corona de espinas. "Tú te lo buscaste, el que se mete a la cocina sale chamuscado", comentó Rossana Fuentes.

El *spot* habría pasado sin pena ni gloria si no lo retoma el PAN y le hace sus añadidos. Expliqué que era mentira lo que decía el PAN, que AMLO no había endeudado a la ciudad durante su desempeño como jefe de Gobierno. "Es mentira que tenga relación con Hugo Chávez, es mentira que con deuda pública se hayan pagado los segundos pisos y el apoyo a nuestros viejitos. Se hicieron con buen gobierno, ahorro y honradez." Al finalizar pedía: "Jueguen limpio, no calumnien".

Reacciones al spot

El editorial de *La Jornada* del 9 de abril de 2006 tomó mi defensa: "El Partido Acción Nacional (PAN), cuyo candidato presidencial se promueve con el lema 'Manos limpias', ha intensificado la guerra sucia con un *spot* televisivo en el que, usando imágenes de Ponce y Bejarano, ataca a López Obrador y a la reconocida escritora Elena Poniatowska.

"El anuncio se inicia con un letrero de película de cine mudo y una voz en *off* que dice: 'Ahora resulta que los segundos pisos del Periférico fueron hechos con', y entra la imagen de la escritora Elena Poniatowska afirmando: 'Con ahorro y buen gobierno'. Luego, la voz en *off* agrega, engolada: '¿Buen gobierno?', entonces la pantalla se divide y se ven los conocidos videos de Bejarano y Ponce incurriendo en actos de corrupción.

"Aparece a cuadro la imagen de un López Obrador con mala facha y la voz en *off* agrega: 'López Obrador permitió esto. Que no te engañen. López Obrador es un peligro para México'. La última frase está apoyada por un letrero diseñado con intención alarmista. El *spot* está firmado por el PAN (curiosamente, sin su logotipo).

"A pesar de que la ley electoral prohíbe que en los procesos electorales se hagan campañas de calumnia y difamación, hasta el momento, el IFE no se ha pronunciado al respecto, al tiempo que sube la visceralidad de los anuncios.

"Este *spot* no es parte de una campaña de descrédito. Es terrorismo verbal que convierte al adversario en enemigo y busca exterminarlo porque un 'peligro para México' no se disipa con votos. La escalada de agresión ha ido de la ridiculez del desafuero al linchamiento moral con fines de aniquilamiento. ¿Los millones de personas que votarán por López Obrador son también 'un peligro para México' porque lo harán conscientemente o porque son idiotas manipulados? ¿Qué se hace con alguien que es un 'peligro para México'? ¿Podría el partido que defendió y sigue defendiendo al Fondo Bancario de Protección al Ahorro (Fobaproa) y el Instituto de Protección al Ahorro Bancario (IPAB), el partido de los Amigos de Fox, el partido que sigue defendiendo la inocencia financiera de los Bribiesca Sahagún, el partido que dio cobijo a Carmen Segura (la causante de un desfalco de más de mil millones en el Fondo de Desastres Naturales), el partido que con sus 'manos limpias' enarbola la ley Televisa; podría este partido explicar racionalmente qué es un peligro para México?

"El PAN no perjudica en lo mínimo a Elena Poniatowska; ahora resulta que, al que perjudica, con saña y alevosía, es a su propio partido y a su candidato a la Presidencia."

Hasta aquí el editorial de *La Jornada,* que me honra y que agradezco.

Carlos Monsiváis fue el primero en tomar mi defensa y escribió en la misma *La Jornada* "El turno del IFE", en el que sostuvo que "un peligro para México" es "un término que sólo tiene sentido si se acompaña de una empresa de exterminio.

"El tema único es la frase: '[Andrés Manuel López Obrador] es un peligro para México', que traspasa todo límite polémico, sitúa al adversario como la figura no a vencer sino a destruir, e incita al linchamiento sin más.

"Sus programas son o pueden ser rechazables, sus intransigencias molestan o perturban, pero si creyéramos que alguno de ellos es en rigor un 'peligro para México' se empañaría a fondo la votación y el proyecto democrático. El *spot* del PAN es muy lamentable, pero, sin duda, no es 'peligro para México'".

El 10 de abril intelectuales y artistas salieron en mi defensa. Fernando del Paso, Carlos Montemayor, Jesusa Rodríguez, Juan Bañuelos y Paco Ignacio Taibo II calificaron de "atrocidad" y "falta de respeto producto de la ignorancia" el *spot* del PAN. El texto de Fernando del Paso es significativo. "El PAN, como partido político, le debe una disculpa, porque es una ciudadana mexicana que no está cometiendo un delito, está ejerciendo su derecho como ciudadana de apoyar a un candidato en el que ella cree, independientemente de lo que éste sea.

"Los otros *spots* que he visto, como en el que comparan a López Obrador con Hugo Chávez, de Venezuela, o el de los ladrillos que se derrumban, me parecen también siniestros. Es evidente que si estos señores no tienen nada que decir, salvo injuriar e insultar, deberían callarse.

"Quizá pueda perder electores si les llamó chachalacas, pero el presidente Fox es una chachalaca. Que López Obrador no lo pueda decir por respeto, no es por decoro, sino por conveniencia política en vista de que un candidato debe respetar la investidura presidencial. Pero la verdad es que Fox es un *big bad* y debería callarse porque indirectamente está apoyando de manera expresa y fuerte al candidato del PAN, al denigrar a aquel que tiene mayores posibilidades de triunfo.

"Hay una campaña amarillista —aunque lo amarillo corresponde al PRD— que está cultivando el miedo o el temor de sectores amplios de la ciudadanía. Pintar a AMLO como un riesgo para el país y todo eso es realmente una infamia."

Para Carlos Montemayor el *spot* "es una muestra de la peligrosidad latente y futura, en esta guerra sucia entre partidos políticos que cada vez se parecen más entre sí, en esta guerra de *marketing* en los medios para crear diferencias artificiales entre la élite o cúpula del poder que controla la vida económica y política del país".

Jesusa Rodríguez puntualizó que, con esta propaganda, en el PAN "quieren jugar de manera artera", pero "se han equivocado fuertemente". Juan Bañuelos coincidió en que se trata de "una gran falta de respeto de parte de un partido que siempre se ha jactado de guardar cierta ética y moral desde el punto de vista religioso; entonces es mucho más grave. Con ello pronto se entiende el estado de podredumbre en el que han caído el gobierno del señor Fox y ese partido. En el fondo lo que hemos descubierto es que lo único que les interesa es el dinero".

Manuel Espino se compadeció: "Esa pobre señora me da pena, pues empeñó su prestigio en una causa que no vale". Le advirtió a Andrés Manuel López Obrador que de aquí en adelante van a seguir "¡los carambazos para que no se vuelva a poner tan gallón!", una vez que Felipe Calderón "ya lo tiene en su corral. [...] También las manos limpias saben dar cachetadas limpias. [...] Usamos su propio *spot* televisivo, su propia imagen cuando dice ella que lo que se hizo en el Distrito Federal fue consecuencia del ahorro, y están las maletas llenas de dinero de Bejarano y ahí Ponce jugándose el dinero de los ciudadanos en Las Vegas. Pobre señora, a mí la verdad es que me da pena que teniendo ese prestigio lo haya apostado a algo que no vale la pena".

El número de *Proceso* del 16 de abril lució en la portada una fotografía mía al lado de grandes titulares "Intelectuales a ultras panistas: No pasarán", artículo que José Emilio Pacheco remató con estas líneas: "A Espino y a sus compañeros de El Yunque les recuerdo dos sencillas palabras: No pasarán".

El 13 abril de 2006, Luis Martínez analizó: "[...] doña Elena es del equipo de López Obrador, ¿qué sentido tiene lanzarla a una lucha que está por encima de su capacidad política? Lo importante sería que alguien reconocido por su autonomía o incluso por no ser lopezobradorista lo dijera. Incluso, ¿por qué no es López Obrador el que contesta a sus adversarios? Éstos dirán, una vez más, al igual que con el debate, que es porque no tiene cómo defenderse o simplemente porque tiene miedo y envía a hacerlo a una mujer prestigiada en el ámbito literario pero muy ingenua en el político, que no está en condiciones de debatir sobre ese tema".

El Universal creó un foro en internet el 12 de abril acerca de la polémica desatada por el *spot*: "Yo soy un científico y expreso mis opiniones científicas en los foros correspondientes donde conozco el tema del que hablo", escribe Amon Ra que ostenta el nombre del antiguo Dios egipcio. "Si yo me atreviera a hablar de literatura (de la que no soy docto) en un foro literario, seguramente recibiría muchas críticas por parte de los que sí saben. Me parece que la señora Poniatowska fue muy poco prudente al prestar su imagen para realizar una defensa de las ideas de AMLO, quien a propósito parece que necesita que alguien con imagen de abuelita salga a defenderlo. ¿Qué no tiene pantalones? Una cosa más, hay que recordar que 'el que se mete entre los cascos de los caballos, seguramente sale pisoteado'. Ni modo, señora Poniatowska, éste es el precio que hay que pagar por ser tan ingenua. A su edad debería demostrar la inteligencia que la caracteriza. En lo personal, AMLO me recuerda a los falsos profetas surgidos en el movimiento estudiantil de 1968, y no voy a votar por un personaje como él. Saludos."

"Abrir los ojos no significa ver Televisa y repetir lo que vemos." Otro participante que no da su nombre escribe: "Qué bueno que personajes de la talla intelectual y moral de doña Elena pidan a la gente precaución ante las claras mentiras e irrespetuosos discursos de un candidato que no ha hecho nada sobresaliente en su vida política: Felipe Calderón. Ante la falta de recursos honestos y de propuestas concretas, la calumnia y el insulto. ¿Qué se puede esperar de un candidato así intentando descalificar a quien logró con hechos un claro avance en la ciudad de México? La deuda del DF (por todos lados se está difundiendo) subió del 2000, que se ubicaba en 28 500 millones a 42 000 a finales de 2005, es decir, el 47 por ciento. La del gobierno federal de 1.4 billones a 2.2 billones en el mismo periodo, es decir, casi el 60 por ciento más. Esto significa que Fox en el mismo periodo endeudó mucho más al país que el Peje. ¿Por qué no dicen eso? ¿Los segundos pisos han servido? ¿El metrobús está funcionando? ¿La ayuda a madres solteras, viudas, personas de la tercera edad equivale a torta y refresco del PRIAN? ¡Pongamos los pies en la tierra! ¡Esto se llama avances, modernidad, interés y ocupación por los más necesitados! Deberían sentirse avergonzados quienes cuestionan al encontrar un par de rateros en el gobierno del DF que fueron filmados, cuando en el PAN hay cien que no sólo han robado mucho más sino que además gozan de plena impunidad (¿empezamos con los hijastros incómodos?)

"[…] Pero peor se ve el Pejelagarto escondiéndose tras las enaguas de una mujer. ¿Necesita de mujeres de la tercera edad para que lo defiendan? O como dicen en mi pueblo: necesita de bules para nadar. En mi microcosmos percibo gran repudio por la táctica de los partidos políticos de usar a personas que están más allá del bien y del mal en actos mediáticos de proselitismo. Por humanidad, no los expongan, no los suban al ring."

El autor firma simplemente *José*.

Dejen de calumniar

"¿Cuál deuda del DF? ¿Cuál desvío de recursos de AMLO? ¿Por qué opinan en este foro sin informarse bien, utilizando adjetivos como *evidente*? AMLO no aumentó la deuda del DF más de lo que lo hicieron gobiernos priístas anteriores. Es más, redujo esa tendencia considerablemente. Tampoco ha desviado recursos para su campaña (eso es ridículo), ni tampoco el gobierno en el DF ha sido tan corrupto como los del PAN y los del PRI (no se les acerca ni tantito)… Ah, pero ya entiendo, la consigna es decir *mentiras* con tal de pegarle; calumniar al que odian tanto, sólo por ceguera… Están ardidos y desesperados porque saben que AMLO les va a ganar el 2 de julio, pese a esta campaña de difamación que ya se les está revirtiendo. Ante ataques tan sucios y llenos de puras *mentiras,* ¡qué bueno que Elena Poniatowska salió a decir la verdad! AMLO es la mejor opción para México pues es un político eficaz y sí cumple. En cambio, Calderón es sólo un inexperto bravucón y Madrazo es un rufián y un mentiroso. Por eso éstos dos van abajo en las encuestas. No es de a gratis."

Después de un aviso de mi gran amiga Carmelina Ortiz Monasterio, Josefina Vázquez Mota llamó por teléfono para decirme que no estaba de acuerdo con esta campaña.

—Tenemos que vernos.

Nunca nos vimos.

Una infinidad de cartas se publicaron en el "Correo ilustrado" de *La Jornada* que dirige Socorro Valadez. Otras me llegaron por correo a *La Jornada* y a mi casa. Las conservo como un tesoro. Mucha gente también me envió su apoyo por correo electrónico. Los leía con asombro porque estoy acostumbrada a verme a mí misma con distancia y nunca me he defendido de nada. Que otros lo hicieran por mí me sorprendía. Esas cartas las tengo guardadas en el corazón.

Si hubiera yo tenido algo de visión política y fuera menos ingenua me habría dado cuenta de que el PAN lanzaría toda su artillería pesada no sólo en contra mía, que soy sólo un pretexto, sino contra la posibilidad de que la izquierda ganara las elecciones. ¡Eso no lo iban a permitir nunca!

Casi un año antes

El domingo 17 de julio de 2005, al triunfo del desafuero, Andrés Manuel había vuelto a darme un susto al pedirme que hablara en el cine Metropólitan, donde iba yo con mi abuelita y por primera vez vi a Jane Mansfield, la contraparte de pelo negro de Marilyn Monroe, meterse en la cama con un vaquero. "¿Por qué se mete con él en la cama?" Mi abuela me respondió que porque tenía frío y podía darle gripa. Me pareció una buena manera de quitar la gripa. Sin embargo, nunca nadie se ha metido en la cama conmigo para quitarme la gripa. El contagio es otro. Desde entonces no había regresado al Metropólitan.

—Me pones a parir chayotes, me siento muy mal —le dije a AMLO.

—Tienes que hacerlo.

El entusiasmo de la izquierda en los días del desafuero estaba al rojo vivo. Ninguna duda. López Obrador sería presidente. Él tampoco tenía dudas y la reunión en el Metropólitan fue jubilosa. ¿Qué es lo que el triunfo nos hace a los hombres y a las mujeres? ¿Por qué tan pocos lo aguantan? Si AMLO hubiera ganado seríamos los ángeles de la guarda de este país. Ningún niño se quedaría sin escuela, ninguna campesina, ninguna indígena moriría al dar a luz, ningún pordiosero extendería la mano en la calle, ningún niño pasaría entre las salpicaduras vendiendo chicles o kleenex. Encabezaría yo una delegación a China, en Beijing el consejero cultural Edgardo Bermejo nos diría qué hacer, en vez de competir con China seríamos sus aliados y de paso me compraría un collar de perlas en el mercado donde los venden como cacahuates a tres por cinco. En el Metropólitan, la euforia volaba tan alto que cualquier cosa que dijera yo sería bien recibida, y así fue.

Las campañas políticas más largas y más costosas del mundo

"Al día siguiente de la elección presidencial del año 2000, la ciudad de México amaneció hecha un basurero. Los empleados municipales bajaron las efigies de candidatos a quienes ya les faltaba un ojo: cuchos, chimuelos, calvos, manchados, tuertos, mancos, arrugados, acabaron en la cuneta. En los botes de basura no cabía una sonrisa de plástico más. Era tan ofensivo el paisaje después de la batalla que aprender la lección no parecía tan difícil.

"Ahora las campañas políticas del 2006 nos amenazan con lo mismo. ¿Ya todo se nos olvidó? ¿O todo se nos resbala en este país de promesas incumplidas? No hay debate ni proyecto de país, sólo dinero, sólo el signo de pesos en cada palabra lanzada desde la pantalla.

"Hoy por hoy, nos bombardean con los *spots* de los que primero fueron suspirantes y ahora son precandidatos. Un dato brutal: la televisión mexicana recibe 5.7 millones de pesos diarios de publicidad política. Esta cantidad es mayor que el presupuesto anual del Instituto de Cancerología que es de 459 millones de pesos al año y atiende, en medio de espantosas carencias, a mil pacientes diarios.

"Las campañas que hoy padecemos, además de ser las más largas de la historia política de México, y quizá del mundo le cuestan al país tanto que, por ejemplo, Enrique Peña Nieto, candidato al gobierno del Estado de México, gastó más que el estadounidense George Bush en su reciente elección para presidente. Roberto Madrazo gastó más en su campaña en Tabasco que Clinton en los cincuenta estados de la Unión, incluyendo Alaska, Puerto Rico, las islas Hawai y varias islas y archipiélagos del Pacífico. Jorge Castañeda gastó en la suya más de 19 millones de pesos. Arturo Montiel invirtió la escalofriante suma de 300 millones de pesos en su imagen y gastó más en ella que en todo el presupuesto educativo del Estado de México. Santiago Creel, según el periódico *El Universal,* desde el 15 de abril ha gastado 130 millones de pesos. En los últimos seis días lleva gastados 22 millones 31 477 pesos. De ahí sus permisos para las casas de juego. Estas demostraciones de rastacuerismo, nuevorriquismo y corrupción nos hacen ver hasta qué punto somos capaces de perder la vergüenza con tal de alcanzar el poder. Me atrevería a llamar al dinero político: 'dinero sucio'. No sólo no beneficia al candidato sino lo envilece. Finalmente lo que se gasta en política en nuestro país resulta un insulto para los mexicanos.

"La Cámara de Diputados es en sí un pequeño país como el Vaticano. La Cámara iba a modificar el tiempo y el costo de las campañas electorales y no cambió ni una coma. El gasto público del proceso es de 12 mil millones de pesos. Además de ser el presupuesto anual de diez estados pobres, 12 mil millones de pesos anuales equivalen al presupuesto de la UNAM y a un presupuesto y medio del Politécnico que es de ocho mil millones de pesos anuales. Cuando el salario mínimo en nuestro país es de $40 diarios, 12 mil millones de pesos son trescientas millones de veces un salario mínimo mensual. Esos 12 mil millones de pesos son sólo el costo de la burocracia electoral y las asignaciones oficiales a los partidos políticos sin contar con las aportaciones privadas durante la campaña que son muy difíciles de contabilizar y las de precampaña que no están sujetas a control de ninguna clase, según el diputado José Agustín Ortiz Pinchetti.

"Después de la marcha de un millón doscientas mil personas del domingo 24 de abril sabemos que la solución está en la gente que dio prueba de una admirable disciplina e impartió la mayor lección de civismo que hemos recibido en los últimos años. Ese millón doscientos mil hombres, mujeres, ancianos y niños que marchó con absoluta responsabilidad, que no pintarrajeó una sola pared, no rompió una sola valla, no cortó una sola flor, no pisó una sola raya y caminó bajo el sol desde el Museo de Antropología hasta el Zócalo es un ejemplo para todos.

"Es la gente la que va a dictar los pasos a seguir, es la gente la que no va a tolerar el monstruoso negocio de la política mexicana, es la gente la que puede corregir lo insensato, es la gente la que se la juega y da de sí, es la gente la que seguramente repitió mientras iba marchando el poema de amor a México de José Emilio Pacheco 'Alta Traición': 'No amo mi patria. / Su fulgor abstracto / es inasible./ Pero (aunque suene mal), / daría la vida / por diez lugares suyos, / cierta gente, / puertos, bosques, desiertos, fortalezas, / una ciudad deshecha, gris, monstruosa, / varias figuras de su historia, / montañas, / y tres o cuatro ríos'.

"La gente es en sí un río de agua limpia, un río caudaloso, un río que sabe detenerse en las márgenes, un río que enojado puede desbordarse, un río de amor hermoso y puro, es esa gente la que puede dictar las órdenes, tomar las decisiones, orientar su propio cauce, un cauce que nos irrigue a todos y barra de una vez por todas con las campañas electorales que queremos distintas como también las quiere un hombre que tiene mucho que ver con la limpieza y la recuperación de los elementos: la tierra, el agua, el fuego y el aire: Andrés Manuel López Obrador."

Del Metropólitan salimos con paso marcial. Éramos los vencedores. Salvaríamos al país.

Campañas carísimas

Rosa Nissan se queja del costo de las campañas, y concuerdo con ella.

—Oye, antes no se les daba tanto dinero a los partidos, ni siquiera al PRI. ¡Qué caro cuesta la democracia!

—Tienes razón. Según cálculos de José Antonio Crespo, el financiamiento público federal a los partidos ha crecido, entre 1991 y 2006, ¡en 4 450 por ciento! Si en 1994 recibían 200 millones de pesos, en 2006 son 5 mil millones.

—¡Qué horror!

—Por eso un puesto público es una fuente de enriquecimiento seguro. ¡Cuántos políticos son hombres de negocios! ¡Recuerda a Hank González! Por eso no milito en ningún partido. Ni por equivocación le pagaría una cuota a un partido.

—Pues dilo en tus artículos…

—Ya lo dije. ¡También dije que las campañas eran demasiado largas! Es la tele la que se lleva el 70 por ciento del dinero.

—Pobre de nuestro país.

Las giras

En 2006, viajé por la República. Al mismo tiempo que presentaba la novela *El tren pasa primero* hablaba yo de AMLO. Como el hé-

roe de la novela es un ferrocarrilero inspirado en Demetrio Vallejo no resultaba difícil unir a ambos líderes. El entusiasmo de las
mujeres por AMLO resultó aleccionador y de nuevo me pregunté
qué veían en él que suscitaba tanta esperanza. ¿Qué veía yo? Si
Calderón hubiera tocado a mi puerta pidiendo ayuda, ¿qué habría
yo respondido? Seguramente una de las razones para creer en
AMLO fue que él personalmente buscara mi apoyo. Otra razón
podría ser su lenguaje. Habla como usted y como yo, se preocupa
por los que nada tienen y los trata como los demás candidatos tra-
tan a los banqueros y a los empresarios. No ha aprovechado sus cargos políticos para lucrar, vive en un departamento modesto y por
mucho tiempo manejó su conocido Tsuru blanco. Sobre todo, los
pobres han ocupado en su vida el primer lugar y esto siempre me
llamó la atención porque creo que la pobreza daña no sólo a los pobres sino a los ricos y por lo tanto al país.

Y amo a mi país. Ryszard Kapuscinski dice en *El mundo de hoy*
que "la miseria desmoraliza. Si un tercio de una sociedad vive su-
mido en la indigencia, la sociedad entera está desmoralizada. […]
La miseria es antisocial. Una muchedumbre de miserables jamás se
mostraría solidaria, basta con lanzarle un mendrugo de pan para
que empiece a pelearse por él. Las imágenes de la penuria no in-
teresan a nadie, no suscitan curiosidad. La gente se aparta, como
por reflejo, de las bolsas de pobreza. Por lo visto, hay en ella algo
vergonzoso, humillante, una situación de fracaso, el estigma de la
derrota".

Como escritora, me habría gustado ser John Berger, pero como
no lo fui y tampoco creo poder llegar a serlo, trato de fijarme cómo
le hace John Berger para retratar a los demás. Desde 1953 me fijo
en los que caminan por la calle, el barrendero con sus siete perros,
Tere la limonera en el mercado de Coyoacán, Lucía la que cose a
domicilio, los que vinieron del campo al DF y todavía traen manos
de ordeñar vacas, de trasquilar borregos, de palmear tortillas. Intento vivir pensando en aquellos que tienen que irse a los Estados Unidos porque si no morirían de hambre y en los que no logran irse y
mueren de hambre.

Yo no odio, la venganza no es mi fuerte: AMLO

La lluvia no cesa. Llueve sobre la ciudad como llueve en mi corazón, como escribió Verlaine. Llora mi corazón, la lluvia es su llanto. Cruz Mejía, un cieguito del campamento de Sinaloa, canta a voz en cuello en el templete. "El pueblo manda / Vicente no obedece / y hay que meterlo al bote", reza una manta. Los del PRD han ido a tomar las casetas de las carreteras (salvo la de Toluca) para que los automovilistas no paguen peaje. Jesusa ordena: "Alguien que baje al cieguito del templete porque van a subir los jaraneros".

Cruz Mejía es el cieguito que Jesusa trata con tanto cariño: "Yo no puedo hacer muchas cosas, mis recursos son limitados, pero compongo canciones que alientan a los demás porque así me aliento yo. Es mi deber. Por eso le he hechos varios corridos a AMLO. […] Me alegra venir aquí, hay muy buen ánimo, la derrota la convierten en victoria, el Zócalo es a todo dar y eso voy a decir en mi programa en Radio Educación".

Estamos a 8 de agosto y platico con AMLO. En el Zócalo los jaraneros tocan y gritan a todo lo que dan. Hacen casi imposible la grabación de la entrevista e infernal su transcripción. A lo largo de los días, AMLO se ha acostumbrado a los decibeles y sólo sonríe. Quizá sonríe porque lo acompaña su hijo mayor José Ramón. Lorenzo Hagerman filma. Hablamos de lo que va a seguir, es casi el único tema "lo que va a seguir". Más allá de la Presidencia, gane o no, López Obrador se plantea la supervivencia de los más humildes. Si se permite la imposición, los pobres seguirán en las mismas. AMLO va más allá, se ha vuelto muy ambicioso y su afán lo ennoblece. Finalmente, lo que nos sucede tiene una dimensión que no sospechábamos. Estamos defendiendo la soberanía, porque el voto es la única defensa del pueblo, es la única acción, el único poder que tenemos y por eso no podemos jugar con él. AMLO me dice que no es posible garantizar la paz social en un océano de desigualdad y que a lo mejor tiene más libertad para hacerlo en la plaza pública que desde la Presidencia de la República. "En México hay millones de seres humanos que no tienen ni siquiera lo indispensable y pusieron toda su esperanza en esta elección. El fondo del asunto es no permitir que un grupo cancele el derecho a la esperanza."

Bailando por un fraude

La mañanita es alegre y fresca como diría Rubén Darío. Al caminar pienso: "Todo esto tengo que recordarlo. Será mi patrimonio cuando ya no pueda sino permanecer en mi casa esperando". Me castigo a mí misma y me pregunto si lo que quiero es que me vean, si mi ego es tan grande como para querer figurar a como dé lugar, a costa de estos ires y venires entre las tiendas de campaña en las que me llaman: "¡Elenita!" ¿Seré así de vanidosa? ¡Qué absorbente es el Zócalo! Entre las carpas la luz se filtra en tiras de oro. Las lonas que caen a pique cuadriculan el suelo. De las diversas tiendas salen los olores a cebolla y a ajo del almuerzo y a veces el aceite canta bonito como los grillos. El cielo está radiante (anoche lo barrió la lluvia a escobazos) y tenemos cara de que todavía podemos dar muchas sorpresas.

El *Reforma* dice que se convoca a un concurso de baile que dirige Jesusa en el que ganan dos poblanas: María del Socorro y Noemí. Cinco parejas de la tercera edad impugnan el resultado. María del Socorro tiene noventa y cinco años y cuando era joven les daba masajes a María Victoria, Ana Luisa Peluffo e Irma Serrano. Noemí tiene ochenta y cinco años y su espalda encorvada y su cabello blanco desatan la ovación. Ese día Tláloc decide concederle la noche al plantón y no cae ni una gota de lluvia. Todo es baile y alegría. Los concursantes se contonean a ritmo de merengue, danzón y hasta quebradita. Noemí se alza la falda arrancando chiflidos y gritos del público. "¡Ésas son las abuelitas preciosas!", grita un hombre regordete luego de dar una mordida a su elote. Nadie quiere perderse el concurso y abarrotan el espacio. La vejez tampoco es ofensiva. "Puta vieja", recuerdo que me dicen por teléfono. ¿Por qué agredirá tanto la vejez? Yo no me siento vieja. Así pasan los días en este espacio que es el Zócalo y a veces me pregunto si no voy a anclarme en él para siempre. Ya mi corazón cayó hasta el fondo.

Pienso mucho en el heroísmo de Jesusa, todos los días en el Zócalo al pie del cañón. No sólo les dice cosas valiosas a la gente, sino que se mata físicamente. Ordena la tienda de campaña, recoge el dinero y lo mete a una cajita de hierro de seguridad, barre, aguanta el agua, aguanta nuestra estupidez humana y las múltiples propuestas sin pies ni cabeza que le hacemos. No duerme, como cualquier hijo de vecino, de suerte que amanece ojerosa. Al único al que le sonríe es a AMLO. A todos los demás nos trata con impaciencia. ¿Qué no entendemos?

AMLO DICE: "La verdad es que no queremos dañar a nadie, pero nos han obligado a hacer uso de nuestros derechos ciudadanos y llevar a la práctica acciones de resistencia civil pacífica.

"[...] En el fondo, quieren que aceptemos sin chistar la desigualdad, la pobreza, el desempleo, la migración, los salarios de hambre, el cierre de espacios para los jóvenes en universidades públicas, la aprobación del IVA en alimentos y medicinas, la privatización de la seguridad social, de la industria eléctrica y del petróleo; y permitir que den el golpe definitivo a millones de productores con la libre importación de maíz y frijol del extranjero.

"[...] Es cosa de perseverancia. Lo dije ayer, lo he repetido en otras ocasiones, es cosa de no cansarnos de ser como somos. De eso depende todo. Y vamos a seguir adelante, amigas y amigos."

MIÉRCOLES 9 DE AGOSTO

Voy al Zócalo solamente un momento porque en casa de Cristina Urrutia de Stebelski, al mediodía, tengo previsto un diálogo con Yvon Le Bot. Cristina nos sirve una comida deliciosa e imaginativa con muchísimo vino tinto. Sergio Aguayo y su mujer, Yvon Le Bot y la suya, Cristina y Voitek hacen los honores. Le Bot es historiador y sociólogo francés, autor del *Sueño zapatista* y entrevistador del Subcomandante Marcos. Ama tanto a México que cuando habla de él dice *nosotros*. Preocupado por la situación, cuenta que el periódico *Liberation* sigue de cerca la trayectoria de Andrés Manuel López Obrador y la toma del Zócalo y el Paseo de la Reforma.

"Desde hace veinte años a México lo golpea el neoliberalismo y el México que hoy se levanta a protestar es el de la gente que lo hace vivir. Para usar el vocabulario de antes, es una lucha de clases de la derecha que se pone en una posición muy de clase.

"La derecha es clasista, rapaz y tiene un cinismo total —continúa el doctor Le Bot, miembro del Centro Nacional de Investigación Científica en París, al lado de Alain Touraine—. Podemos tener nuestras reservas frente a AMLO, pero ante la desfachatez de la derecha, imposible permanecer indiferentes. La derecha es de un cinismo insultante.

"La fea campaña en contra de Andrés Manuel López Obrador demostró que los zapatistas tenían razón, que las elecciones estaban arregladas de antemano para que ganara la derecha. Yo hubiera querido que los zapatistas guardaran distancia, se mantuvieran *más afuera*. La Otra Campaña no fue para mí lo suficientemente *otra*. Más que políticos fueron politiqueros. No debieron haber criticado abiertamente porque su error táctico tiene consecuencias."

Yvon Le Bot se despide y me queda la sensación de su gran amor por México.

En el campamento todos estamos pendientes del conteo "inédito en la historia del país" de 11 839 casillas en los ciento cuarenta y nueve distritos electorales ordenado por la Sala Superior del TEPJF; este conteo será supervisado por ciento noventa y un magistrados electorales y jueces federales, quienes tienen hasta el próximo domingo para terminar. Dicen que van a recontar en forma ininterrumpida todo el día y toda la noche durante cinco días hasta caer exhaustos sobre sus tazas de café negro. Las sesiones serán privadas, no habrá prensa, sólo jueces y funcionarios distritales, representantes de los partidos políticos y coaliciones.

¿Qué trinchera me corresponde?; Diego Luna

Diego Luna dice en *Reforma*: "A la distancia empecé a leer cuanto artículo pude al respecto y noté, con sorpresa, que pertenezco a un comité ciudadano de resistencia pacífica. Aclaré ya con los miembros de este comité que no es cierto, pero también leí ciertas notas periodísticas sobre mi postura que me inspiraron a aclarar mi sentir...

"O estás con Calderón y no sólo estás en contra de un recuento voto por voto, sino que te ofende la simple idea de que alguien pueda dudar de una instancia como el IFE, o bien estás con Obrador y tienes la plena seguridad de que hubo un fraude, que todos están en tu contra si no vienes de amarillo. Cada vez da más miedo decir lo que uno piensa, dependiendo del círculo de personas con las que estés, en cuestión de minutos eres un reaccionario o un simple revoltoso y caprichoso. ¿De verdad las cosas son tan blanco y negro? ¿Qué pasa con los que creemos que en esta elección no había un solo candidato que representara una solución? ¿Qué pasa con los que después de los últimos seis años quedamos asqueados con la idea del voto útil? ¿Con los que soñamos con algo mejor para México?

"¿Hay lugar en alguna de las trincheras para decir esto? ¿Cuál me corresponde?

"Yo quiero un recuento, sí, creo que el país se lo merece, hay millones de mexicanos que lo están exigiendo y eso debería ser suficiente.

"[...] ¿Cómo vamos a confiar en el IFE, la misma institución que no paró a Fox ni logró callar su campaña mediática contra López? No hubo sanciones ni pasó nada cuando todos nos enteramos de la compra de publicidad que compañías privadas hicieron para apoyar de manera directa o indirecta la campaña de Calderón, una institución que permitió todo tipo de irregularidades a todos los partidos, el comportamiento de los consejeros que sembró tantas dudas, una institución que hoy nos dice que nos olvidemos del 88, una institución que cuestiona a quien tiene que servir: a la gente, a esa gente que hoy se está manifestando.

"Por favor, señores, si hay un error en las boletas que están por abrirse, uno solo, recontemos todos los votos, inviertan ese tiempo y esfuerzo por el bien del IFE, por el bien de todos, para que podamos creer que en México hay democracia, para dejarle al futuro presidente de la República un país gobernable y mañana pensemos ya en lo que tenemos que pensar, cómo hacer para poco a poco construir un país más justo en todos sentidos, con menos contrastes, donde la crítica sea aceptada y los políticos escuchen a la gente, donde los mexicanos no salgan corriendo por falta de oportunidades, donde la cultura sea prioridad, un país que lea los periódicos, que exija medios de comunicación objetivos e imparciales, una sociedad que participe; en fin, un mejor país. Pero primero y antes que nada, un país sin dudas, para que podamos de una vez por todas darles carpetazo a los frustrantes recuerdos que dejó en nosotros la elección del 88."

Las siglas

George Orwell decía que en la guerra civil de España lo enfermaban todas esas siglas POUM, PC, que aparecían en todas partes. Ahora, me sucede lo mismo, el TEPJF, o sea Tribunal Electoral del Poder Judicial de la Federación, me parece el peor medicamento. Nos envenena a todos esa avalancha de siglas a cual más feas: CPBT, SAT, PRD, IFE, TRIFE, PAN, PRI, PT, FOBAPROA, IFAI, COFIPE, FAT, CONAGO y quién sabe cuántas más.

AMLO, el candidato de la CPBT, dirige una carta a los ciudadanos del país para defender la resistencia civil pacífica, "[…] permitir la imposición significa aceptar que la democracia es una farsa" y que "no habrá remedio para los males de muchos mexicanos".

Según Enrique Méndez de *La Jornada,* la injerencia de Mariano Azuela Buitrón no ayuda a resolver el conflicto: "La CPBT expresó sus dudas por la elección de jueces y magistrados federales que apoyarán, a partir de hoy, el recuento de votos en los ciento cuarenta y nueve distritos donde se abrirán los paquetes. Recordó que el viernes pasado el presidente de la Suprema Corte de Justicia de la Nación y presidente del Consejo de la Judicatura Federal, Azuela 'dio línea' para definir el fallo del TEPJF".

Carlos Avilés, de *El Universal*, refuerza la información al escribir que "en la SCJN, de manera inusitada, cuatro ministros formaron un bloque en torno a su presidente, Mariano Azuela, para oponerse a que el alto tribunal analice la posibilidad de investigar las violaciones al voto público que denunciaron ciudadanos de distintos sectores respecto de las elecciones presidenciales.

Toma de casetas

"A las cuatro de la mañana salieron a las casetas de cobro de las autopistas México-Puebla y México-Cuernavaca, México-Toluca, México-Pachuca y México-Querétaro con Jesús Ortega, quien al grito de '¡voto por voto!' retiró las 'plumas'. Los militares en las casetas ayudaron a los empleados de Caminos y Puentes Federales a recoger las cajas de seguridad del dinero.

"Después de tres horas y media, a las diez de la mañana, los dirigentes de la Coalición pararon sus bloqueos sin incidente alguno. Llevaban en la solapa el moño tricolor que los seguidores de AMLO nos prendemos hasta en los calzones. Los universitarios colgaron el más grande de todos sobre la Biblioteca Central de la UNAM."

Allí donde va Fox, se presentan los simpatizantes de AMLO y le echan a perder la fiesta. Llevan globos amarillos y hacen sonar cacerolas al ritmo de consignas. Lo llaman "traidor a la democracia". En Querétaro, una mujer en silla de ruedas, rodeada de niños, levantó un cartel de "voto por voto, casilla por casilla". Los tragos amargos se multiplican: "Cocacolero", "ignorante", "alto vacío", "traidor".

Manuel Larrosa Haro, sociólogo en sistemas políticos y electorales de la UAM, afirma que "la resistencia civil pacífica no sólo es una acción legítima, sino una forma de expresión para una sociedad que se siente profundamente agraviada", refiere Laura Poy Solano.

La resistencia civil "no se polarizó por un resultado electoral muy cerrado. Es parte de un proceso muy largo iniciado en los setenta, ante dos visiones distintas del país confrontadas hace muchos años".

Hoy se inicia el conteo de 11 839 casillas en ciento cuarenta y nueve distritos electorales. Integrantes de la Coalición por el Bien de Todos se apoderan pacíficamente de las casetas de pago de tres carreteras que llegan a la capital y los automovilistas pasan sin pagar.

Alejandra Frausto

Alta, fuerte, serena, Alejandra Frausto sonríe hace pensar en la mujer del Evangelio. Es una organizadora nata. Sin ella, Jesusa estaría perdida. Alejandra sonríe, Jesusa no sonríe porque se preocupa demasiado. Lo que sucede es que no es cualquier cosa responsabilizarse de más de dos mil huelguistas y entretenerlos en el Zócalo todo el día y parte de la noche. Durante estos días no la he oído reír una sola vez y yo que me río de todo.

"Nunca había participado en política —dice Alejandra— y el 2 de julio me dio mucho dolor tener que reconocer que mi país es mucho más conservador de lo que yo imaginaba, creo que pocas cosas en la vida me han lastimado tanto. Mi derrota fue personal. Mi campo es la cultura, es lo que yo sé hacer, soy promotora, tengo contactos con artistas. No me puedo quedar de manos cruzadas porque me va a dar cáncer y a través de Guadalupe Loaeza pude trabajar con Isaac Masri y hacer la exposición de ciento cincuenta mantas sobre la avenida Juárez. ¿Recuerdas que fueron acuchilladas? Entonces hice una llamada a los artistas: 'Voto por voto, curita por curita' y con sus propias manos y el merthiolate de su corazón vinieron a remendar su obra.

"El arte es una herramienta muy poderosa, libre, sutil y contundente. Llega al corazón de la gente. Muchos cantantes o bailarines me decían al bajar del escenario: 'Nunca imaginé que había gente así' o 'nunca he actuado ante una multitud', 'un público como éste es una experiencia única'. Los días en el Zócalo me enseñaron el poder de la palabra. Lograr que el público del plantón escuche un concierto para clavecín de una hora y media (un instrumento que no habían oído ni visto nunca) te hace preguntarte en qué espacio está la alta cultura."

Alejandra sonríe su hermosa sonrisa: "Alguien que canta o baila no se puede pelear con nadie".

AMLO DICE: "¡Llueve, llueve y llueve y el pueblo no se mueve!

"[…] ¿Dónde está la autoridad moral y la autoridad política de nuestros adversarios? ¿Cómo pueden decir que ganaron si no aceptan el recuento?

"[…] ¿Cómo no va a ser fraude el que se haya utilizado al gobierno, los recursos del gobierno para obtener los votos? Claro que es un fraude el que el presidente de la República decida intervenir en el proceso electoral. Tengo pruebas de lo que dijo: que por ningún motivo iba a permitir que yo ganara la Presidencia de la República.

"¿Cómo no va a ser fraude que todos los programas sociales, incluidos los listados en los beneficiados por Oportunidades y por las becas, se utilizaron para favorecer al candidato de la derecha?

"¿Cómo no va a ser fraude el que esté demostrado que se gastaron 700 millones de pesos en publicidad en radio, en televisión, sólo en Jalisco, Nuevo León, y en radios y en televisoras de la ciudad de México, y está totalmente comprobado?

"[…] ¿Cómo no va a ser un fraude la guerra sucia que permitió el IFE?

"[…] Todos debemos de sentirnos muy honrados y muy orgullosos, porque no votamos a cambio de nada material, porque no difamamos a nadie, porque no iniciamos la guerra sucia en contra de nuestros adversarios.

"¿Cómo no va a ser fraudulenta la elección si el Consejo Coordinador Empresarial destinó 130 millones de pesos para apoyar al candidato de la derecha y para cuestionarnos sistemáticamente? […]

Ningún particular, ninguna asociación, puede contratar publicidad en procesos electorales, los empresarios lo hicieron.

"[...] Sí, es necesario ir a las colonias del Distrito Federal a entregar volantes y cartas, explicando el porqué de nuestra causa, dar información directa para contrarrestar la campaña de desinformación en medios de información.

"[...] Porque nuestro pueblo no es tonto, tonto es aquel que piensa que el pueblo es tonto.

"[...] Vamos a empezar a entregar volantes casa por casa. ¿Nos van a ayudar?"

"¡Síiiiiiiiií!"

"Ya llevamos once días y ¿cómo está el ánimo? ¿Ya se cansaron?"

"¡Noooooooooooo!"

"[...] Amor con amor se paga."

JUEVES 10 DE AGOSTO

En la noche vienen a merendar Braulio Peralta, Julio Scherer y Alma Guillermoprieto, quien hizo la mejor de las entrevistas al Subcomandante Marcos. Julio está contento, toma la palabra y no la suelta. Braulio le da la contrapartida y lo contradice pero Julio no se deja. Sabe que lo escuchamos con una suerte de veneración. ¿Qué decimos? Luego vamos a casa de Consuelo Sáizar y Julia de la Fuente, al Fortín Chimalistac, porque es cumpleaños de Consuelo. Julio se niega a ver multitudes. "No va a haber ninguna multitud", le aseguro. "No, yo ya me voy a leer a mi casa." Son las doce, Julio maneja de la patada y me preocupo. Julia de la Fuente abre la puerta de su casa minimalista y nos ofrece toda clase de delicias a Sabina Berman —cuyo libro *Un grano de arroz* es un tesoro—, Isabelle Tardan, Carlos Monsiváis, Rodolfo Rodríguez y Cristóbal y Mónica Mariscal. La pasamos muy bien. Descanso un poco de la tensión del Zócalo pero me siento culpable cuando pienso en Jesu bajo el aguacero tras del micrófono con su casco de minero y yo aquí capulina.

Paquetes violados

"Paquetes violados, la constante; en Jalisco restan mil votos a Calderón, discrepancias en el conteo, paquetes electorales abiertos, listas nominales extraviadas, votos no contabilizados, informalidad y autoritarismo de algunos magistrados y actitudes intimidatorias de miembros del Ejército en la primera jornada de recuento de votos en diversos distritos electorales del país, en el cómputo de sólo 9.07 por ciento de las casillas", advierten José Galán, Jesús Aranda, Rocío González y Alonso Urrutia, corresponsales de *La Jornada* en Guadalajara.

Andrea Becerril y Enrique Méndez relatan que, según Ricardo Monreal, "no hay crimen perfecto" y por ello el Tribunal debe ampliar el recuento.

De acuerdo con los primeros reportes, en la mayoría de los distritos se violaron no sólo los sellos y cerraduras de las bodegas que resguardaban la papelería electoral sino que "se manoseó la documentación".

"[...] Aun así surgen diferencias de votos en favor de AMLO. Sin embargo, no debemos caer en la ingenuidad política ni pensar que se presentarán grandes diferencias. No avalamos los resultados que surjan de este recuento en virtud de esa apertura ilegal."

Cecilia Márquez se desnuda

Juan Carlos G. Partida de *La Jornada* relata que en Guadalajara: "Boca abajo, sobre un tapete verde, con una manta tras ella que repetía la frase 'Fraude al desnudo' y junto a un letrero gigante que decía 'Voto por voto' formado con papel de baño en señal de que *todo fue un cochinero,* la pintora y activista política Cecilia Márquez se desnudó para denunciar el atraco electoral.

"[...] Con una rosa roja en una mano y una blanca en otra, Cecilia permaneció en la plancha de concreto desnuda veinte minutos mientras la fotografiaban embobados reporteros gráficos y camarógrafos hasta que ella misma los cortó".

"Cientos de seguidores de la coalición de izquierda impidieron durante seis horas todo acceso a las oficinas centrales de BBVA-Bancomer, el banco más importante del país, y de HSBC, así como de un inmueble de Banamex-Citigroup en el Centro Histórico", informan Roberto González Amador, Andrea Becerril y Enrique Méndez.

"Una vez más, el ingenio estuvo presente en las consignas dirigidas a los banqueros: '¡Hoy, hoy, hoy no robarán!', en las mantas de 'No al pinche fraude' y del papa Juan Pablo II, Karol Wojtyla, a quien le insertaron la demanda: '¡Voto por voto, casilla por casilla!', así como la del papa Benedicto XVI con los brazos en alto, las palmas de la mano extendidas: '¡Ni yo tengo las manos limpias!'

"[…] Un hombre se detuvo un momento y exclamó: '¡Qué bueno que les hacen esto a estos banqueros sinvergüenzas y rateros!'

"Otro más recalcó que el cierre fue positivo, porque de las oficinas bancarias salen las instrucciones para embargar casas y propiedades de deudores de la banca, que no pueden pagar los altísimos intereses que cobran."

Jaime Avilés de *La Jornada* escribe: "La movilización [de simpatizantes de AMLO frente al Centro Bancomer en Coyoacán], convocada por Martí Batres, empezó a las siete de la mañana frente al metro Coyoacán. […] Pese a la supuesta 'clandestinidad' con que se había corrido la voz en los campamentos de Reforma, los granaderos de la policía del DF ya cuidaban Bancomer y, mientras la cadena humana se extendía y cerraba en torno al edificio, hubo empujones, patadas y jaloneos, como los del área chica cuando vas a rematar un córner.

"[…] Una señora tocó el claxon de su coche y gritó a los muchachos del Frente Universitario de Apoyo Crítico:

—¡Quítense, güevones!

—Cerramos el banco en protesta por el fraude electoral. No puede pasar. Queremos que se abran los paquetes y se cuenten voto por voto, casilla por casilla.

—Yo tengo mi dinero a plazo fijo, si no lo saco hoy tengo que esperar seis meses —argumentó la señora—. Yo también voté por AMLO, pero con esto que están haciendo ya me arrepentí.

—No se enoje, señora —le replicó una muchacha—. Si así defiende Calderón nuestro voto, imagínese cómo va a defender al país cuando sea presidente."

No, a los internacionales

El gobierno de México se ha opuesto sistemáticamente a la intervención de observadores en derechos humanos, ahora los testigos de la Unión Europea y la Comisión Mexicana de Derechos Humanos no corren mejor suerte porque se les impide ver la apertura de los paquetes electorales y el recuento de los votos.

"Noventa ONG piden en una carta que el TEPJF 'aún puede limpiar los comicios y dar certeza mediante un recuento total'", informa Emir Olivares Alonso.

También académicos e intelectuales exigen el recuento de los votos.

Ricardo Monreal del PRD denuncia irregularidades: no sólo hubo fraude el 2 de julio. Entre el 10 y el 14 julio los empleados del IFE abrieron ilegalmente muchos paquetes para tratar de cuadrar cifras.

AMLO DICE: "Desde los primero días dijimos que era totalmente irregular el hecho que 72 mil casillas registraran en las actas votos de más o votos de menos. Hablábamos de 60 por ciento de todas las actas de cómputo del día 2 de julio.

"[…] Se abren paquetes electorales, que ya habían sido violados.

"[…] ¿Cómo se nombraron a los consejeros? Fue un acuerdo entre el PRI y el PAN, fue un acuerdo entre Felipe Calderón y Elba Esther Gordillo. Si hacemos la revisión de cada uno de los consejeros, todos tienen que ver o con la maestra Elba Esther Gordillo o con Felipe Calderón.

"[...] Podemos estar o no de acuerdo con lo que el PAN defendía en sus inicios, pero sin duda era gente honesta. ¿Qué fue lo que sucedió al paso del tiempo con ese partido? Primero lo corrompió Salinas y ahora está entregado a la inmoralidad.

"Si muchos antiguos panistas vieran esta situación, se morirían de vergüenza; si resucitaran muchos fundadores de ese partido, se volverían a morir de vergüenza por lo que están haciendo los que ahora tienen en sus manos el partido de la derecha."

Viernes 11 de agosto

Voy al Zócalo. En la noche, Kitzia, mi única hermana, me llama de Estados Unidos, su voz muy aguda resuena en mi pequeña recámara: "¿Te crees Juana de Arco o te pegaste en la cabeza? Estás totalmente zafada, nunca has estado en la realidad pero ahora menos. AMLO es un engañabobos que va a llevar al país al desastre y tu allí pegada. Salte, mana, salte, esa gente no te merece, salte". Le digo que he recibido muchas llamadas de insultos. "Tú te las buscas por ilusa." Al final se dulcifica: "Mana, ya salte, te va a ir negro, me tienes en ascuas, *je n'ai pas un poil de sec,* no quiero que te pase nada, estoy preocupadísima por ti, deja a ese loco que sólo está haciéndole daño al país, ese hombre es un horror. Mira, en Estados Unidos nos llegan noticias verdaderas, estamos superinformados de cosas que ni te imaginas, yo lo sé todo a diferencia tuya".

Le pregunto por Alejandro, su hijo, y cambia de conversación y de tono. Después de unos minutos, colgamos.

No hubo fraude

Sandy Celorio me llama:

—No hubo fraude. Si tanto les puede, soy partidaria de que se haga un conteo de los votos, y yo le pediría a Felipe Calderón que apoyara esta iniciativa. Yo voté por él.

"Defiendo la limpieza de la jornada electoral aunque sé que no hay ningún sistema perfecto ni infalible. No hubo fraude, porque tú misma me has dicho que tu Pepe Woldenberg dichoso es un tipazo y porque Marcelo Ebrard fue electo jefe de Gobierno del Distrito Federal con un porcentaje altísimo de votación. ¿Sólo hubo fraude [en la elección] para presidente de la República? Qué extraño, no lo creo, creo que tu candidato perdió para dicha mía."

También Mimí, mi amiga de infancia, le tiene un odio furibundo a López Obrador. Bueno, tengo dos amigas de la infancia que no lo soportan y ni siquiera aceptan que es un dirigente de masas. "Me purga", me dice Mimí. ¿Por qué lo sigo yo? ¿Por qué voy de movilización en movilización? ¿Qué diablos me pasa? Es una tragedia la mía. "¿Tú crees que le importas al pueblo que defiendes? Lo que pasa es que te gusta hacer drama". "Sigue así para que compruebes que a las primeras de cambio te van a dejar sola." "Es un demente, un enfermo mental, lo detesto." Explico que no conocí a Zapata ni a Villa y que es el único político que he visto que tenga alcance nacional. En provincia, lo siguen. Allá, en Ciudad Obregón, mi amiga Irma Arana, sus hermanas, toda su familia sólo piensan en él. Y muchos más que salen a la calle a manifestar su esperanza de cambio cuando se la vivían encerrados en su casa. Hay en él algo que Carlos Pellicer ponderaría: la tierra y el agua de Tabasco, es un líder al aire libre, camina por las rutas del país, recorre el campo, baja a las cañadas, recuerda al Tata Cárdenas que escuchaba las demandas de los campesinos bajo un árbol y se dirigía a cada uno por su nombre cuando los veía de nuevo. Moviliza a la gente en la plaza pública y corren a recibirlo. ¿Por qué suscita tanto odio de parte de los ricos si tiene todo el amor de los pobres?

La medida de la civilización no es la producción nacional en masa sino la manera de ejecutar el trabajo, el arte invertido que hace que el ser humano se sienta responsable de todos los aspectos de la producción y le entregue no sólo sus manos sino su cabeza y su corazón. En el plantón vi a tres mujeres haciendo muñecos de trapo con la cara de AMLO con tantísimo cuidado y capacidad creativa que pensé que si yo lograra semejante obra de arte la guardaría para mis nietos. Lo cosen con primor porque lo aman. Son pobres pero no les importan las horas invertidas. He aquí toda la diferencia. Volviendo a AMLO, su obra es civilizatoria, les enseña a sus seguidores a ser mejores, a respetarse a sí mismos, a no dejarse, a creer que sí pueden, a que hay arte en lo que hacen incluso si trabajan en una fábrica, a que valen igual que una niña bonita que nació con su cucharita de plata en la boca.

Otra llamada a las dos de la mañana: "¡Pinche puta vieja, vamos a ir por ti, te tenemos fichada y te vamos a matar!" ¿Por qué ofenderá tanto la vejez? Lo que más gusta es llamarme *vieja*.

Las llamadas

¿Son de derecha los que llaman? ¿Son del PRI? ¿Por qué me habría de llamar la izquierda si estoy con ellos? ¿Por qué me duelen sus telefonazos si no puedo ponerles rostro? Pobrecita gente de toda la gente decía Miguel Hernández y yo soy de las que andan buscando quién las abrace. Sucede que ya no me atrevo a sonreírle a nadie, no sé cuál va a ser su reacción. En el supermercado una señora peinada de salón me dice: "Usted y su grupo están haciéndole un daño terrible al país y México se lo va a cobrar". En mi casa, Marta ya se cansó de los insultos telefónicos mañaneros. "¡Qué gente tan grosera!, ¿verdad?"

Además de los anónimos e injurias recibo una carta firmada hipotéticamente por Flavio Sosa con una dirección ficticia que dice El Altiplano núm. 666, colonia Hell, Estado de México, CP: 45069, y dice: "Desafortunadamente, el hecho de que un estúpido con carisma, como generalmente lo tiene cualquier delincuente o criminal, te busque y por lo tanto tú te sientas la reina de Saba o la Margaret Thatcher para que le hagas competencia a la maldita mosquita muerta de la Sahagún demuestra tu plena decadencia e indicativo de que ya se te patina el clutch, es decir, ya chocheas pior que yo.

"Lo que debes de saber es que a tu estúpido líder ya *todos* los mexicanos y el mundo lo conocen como el Brandy Pirata porque se quiere hacer pasar por presidente, a lo que nunca llegará. O también como El Semen porque cuando no sale con una jalada sale con una mamada.

"Qué pena que una persona que *era* tan inteligente ahora caiga rendida ante las falsas adulaciones de un maldito ignorante, porro, agitador e hijo de toda su chingadísima madre; por lo que a ti toca también vete a chingar a tu puta madre y antepasados polacos. En México sales sobrando, reverenda mamona.

"Con todo respeto, como dice tu padrote:

Flavio Sosa Villavicencio, desde el penal del Altiplano, acá te espero para meterte la verga."

(Es cierto que López Obrador antes de decir una malditez, antepone en cualquier ocasión el *con todo respeto*.)

Con Cárdenas fue distinto

Rosario Ibarra de Piedra afirma: "A diferencia del fraude electoral contra Cuauhtémoc Cárdenas en 1988, ahora el movimiento ciudadano tiene conciencia 'de que se va a ganar la lucha porque somos millones los que estamos luchando. Ya aprendimos a luchar. Antes existía la amenaza permanente, al igual que ahora, pero ahora sabemos que sí se puede ganar.

"[...] Si la ciudadanía sale adelante demostraremos que no somos como ellos, sino distintos: un pueblo generoso y honesto. Si desaparecieran al hijo de Luis Echeverría seríamos los primeros en exigir su liberación, y si torturaran a Miguel Nazar Haro, el máximo torturador en la historia de México, exigiríamos que no se le tratara así. Por eso debemos luchar para que gane un hombre generoso como AMLO, que ante todo busca el bienestar de los pobres".

Gustavo Iruegas hace un recuento de los obstáculos que ha vencido AMLO y cómo los ha vencido al "no indemnizar a los supuestos dueños del Paraje San Juan, no ceder en el desfigurado caso de El Encino, resistir el desafuero y desafiar a los poderes Ejecutivo, Legislativo y Judicial coludidos en su contra; resistir las intromisiones de empresarios, de los medios de comunicación y del presidente de la República, rechazar las malas cuentas y el dictamen del IFE, y ahora el rechazo al recuento parcial de los votos...".

Según Luis Javier Garrido, "el escenario que vive México es inédito, y muchos no lo entienden porque viven aferrados a conceptos y prácticas del pasado. [...] En más de medio siglo el país no ha tenido un dirigente político tan comprometido con sus ideas ni tan lúcido para entender la realidad como AMLO, ni sectores tan significativos del pueblo al luchar con él por la democracia como ahora...".

Rocío González, Érika Duarte, Josefina Quintero y Mirna Servín escriben: "Con el propósito de evitar el brote de enfermedades gastrointestinales o contagiosas, el sector salud puso en marcha un cerco sanitario (contra la hepatitis A, la salmonelosis, el tétanos y la difteria) en los campamentos entre el Zócalo y la Fuente de Petróleos. [...] Todo el personal médico que brinda sus servicios en los campamentos lo hace de manera voluntaria y gratuita.

"Hay quienes piensan que los que estamos en resistencia somos gente floja, que no trabajamos, o dicen que nos pagan por estar aquí. Eso es totalmente falso. Estamos seguros de que este movimiento es justo", declararon la enfermera María Angélica Miranda y la doctora Dalia Edith Castañeda, quienes hacen guardia en los campamentos.

AMLO DICE: "Con las graves irregularidades descubiertas en el recuento de votos, deben reconocer que ganamos la elección presidencial.

"Ahora mismo hay un concierto para jóvenes en el Monumento a la Revolución. Desde aquí envío un saludo a Panteón Rococó.

"En la Diana Cazadora, algunos pintores —los mejores del país— hacen su obra y otros siguen en todo el Paseo de la Reforma y brindan arte y cultura."

SÁBADO 12 DE AGOSTO

Vamos Felipe, Pepi y sus tres hijos, Paula, Lencho y sus tres hijos, o sea seis de mis nietos: Inés, Pablo, Carmen, Lucas, Cristóbal, Luna a la preciosa boda de Manuel Escobedo hijo de Miguel y Malú. La ceremonia le habría encantado a mamá. Habría dicho: "*C'est de très bon goût*" y yo también me siento en mi elemento. Pero también me siento en mi elemento en el plantón y se lo digo al dueño de la casa, Miguel Escobedo, quien me asegura: "Yo voté por Andrés Manuel López Obrador".

A un amigo de infancia al que abrazo con mucho gusto le comento lo del cuñado incómodo de Calderón, Diego Hildebrando Zavala, y el escandaloso caso Hildebrando y sus contratos millonarios, el que hizo, entre otros, con el gobierno para organizar el padrón electoral. Logró que el PAN identificara a la gente que recibía asistencia de programas gubernamentales para concentrarse en ellos y obtener su voto además de amasar una gran fortuna personal mientras Calderón fue secretario de Energía. Mi amigo me responde: "¡Ay, Elena, no seas ingenua, entre los políticos eso es *peccata minuta!*"

Me quedo de a seis. La protesta en el Zócalo de AMLO es inadmisible y la cubren de injurias pero un empresario que medra con su puesto apenas si comete un pecado venial. ¡Con confesarse queda absuelto! ¡Estamos fregados! Sirven margaritas de todos los colores y sabores, verdes, blancas, rosas, naranjas, rojas y como me zampo una de cada color al regresar al Zócalo aguanto perfecto el aguacero.

Me consuelo pensando que sólo los que están en la batalla ganan y quienes están siempre en la batalla son los más pobres.

Luego reflexiono. ¿Será verdad?

Si no hay solución, habrá revolución. Reacciones en provincia

Jesusa me cuenta que campesinos, colonos y simpatizantes de AMLO tomaron durante una hora el puente internacional de Córdoba en Ciudad Juárez, y bloquearon los dos carriles por donde cruzan cientos de camiones de carga de Estados Unidos a México.

En Tamaulipas, militantes y simpatizantes del PRD clausuraron durante cuatro horas la Delegación del Servicio de Administración Tributaria en Nuevo Laredo. En Xalapa, Veracruz, miembros del PRD, del PT y Convergencia bloquearon la Secretaría de Hacienda y Crédito Público.

En Acapulco, Guerrero, cincuenta perredistas se reunieron frente al Instituto Nacional de Migración y colocaron banderines del PRD en las ventanas del edificio y lanzaron consignas: "Si no hay solución, habrá revolución".

"[...] Integrantes de la CPBT sitiaron durante seis horas las instalaciones de la SHCP en Saltillo. [...] Decenas de militantes del PRD se plantaron afuera de la delegación de la PGR en Chilpancingo, Guerrero, así como en las subdelegaciones en Acapulco e Iguala y colocaron una manta con el rostro de AMLO.

"En Torreón, Coahuila, Gustavo de la Rosa, consejero estatal del PRD, anunció que continuará la 'toma' de oficinas públicas.

"[...] Bloquearon el acceso a la delegación de la Secretaría de Desarrollo Social en Campeche porque dicen que de esa dependencia federal salieron padrones del programa Oportunidades que favorecen a Calderón.

"[...] En Nuevo León, trescientos integrantes de la Coalición por el Bien de Todos —en su mayoría mujeres armadas con cacerolas y cucharas— tomaron la Confederación Patronal de la República Mexicana y la Cámara Nacional de Comercio."

También simpatizantes de López Obrador tomaron durante cinco horas la sede del SAT en rechazo a los beneficios fiscales a grandes empresas, el terrorismo fiscal a los pequeños contribuyentes y la posibilidad de que desde el gobierno federal se transfirieran recursos para apuntalar a Calderón.

Diana Teresa Pérez, de *Excélsior,* advierte que "decenas de campesinos simpatizantes del PRD en Chihuahua se manifestaron frente al puente internacional Córdoba-La Amistad en Ciudad Juárez, por lo que EU decidió desviar a los miles de tráilers y autos que a diario entran por esta vía hacia otros puntos fronterizos.

"[...] Los campesinos comenzaron a reunirse desde las ocho de la mañana en el parque El Chamizal —'para echarnos un taco, en lo que se reúnen todos los compañeros'— y tres horas después desplegaron mantas amarillas con las leyendas: 'Por la soberanía alimentaria. Voto por voto, Casilla por casilla'.

"[...] Después se replegaron a volantear 'para que los paisanos conozcan nuestra causa'. Así permanecieron de manera pacífica hasta la una y media de la tarde.

"[...] Esta acción se produjo al mismo tiempo en otros puentes internacionales, como los de Tijuana, Nogales, Laredo y Reynosa".

Según los corresponsales de *La Jornada*: "Desde las once horas, unos doscientos perredistas permitieron el libre flujo de automóviles en la caseta de Palo Blanco, de la Autopista del Sol, a 18 kilómetros de Chilpancingo, Guerrero, para beneplácito de los paseantes, que agradecieron la medida sonando sus cláxones. Otras casetas tomadas por militantes del PRD fueron: La Venta en Acapulco, Amozoc y San Martín Texmelucan en Puebla, la Peñón-Texcoco en el Estado de México, seis garitas en Michoacán, el puente Tonalá que une a Veracruz con Tabasco, la Monterrey-Nuevo Laredo, el puente internacional de Tijuana, la caseta Tepic-San Blas en Nayarit".

"Bastaron quince minutos y quinientos simpatizantes para bloquear sin pena, pero también sin gloria, los siete carriles derechos de la garita de San Ysidro, la más transitada en toda la frontera con Estados Unidos", según Andrea Merlos y Julieta Martínez de *El Universal*.

"[...] Los simpatizantes del 'voto por voto, casilla por casilla' se tomaron de la mano y se extendieron entre los carros hasta bloquear los carriles de acceso a San Diego.

"[…] Marcharon al centro cultural de Tijuana. Ondearon las banderas amarillas hasta la línea, la *border* como les llaman a los carriles de acceso a San Diego para repudiar el fraude electoral."

Jesusa no sonríe pero en sus ojos hay confianza. "¿Vamos a ganar?", le pregunto. "Ya estamos ganando", me asegura rehaciendo la cola de caballo de su largo pelo negro que después recogerá con un broche huichol.

Pienso que podría ser mi hija.

Hacienda: pilar de la corrupción

Martí Batres asegura que la Secretaría de Hacienda, a cargo de Francisco Gil Díaz, "se convirtió en uno de los pilares de la corrupción y punto nodal del fraude electoral del 2 de julio".

"Hacienda favoreció a empresas como Jugos del Valle, a la que devolvió 1 400 millones de pesos por concepto de impuesto al valor agregado (IVA) y no cobró gravámenes a Roberto Hernández por la venta de Banamex a Citigroup: mientras se condonaban miles de pesos a banqueros y empresarios, Hacienda quería aplicar al pueblo el cobro del IVA en alimentos y medicinas."

Alberto Morales en *El Universal* informa que "son las tres de la tarde y en el campamento de la delegación Coyoacán, Joel barre un tramo del pavimento de su carpa en Reforma.

—¿Por qué no enciende su televisor? Ya es hora del noticiero.

—Prefiero la radio. La televisión nos ha defraudado. Ya no la prendemos salvo para ver a López-Dóriga en la noche… y eso para ver al otro día cómo vienen los chingadazos.

Como una estrategia de resistencia civil, los aparatos de televisión únicamente son utilizados como "medios de difusión y diversión" en los campamentos en Reforma y avenida Juárez.

En carteles y mantas, los que se llaman Los Renegados exponen una lista negra de comunicadores y periodistas que en su opinión están en contra de su movimiento: Joaquín López-Doriga, Javier Alatorre, Estela Livera y Jorge Zepeda (Código 2006), Adela Micha, Carlos Loret de Mola, Brozo (Víctor Trujillo) y Sergio Sarmiento.

Así como hay una lista negra, también existe otra: Jorge Saldaña, Carmen Aristegui, Ricardo Rocha, Javier Solórzano, Miguel Ángel Granados Chapa, José Gutiérrez Vivó, programas y noticiarios de Radio UNAM y Radio Educación.

Gutiérrez Vivó y su Radio Monitor es un informador imparcial y honrado.

En cada carpa hay por lo menos un televisor que presenta el documental de Luis Mandoki *¿Quién es el señor López?, La Teletiranía*, de la productora Canal 6 de Julio, o películas que en su época fueron censuradas por el gobierno como *Canoa* (1975), de Felipe Cazals, o *Rojo amanecer* (1989), de Jorge Fons.

En el campamento de la Gustavo A. Madero, cerca de Insurgentes, Elvira Gómez de la Universidad, plantel Aragón, reclama: "Yo ya no veo ni a Joaquín [López-Dóriga] ni a Javier [Alatorre], me dan asco. Sólo informan lo que les conviene y no lo que deben". Lo mismo dice la matemática Coni Aguirre. Ninguna de ellas se conocía antes y ahora luchan juntas "sin recibir sueldo como han dicho algunos medios".

Según Julián Sánchez y Alberto Morales de *El Universal*, "simpatizantes de AMLO clausuraron simbólicamente las instalaciones de Televisa Chapultepec, "Mentirosos, oportunistas, embusteros, faltos a la verdad, trinqueteros, lambiscones, lo suyo es una gran mentira."

"Otro grupo de simpatizantes de AMLO hizo plantones frente a las secretarías de Hacienda y Economía. Consideran que favorecen a empresarios calderonistas. Los manifestantes pertenecen a la Asamblea de Barrios y a Nueva Izquierda."

Murales por la democracia

Mariagna Prats, esposa de Marcelo Ebrard, impulsó a quince pintores y a decenas de espontáneos a pintar su vida en la Diana Cazadora en el Paseo de la Reforma e inauguró dentro de una de las carpas más grandes: "Murales por la democracia".

Según Arturo Jiménez de *La Jornada,* "como parte del plantón por la democracia, decenas de artistas crearon el grabado 'más largo del mundo', de cincuenta metros de longitud pero que crecerá aún más en los próximos días hasta llegar a un kilómetro por lo menos, con lo cual quedaría registrado en el *Libro de récords Guiness.*

También los chavos banda hicieron su grabado con graffiti, éste de treinta metros.

Isaac Masri

"[...] Encabezados por Isaac Masri, Emilio Payán y Vicente Rojo Cama, los pintores llegaron a pintar sus mantas a las nueve de la mañana. Los temas de Carlos Pellicer López, Brian Nissen y Rafael Barajas El Fisgón son el fraude y el recuento total de votos."

Según El Fisgón: "La calidad creativa de este plantón es extraordinaria". Isaac Masri alabó el "movimiento cultural tan fuerte y vivo que está produciendo obras de arte de un nivel impresionante".

Marcelo Ebrard y Mariagna Prats inauguran la colectiva "Buenos días a Diana Cazadora, Homenaje a Efraín Huerta", con Roger von Gunten, Gabriel Macotela, Gilberto Aceves Navarro, Vicente Rojo Cama, Marcos Límenes y Alberto Castro Leñero.

AMLO en The New York Times

"En un inusual artículo para la página editorial del *The New York Times,* el candidato de la CPBT, AMLO, pidió el apoyo internacional para lograr un recuento total y 'cristalino' de los votos como única forma de dar autoridad moral al próximo presidente de México", informa Mario Santini de *Milenio.*

"[...] En el espíritu de Gandhi y del reverendo Martin Luther

King buscamos que se escuchen nuestras voces. Nos faltan los millones [de pesos] para publicidad y presentar nuestro caso. Sólo podemos comunicar nuestra demanda de contar todos los votos a través de protestas pacíficas."

En *Reforma,* Miguel Zacarías y Érika Hernández advierten: "Una veintena de militantes llegó con paliacates en la boca, las manos atadas con cinta canela, encadenados de pies y manos y un trozo de cartulina en el pecho con distintas leyendas y números: 'Culpable por defender la democracia' o 'Me culpan por exigir el bien de mi país: Obrador presidente'.

"Con su entrega, los inconformes respondieron a los directivos de la empresa Equipamientos Urbanos de México (Eumex), quienes presentaron el martes una denuncia penal en la PGR contra AMLO por el bloqueo de Paseo de la Reforma".

Horacio Duarte, representante de la CPBT, afirmó que en dos días de recuento de votos se han encontrado irregularidades en 3 mil casillas. Si éstas se anulan, el triunfo podría revertirse a favor de AMLO.

"En 917 casillas hubo 'embarazo' de urnas al sobrar boletas, en 1 377 hubo 'aborto' ya que faltaron 34 193 boletas y en cuarenta distritos los paquetes electorales estaban abiertos.

"[...] Es inexplicable que algunos intelectuales califiquen al IFE de una institución extraordinaria y digan que la elección fue limpia.

"Gracias a los ciudadanos no hubo irregularidades mayores pero intervinieron funcionarios con la consigna de falsificar los resultados electorales."

Andrea Becerril es optimista: "Durante la asamblea en el Zócalo, Horacio Duarte expresó que si los magistrados del TEPJF tuvieran 'agallas' y decidieran anular las casillas donde se encontraron más votos que votantes o menos sufragios que boletas, el candidato de la Coalición [...] tendría una diferencia favorable de 420 mil votos.

"En ese recuento de sólo 9.07 por ciento del total de las casillas, jueces y magistrados se han dado cuenta de que lo que el PAN y sus aliados pregonaban como 'pequeños errores' son en realidad irregularidades fundamentales que justifican revisar la totalidad de los paquetes.

"'¡Fraude, fraude!', gritaron una y otra vez miles de ciudadanos ayer en el Zócalo. 'Sí —continuó Duarte—, esto es, como corea la gente, un fraude escandaloso y cínico en contra del pueblo mexicano'.

"Estas cifras, ahora en manos de magistrados y jueces del Poder Judicial, son una muestra de la porquería que hizo el IFE y de que la elección transitó por la vía menos democrática.

"[...] Si el TEPJF decidiera anular, aumentaría la diferencia en favor de la Coalición en 150 mil votos, pero si tuviera agallas y estuviera a la altura del reto histórico, anularía las casillas abiertas donde hay boletas de más o de menos: la diferencia sería de alrededor de 420 mil votos".

Los intelectuales

En *Reforma,* Alberto Aguirre y Armando Estrop informan que "ante la sentencia del Tribunal Electoral de limitar el recuento de votos a 11 839 casillas, un grupo de intelectuales se pronunció a favor de que el Instituto Federal de Acceso a la Información entregue la paquetería de los comicios electorales.

"Los ciudadanos tienen derecho a determinar por ellos mismos si las autoridades electorales actuaron en forma correcta y responsable en sus respectivos actos de autoridad y la única forma de saberlo es a partir de un recuento total conducido por los ciudadanos [...]."

Los impulsores son Irma Eréndira Sandoval, coordinadora del Laboratorio de Análisis de la Corrupción y la Transparencia, del Instituto de Investigaciones Sociales de la UNAM, y John M. Ackerman, coordinador del Programa de Rendición de Cuentas y Estado de Derecho de la Facultad Latinoamericana de Ciencias Sociales.

"La democracia no es un asunto de falta o exceso de confianza sino de responsabilidad pública. Demandamos transparencia total en la elección presidencial."

Leonel Cota, presidente del PRD, informa que el TEPJF debería por obligación moral abrir todos los paquetes en vista de las irregularidades descubiertas en las más de 11 mil casillas revisadas.

Andrea Becerril viaja a Chiapas con AMLO y dice que "el líder le advierte al PAN, al gobierno foxista y a Calderón que no permitirá la imposición de un presidente espurio, ilegal e ilegítimo, y seguirá adelante con las medidas de resistencia civil pacífica en contra del fraude electoral [...], llama a los magistrados del TEPJF para que piensen bien la decisión que van a tomar.

"Son ellos la última instancia, pero también la última oportunidad que se tiene desde el poder de transformar las instituciones. Si no lo hacen ellos lo hará el pueblo de México [...]."

Domingo 13 de agosto

Vamos al Zócalo Felipe, Chaneca y yo. Felipe filma y me mira con preocupación. "Tienes ojeras. Chaneca se ve mil veces mejor que tú." Insiste en la reforma del Estado, eso es lo que tiene que hacer AMLO, reformar el Estado. A mí me preocupa que se mantenga de pie durante horas con una máquina pesadísima sobre el hombro. "Así lo hacemos todos los camarógrafos", se defiende.

Paco Ignacio Taibo II escribe en La Jornada que "la disidencia de la coalición de centroizquierda llamó a la resistencia civil con una demanda verdaderamente certera: 'voto por voto, casilla por casilla', pidiendo un recuento general. Si los ganadores estaban tan convencidos de su triunfo, ¿por qué no refrendarlo en un recuento de los votos? Tras una manifestación de un par de millones de personas, probablemente la más grande de la historia de México, se convocó a la formación de un inmenso campamento de una docena de kilómetros que se iniciaba en el Zócalo de la capital.

"[...] Con esta habilidad para levantar ciudades de madera y cartón que el precarismo de la sociedad mexicana ha creado como respuesta a la miseria, el movimiento ha desplegado a lo largo de diez días una actividad inmensa, enloquecida. Levantado carpas, templetes, colocado televisores, tarimas, jacales, mecates. Ha creado un centenar de comedores colectivos, dos docenas de puestos sanitarios, retretes, propaganda, carteles hechos a mano, tendederos de información. Decenas de millares de personas han estado involucradas en el proyecto, a veces centenares de miles. Es la capacidad de organización múltiple que surge de una sociedad de parias que han generado una riqueza inmensa, con muchos años de luchas sociales.

"Y es popular, muy popular. Molestamente popular para una *nacoburguesía* que despliega su lamentable ausencia de sentido patriótico y nacional al grito de '¡Ya cálmense, pinches pobres!'"

Más tarde Paco habrá de presentar en el Hemiciclo a Juárez su libro *Pancho Villa: una biografía narrativa,* de ochocientas ochenta y cuatro páginas. La presentación es un éxito rotundo, la gente se cuelga de las columnas de mármol para escucharlo hablar de Villa. Por un solo día, Planeta acepta $200 en vez de $400. "¿Es éste un mitin político?" "No, es la presentación de un libro." "¿No que los mexicanos no leen?", pregunta Paco.

Zócalo dominguero

"Los domingos muchos mexicanos van 'a dar la vuelta' al corredor de campamentos del Zócalo a la Fuente de Petróleos. La mayoría no son simpatizantes pero les sorprende ver contento al Paseo de la Reforma. Como ya no pasan los coches a toda velocidad, salen de las carpas toda clase de ritmos musicales: ranchero, rap, trova, ska, boleros y hasta música clásica. Los visitantes curiosos preguntan y reciben respuestas risueñas, algunos se animan: 'Vamos a venir el domingo que entra'. Seguramente se dan cuenta de que los manifestantes no son tan cafres como los pintan. '¿Necesitan algo?' '¿Podemos ayudarles?'

"Muchos de ellos artistas han encontrado aquí el público que la sociedad de consumo les niega, muchos generosamente invierten su tiempo y su talento en esta gente ávida y sonriente que, como siempre, en el mejor de los Méxicos, han hecho de la rebelión una fiesta.

"Alguien debería dejar una mejor constancia que ésta, redactada a vuela pluma, de esta pequeña revolución cultural. Los que estamos viviendo esta experiencia, difícilmente la olvidaremos.

"Una mujer vende tunas sobre una manta, el letrero dice: "Voto por voto, tunas a cinco pesos". En este espacio liberado no tiene que pagarle cuota a nadie, no tiene que pedirle permiso a nadie, no tiene que pagarle impuestos a nadie. Escucha, sentada en el suelo, un tocadiscos que a todo volumen clama una obertura de Wagner, en mitad de la avenida Reforma."

—¿Le gusta? —pregunto.

—Por eso me acomodé aquí —dice.

José Agustín Ortiz Pinchetti comenta: "Es asombroso que a pesar del bombardeo mediático a favor del IFE, de Fox y del PAN, legiones de ciudadanos en toda la República no se dejan ablandar. Persisten, cada vez más furiosos, en denunciar y resistir el fraude electoral. Esto es una cuestión de sentido común que posee, sobre todo, la gente común. El sabio académico que ve las cosas desde la capital, por lo general no goza de este sentido común. Puede decir que para él no hay indicios de fraude y muchos de sus compañeros le darán la razón, incluso firmarán con él un manifiesto. Lo que sucede es que estos sabios nunca han vivido un fraude electoral.

"Pero la gente común y corriente lo percibe y sufre como experiencia directa. Se da cuenta de cómo los 'operadores' entraron a las casillas. Los identifica. Después los oye divulgar sus hazañas y ufanarse del dinero que recibieron a cambio. Así que la gente común prefiere confiar en su experiencia y es imposible convencerla de que se apacigüe y acepte el robo de sus votos. ¿No son estos hombres y mujeres comunes, con su sentido común, el centro de la democracia?

"[...] El TEPJF va a tener que afrontar la decisión más importante en la historia judicial y política del país. Si después de conocer (los resultados del recuento parcial de los votos) sostiene el dictamen de que no hubo fraude electoral y convalida el conteo del IFE, estaría provocando a gran parte de la población que tiene la vivencia de las trampas y que no parece estar dispuesta a tolerarlas. Si rectifica, demostrará no sólo sabiduría jurídica, sino sentido común".

Cada día la relación con AMLO se vuelve más familiar. "¿Qué tal te fue, hijo?" le pregunta una mujer de pelo blanco y un niño inquiere atravesándosele mientras camina como si AMLO fuera su papá: "¿Qué me trajiste?" Todo el odio insensato que AMLO suscita en la clase empresarial, los pobres lo convierten en hijo, padre, hermano, novio, protector, guía. Lo abrazan, que no le pase nada, cuídelo, cuídelo, nos hace mucha falta.

En Chiapas, seguramente AMLO descansó del plantón que a todas luces ha de angustiarlo porque regresa con muy buena cara.

Jesusa me dice, contenta, que López Obrador y el movimiento de resistencia no permitirán que Fox lea su sexto informe de gobierno ni que dé el Grito en el Zócalo, ni que Calderón asuma la Presidencia.

AMLO DICE: "Me comprometí ayer con ciudadanos de Chiapas a que les iba a dar un saludo de parte suya y estoy cumpliendo. [...] Estuvimos en la región del Soconusco, allá todos están pendientes y en pie de lucha por la justicia.

"[...] Básicamente, tenemos que pensar en cinco objetivos:

"1. Combatiremos la pobreza y la monstruosa desigualdad imperante en nuestro país. Ya es insoportable que una minoría rapaz lo tenga todo, mientras la mayoría de los mexicanos carece hasta de lo más elemental e indispensable. Además, sin justicia no habrá garantías de seguridad ni tranquilidad para nadie. Tampoco habrá paz social. La paz es fruto de la justicia.

"2. Defenderemos el patrimonio de la nación. No permitiremos que sigan enajenando los bienes nacionales. No permitiremos la privatización, bajo ninguna modalidad, de la industria eléctrica, del petróleo, de la educación pública, de la seguridad social y de los recursos naturales.

"3. Haremos valer el derecho público a la información. La apertura de los medios de comunicación ha sido una conquista de los mexicanos. No permitiremos un retroceso. La tarea de los medios de comunicación es de interés público y, por tanto, los medios de comunicación deben garantizar espacios a todas las expresiones sociales, culturales y políticas de nuestro país. Entre sus obligaciones sociales está la de brindar información veraz y objetiva a la población, que sirva de base para que la población participe de manera consciente y libre en la toma de decisiones.

"4. Enfrentaremos la corrupción y la impunidad. No aceptamos, rechazamos totalmente, el Estado patrimonialista. El gobierno no puede seguir siendo un comité al servicio de una minoría. Ejercer el gobierno no puede significar privilegios ni corrupción. Tiene que castigarse a quienes cometen abusos desde el poder y despojan de su patrimonio a los mexicanos.

"5. Llevaremos a cabo una renovación tajante de todas las instituciones civiles. No permitiremos que los principios constitucionales y las garantías individuales se sigan pisoteando porque las instituciones encargadas de proteger estos derechos se encuentran secuestradas y sometidas a los designios de una camarilla. Ya no estamos dispuestos a permitir que la política hacendaria y fiscal se aplique sólo en beneficio de banqueros y de traficantes de influencias. Ya no estamos dispuestos a permitir que la Suprema Corte esté al servicio de potentados y se proteja a delincuentes de cuello blanco.

"[…] En esencia, se trata de hacer a un lado la República simulada y la farsa, se trata de pasar al terreno de las transformaciones profundas que México requiere.

"[…] En este marco, les propongo, por lo pronto, porque habrá otras medidas, les propongo de manera concreta que, si se consuma la imposición, llevemos a cabo las siguientes medidas:

"1. Que nos movilicemos y estemos presentes en el lugar que sea, cuando se pretenda entregar la constancia de presidente electo al candidato de la derecha.

"2. Que nos movilicemos para estar presentes también el día

1° de septiembre, fecha del informe presidencial de ese traidor a la democracia que es Vicente Fox.

"3. Que la noche del 15 de septiembre celebremos aquí el Grito de Independencia.

"4. Que al día siguiente de esa fecha histórica, el 16 de septiembre, llevemos a cabo aquí una Convención Nacional Democrática, con representantes de todos los pueblos del país, para decidir en definitiva el papel que asumiremos en la vida pública de México.

"[...] No aceptamos la imposición porque, como es del dominio público, estas elecciones no fueron ni limpias ni equitativas, ni libres.

"No fueron elecciones libres porque se usó al gobierno federal y los recursos públicos para comprar votos y se condicionaron los beneficios de los programas sociales a cambio de sufragios para el partido de la derecha.

"[...] Les pregunto a todos, a todas: ¿luchamos contra la imposición hasta las últimas consecuencias para dejar a salvo la democracia?

"[...] También quiero que piensen lo que voy a plantear: ¿nos vamos a quedar el tiempo que sea necesario en los campamentos? ¿Nos vamos a movilizar al lugar donde, en su caso, se dé la constancia de mayoría al presidente espurio?

"¿Vamos a estar presentes y vamos a convocar para congregarnos el 1° de septiembre, el día del informe, en San Lázaro?

"¿Celebramos aquí en el Zócalo, en esta plaza pública y en las principales plazas públicas de todo el país, el Grito de Independencia?

"¿Llevaremos a cabo, el 16 de septiembre, la Convención Nacional Democrática para tomar decisiones definitivas a mediano y a largo plazo?

"[...] También pregunto a ustedes: ¿continuaremos con la resistencia civil pacífica?

"[...] Una vez, en una entrevista de televisión, un periodista me emplazaba a que yo dijera hasta dónde íbamos a llegar y le repuse que hasta donde quisiera el pueblo de México.

"[...] Tengan la seguridad de que no los voy a traicionar. Líder no va a faltar. Seguiré adelante hasta las últimas consecuencias."

LUNES 14 DE AGOSTO

Anoche, cuando estaba bien dormida sonó el teléfono: "Pinche puta pendeja, nos tienes hasta el gorro y vamos a acabar contigo. Hija de la chingada, te vamos a matar". La voz es masculina. Otra vez me pregunto de dónde viene. Le cuento a Jesu y me dice que cambie mi número. "Sólo tú estás en el directorio. ¿A quién se le ocurre?" Tengo que encontrar una solución. Supongo que cuando termine el plantón, cesarán las llamadas. Tuve una contestadora, regalo de Sabina Berman pero Marta dice que no sirve. ¿Cómo se le hará para cambiar de número yo que nunca me los aprendo? La sola idea de ir a Telmex a hacer cola durante horas me paraliza. En cambio, voy con Paula al Palacio de Hierro y me siento en otro mundo. Llueve y no entiendo cómo puedo estar tan lejos del Zócalo, tampoco Paula pero nos sonreímos porque quiere comprarse una falda y se la quiero regalar. Vamos a este piso y al otro, descolgamos una prenda y otra, ésta te queda mejor, no pruébate ésta, los tres nietos necesitan camisetas, quisiera tener un celular pero Jesu me ha dicho que ella sabe escogerlo y que ni de chiste vaya a hacerlo sin ella, entonces no vamos al departamento de electrónica. Encontramos una falda genial de mucho vuelo y muchos colores y yo estoy superencantada. Paula también. "Me la voy a poner hoy en la noche para ir a casa de mis suegros."

La Policía Federal Preventiva desaloja a miembros del plantón afuera de la Cámara de Diputados. Calderón desafía a López Obrador. Él, Calderón, salió presidente y tomará posesión pase lo que pase.

En la tarde, voy al Zócalo, llueve a cántaros, me resbalo, caigo en un charco, se me pela una rodilla, un señor me levanta y me dice mientras barre mi impermeable con la mano: "Elenita, no se nos vaya a morir".

Hay tardes en que el plantón en el Zócalo hostiga. "¿Qué estoy haciendo aquí?", me pregunto. Todavía falta mucho para "la misa de siete", como llamamos a la filípica que AMLO echa todos los días. Las lujosas camionetas de los dirigentes del PRD llegan un poco antes y sus dueños esperan en torno a la tienda de campaña del Peje. Son igualitas a las de todos los políticos: camionetas blindadas con choferes supongo también blindados. ¡Cómo desconfío de los políticos, caray, de izquierda, de derecha, de centro! Por una razón muy profunda, a AMLO lo considero aparte. Si no, no estaría aquí.

AMLO maquiavélico

Recuerdo que en una inauguración de un tramo de los segundos pisos en la que íbamos Rosario Ibarra de Piedra, Luis Hernández Navarro, Guadalupe Loaeza y Enrique Goldbar, Chaneca, Chema y Lilia Pérez Gay y muchos más, las mujeres le gritaban a AMLO desde la calle: "¡Me quiero casar contigo!" La verdad, nunca estuve de acuerdo con los segundos pisos. No hay que darle alas a la plaga automovilística. Soy bicicletera. Ahora la gestión de AMLO al frente del Distrito Federal es duramente criticada. Todo estuvo mal. Lo único que quería era llegar a la Presidencia. ¿O ya se nos olvidaron los videoescándalos? ¿Ya AMLO enloqueció a las masas como lo hizo Hitler? ¡Qué mala memoria la de los mexicanos! Como me dijo Felipe, mi hijo: "México es un país de cortesanos. Si hubiera ganado AMLO los mismos que ahora lo destrozan estarían haciéndole la barba y a ti de paso también, mamá".

Nuevas movilizaciones

Andrea Becerril anuncia que "en un Zócalo pintado ayer nuevamente de amarillo, AMLO puso a consideración de sus miles de simpatizantes otras movilizaciones masivas que se extenderán hasta el 16 de septiembre, en caso de que el TEPJF avale el 'fraude' del 2 de julio y se 'consuma la imposición' de Felipe Calderón".

Le pregunto a Chaneca: "¿Cuánto va a durar esto?", y ella ironiza: "Lo mismo me preguntaste en abril de 2005 con lo del desafuero. ¿No estás feliz?" "Sí —trato de convencerme—, pero ya quiero que se acabe, ya quiero estar en mi casa escribe y escribe la novela." "No aguantas nada." "Tú porque estás enamorada de AMLO, Chane." "Sí, pero también estoy enamorada de la causa."

Chaneca se preocupa por AMLO, le compra bloqueador contra el sol, con su puño cerrado le tiende, como si fuera un niño, dulces de miel, de frambuesa, pasitas, nueces, un mazapán. "Yo sé lo que le gusta." Va a buscar unas gomitas sensacionales a no sé qué lugar más allá de los volcanes y se las entrega un día sí y otro también. A la hora de la alocución de las siete de la noche, se sienta en una silla de plástico blanco frente a su tienda de campaña para saludarlo. Dice con entusiasmo que el Grito de AMLO el 16 en el Zócalo va a ser sensacional. "¿Cómo sabes que va a dar el Grito?" "Porque lo sé." Chaneca siempre sabe cosas que no sé. "¿Y el desfile? ¿Y Fox?", pregunto. "Al carajo con Fox, ¿qué tanto te preocupa? Éstas van a ser las mejores fiestas de Independencia de tu vida. Nunca verás fuegos artificiales más bellos. Nunca escucharás un Grito más sentido." En las reuniones de trabajo a las que no les veo ni pies ni cabeza, Chane me dice: "Éste es mi mundo, estoy en mi elemento." Yo no. Por más esfuerzos que hago entiendo una cuarta parte de lo que ahí sucede y si no lo apuntara religiosamente olvidaría la mitad de lo que dicen.

"¡Ni un paso atrás, ni un paso atrás!", se convierte en un coro inmenso cuando AMLO pregunta si mantendrán el megaplantón que va del Zócalo a Paseo de la Reforma. "Con toda seguridad podemos decir que estamos preparados para resistir el tiempo que sea necesario, que podríamos estar aquí años."

AMLO DICE: "Hay que actuar y hablar con la verdad. Hubo fraude y el Tribunal tiene en sus manos la salida: transparentar la elección. Lo que el TEPJF decida definirá la profundidad y el rumbo de nuestro movimiento.

"[...] Si la voluntad popular es eliminada por el interés y el capricho de los ricos y los poderosos, este movimiento impulsará las transformaciones que necesita el país.

"[...] Se está dejando de manifiesto que siempre han manejado una doble moral, un doble discurso. En estas épocas, están revelando su autoritarismo, como en los peores momentos de la historia de nuestro país.

"[...] ¿Saben ustedes que la autoridad moral es una fuerza muy poderosa? No necesitamos nosotros la fuerza bruta. Este movimiento es un ejemplo que se está tomando en cuenta, no sólo en nuestro país, sino en el mundo. Es un movimiento ejemplar.

"[...] ¿Qué quiere ese traidor a la democracia que es Vicente Fox? ¿Que nos enfrentemos a militares de la Policía Federal Preventiva? Si este asunto no es de un enfrentamiento con policías, con militares, no. Este asunto tiene que ver con la voluntad de los ciudadanos, con la voluntad de nuestro pueblo y nosotros tenemos la razón.

"[...] Dije que yo iba a hablar poco y ya me piqué. Hasta ahí lo vamos a dejar, hasta ahí nada más, porque mañana vamos a hablar sobre la convocatoria para la Convención Nacional Democrática. Mañana vamos a hablar sobre ese tema."

Cuando AMLO se repite, no tomo notas. Nos ha dicho veinte veces que en el plantón no hemos roto un plato y somos admirables. También ha citado a Juárez otras veinte veces y a Martí dieciocho.

La causa felipilla

Según Julio Hernández y su "Astillero": "De los cinco puntos propuestos, dos son una enunciación fácilmente compartible: combatir a la pobreza y la desigualdad, y renovación de las instituciones y respeto a las garantías constitucionales. Pero los otros tres son de urgente atención: pelear contra las privatizaciones que hacen frotarse las manos a los inversionistas nacionales y extranjeros, que para eso pagaron la campaña calderonista […], combatir la corrupción y la impunidad (pues la pareja presidencial pretende pagarse los servicios prestados desde Los Pinos a la causa felipilla con la exigencia de que no sean tocados los familiares ladrones) y la preservación del derecho a la información, garantizando espacios plurales, veracidad y oportunidad.

"[…] Los rostros de sorpresa ante la propuesta de 'dar el Grito' en el corazón de México se transforman al asimilar la idea. 'Está poniendo en jaque a Fox' afirma un hombre de edad avanzada que escuchaba el discurso de AMLO a la altura del Hemiciclo a Juárez —registran Emir Olivares y Mariana Morando—.

"'Pensábamos que el TEPJF en realidad iba a escuchar el clamor popular, pero vemos que no va a actuar de manera honesta; por ello no claudicaremos y aquí nos quedamos', reveló una vecina de la delegación Benito Juárez".

Denise Dresser opina en *Reforma*: "Pacíficos contra violentos. Panistas contra perredistas. Privilegiados contra pobres. […] Los que odian a AMLO y los que estarían dispuestos a dar la vida por él. […] Correos electrónicos cargados de reclamos, repletos de insultos, llenos de odio.

"[…] Hoy el destino de México está determinado por políticos que le apuestan a la polarización y creen que pueden imponerse a través de ella. El PAN apelando a los pacíficos y AMLO amenazando con despertar a los violentos. El PAN invocando el estado de derecho y el PRD poniendo en duda su existencia. Calderón hablando del enloquecimiento de su contrincante y López Obrador recordándole cuán pelele es. Calderón actuando dentro de instituciones 'impolutas' y López Obrador cuestionando la imparcialidad de su actuación. Calderón iniciando una gira de agradecimiento para los panistas y López Obrador iniciando una insurrección para deshacerse de ellos. Ambos tejiendo ataduras viscerales a su posición; ambos construyendo comunidades de creyentes, cuya fe se vuelve una versión mexicana de tribalismo. […] Esa forma perversa de dividir a los mexicanos en función del candidato presidencial al cual han decidido apoyar.

"[...] Unos y otros, convencidos de que la única forma de generar adeptos y conservarlos es a través de la estridencia o el odio o la descalificación. Unos y otros, instigando el sentido de pertenencia apasionada a un grupo para justificar el maltrato al otro. Unos y otros, convencidos de que la única manera de romper el *impasse* actual es a través de la aniquilación total del adversario. La destrucción de AMLO o la destrucción del sistema. El aplauso para las instituciones electorales perfectas o el ataque incesante para asegurar su desacreditación. El recuento parcial que revela una elección avalada hasta por el Papa o el recuento total cuyo objetivo —cada día más claro— es la anulación. Nadie quiere ceder, porque tanto Calderón como AMLO han creado una situación donde sería visto como señal de debilidad hacerlo. Nadie quiere alejarse del abismo, porque entrañaría reconocer las posiciones válidas del adversario y antes preferirían tirarse a la barranca con él.

"[...] Y la lucha por todo lo que se tendrá que hacer para cambiarlo. Por la representación política real a través de la reelección legislativa, y otros instrumentos que permitan la rendición de cuentas. Por la refundación de una clase política tan rapaz como los privilegiados que tanto critica. Por una política económica que ponga a los pobres primero, sin crucificar a quienes no lo son. Por una política social que reduzca las asimetrías condenables que tantos ignoran. Todo aquello por lo cual sí vale la pena luchar, marchar, movilizar. La humanidad compartida de los mexicanos que se merecen más que un país tribal. Porque como se preguntara Gandhi: 'Imaginar una nación entera rota a pedazos; ¿cómo hacer entonces una nación?'"

MARTES 15 DE AGOSTO

Mañana Paula, Lencho, Lucas, Cristóbal y Luna regresarán a Mérida y la casa va a quedarse sola sumida en el diminuto ruido del tecleo frente a la computadora. ¡Ni gritos, ni colores, ni llantos, ni carreras! Ningún "mamá, tenemos hambre, vamos a comer", ningún "abuelita, cómprame" o "abuela, me hice pipí", ningún, "señora, ya no hay leche y se acabó todo el pan dulce", ningún "déme para el jabón de la lavadora", "el niño cerró la puerta del baño con llave, está llorando, hay que ir por un cerrajero", ningún "abuela, ¿ya estás muy, muy, muy viejita o nomás tantito?" y sobre todo la ausencia de la cara fresca de Paula, la de sus jóvenes ojos confiados, la de su "mamá, aliviánate", "mamá, vámonos al cine", "mamá, no se va a acabar el mundo si hoy no trabajas". Desolada miro la computadora. Es lo único que me queda y algo tengo que hacer con ella. Con razón la gente chatea para paliar la soledad. No tengo ese recurso pero a lo mejor ya es hora.

En el Zócalo, AMLO convoca a la Convención Nacional Democrática del 16 de septiembre.

Recibo *e-mails* y algunos los contesto, no todos porque me pasaría el día haciéndolo. ¿Escogí esta vida o ella me escogió? En todo caso, es canija. A media noche para acabarla de amolar una voz masculina me conmina: "Escritora, aquí estoy esperando a que me vengas a poner una dedicatoria en mi verga".

"Centenares de policías y granaderos [...] impidieron con violencia que los manifestantes se apostaran en la puerta principal del Palacio Legislativo y fueron agredidos Inti Muñoz, Juan José García Ochoa, Dolores Padierna, Clara Brugada, Susana Manzanares y María Elena Torres", según Patricia Muñoz Ríos.

"El Movimiento Nacional Organizado Aquí Estamos aseguró que como parte de sus acciones de desobediencia civil bloqueó ciento cincuenta sucursales de Banamex de las seis a las trece horas.

"El movimiento, que agrupa a campesinos, obreros, indígenas y sindicalistas, aseguró que continuarán tomando instituciones públicas y privadas para protestar por la forma en que Vicente Fox se comprometió con el sector privado para beneficiar a Calderón."

AMLO DICE: "Ahora ya sabemos con más precisión, a partir del recuento parcial, que se cometieron muchas irregularidades en la jornada electoral y que no les bastó con jugar sucio, con utilizar el

195

aparato del Estado, con utilizar los programas sociales para apoyar al candidato de la derecha, que no les bastó la intervención de Fox, ese traidor a la democracia, que no les bastó con apoyarse de manera ilegal en el Consejo Coordinador Empresarial, que a pesar de todo eso tuvieron que recurrir el 2 de julio a trampas que pensábamos que ya habían sido superadas en nuestro país.

"[...] Quedó de manifiesto que muchos votos fueron fabricados por los funcionarios de casillas, que hubo introducción ilegal de votos en la jornada electoral y que sacaron votos que pertenecían a la Coalición, que eran votos que la gente había sufragado a nuestro favor.

"[...] Si se anulan esas casillas con votos de más o con votos de menos, se tiene que confirmar nuestro triunfo, nosotros ganamos la Presidencia de la República.

"[...] Precisamente por eso es que el día de hoy voy a dar a conocer a ustedes y al pueblo de México la convocatoria para la Convención Nacional Democrática que vamos a celebrar aquí, en el Zócalo de la ciudad, el 16 de septiembre.

"[...] Al pueblo de México:

"Hoy vivimos momentos de definición histórica. Muchos mexicanos, mujeres y hombres, pensamos que es tiempo de reafirmar los derechos ciudadanos y los ideales de libertad, democracia y justicia.

"De consumarse el fraude electoral para imponer al candidato de la derecha en la Presidencia de la República, se estaría pisoteando la voluntad del pueblo y se estaría violando a la vista de todos la Constitución Política de los Estados Unidos Mexicanos.

"[...] Por esta razón, y con apego al artículo 39 de la Constitución, que a la letra dice:

"'La soberanía nacional reside esencial y originariamente en el pueblo. Todo poder público dimana del pueblo y se instituye para beneficio de éste. El pueblo tiene, en todo tiempo, el inalienable derecho de alterar o modificar la forma de su gobierno'.

"Llamamos, en el marco de este artículo 39, a todos los mexicanos, mujeres y hombres libres, conscientes y preocupados por el destino de la nación, a poner fin a la República simulada, a construir las bases de un verdadero estado social democrático de derecho y a llevar a cabo las transformaciones profundas que el país necesita. Esto implica: combatir la pobreza y la monstruosa desigualdad imperante; defender el patrimonio de la nación; impedir la enajenación de los bienes nacionales y la privatización del petróleo, la electricidad, la educación pública, la seguridad social y los recursos naturales.

"Implica hacer valer la democracia y los derechos ciudadanos; defender el derecho público a la información; acabar con la corrupción y la impunidad de unos cuantos y de los poderosos; y renovar a fondo todas las instituciones civiles para ponerlas al servicio del pueblo y sujetarlas genuinamente a los principios constitucionales.

"[...] Esta Convención se llevará conforme a las siguientes bases:

"PRIMERA. *De su concepto.*

"La Convención Nacional Democrática es:

"Una iniciativa para organizar la resistencia civil pacífica de la sociedad y exigir el respeto de la voluntad popular.

"Un diálogo democrático por la libertad, la justicia y la democracia, entre las diversas expresiones sociales, políticas y culturales de la nación. Se trata de una discusión sobre la crisis política abierta por la imposición antidemocrática y la solución a los problemas fundamentales de México.

"SEGUNDA. *De su objetivo.*

"La Convención Nacional Democrática tendrá como propósito fundamental decidir, con representantes de todos los pueblos del país, el papel que asumiremos en la vida pública de México ante la actual circunstancia.

"TERCERA. *De los asistentes.*

"1. Serán delegados de la Convención Nacional Democrática:

"Todos los representantes electos en asambleas populares en pueblos, comunidades, municipios, organizaciones civiles, sociales y políticas.

"Los presidentes municipales, síndicos, regidores, diputados locales, asambleístas, gobernadores, diputados federales y senadores que deseen participar.

197

"Los militantes y dirigentes municipales, estatales y nacionales de partidos y agrupaciones políticas que deseen participar.

"Los miembros de organizaciones ciudadanas sin filiación partidista y de organizaciones sociales independientes, así como hombres y mujeres libres sin distinción de raza, credo, ideología o condición social.

"Los delegados deberán acreditarse en todos los municipios y entidades federativas ante la Comisión Organizadora de la Convención Nacional Democrática.

"2. La Comisión Organizadora de la Convención Nacional Democrática dirigirá invitaciones a personalidades civiles, intelectuales, comunicadores, académicos, científicos y artistas de nuestro país, así como a movimientos y organizaciones sociales y políticas que participarán como observadores.

"3. Todos los delegados tendrán derecho a voz y a voto.

"4. Los invitados tendrán sólo derecho a voz.

"5. Al momento de inscribirse, los delegados deberán suscribir el compromiso de cumplir con el reglamento de la Convención.

"6. Cada delegado o colectivo que lo designe se hará responsable de sus gastos de transporte y alimentación.

"CUARTA. *De las comisiones.*

"1. La Comisión Organizadora de la Convención Nacional Democrática, y ésta es una propuesta que les hago, estará integrada por José Agustín Ortiz Pinchetti, Jesusa Rodríguez, Rafael Hernández Estrada, Socorro Díaz, Dante Delgado, Gonzalo Yáñez, Elena Poniatowska y Fernando Shütte.

"2. Se formarán comisiones organizadoras en cada estado de la República y del Distrito Federal, integradas por dos miembros designados por la Comisión Organizadora y otros cuatro ciudadanos representantes de la entidad.

"3. La Comisión Organizadora de la Convención Nacional Democrática aprobará el reglamento de la Convención que normará el programa de actividades, los proyectos de resolución, el temario y los procedimientos de discusión. Estos documentos se darán a conocer con la debida anticipación para su análisis, estudio y discusión.

"QUINTA. *Transitorios.*

"Todos aquellos aspectos no previstos en la presente convocatoria serán resueltos por la Comisión Organizadora de la Convención Nacional Democrática.

"Tres consultas: la primera: ¿están de acuerdo en que nos congreguemos de todo el país el día 16 para saber qué vamos a hacer?"

"¡Síííííí!"

"¿Están de acuerdo con que se expida esta convocatoria?"

"¡Síííííí!"

"¿Están de acuerdo con los integrantes de la Comisión Organizadora de la Convención Nacional Democrática?"

"¡Síííííí!"

"Vamos a firmar a partir de ahora, vamos a firmar todos, que surja la convocatoria de los campamentos, de todos nosotros.

"Ahora recordé un hecho histórico. En un jacal entre Puebla y Morelos se firmó el Plan de Ayala, y cuando lo firmó el general Zapata, salió y dijo: 'El que no tenga miedo que pase a firmarlo'.

"Vamos a firmar la convocatoria, que es historia."

MIÉRCOLES 16 DE AGOSTO

Se va mi familia. Javier Corral, que me cae a todo dar, me invita a comer pato laqueado en el Hunan a un lado de Chimalistac. Atravesamos Insurgentes. Mientras comemos pato (no nos hacemos pato) él habla de la ley Televisa y la califica de infame. Lo admiro por su lucha. Es de lo poco admirable que he visto en la Cámara en los últimos tiempos porque es el único que afirma que la ley viola la Constitución y el artículo 28 de la Ley Federal de Radio y Televisión. Emilio Azcárraga Jean convenció a ocho de los once ministros de la Suprema Corte de Justicia para que votaran a su favor. Televisa y TV Azteca pueden agregar servicios nuevos, televisión digital terrestre (TDT) sin pasar por ningún tipo de proceso de licitación. La reforma a la ley le da mayor poder a Televisa y TV Azteca y recorta el poder de acción de las televisiones públicas y esto sin duda atenta contra la libertad de expresión.

Dicen que al que le puede ir mal es a Leopoldo Gómez porque es amigo de AMLO.

Al atardecer, me siento tan vacía sin Paula y los niños que no voy al Zócalo. ¿Cómo le hará Jesusa para tener tanta fortaleza? ¿Será que está poseída? ¿Cómo le harán Chaneca, Isela Vega, Alejandra Frausto, Julia Arnaud, Dolores Heredia? ¿Cómo le harán los miles de hombres, mujeres, niños que aguantan el agua y el frío en el Zócalo y en el Paseo de la Reforma? ¿Estar juntos es lo que los sostiene? ¿AMLO los sostiene? Los que están en el plantón son los que hacen cola, altivos, y en la noche se acuestan con lo puesto. Los que están en el plantón ven futbol los domingos. Los que están en el plantón son antediluvianos por lo que aguantan. Los que están en el plantón son hombres y mujeres que saben dar.

Otra llamada de Kitzia, mi hermana desde Estados Unidos, alarmadísima. "¿No te das cuenta de que les haces un daño horrible a tus hijos y también a los míos? Santiago tenía un año haciendo un proyecto de una casa para Roberto Hernández y lo canceló, y Santiago es sólo tu sobrino. ¿Qué pasará con tus hijos? ¿Cuánto tiempo más vas a seguir viviendo en la inopia?" Es cierto. Mi familia, mis hijos —salvo Mane que está en la UAM—, mi nuera poblana, padecen las consecuencias de mi adhesión a AMLO.

Más de ochocientos miembros del Estado Mayor Presidencial, la PFP y granaderos rodean el Palacio Legislativo de San Lázaro. A los habitantes de la colonia se les expiden salvoconductos para entrar y salir de su casa, incluso si viven a tres kilómetros de distancia. Todos ellos están enojados: "Nunca habíamos visto nada igual".

Los universitarios

A Jesusa le enoja la ausencia de los universitarios. "¿Qué les pasa, dónde tienen la cabeza?" Para consolarla le cuento que tuvieron un encuentro en el auditorio del Centro de Investigaciones Interdisciplinarias en Ciencias y Humanidades (CEIICH) convocado otra vez por el grupo de Bolívar Huerta y Laurette Godinas, al que asistieron investigadores de la talla de Luis Villoro, Helena Beristáin y Alfredo López Austin, estudiantes de diversas facultades, escuelas e institutos, y miembros del Sindicato de Trabajadores de la UNAM. Los tres puntos principales fueron: rechazar el fraude electoral, respaldar el trabajo de numerosos académicos que con estudios matemáticos y estadísticos comprobaron que tanto el PREP como el conteo distrital presentaban dudas razonables y concretar un esfuerzo universitario para proponer y construir un proyecto alternativo de nación, democrático, con bases ideológicas sólidas y propuestas claras y concisas, y fijar con urgencia el papel de la UNAM ante la crisis política.

Luis Villoro, el filósofo de mis amores, sostuvo que si bien no se sabe cuál será la decisión del TEPJF sólo habrá una alternativa: "O la aceptamos o la rechazamos. En el segundo caso, se nos abre otra alternativa: ¿qué nos queda? Emplear una resistencia violenta o una resistencia callada. Pero la no violenta es la que ha tenido mayor éxito en muchos países. En este contexto, es necesario recordar las luchas de Nelson Mandela, Mahatma Gandhi y Martin Luther King".

Ante el triunfo de cualquier candidato, Villoro propone un octálogo de principios: primero, a corto plazo, la necesidad de establecer una nueva ley electoral; segundo, una nueva legislación para los pueblos indígenas; tercero, la resistencia civil contra la privatización de los recursos naturales del país, una resistencia más allá de los partidos (no partidaria); cuarto, la lucha contra los enormes salarios de los funcionarios gubernamentales que, dijo, "son excesivos, terriblemente excesivos"; quinto, proteger la libre inmigración a Estados Unidos y tener proyectos políticos al respecto ante la Casa Blanca; sexto, procurar que el Congreso apruebe las leyes en contra de la libre importación de materias básicas y primas para protección de los campesinos mexicanos, sobre todo de maíz y frijol; séptimo, impulsar una reforma educativa que empiece en las universidades, a las que se debe proteger; y octavo y último, que el

Congreso apruebe las leyes para aliviar, "aunque sea un poco", la desigualdad enorme, cuyo efecto es la división cada vez más grande en este país.

"Seguirá la resistencia", clamor del Zócalo a la Fuente de Petróleos, consignan Érika Duarte, Rocío González y Mirna Servín. "Luego de haber sido desalojados de las puertas de San Lázaro por la PFP y el Estado Mayor Presidencial, simpatizantes de la CPBT pronosticaron que su lucha será larga. Acudirán a todas las movilizaciones que convoque AMLO, a pesar de la lluvia y el tiempo que tenga que pasar para que se transparente la elección.

"La indignación recorre los campamentos. 'Anoche hicimos un círculo de estudio, y reprobamos la arbitrariedad y prepotencia del gobierno federal, porque estamos seguros de que la PFP actuó por instrucción de Vicente Fox. Si les hicieron eso a los legisladores, qué no se atreverán a hacer contra el pueblo', cuestiona Raúl Rodríguez. 'Les duele lo que estamos haciendo, porque su imagen está deshecha, aquí y en el extranjero'."

JUEVES 17 DE AGOSTO

Andrés Ruiz Furlong me llama de parte del diputado Rafael Quintanar del PRD para invitarme el lunes 21 a dar conferencias sobre el movimiento de resistencia pacífica en Cancún, Playa del Carmen, Carrillo Puerto y Chetumal, Quintana Roo. Acepto con tal de ver aunque sea un día (el domingo) a Paula y a mis nietos que ya regresaron a Mérida y también porque me apasiona la devoción del sur de nuestro país por AMLO. Seguramente lo sienten uno de ellos por tabasqueño pero la lejanía del espantoso Distrito Federal me parece a la vez un obstáculo y una bendición y quiero ver cómo funcionan allá tan cerca del mar, tan lejos de los volcanes. No entiendo qué movimiento político puede haber en Cancún si toda la zona se dedica al turismo más desaforado (salvo Lydia Cacho) y sólo he visto hoteles de lujo, pero supongo que habrá algo bien importante puesto que el movimiento zapatista se levantó en las montañas del sureste.

En *Reforma*, Lorenzo Meyer escribe: "En cualquier sociedad, la acción política normal pareciera ser, y generalmente lo es, un asunto que sólo concierne a las élites. Las más de las veces, las mayorías parecieran ser —de hecho son— meros objetos de fuerzas cuya naturaleza real esas mayorías ignoran. Incluso cuando la ciudadanía acude a las urnas, su capacidad para actuar en función de sus propios intereses es limitada pues las condiciones en que vota son moldeadas por las acciones e intereses de las minorías.

"Lo que está ocurriendo hoy en México no puede caracterizarse como 'política normal'. Un sector de las capas populares que, sin ser mayoría, es muy numeroso se ha politizado muy rápidamente, se resiste a volver a las márgenes del sistema de poder y está desafiando, pacífica pero consistentemente, un orden que todos los indicadores disponibles de distribución del ingreso, de desarrollo humano y el propio sentido común, muestran que redunda en un beneficio exagerado e ilegítimo de los pocos en detrimento de los muchos".

"José Woldenberg construyó el IFE y logró que la elección de 2000 fuera admirada por todos los países civilizados —me dice Rosa Nissan—, y logró que todos tuviéramos confianza en la vía y las instituciones electorales, era nuestro patrimonio; pero ahora con esto, todo parece haberse perdido y me da una gran tristeza porque sentí que nos habíamos civilizado. Ya no todo salía del PRI y teníamos varios partidos por que votar. Ahora sé que mi ciudad es gobernada por el PRD, que al Estado de México lo gobierna el PRI y que el presidente es del PAN. ¿No es esa pluralidad la democracia?"

Crece tensión en el plantón

Ernesto Osorio de *Reforma* informa: "[...] Los campamentos perredistas de la calle Madero, en el Centro Histórico, comenzarán a ser reforzados por grupos de comerciantes, taxistas, organizaciones de vivienda y de colonos de la demarcación por orden de AMLO.

"Entre los grupos que han sido asignados para el resguardo de los campamentos de acceso a la Plaza de la Constitución se cuentan a los taxistas piratas del grupo Pantera, la agrupación Patria Nueva, el Frente Popular Francisco Villa, la Unión del Valle de Anáhuac, que preside Armando Contreras, Nueva Tenochtitlan, marchantes y comerciantes del Centro Histórico.

"[...] 'Nos están pidiendo guardias a partir de hoy, de veinticuatro horas, y cada uno debe llevar por lo menos a cinco para cuidar los campamentos', dijo uno de los comerciantes ambulantes entrevistado en el campamento de Madero a la altura de Eje Central.

"[...] 'No nos pagan por ir, pero hay valores entendidos; yo tengo mi organización y permaneceré aquí mientras tengamos una certeza.'

"Alejandro Encinas, jefe de Gobierno, condena la decisión del Estado Mayor Presidencial de utilizar tanquetas antimotines para resguardar la Cámara de Diputados".

AMLO DICE: "[...] Muchas gracias por su permanente apoyo, por su respaldo. Vienen todos los días los de Gobernación, los del CISEN, los del sistema de espionaje a contarnos para decirles a sus jefes cuántos somos y tranquilizarlos de que ya está menguando el movimiento, que nos estamos desgastando.

"[...] Sólo una, dos, tres estaciones de radio están transmitiendo estas asambleas y, desde luego, algunos periódicos hacen la crónica de nuestro movimiento.

"Pero hay una constante: se está queriendo ocultar el fraude.

"[...] Estamos hablando de 50 mil boletas aproximadamente. Si esto lo proyectamos a las 131 mil casillas, hablamos de alrededor de 800, 900 mil votos que hacen falta. ¿Cuál es la explicación? ¿Hay 800 mil, 900 mil, un millón de ciudadanos que coleccionan boletas en nuestro país?

"Pero todavía más complicado de explicar es el hecho de que sobren boletas. Si están sobrando 50, 60 mil boletas, ¿cuál es la explicación lógica a este fenómeno? ¿Cómo fue que se reprodujeron las boletas? ¿Hay alguna explicación para esto? Tenemos por eso que esperar la decisión del Tribunal.

"[...] Miren, la antidemocracia nunca llega sola, siempre se hace acompañar del autoritarismo. Un régimen autoritario tiene dos maneras de imponerse: la fuerza bruta y el manejo de los medios de comunicación.

"[...] Vicente Fox cree que nosotros nos vamos a enfrentar a los de la Policía Federal Preventiva con sus tanquetas, que nos vamos a enfrentar al Ejército. ¡No! Nosotros no vamos a caer en estas provocaciones.

"Aquí quiero aprovechar para decir que tengo un profundo respeto por la institución militar, por el Ejército mexicano, que es una institución fundamental para la defensa de la soberanía nacional y que el Ejército no debe ser utilizado para suplir la incapacidad de los gobiernos civiles, mucho menos para reprimir al pueblo. El Ejército no puede ser utilizado para reprimir a quienes luchan por la libertad, la justicia y la democracia.

"[...] Yo pregunto: ¿qué queremos, que sea Roberto Hernández, Gastón Azcárraga, Claudio X. González, Carlos Salinas, Diego Fernández de Cevallos los que decidan quiénes deben gobernar este país?"

VIERNES 18 DE AGOSTO

Salgo a Querétaro a las siete de la mañana a un ayuno en contra del fraude invitada por Guadalupe Segovia. Es santo de las Elenas y debería llamar a Elena Urrutia pero ni modo de despertarla a las seis de la mañana. Lo haré al regreso en la noche.

En la Plaza de Armas de Querétaro a las diez se juntan mujeres de la Unión de Mujeres Indígenas y Campesinas (UMIC) con sus vestidos de brillantes colores, amarillo, guinda, azul rey y sus sombreros de hombre muy bien calados. A punto de empezar el ayuno que terminará a las diez de la noche, me llama la atención lo bien organizadas y lo tranquilas que se ven. Sentadas a la sombra de los tupidos laureles de la India que bordean la plaza (porque el gobierno prohibió que se montara una carpa) conocí a María Luisa Reséndiz Hurtado, presidenta de la Unión de Mujeres Indígenas y Campesinas de Amealco, a Aurora Pérez Zaíd y a muchas más que llevan diecisiete años trabajando en la comunidad de La Loma y Jesús María. Ahora son más de tres mil personas que se reúnen libres y soberanas para apoyar a AMLO. Cuando no ríen, sonríen. En sus comunidades fabrican papel reciclado con nopal, piña, mango, calabaza de castilla que tiene una textura amarilla y me regalan una canastita de jabones de glicerina, así como una carpeta bordada.

Lucinda Ruiz Posada lee un texto de Hugo Gutiérrez Vega que no pudo venir del DF: "[...] ni el Tribunal Federal Electoral, ni el candidato del PAN, ni el gobierno de la República, ni los empresarios, los banqueros, los dueños de los medios y el clero pueden soslayar el grito de 'voto por voto, casilla por casilla'".

Me presentan a María, quien fue novia de Evo Morales, el actual presidente de Bolivia, a su lado Guadalupe Segovia me dice: "Estamos en esta plaza nuestra, de nuestro pueblo, con la venia de nuestra Constitución para explicar nuestro sentir". Algunas señoras se acercan a pedirme: "Cuídelo mucho, que no nos deje en la orfandad". Lucinda Ruiz Posada pregunta para que no decaiga el ánimo:

—¿Quién se sabe la canción de "La Valentina"?

Guadalupe Segovia informa que "el gobierno federal capacita en instalaciones militares de Guanajuato y la base aérea de Santa Lucía, en el Estado de México, a grupos de 'disuasión' que quieren detener a los líderes (a quienes se acusaría del delito de rebeldía) de los movimientos de resistencia civil, lo que podría ocurrir después de la toma de posesión de Felipe Calderón. Al menos 1 200 hombres con estudios mínimos de bachillerato divididos en grupos —dos adscritos a la PFP y dos más a la AFI— fueron 'contratados' con la condición de mantener en absoluto silencio la existencia de estas 'brigadas'.

"A cada uno se le prometió un salario base mensual de $9 000 y una compensación de $12 000".

Emir Olivares Alonso informa que en el Zócalo "el rostro del presidente Vicente Fox aparece en una manta de treinta y dos metros cuadrados que costó $1 600; cuelga en el paso a desnivel de la avenida Chivatito y Paseo de la Reforma con la leyenda: 'Al traidor: llámalo por su nombre'".

Bienvenida la crisis: Paco Ignacio Taibo II

Paco Ignacio Taibo II se pregunta: "¿Quién está crispando al país?", y se responde: "Pues bienvenida la crisis, basta ya de apatías, silencios y sumisiones".

Según Ángel Bolaños, Cuauhtémoc Cárdenas Solórzano no ve nada fuera de la ley en las acciones de resistencia civil que encabeza la CPBT y rechazó que la actitud del candidato presidencial AMLO ponga en riesgo la estabilidad política y social del país.

"Sin embargo le preocupa que se afecten los intereses de terceros al tomar el Paseo de la Reforma, Juárez y Madero, así como el perjuicio a la imagen del PRD.

"[…] Son circunstancias totalmente diferentes y actitudes totalmente diferentes de los distintos actores políticos a 1988."

Érika Duarte y Rocío González relatan que "ayer a las dos y media de la tarde fue incendiada una manta de apoyo al movimiento de resistencia civil en el campamento de la delegación Cuauhtémoc, sobre la calle Madero, pero los jóvenes la apagaron.

"[…] Los transeúntes también se acercaron a ayudar y condenaron a quienes le prendieron fuego".

¿A dónde vamos?: Carmen Aristegui

Carmen Aristegui dice en *Reforma* que "es claro que una de las mayores pérdidas es la de la certidumbre y tranquilidad que creímos haber conquistado para ver, sin crispaciones y de forma pacífica, la transferencia del poder político como resultado de un proceso electoral. Pues no. A ver si no tenemos que empezar desde el principio".

También en *Reforma* Ernesto Osorio asegura que el plantón permanece a la fuerza: "Cruz Suárez Sánchez es un campesino de Michoacán. Toda su vida se ha dedicado a la siembra del maíz y nunca había visitado la ciudad de México.

"A sus sesenta y nueve años de edad y con las manos secas de trabajar la tierra, don Cruz acepta un cigarro, lo enciende y mira hacia el edificio de la Bolsa Mexicana de Valores con un dejo de nostalgia.

"'Yo ya me quiero ir, estoy muy cansado, pero no tengo pa'l camión. Ya le hablé a mi mujer pero dice que naiden quiere venirse para acá.'

"Don Cruz explica que hace dos semanas llegaron a su pueblo 'los del partido' para preguntarle si quería venir a la ciudad de México para apoyar a López Obrador para que fuera presidente.

"'Venimos pues a… ahora con los votos de aquí, de las casillas pues, a lo de las votaciones, que son de Obrador… Mi hermano aquí, pues también se vino conmigo.'

"José Luis tiene sesenta y nueve años y con más lucidez comenta: 'Por la voluntad de nosotros nos venimos, el señor invitó a todos, de voluntariamente, que nuestro trabajo pues era para salvar al país, pues. Mucha gente se quiere regresar pero ya no tiene dinero; ahorita vamos a ver eso, a ver si llega un camión pa'que nos deje de a menos cercas'."

Un video de Carlos Ahumada, preso en La Habana en 2004, causa sensación. Declara ante las autoridades cubanas que la campaña para sacar de la carrera presidencial a López Obrador fue encabezada por Carlos Salinas de Gortari, Santiago Creel, Rafael Macedo de la Concha —entonces procurador— y el senador Diego Fernández de Cevallos. López Obrador responde que el documento "llegó con más de dos años de retraso".

AMLO DICE: "Esta tarde no vamos a hablar mucho porque ya nos han informado, tanto Horacio Duarte como Porfirio Muñoz Ledo, sobre dos temas importantes: la vía jurídica que se sigue para que respeten nuestro triunfo. Porfirio Muñoz Ledo fijó una postura que respaldamos en contra del autoritarismo.

"[…] Si se rehúsan a contar los votos los magistrados, tienen que considerar que en el 9 por ciento de los paquetes que se abrieron hay muchas *inconsistencias* para decirlo de manera suave, o irregularidades, o graves violaciones o fraude; tienen los magistrados que explicar lo de las boletas que sobran o las boletas que faltan.

"[…] ¿Cómo va a ser legal que el Consejo Coordinador Empresarial eche a andar una campaña para favorecer al candidato de la derecha si la ley establece que eso no le corresponde a ninguna agrupación civil, que es un asunto exclusivo de los partidos políticos? Es una violación flagrante a la ley electoral.

"¿Cómo puede decirse que no hay fraude si todos los magistrados que viven en el territorio nacional, y de manera particular en la ciudad de México, se dieron cuenta de la falta de equidad en el manejo de los medios de comunicación? ¿Qué no advirtieron que había una guerra sucia? ¿Qué no se dieron cuenta de que hubo un intervencionismo descarado del presidente Fox para favorecer al candidato de la derecha? ¿Es eso legal? ¿Así lo establece la Constitución? Claro que no.

"Ahora están saliendo videos que demuestran cómo, desde 2004, querían deshacerse de mí. Es ese video de hoy que, además, no es novedad pero cuando lo señalé dijeron que estaba alucinando, que descubre totalmente que sí hubo un complot en contra mía. ¿Qué? ¿Ahora no lo van a creer?

"[…] Hoy veía yo el titular de un periódico de la tarde diciendo algo así como "Acción de Estado en contra de AMLO". Yo no quiero que dentro de seis meses, un año, salga un titular "Hubo fraude en las elecciones del 2006". Yo quiero que se resuelva este asunto ahora mismo.

"¿De qué sirve que dos años después se revele que sí, en efecto, hubo un complot o una conspiración? Ahora los panistas, de manera hipócrita, dicen que sí hubo fraude en el 88, pero en el momento no lo reconocieron. Es más, yo creo que hasta Salinas, El Innombrable, ya acepta que hubo fraude en el 88.

"[...] No se transforma a México nada más desde el poder. Las principales transformaciones que ha habido en la historia de nuestro país se han dado por el impulso del pueblo, eso es lo que vamos a llevar a la práctica.

"[...] Y de nuevo ofrecemos disculpas por lo que genera de molestias este movimiento. Pero yo quiero que nos entiendan. Miren, si no hubiésemos actuado de esta manera, no existiríamos, es decir, nos hubiesen borrado. Tienen que hablar. ¿Por qué? Porque estamos aquí. ¿Qué nos ha sucedido siempre? Hay compañeros en regiones que luchan contra caciques, contra injusticias, los reprimen y no sale ni una sola nota sobre la represión. Aquí porque estamos en el centro del corazón político, aunque no les guste y tengan una campaña de linchamiento en contra nuestra, tienen que pensar que existimos y vamos a seguir resistiendo y defendiendo nuestros derechos [...]."

SÁBADO 19 DE AGOSTO

Vuelo a Mérida a cumplir con el compromiso con el diputado Rafael Quintanar. ¡Qué felicidad ver a Paula, a Lencho, a Lucas, Cristóbal, Luna, Chabe y al perro *Simón,* que es el más bueno de la tierra y me festeja mucho porque acostumbro sacarlo a la calle! ¡Qué descanso la blanca Mérida! Sin más Lucas, el mayor de los hijos de Paula, me pregunta:

—¿Qué es política?

Me quedé en la calle cuatro meses después de los terremotos de 1985 escuchando a los damnificados. En 1968, a raíz de la masacre estudiantil del 2 de octubre, fui a Lecumberri, la cárcel preventiva, durante un año casi todos los domingos para entrevistar a los estudiantes. ¡Si esto es política, entonces soy política! Ahora estoy en plantón en el Zócalo al lado de muchos otros mexicanos que no aceptamos el fraude y por lo que he visto desde el mes de abril de 2005 (cuando el desafuero) lo que más hacen los políticos es hablar y hablar. Aquí, después de dos días, me va a tocar hablar en Quintana Roo también pero todo lo traigo escrito. ¿Es esto política?

Quién sabe cómo será este diputado Rafael Quintanar, pero me dijo Andrés Ruiz Furlong, quien me contactó, que era muy buena gente. ¿De veras serán buena gente los políticos? Sean del PRI, del PAN, del PRD, a todos les tengo desconfianza. La verdad, no sé en qué trabajan los políticos, creo que solamente hablan.

Leo que según Ana Mónica Rodríguez de *La Jornada,* Isela Vega en el Hemiciclo a Juárez respondió a una mujer que le gritó "terrorista", "no hay cosa peor en esta vida que una pinche vieja pobre defendiendo a los ricos".

Acompañada de luchadores e integrantes de grupos de rock *surf,* Isela criticó la "cerrazón de los medios de comunicación que no dicen la verdad".

AMLO es mi candidato: Emilio Carballido

"Me tienen muy consternado todas esas agresiones que le hacen a mi candidato, AMLO, porque le quieren robar la Presidencia que ya ganó.

"La situación está muy fea, es algo muy grave que no había ocurrido nunca.

"La ciudadanía enfrenta el proceso político con furia. Si esto sale mal probablemente se dé un levantamiento. La ciudad está frenética, muy enojada.

"[…] Esto es el resultado de lo que se ha vivido en los seis años recientes. Llegó el PAN, se apoderó de todo y hace unas porquerías tales que al cabo de seis años la gente está harta."

Carolina Gómez y Emir Olivares aseguran que "las acciones de resistencia civil pacífica continuaron ayer al sur de la ciudad. Una docena de simpatizantes del candidato de la CPBT […] marcharon desde La Joya […] hasta los campamentos en Paseo de la Reforma, mientras otros se manifestaron fuera de las instalaciones del Consejo de la Judicatura Federal (CJF) para exigir el recuento de todos los sufragios.

"[…] Hugo Gómez, profesor de la ENAH, declaró que 'la idea

es caminar para hacernos visibles y contrarrestar las informaciones que no quieren dar a conocer las televisoras. Que vean que estamos enojados, no nos vamos a cansar de seguir con acciones de resistencia'".

En *Reforma,* Ernesto Osorio y Alberto Aguirre reportan que los perredistas pasan lista para rellenar el plantón: "A veinticuatro horas de que Grupo Reforma evidenciara que había más carpas que manifestantes en el bloqueo perredista, ayer se rellenó el plantón, e incluso a los manifestantes se les pasó lista de asistencia para asegurar su permanencia.

"[...] En el campamento de la Álvaro Obregón, la presencia de taxistas piratas del grupo Pantera fue más notoria que en días anteriores".

AMLO DICE: "[...] Todavía es tiempo de que el TEPJF rectifique y ordene el recuento voto por voto en todo el país; esperaremos la decisión, pero al mismo tiempo preparamos la CND, en la que un millón de delegados de todo México decidirán el camino a seguir en caso de que los magistrados convaliden la imposición de un presidente ilegítimo.

"[...] El video de Carlos Ahumada no es la gran novedad, demuestra cómo desde antes querían hacernos a un lado, aplastarnos."

DOMINGO 20 DE AGOSTO

Lucas, Cristóbal, Luna, *Simón* el perro más bueno de la tierra y yo caminamos por la Calle 51 en Mérida y en la esquina vemos un Calderón recortado en madera que nos abre los brazos con una enorme sonrisa porque su casa de campaña está a unos metros de la de mis hijos y nietos.

—¿Quién es?

—Uno que nos quiere mucho.

Siempre les digo a mis nietos que todo el mundo nos quiere.

Mañana pasan por mí tempranísimo y se acaba mi descanso de un día.

212

La gran energía colectiva

José Agustín Ortiz Pinchetti escribe en *La Jornada* que "existe [...]
una enorme masa portadora de gran energía colectiva a la que se refiere Lorenzo Meyer ('Los ríos subterráneos', *Reforma,* 17 de agosto). Meyer dice que hay una fuerza popular profunda que emergió
por última vez durante el cardenismo: la población marginada y explotada por siglos. Y que resurge ahora del subsuelo cultural, en forma inesperada, por la crisis postelectoral.

"A seis años de la derrota del PRI, no se ha desmontado la estructura presidencial del viejo régimen", dice Diego Valadés (director del Instituto de Investigaciones Jurídicas de la UNAM) a Jorge
Carrasco Araizaga en la revista *Proceso* del 20 de agosto de 2006, y
expone que el problema de Fox es que "creyó que, parafraseando a
Luis XIV, la transición era él. Y cuando se plantea que la transición
de un sistema personalista es un nuevo personalismo, se está equi-
vocando de medio a medio.

"Es una demostración clara de que el sistema arcaico, de un presidencialismo hipertrofiado, no ha sido sustituido. El antiguo régimen pervive, pero en el estado de decrepitud que todos padecemos.

"[...] Estaremos en un México ingobernable en tanto no demos
pautas para ser gobernable y éstas sólo las dará un nuevo pacto constitucional. [...] Vayámonos despidiendo de la democracia y démosle la bienvenida a la autocracia. Y así como hablamos de antiguo régimen hablaremos entonces de régimen de restauración".

Una flor por cada golpe y petición a la Virgen de Guadalupe:
que el TEPJF recapacite

"[...] Martí Batres también declaró: 'Frente a cualquier ataque responderemos con una movilización pacífica, a cada golpe responderemos con una flor. No nos vamos a enfrentar a los cuerpos po-
liciacos'."

"Como parte de las acciones de resistencia civil pacífica, más de quinientos simpatizantes e integrantes de la CPBT de los campamentos del Zócalo peregrinaron hacia la Basílica con la finalidad de pedir a la Virgen de Guadalupe que el TEPJF 'recapacite' y autorice el recuento total de los votos —advierte Carolina Gómez.

"'La Virgen Morena está en la resistencia', 'La Virgen del pueblo está en los campamentos' y 'Andrés, aguanta, la Madre te respalda'.

"[…] Aseguraron que el recuento de los sufragios es también un asunto de fe: 'Si aquí no nos quieren hacer caso, allá [en el cielo] sí tendremos respuesta'."

También en *La Jornada* Irene Sánchez, Antonio Heras, Verónica González, Octavio Vélez y René Ramón relatan que "al grito de 'voto por voto, casilla por casilla, el resultado es otro', simpatizantes y militantes de la CPBT 'tomaron' por una hora el aeropuerto internacional de Mazatlán, Sinaloa, en demanda del recuento total de los sufragios de la elección presidencial.

"En Guanajuato, integrantes de la Coalición 'tomaron' simbólicamente la caseta del tramo Salamanca-Querétaro durante treinta minutos, aunque ni el flujo vehicular ni las operaciones fueron detenidos.

"En Colima, el diputado local perredista Armando González informó que en los próximos días saldrán contingentes a la capital del país para reforzar los plantones de Paseo de la Reforma".

Según Ángel Bolaños, Josefina Quintero y Gabriela Romero de *La Jornada*, "a la 1:14 de la madrugada la movilización, que comenzó en la glorieta de Colón con unas cincuenta personas, sumó al final cerca de trescientas ante el rumor de un desalojo por la fuerza.

"Los rumores no impiden que, mientras la mayoría duerme, algunos hagan guardia entre charlas con café y galletas, ven cine documental o televisión, leen, compiten en juegos de mesa, cantan las clásicas de Armando Manzanero y Julio Jaramillo, acompañados de una guitarra, escuchan un disco de Paquita la del Barrio o 'cascarean' futbol o voleibol.

"Bajo las lonas de la carpa de Tlalpan, al grito de '¡El que no baile es panista!', ocho parejas bailan una cumbia. Los bares y restaurantes vecinos no parecen resentir el bloqueo: lucen llenos.

"En el campamento de la delegación Benito Juárez, Sebastián, estudiante de la UNAM, autodidacta en la resistencia civil, aprendió que si no se está acostumbrado el *sleeping* no basta para dormir sobre concreto.

"En una manta se lee: 'En estas avenidas está garantizado el derecho al libre tránsito a cualquier persona; los que no pueden pasar son los autos, que no tienen derechos humanos'".

El *Diario de Yucatán* trae la noticia de que "el PRD presentará una denuncia penal contra funcionarios involucrados en el video de Carlos Ahumada, entre ellos el ex secretario de Gobernación Santiago Creel, el ex procurador Rafael Macedo de la Concha e incluso el presidente Fox".

Según Juan Carlos García, en *Reforma,* el ex caifán Saúl Hernández, vocalista del grupo de rock Jaguares, definió su postura: "[…] Ni derechista ni izquierdista pero sería positivo el recuento voto por voto para que tengan más credibilidad los resultados de los comicios.

"[…] Además, el compañero de Alfonso André y César Vampiro López reveló que el 2 de julio no pudo votar en una casilla especial en Mérida, por falta de boletas".

Jesusa me llama por teléfono: "Te perdiste de dos cosas muy importantes. AMLO dio a conocer la conversación grabada entre tu cuatacho que te pobretea, el bigotón Manuel Espino, y el delegado del PRI en Chiapas, a quienes cacharon hablando de una transferencia de dinero para el candidato del PRI. El coro de los pejeviejitos de El Ganso resultó espléndido y unos acróbatas se descolgaron con mantas blancas del Monumento a la Revolución, ¡una maravilla! Tienes que oír esa cantata. Vas a llorar de emoción.

AMLO DICE: "[…] La más reciente prueba del contubernio en las élites del poder se está dando precisamente en Chiapas, donde los del PRIAN, sin recato alguno y de manera inmoral, se han unido para tratar de evitar que se instaure un gobierno emanado de la voluntad popular.

"[...] Ayer decía yo que si Manuel Gómez Morín, fundador del PAN, o Manuel Clouthier estuviesen ahora vivos [...] se volverían a morir de vergüenza.

"[...] Esta semana se dio a conocer un video sobre la conspiración política urdida en mi contra, por el mismo grupo que ahora quiere robarnos la Presidencia de la República.

"[...] El pueblo me sacó a flote, porque el pueblo es mucha pieza, no pudieron con lo del desafuero pero desde entonces enfilaron sus baterías para impedir por todos los medios que yo llegara a la Presidencia de la República.

"Hay constancia de sobra de que Vicente Fox se dedicó por entero a hacer el trabajo sucio en mi contra. Por ejemplo, en noviembre del año pasado, le pidió al presidente del Partido Verde Ecologista, Jorge Emilio González, que pactara con el PAN porque yo representaba un peligro para México.

"[...] Ya en plena campaña, Fox de manera permanente utilizó los medios de comunicación para atacarme. La injerencia del Ejecutivo, del titular del Poder Ejecutivo, no tuvo límites. Además de usar todo el aparato del gobierno, destinó cuantiosos recursos públicos para apuntalar al candidato de la derecha.

"En fin, son muchas las pruebas del uso que hizo Vicente Fox de la institución presidencial y de los recursos públicos para tratar de frenarnos. Es más, una semana antes de la elección, se reunió con un grupo de empresarios y dueños de medios de comunicación, y lo mismo, para decirles: hay que apoyar al candidato del PAN a la Presidencia porque por ningún motivo voy a permitir que gane el candidato de la Coalición por el Bien de Todos.

"[...] Si no se robaron nada por qué no permiten el recuento de los votos. Es más, en el recuento parcial ordenado por los magistrados del Tribunal Electoral ha quedado al descubierto que en el 65 por ciento de las casillas, de las 11 mil casillas que se abrieron, sobran o faltan alrededor de 120 mil boletas.

"Si los magistrados avalan el fraude y no respetan el voto ciudadano, si no se cuentan todos los sufragios, estarán terminando, ellos mismos, estarán terminando por desacreditar a las instituciones políticas y estarán quebrantando el orden constitucional.

"Por eso sostenemos que si el Tribunal convalida el fraude, lucharemos por el inicio de una etapa nueva en la vida pública de México.

"¡Se va a terminar la eterna comedia de mentiras, de hipocresías, de ridículas e irritantes farsas con que hemos vivido durante largos años!

"[...] Y debe entenderse que ésta no es la lucha ni la decisión de una sola persona, sino la voluntad de millones de mexicanos decididos a defender sus derechos y a no permitir que siga imperando la pobreza y la desigualdad social.

"[...] Esta lucha llegará hasta donde lo decida la representación de todos los pueblos, comunidades, barrios y colonias de México, que se reunirán en la Convención Nacional Democrática el próximo 16 de septiembre.

LUNES 21 DE AGOSTO

En Mérida, Rafael Quintanar pasa por mí y me lleva al hotel Castellanos:

—Aquí va a ser su primera conferencia, Elenita.

—¿Qué? ¿No que era en Quintana Roooooooo? —me injerto en pantera. Pero la doy. Muchos periodistas, muchos flashes, la mayoría de las preguntas giran en torno a AMLO. Me preguntan por el Zócalo y los plantones a lo largo de Paseo de la Reforma y digo que habría preferido que estuvieran en las aceras porque la ciudad es de todos. Me preguntan por qué estoy en esto y respondo que la persona que no protesta, siquiera un poco, tiene alma de esclavo. Por lo visto creen que me la vivo en la casa de campaña abrazada a AMLO y tengo que precisar que lo he visto en seis o siete ocasiones, pero "me parece que tiene una gran entereza y, por otra parte, me indigna lo sucedido en los comicios".

El odio que AMLO provoca no lo ha suscitado ningún otro mexicano. El amor que le tienen también es sorprendente. Es un líder de masas que rompe todos los límites porque lo quieren en forma ilimitada. Su carisma no tiene vuelta de hoja. Su carisma *es*. De poderlo, la gente lo pondría en un altar. Nada más mezquino que las cúpulas del país. No tienen visión de futuro. Las fortunas de los grandes ricos de México son obscenas. Las familias ricas se parapetan contra cualquier embate de la izquierda. He allí lo inmoral de la situación de los mexicanos más pobres. *Nosotros los ricos, Ustedes los pobres* es en 2006 más real y más caricaturesco que nunca.

El fraude electoral fue planeado desde hace tiempo, porque la derecha no iba a permitir que AMLO llegara a la Presidencia y la campaña sucia ha sido la más terrible que pueda imaginarse. En ningún otro sexenio sucedió algo parecido.

Rechazo cualquier tipo de violencia: ojalá se tiraran todas las armas al mar como ya lo propuse en Mazatlán hace años. De pasarse a las armas, en ese momento yo abandono el movimiento de resistencia.

Cinco señoras me abrazan.

Luego de tomar sopa de lima, papadzules y rellena negra de chuparse los dedos en Los Almendros, salimos a Cancún donde debo dar otra conferencia en el Colegio Lizardi. En el camino hablamos de la voracidad empresarial, de que el egoísmo de los ricos en México va a volverse en contra suya. "Son feudales y actúan en contra de sí mismos", me dice Rafael Quintanar. En el colegio me siento bien por el cariño de la directora. Algunas de las preguntas son literarias a pesar de que todo gira en torno a AMLO.

Duermo en un hotel Radisson a dos kilómetros de la playa dentro de sábanas que huelen a humo. ¿Cómo es posible estar en Cancún y no ver el mar? No lo veo ni de lejos. A las seis treinta de la mañana me recoge Rafael Quintanar para ir a un programa de radio, luego a otro, a otro, a otro y finalmente a desayunar donde me espera otra entrevista radiofónica. Me usan hasta la cuerda, voy a quedar en el puro hilito. Estoy tensa, me palpita una vena en un ojo, debo cuidar el glaucoma. Rafael Quintanar me dice que muchos periodistas rechazan a AMLO y por lo tanto a mí. "Hay que hacerles la lucha, no es nada fácil."

Rafael también me informa que el Gobierno Distrito Federal reabre a la circulación el Circuito Interior y Mariano Escobedo, así como los cruces de Paseo de la Reforma y el de Madero con Isabel La Católica.

La hora cero

Raymundo Riva Palacio escribe en *El Universal* que "[...] Dentro del campo lopezobradorista no sólo están buscando la provocación al gobierno federal, sino están convencidos de que habrá un intento de desalojo. Aunque la Presidencia ha dicho que no puede actuar sin una petición del GDF, en el caso del Distrito Federal el artículo 122 constitucional le otorga al presidente la atribución sobre el mando de la fuerza pública. Altos funcionarios federales descartan una acción de fuerza del gobierno, pero no se descarta que una vez que el Tribunal falle en definitiva sobre la elección, si como se espera sea negativo a López Obrador, se modifique el criterio.

"[...] Esta opción no es nada agradable, pero hace buen tiempo se desvanecieron aquellas salidas donde todos cedían para ganar. La hora cero es al revés de lo que podría ser la lógica política: todos pierden. El punto fino para cada uno es saber en dónde minimiza su daño y recorta sus pérdidas".

MARTES 22 DE AGOSTO

Salimos a Playa del Carmen donde doy una conferencia en la UNID y luego otra en Felipe Carrillo Puerto. Al ver el cielo azul por la ventanilla pienso en los del Zócalo bajo la tormenta cotidiana.

El trópico embriaga. La brisa barre el alma. Nos detenemos en un pueblito en el que unas muchachas de brazos descubiertos salen de la tortillería a saludarme y hablan con entusiasmo del plantón y de AMLO. Se arrebatan la palabra y dicen cosas profundas e inteligentes. Su calor me traspasa y llega a algún lugar allí dentro que atañe a la vida y a cómo debería ser la política. ¿Hasta aquí llega la democracia, hasta este pueblito en el que la única vía es la calle principal?, me pregunto azorada. Su entusiasmo las embellece. ¡Qué frescas se ven, qué lozanas, qué enteras! Yo que descendí del automóvil con una sensación de fastidio ahora no quepo en mí del júbilo. La democracia son estas mentes lúcidas y participativas, estos cabellos y estos ojos intensos, este comportamiento político al sol de mediodía, este mi país que a media carretera produce flores humanas que me enderezan y nada tienen que ver con la rabia facciosa o con la desconfiada indiferencia. ¡Es bien bonita la democracia!

En el automóvil le digo a Rafael Quintanar que ojalá la democracia se nos presentara así y él responde que sí, que ellas son nuestra revancha contra los fascistas. "¿Y los fascistas son muchos?" "Muchísimos, no vaya usted a creer que no." Le cuento que Leonora Carrington dijo en alguna ocasión que todos teníamos un pequeño fascista adentro y me dice que no, que ni él, ni ellas, ni nosotros, ni ustedes, ni nadie en el plantón lo cargamos.

A las siete de la noche se inicia la conferencia en la bellísima Universidad de Quintana Roo en Chetumal. El auditorio también es ultramoderno y afuera las palmeras resultan excelentes oyentes, la gente en los pasillos permanece de pie. "Nunca habíamos visto un lleno igual", me dice Rafael Quintanar encantado, a cada palabra un aplauso. Afuera el calor y el canto de los grillos son un atractivo mayor que la vegetación frondosa. La tierra huele a limón, creo. Estoy superfeliz. Me fascinaría ser parte de esta universidad, seguir algún curso, quedarme aquí el resto de mi vida hablando de López Obrador. Duermo en el hotel Los Cabos y mientras pienso que quisiera permanecer otro día, caigo como piedra a las doce de la noche.

Al siguiente día me cuenta Rafael Quintanar que el presidente de la SCJN, Mariano Azuela, desechó ayer por "notoriamente improcedente" la petición de 16 806 ciudadanos al máximo tribunal de investigar la violación grave al voto público en las elecciones del pasado 2 de julio. "Total, nada se puede con los jueces."

Alfonso Urrutia de *La Jornada* dice que la CPBT pretende demostrar que la campaña sucia del PAN y el activismo del presidente Fox durante la contienda electoral no eran actos fortuitos o casuales, sino premeditados, plenamente articulados y coordinados por Acción Nacional.

"[...] Paralelamente al video se entregó la grabación de una entrevista con Fernández de Cevallos quien asume expresamente como válidas las pláticas con Ahumada y refiere que en su momento se utilizaron con evidentes fines políticos contra el entonces jefe de Gobierno del DF."

Emir Olivares Alonso reporta que el Frente Crítico de Apoyo a AMLO expuso que las propuestas que llevará el conjunto de los universitarios serán convocar a toda la comunidad —estudiantes, docentes, investigadores y trabajadores— a organizarse para participar en la CND el 16 de septiembre.

Otros puntos son: "defender la democracia y la voluntad popular; proponer una universidad en movimiento, abierta y con clases, en la que presenten espacios de discusión y análisis de la actual coyuntura del país".

Enrique Dussel (¡ah, cuánto me gusta cómo piensa ese señor!) dice que "el que actúa contra las leyes o las instituciones injustas puede ser un ciudadano justo. Miguel Hidalgo se levantó contra las leyes de Indias y contra la institución colonial, fue ilegal para los españoles y condenado a muerte. ¡Hoy es el héroe fundador de México! Si hubiera sido obediente a leyes e instituciones injustas seríamos todavía la Nueva España".

Luis Hernández Navarro escribe que "a pesar del tiempo transcurrido, el movimiento [de resistencia civil] no parece dar muestras de agotamiento. Su vitalidad es sorprendente [...]. Para sobrevivir, la protesta deberá superar la tendencia a la dispersión y a la institucionalización que surge tanto de las pugnas internas dentro de las filas del PRD como de su cultura política. En esta dinámica se encuentra el talón de Aquiles del movimiento.

"[...] Vicente Fox terminará los noventa y nueve días que le restan a su mandato escondido de las multitudes, protegido por el EMP. De consumarse la imposición de Calderón, el nuevo mandatario tendrá que gobernar de la misma manera: protegido por vallas, militares, tanquetas y policías".

San Luis Potosí

Martín Diego y David Carrizales relatan que "nueve mujeres del PRD lograron colarse en San Luis Potosí entre más de cien panistas y desplegaron una bandera del PRD y pancartas donde se leía: 'Fox, traidor a la democracia', y un cartel con las imágenes de una asamblea de AMLO en el Zócalo que incluía la expresión '¡Ganamos!'.

"Más de quince hombres jalonearon a las militantes, les hicieron moretones en los brazos, les quitaron los carteles y la bandera, y las sacaron del lugar.

"María del Rayo Pacheco, secretaria de Acción Política del PRD en San Luis Potosí, sostuvo que la manifestación era pacífica, pero la desalojaron con violencia. 'Ésa es la forma panista de gobernar', enseñó sus moretones en cara y brazos".

Rocío González y Gabriel León relatan que Marcelo Ebrard Casaubón refrendó su lealtad al candidato presidencial de la CPBT, AMLO, y a los habitantes de la ciudad de México "progresista y libertaria", 'cuyos habitantes van a impedir el autoritarismo y el cinismo de Fox, que pretende imponer al candidato de la derecha'.

"Si nosotros permitimos que pasen por encima de la voluntad popular, todos nuestros derechos y libertades estarían en peligro [...]. El tamaño de su miedo lo podemos ver con la ocupación del Palacio Legislativo de San Lázaro, que por primera vez se encuentra con tanquetas. Han tomado la casa de la representación popular, porque saben que no nos vamos a dejar ni nos vamos a rajar".

Rocío González y Érika Duarte informan que, según la señora María Teresa Estrada, "obviamente vamos a tener que adaptarnos a las nuevas circunstancias, pero el regreso a clases no será motivo para que dejemos los campamentos, comenta María Teresa, junto a su nieto Diego, que a sus nueve años de edad se ha convertido en un experto ajedrecista.

"Aquí seguiremos, porque esta lucha es por nuestros hijos, para dejarles un mejor país y un mejor futuro."

"En casa hay otras mujeres que nos ayudan con las labores del hogar, nos lavan la ropa, hacen la limpieza, preparan la comida para echarnos la mano a quienes aquí permanecemos —advierte Blanca Estela Nava—. Nos vamos a turnar, unos días quedarán algunas de nosotras en casa y otras acudiremos a los campamentos de acuerdo a nuestras ocupaciones."

Érika Duarte y Rocío González informan que "en el primer día de regreso a clases, Sofía Trejo se levantó a las cinco de la mañana para preparar a su hija, llevarla a la escuela, atender su casa y acudir al campamento, como lo ha hecho durante las últimas tres semanas.

"No quiero que mañana mi hija me reclame que me di cuenta del fraude y no luché por dejarle un país más justo", dice Sofía, habitante del Centro.

"[…] Que sea la gente del pueblo la que decida el destino del país, no un grupo de privilegiados en el poder que sólo vela por sus intereses, sin importar los de la sociedad."

En *El Universal* Fidel Samaniego comenta que "se fueron los niños. Y a las calles donde está el plantón lopezobradorista y a la ciudadela amarilla llegó el silencio, y cierto aire de nostalgia.

"Se fueron a la escuela. Unos, la mayoría, a sus aulas en el Distrito Federal, otros a sus lugares de origen en el interior de la República. Y con varios de ellos también se marcharon sus papás.

"'Sí, aunque una no quiera se siente triste. Nos hacen falta. Yo me la pasaba peleando con ellos porque a cada rato se les escapaba la pelota y venía a pegar aquí en mi casita de campaña. Pero apenas han pasado unas horas del primer día sin ellos y la verdad los extraño', dijo doña Laura, de Iztapalapa.

"Cerca de ella y sus compañeras, las tres pequeñas canchas de futbol instaladas desde el primer día del plantón están vacías. 'Estamos pensando decirles a los huéspedes del Sheraton que bajen a jugar, se las alquilamos, sirve que dejan dinero para la causa'.

"[...] 'Somos de la calle. Me llamo Javier Méndez de la Cruz, este otro es amigo, hermano de la calle, le decimos El Elfos. Dormíamos allá por Garibaldi, pero ayer un cuate que andaba bien activoso nos madreó. Yo soy de Tabasco, paisano del Peje. Me vine hace tres años, somos siete hermanos.

"'Ojalá López Obrador diga que se queden aquí muchos años, para que me traiga a mi jefa y vivamos en una de esas tienditas'".

Emilio Álvarez Icaza declaró a Leticia Fernández de *Reforma*: "[...] La CDHDF documentó hasta este domingo setecientas dieciocho quejas por los plantones en el corredor Reforma-Centro Histórico, de las cuales seiscientas sesenta y cinco denunciaban a funcionarios locales y cincuenta y tres más a autoridades federales".

Javier Aranda me comenta que algunas de las mantas, como "Disculpe las molestias. Estamos construyendo la democracia", están fuera de onda y otras también. La historia está desfasada. "¡Mira que poner a Stalin y a Lenin en el Zócalo! También los libros que se venden en el plantón pertenecen a la prehistoria, toda esta izquierda muerta ya hace años. El PRD camina para atrás como los cangrejos."

AMLO DICE: "[...] Aquí hay representantes de todas las clases sociales, de todos los grupos étnicos. Hay católicos y librepensadores. No caigamos en ninguna provocación, seamos respetuosos, ¡no les demos gusto a nuestros adversarios!"

"Aunque digan que soy mesiánico, les recuerdo que un buen cristiano es el que realmente se preocupa por su prójimo, el que lucha por el pobre, por el necesitado."

MIÉRCOLES 23 DE AGOSTO

Regreso al DF. En el Benito Juárez espera Michael Schuessler para la conferencia de becarios de la Fullbright en el Museo Nacional de Antropología. "Vamos a entrar por detrás de los campamentos, por el monumento a Gandhi, no va a haber problema."

Se dice que hay muchos daños en el Paseo de la Reforma, muchos daños en avenidas y museos, pero Mario Pérez Campa, secretario técnico del INAH, asegura que los inspectores no han encontrado algún daño físico a algún inmueble, según Dora Luz Haw.

"[…] Si para poner un clavo o hacer cualquier cambio mínimo a un inmueble protegido hay que pedir permiso al INAH, ¿por qué los manifestantes pueden alterar el patrimonio sin que nadie les diga nada?

"[…] Considerado el Zócalo la cuarta plaza más grande del mundo, hoy sólo se puede ingresar por pequeñas entradas. Dentro hay un laberinto de vallas y carpas sostenidas por decenas de estacas clavadas al piso. Por todos lados se ven colchones, tanques de agua y parrillas eléctricas.

"El plantón no perjudica nada. Las calles están limpias y no hay una agresión a los edificios históricos. Este movimiento ha sido sorprendente porque ha venido acompañado de muchas manifestaciones culturales; es gente que tiene un respeto absoluto a la cultura".

Hablo en uno de los bellísimos auditorios del Museo, muchas de las preguntas de los oyentes estadounidenses giran en torno a la toma de Paseo de la Reforma y la resistencia pacífica. Los becarios vienen al Museo para seguir su curso de verano y las carpas en la calle no parecen molestarlos demasiado.

"Do you trust this man?", me pregunta una estudiante a propósito de AMLO, y respondo: "Yes, I trust him", y entonces me responde: "Then we trust him also". ¡Que nos oyera Condoleeza Rice!

Una muchacha muy bonita pregunta por qué Vicente Fox declara que el conflicto postelectoral se reduce "a una calle del país, nada más" cuando ella ve tomado el Paseo de la Reforma. "Yo no he tenido ningún problema para circular pero me sorprende la declaración de su presidente." Me dice también que salvo *La Jornada* los periódicos evitan hablar de AMLO y que eso le parece una falta de profesionalismo porque ha visto que miles de mexicanos participan en el movimiento.

A las cuatro, después de comer lo menos posible por todo lo que engordé en el viaje, regreso a mi querido Zócalo y asisto en la carpa de Jesusa a una pequeña reunión preparatoria de la Convención Nacional Democrática con AMLO. Cae una tromba y no puedo oír nada salvo a ratos a Dante Delgado porque su voz es muy fuerte y está acostumbrado a hablar en público. Supongo que AMLO nota mi cara de angustia porque en un momento dado dice "Elenita", pero no escucho el final de su frase.

A las once de la noche regreso a la casa, inquieta y desazonada. Leo lo que Fox dice en *La Jornada* y me sirve de somnífero porque caigo como piedra en pozo.

Despierto a medianoche y sigo leyendo que para Fox la acusación de AMLO de ser un traidor a la democracia refleja que en México hay "libertad absoluta y cualquiera puede decir lo que se le ocurra, hasta una tontería. Ya no hay represión, no hay autoritarismo. Hay absoluta libertad y así hemos escuchado a ese personaje hablar, hablar y hablar todos los días".

Roberto Garduño escribe que la amenaza de tormenta en la Plaza de la Constitución no amedrentó a miles de simpatizantes de AMLO, que a coro reprobaron el desliz de Vicente Fox Quesada, quien consideró ya ganador de la elección presidencial a su correligionario Felipe Calderón. "¡Ladrón, ladrón, ladrón!", coreaban mujeres y hombres, mientras Porfirio Muñoz Ledo lo acusaba de "desvergonzado" por alentar la violencia entre mexicanos.

Muñoz Ledo respondió a la acusación de apocalípticos. "¿Qué entiende Fox por Apocalipsis? ¡Él es el que encarna a los cuatro jinetes! Se ha montado con sus botas vaqueras."

También alertó sobre el riesgo de la violencia institucional. "Jamás hemos matado a nadie. Él [Fox] está instigando a la violencia. ¡Es un incendiario disfrazado de bombero! ¿Quiere la guerra? Que lo diga. Nosotros queremos la paz."

Con pancartas de "No al estado de sitio; fuera el Ejército de San Lázaro" y "Legalidad, recuento voto por voto", los perredistas se pararon frente al Palacio Legislativo, entre las tanquetas, a gritar consignas: "¡San Lázaro no es cuartel, fuera el Ejército de él!", mientras la diputada Eliana García regalaba claveles rojos a soldados y policías.

AMLO DICE: "[...] No nos vamos a dejar. Ellos que aparentan ser gente de bien son unos reverendos ladrones. Nos quieren despojar, nos quieren robar la Presidencia de la República.

"[...] Tenemos que hacer valer, insisto, el derecho a la información y queremos que los medios de comunicación, si no son vanguardia de la sociedad, cuando menos que vayan al paso de la sociedad en esta transformación democrática.

"[...] Tenemos que seguir insistiendo en este tema, ya no funciona la manipulación, la gente no se está chupando el dedo, ya cambió la mentalidad de nuestro pueblo y no se puede poner vino nuevo en botellas viejas, se necesita que haya un cambio en cuanto al manejo de la información.

"[...] Se había avanzado mucho [...], a mí me tocó, como presidente del PRD, en 1996, gestionar que nos permitieran pasar mensajes en la televisión, porque antes de 1996 ni pagando querían transmitir nuestros mensajes.

"A finales de 1996 empezamos a transmitirlos. Parece que fue hace mucho pero no, tiene apenas diez años, porque la televisión estaba completamente cerrada.

"Y hay que decir que de finales de 1996 hasta el 2 de julio de una u otra manera se abrieron espacios y había cierto equilibrio. Pero, ¿qué está sucediendo del 2 de julio a la fecha? De nuevo han echado atrás lo que ya se había logrado y le apuestan a cerrar los espacios a las fuerzas democráticas de oposición.

"[...] A lo mejor esta mención no les va a ayudar mucho a los dueños de Monitor y trabajadores de Monitor, pero lo tengo que decir, porque de una u otra manera están cumpliendo con su responsabilidad. Vamos a seguir insistiendo para que haya apertura en los medios de comunicación.

"[…] No estoy a favor del pensamiento único porque eso sólo corresponde a los regímenes autoritarios. No, quiero la diversidad, que se haga valer el derecho a disentir, la pluralidad.

"[…] ¿Quieren debate? Vamos a tenerlo, no hay que rehuirlo y los medios son el instrumento para hacerlo, no se gana nada con cerrar espacios, con apostarle al autoritarismo […]."

JUEVES 24 DE AGOSTO

Como con Juan en La Cava. Un señor Diez en la mesa vecina me pregunta que cómo es posible que "una persona de mi categoría avale a ese canalla que tiene a la ciudad de cabeza". Alego que no es ningún canalla pero ya la comida me sabe a chivo. El *maître* es muy amable, viene a decirnos que no me fije, que está conmigo y se lo agradezco. Juan aconseja severo:

—Elena, ya deberías salirte de eso. Estás tan enamorada de tu propia imagen que no quieres cambiarla. Tu admirado Ryszard Kapuscinski dice que la vanidad arrebata la capacidad de pensar con sentido común y a ti siempre te ha faltado sentido común. Allí sigues y te van a hundir, de hecho ya lo están haciendo. No sabes lo que he oído. Seguir no te lleva a ningún lado y sólo te quita de tu escritura. Tu capacidad de dispersión siempre te ha dañado. Nunca vas a ser una gran escritora y si quisieras podrías serlo, pero así como vas, nada. ¿Cuántos años crees que te quedan de vida?"

Me entristezco pero no digo nada. Así me educaron las monjas. No contesto, sólo escribo. Así fue mamá, siempre calló sus sentimientos. Ahora pienso que era tímida y me dan ganas de correr a abrazarla.

A las ocho de la noche voy a la reunión preparatoria de la Convención Nacional Democrática en Benjamín Franklin núm. 84, 8° piso, casi esquina con Patriotismo, sede del PRD. Nunca he estado en el PRD. ¿De dónde sacan los políticos dinero para edificios de varios pisos? Llueve a cántaros. Soy la primera en llegar y un muchacho me conduce al elevador y luego a una sala muy elegante con una mesa larga y una cabeza de bronce de Cuauhtémoc Cárdenas que Chaneca habrá de voltear hacia la pared.

¡Creí que todos los de izquierda eran pobrísimos pero me llevo un chasco! ¡Qué bueno que hay galletitas de ésas como de pasta de barquillo con chocolate adentro! Todos llegan con hora y media de retraso porque cae una tromba con granizo tan espantosa como la del miércoles 23 de agosto.

Cada vez que llaman para una reunión me lamento: "¿Pero por qué? Si mi oficio es escribir" y caigo en la autocompasión. ¡Mi pobre novela arrumbada! Claro que ahora no escribo una página. ¿Dónde están mis agallas? Sin embargo, la realidad me jala, mi país me toma por la garganta y me ahorca. En Europa, en Estados Unidos cada quien puede sentarse en su casa a escribir sobre lo que se le da la gana, aquí en México, la realidad se mete a tu casa por las ventanas y te avasalla y te saca a la calle. ¿Cómo quedarte encerrada en un terremoto? ¿Cómo cuando el país está a punto de quedar paralizado con una gran huelga ferrocarrilera? ¿Cómo cuando masacran estudiantes? ¿Cómo cuando se comete un fraude de esta magnitud?

En las reuniones, Jesusa tiene mucho que aportar, hace preguntas pertinentes, aclara, discute, yo sólo apunto en mi libreta Scribe y veo cómo Agustín Ortiz Pinchetti es conciliador y guarda la calma; anoto que Dante Delgado tiene la costumbre de mandar y dice a cada momento "a lo siguiente", "a lo siguiente"; Porfirio Muñoz Ledo rememora su pasado; Rafael Hernández Estrada trabaja con tesón y me gusta la limpidez de su mirada. Otros que deberían asistir nunca lo hacen. Primero uno de los presentes dice que va a leer el orden del día, otro lee los estatutos. Miro los rostros de mis compañeros, francamente aburridos o medio dormidos. Las propuestas a consideración de la asamblea no los despiertan aunque el café negro es compañero obligatorio. La reunión se alarga indefinidamente. ¿Qué se concretó? No tengo la menor idea y me temo que los demás tampoco. Me pregunto: "Bueno, ¿y en qué trabajan los políticos? ¿Trabajan en esto?" Para mí trabajar es barrer, cargar, escribir, enseñar, coser, pintar pero supongo que ellos preparan al país para el futuro y tienen en la mano la clave de su bienestar. En el caso del plantón, los que lo mantienen vivo son los que están allá afuera, la señora quesadillera, la tamalera, el que trae las botellas de agua desde Monclova, el que se presenta con las grandes ollas de guisado, el que por todo vehículo tiene una bici, doña Luchita, doña Ceferina, don Sebastián. En cambio, los políticos llegan a las siete de la noche en su coche blindado, con chofer y se van, pero ahora son ellos quienes dictan las medidas a seguir.

Le Monde

El periodista Jean Michel Caroit de *Le Monde* describe que más de un millón de delegados venidos de todo el país asistirán a una suerte de "asamblea constituyente" que, reseña, "podrá nombrar un presidente legítimo y una coordinación de resistencia popular". Por esta razón, cita Caroit a AMLO, la posibilidad de que el país despierte el 17 de septiembre con dos presidentes "es una posibilidad que dependerá del voto de los delegados a la Convención".

"Nosotros ganamos, pero es difícil hacer valer el triunfo ante la mafia mexicana." Y abunda: "Si el fraude se consuma, yo seguiré luchando hasta la restauración de la República".

"No somos como esos políticos tradicionales, no negociamos principios a cambio de empleos públicos y prebendas. Negociar un acuerdo con un gobierno sin legitimidad sería realizar la simulación democrática, y entonces este país no cambiará jamás.

"En un país como México, con tantos desequilibrios económicos y sociales, la democracia es un asunto de supervivencia, es la única vía con que los pobres puedan obligar al gobierno a que se ocupe de ellos."

Gustavo Castillo García advierte en *La Jornada* que "Rubén Aguilar, vocero de la Presidencia de la República, afirmó que 'jamás' utilizará la violencia para desalojar el Zócalo capitalino, con el propósito de que la ceremonia del Grito de Independencia y el desfile militar se realicen sin contratiempos los próximos 15 y 16 de septiembre.

"[...] El presidente Vicente Fox encabezará estos actos en la capital mexicana. No irá a Dolores Hidalgo, Guanajuato".

Alma E. Muñoz de *La Jornada* escribe que "la arquidiócesis de México exigió a la CPBT, sin citarla directamente, respeto a las imágenes y recintos religiosos, luego de que un grupo de personas modificara la imagen de la Virgen de Guadalupe en la exigencia del recuento voto por voto.

"Nos sentimos profundamente lastimados y ofendidos por la deformación abusiva que raya en el sacrilegio de la sagrada imagen de nuestra señora de Guadalupe, que es presentada con la leyenda de 'La madre de todos los plantones', y en otros casos, emitiendo su voto en favor de una opción política."

Heriberto M. Galindo opina que "por supuesto que debe mantenerse el orden público, resolverse el conflicto postelectoral, levantarse el plantón en la Plaza de la Constitución y concluir el bloqueo del Paseo de la Reforma. Es claro que se desea que la instalación del Honorable Congreso de la Unión, y la lectura del VI Informe de Gobierno se lleven a cabo con normalidad democrática, y que la ceremonia del Grito de Independencia, el desfile militar del 16 de septiembre no se cancelen ni se obstaculicen. Sin embargo, debemos reparar en el temor, la alarma y la preocupación que provoca la presencia de las tanquetas ubicadas en la calle Cecilio Robelo, muy cerca del Palacio Legislativo de San Lázaro".

Martí Batres advierte que "en los días recientes, frente al formidable movimiento de resistencia civil levantado contra el fraude electoral del pasado 2 de julio, la derecha no ha podido acertar a construir un discurso creíble que desvirtúe las denuncias de la CPBT. En su lugar, ha resucitado el viejo discurso priísta del 'respeto a las instituciones'.

"[...] Lo único que nos dicen es que hay que acatar las resoluciones de las instituciones. Parece un discurso religioso más que político. Como si las instituciones fueran eternas. Como si nunca se equivocaran. Como si no fueran también alteradas, transformadas y hasta sustituidas a lo largo de la historia".

El Ejército toma las calles

Josefina Quintero M. informa que "elementos del Ejército y policías federales mantienen 'tomadas' las avenidas Congreso de la Unión, Eduardo Molina y Fray Servando Teresa de Mier, así como calles aledañas a la Cámara de Diputados, donde impera un virtual estado de sitio, ya que nadie puede entrar y salir sin antes ser interrogado y supervisado por los efectivos.

"Los retenes fueron instalados a metros de distancia del recinto legislativo, cuyas instalaciones son consideradas zona federal, y la situación ha generado temor entre los habitantes, porque tampoco los vehículos pueden circular. Los controles, inclusive, han provocado enfrentamientos verbales, porque impiden el libre tránsito, y si un vecino no tiene forma de comprobar su dirección, entonces no se le permite el paso".

Mónica Mateos cita a Tomás Eloy Martínez: "No es imaginación lo que le hace falta a México para solucionar su conflicto postelectoral, lo que necesitan los protagonistas es coincidencia en un fin común, armonías. Si los aspirantes a la Presidencia se reunieran para discutir qué es lo mejor para el país, difícilmente se pondrían de acuerdo, es cierto, pero si ésa fuera su mirada y su actitud, no habría problemas".

Mónica también cita a Líber Terán, cantante de Los de Abajo: "Si no me pronuncio voy a ser parte de eso. El que calla otorga…".

"La gente está muy encabronada", interviene Jesusa en la plática con el cantante. "Lo que está conteniendo la violencia es la resistencia pacífica. La vía artística puede ser la gran salida de este país. La vía política está prácticamente agotada. Hay que resistir. Y resistir con el arte es lo mejor que podemos hacer. ¡Hay que saturarlos de ideas como bombas!"

AMLO DICE: "[…] La democracia […] se convierte en la única vía para que la gente pueda tener quién nos represente y cuide, vele, apoye, proteja a la mayoría humilde, a la mayoría de pobres de nuestro país.

"[...] Es muy claro que [...] ellos [los que gozan de privilegios] quieren que continúe la misma política tradicional, esa política en donde todos los intereses cuentan, menos el interés del pueblo.

"[...] Ya no queremos que haya mexicanos de primera y de segunda. No queremos que mientras unos cuantos lo tienen todo, la mayoría carece hasta de lo más indispensable.

"[...] Claro que son clasistas, claro que son racistas, claro que impulsan y creen en la discriminación y todo esto está saliendo, porque este movimiento tiene como propósito reivindicar a millones de mexicanos [...]. El poder no son los palacios, el poder no son las oficinas lujosas, el poder no son los asesores, no son los guaruras, no son los helicópteros, no son los que están al servicio de los que tienen cargos públicos, no. No, el poder es el pueblo. Ése es el poder.

"[...] No vivimos en una dictadura donde sólo hay un punto de vista, estamos construyendo una democracia y la democracia implica la diversidad, la pluralidad, el escuchar a todos [...].

"[...] Me hicieron una entrevista en un periódico francés y ése es el tema ahora, el día de hoy. Es una vergüenza que sean los periodistas extranjeros los que nos estén dando la oportunidad de dar a conocer nuestro punto de vista, mientras que aquí, en nuestro país, en nuestra patria, hay una cerrazón de los medios de comunicación.

"[...] Yo no voy a convocar, a tomar los medios de comunicación. ¡No! Para nada.

"[...] En cuanto al cerco informativo, hay gente que me dice: 'Ya no quiero escuchar la radio, ya no quiero ver la televisión porque me da mucho coraje' y hay quienes me dicen: 'Hasta me deprimo'.

"Saben ustedes, no hay que deprimirse ni hacer coraje, lo que se tiene que hacer primero es reafirmar nuestras convicciones y tener muy claro que estamos luchando por una causa justa, que estamos bien con el prójimo, estamos bien con nosotros mismos. Eso es lo principal.

"[…] La mejor terapia es replantearnos si es justo lo que hacemos o no. Si es justo lo que estamos haciendo, aunque se nos venga todo el aparato del Estado encima. No nos van a hacer nada. Nos van a hacer lo que el viento a Juárez.

"Y lo segundo que hay que hacer es no decir: 'Apagué la radio, apagué la televisión', sino ver si hay programas con teléfonos abiertos, y hablarles y hablarles porque la libertad como la democracia y la justicia no se imploran, se conquistan, vamos a hacer valer el derecho a la información.

"[…] Yo lo que sé es que aquí no se rinde nadie. Vamos a seguir organizando la Convención Nacional Democrática.

"[…] Muchas gracias al maestro emérito de la Facultad de Ciencias Políticas y Sociales de la UNAM, a Octavio Rodríguez Araujo. A lo mejor no le va a gustar a Octavio lo que voy a decir porque son cuestiones que tienen que ver con relaciones personales, no necesariamente con los asuntos públicos, pero Octavio fue mi maestro en la Facultad, en 1973 me dio la materia de partidos políticos en México, y miren lo que son las cosas, ahora es maestro de mi hijo Andrés, también en la Facultad de Ciencias Políticas.

"Hay muchos maestros de la Facultad de Ciencias Políticas, de Economía, de la UNAM, del Politécnico, de la UAM, de la Universidad de la Ciudad de México, de muchas universidades del país, que reflexionan como es el caso de Octavio y no tienen una filiación partidista, son pensadores libres, pero sí están muy conscientes de lo que sucede y además conocen la historia, que es la maestra de la vida […]."

III
SOMOS MILLONES

VIERNES 25 DE AGOSTO

Como en casa de Marta Lamas, y en la tarde Chaneca va a *La Jornada* y yo al Zócalo. Siempre llego al Zócalo preguntándome: "¿Todavía estarán?" Tanto se rumora que nos van a echar que temo no volver a verlos. Sí, allí están y descanso. El Zócalo es ya un estado de ánimo.

Al doblar la esquina, allí los veo, presencia segura, amistosa, confiable. Confío en ellos. Necesito de ellos, necesito de mi país. Quizá porque no nací aquí necesito más de él que nadie. En estos días vivo como siento que hay que vivir o como quisiera que todos viviéramos. Llueve a cántaros y me duele la garganta. Me quedo oyendo llover hora tras hora. Son siglos de lluvia los que caen en el Zócalo desde el 31 de julio. ¡Quizá por eso les enseñan en los campamentos a hacer palos de lluvia, para que cada quien la conserve de recuerdo y la exorcice! Veo cómo la tienda se va llenando de agua. La lluvia arremete con rabia, quiere acabar con nosotros.

¿Cuándo volverá a reír Jesusa? Mira hacia el frente, impaciente, a mí ya nunca me mira. Además es imposible hablar con el estruendo de la lluvia. Jesusa es la dueña del Zócalo. En cambio yo poco a poco me he ido apropiando de ciertas carpas pero al Zócalo no lo conozco a fondo.

Cuando escampa le aviso a Jesusa:

—Voy a Catedral.

—¿A qué vas?

—Se me antoja.

—¿Pero qué vas a hacer allá adentro? ¿Perder el tiempo?

—Explicarme las cosas, explicarme lo que veo, lo que estoy viviendo.

—No necesitas ir allá adentro para entender nada, yo te lo explico, bueno ahora no tengo tiempo, yo que tú iría a ver a la Coyolxauhqui, ella sí que se las sabe todas, todas...

Sale de la carpa porque tiene que subir al templete y anunciar el próximo espectáculo. No le digo a Jesu que a ratos estoy depre y que hace un mes que no me dice cada media hora: "Eres lo máximo". Su índole entre cortesana y salvaje se remonta al rey poeta Nezahualcóyotl.

En la carpa de Jesusa entrevisto a Julia Arnaud que viene todas las mañanas a ocuparse de los artistas y se queda a dormir en la noche. Cuando no presenta cantantes y bailarines, les consigue agua, kleenex, aspirinas, lo que pidan. Muchacha bonita de veintitrés años, estudió actuación en la UNAM y mientras termina su tesis decidió comprometerse con su país. Me apabulla la entrega de la gente joven. Julia podría estar en bikini en una playa de Acapulco y aquí se fleta entre las carpas y sus charcos de agua. ¿Cómo es posible que prefiriera esta playa de adoquines a la de arena de La Roqueta?

"Dos semanas antes ya habíamos empezado los actos de resistencia con Jesusa. Tomamos el Consejo Coordinador Empresarial, luego tú fuiste a Banamex, después tomamos Mexicana de Aviación, Santa Fe a la que también fuiste, Wal-Mart, Sabritas, yo no me perdí ninguna ni me he perdido un día aquí."

Dedicarle tiempo a mi país

"Entré al movimiento porque creo que no es justo que el voto no sea respetado."

A la pregunta de si le pagan, Julia se indigna: "Claro que no. Al contrario, estoy en bancarrota. Coordino a los artistas pero hago un poco de todo. La gente que trabaja aquí es voluntaria. Nadie habla de dinero, haz de cuenta que no existe.

"A mediodía, don Salvador nos trae comida desde algún campamento: sopita, guisado con arroz, frijolitos, depende. Don Salvador dice que es muy importante que los que estamos arriba del templete bajemos a escuchar a la gente y por eso ahora conozco a casi todos. El lunes me toca el Nuevo León, el martes el Estado de México, el miércoles Michoacán. A Jesusa la invitan pero no le da tiempo. Cuando sale en la mañana de su carpa, todo el mundo se le echa encima: 'Jesusa, Jesusa, Jesusa'."

En el campamento, los albañiles, choferes, bibliotecarios, meseros, comerciantes, amas de casa, costureras que conforman a los seguidores de AMLO hablan del cerco policiaco-militar en torno a la Cámara de Diputados. "Dicen que a tres kilómetros a la redonda hay policías por lo del 1º de septiembre." "El Palacio Legislativo de San Lázaro está totalmente cercado."

"El presidente Vicente Fox violó al menos tres artículos de la Constitución —41, 49 y 99— al dar como triunfador a Calderón cuando el Tribunal Electoral aún no daba la cifra final", le dice el jurista Jaime Cárdenas a José Galán. "Al presidente no le toca decir quién ganó la elección, le toca al TEPJF."

Los corresponsales de *La Jornada* informan que, en Veracruz, sesenta académicos e investigadores de la Universidad Veracruzana le escribieron una carta al presidente en la que llaman al conteo voto por voto.

"[...] En Mazatlán miembros de la Coalición por el Bien de Todos subieron al crucero turístico Carnaval Pride de la ruta Vallarta-San Francisco-Mazatlán y recibieron a los turistas con una manta: 'Fox mató a la democracia en México'."

De la dictadura perfecta a la caricatura perfecta

Juan Villoro escribe en *Reforma* que, "gracias a Vicente Fox, México pasó de ser la dictadura perfecta a la caricatura perfecta. En su sostenido afán de convertir la política en chistorete acaba de decir que los pesimistas buscan 'el prietito en el arroz' sin advertir que el país es una magnífica paella. Oaxaca está en llamas y el DF enfrenta una de sus peores crisis, pero el presidente nació para silbar y hacer chistes.

"En este contexto es difícil ser optimista desde la izquierda. Las elecciones del 2 de julio nos dejaron la impresión de atravesar a nado el océano para ahogarnos a unos metros de la orilla. La tristeza ante la oportunidad perdida ha nublado nuestro juicio. El PRD se convirtió en la segunda fuerza en el Congreso y aumentó su presencia en la capital. Es difícil reparar en estas buenas noticias cuando hay asuntos más graves, pero el futuro de la izquierda dependerá de construir a partir de lo que ya ha ganado y de invitar a su mesa a la autocrítica, esa señora con fama de extranjera.

"[…] AMLO apareció como un líder carismático ante las multitudes y poca paciencia ante las ideas. No era un candidato perfecto pero es difícil que uno lo sea.

"[…] Nuestra ausencia de trato democrático nos lleva a creer que todo apoyo es un cheque en blanco. Por eso, en el acto de campaña dedicado a la cultura, comenté ante López Obrador que la izquierda no puede ceder a la tentación del mesianismo: sólo cumplirá sus objetivos cuando ofrezca la mejor plataforma para ser criticada.

"¿Había posibilidad de crear un proyecto más allá del líder? Nuestra hora parece exigir figuras de excepción. Muy poca gente conoce al presidente de Suiza, y sorprendería poco que fuera un reloj cucú. En cambio, nuestros mayúsculos problemas reclaman a un prócer que nadie ha visto por ninguna parte. Si la política se piensa como un teatro donde sólo intervienen los caudillos, está claro que no hay alternativa. Pero la historia muestra que existen las corrientes, los relevos, los contrapesos.

"[…] AMLO recibió ataques deleznables. Un candidato legítimo fue presentado como 'peligro para México'. A esta disparidad se añadió el desvío de fondos del programa Oportunidades hacia la campaña del partido oficial, documentado por José Reveles en su libro *Las manos sucias,* y los pactos corporativos con Elba Esther Gordillo y su poderoso sindicato.

"Sin embargo, a pesar de la campaña del miedo y la parcialidad del gobierno, AMLO pudo ganar la Presidencia. Hay que condenar los obstáculos aviesos que se le pusieron, pero también sus propios errores. No asistir al primer debate fue una afrenta al diálogo. Mientras sus enemigos lo comparaban con Hugo Chávez, él hizo poco para convencer que era un candidato para todos, capaz de negociar con empresarios, profesionistas, vecinos, gente distinta de quienes lo vitoreaban en las plazas cuando le decía chachalaca al presidente. Quizá inspirado en el propio Fox, que llegó a Los Pinos con la promesa de capturar tepocatas, AMLO acudió a otra especie de bestiario popular. Pero los símbolos operan de manera muy caprichosa. Fox proviene de la derecha, fue gerente de la Coca-Cola, gobernó un estado muy tradicional. En su caso, los arrebatos populacheros lo acercaban a un público distinto al suyo. En cambio, AMLO habló de chachalacas para satisfacer al núcleo duro de sus fieles, gente dispuesta a seguirlo a donde sea que para su desgracia no forma mayoría.

"Había signos alentadores para ello: José María Pérez Gay se perfilaba como responsable de la política exterior y Juan Ramón de la Fuente en la política interior. Los resultados que hasta ahora tenemos han cambiado esta ecuación. AMLO pide defender una agenda que no formó parte de la campaña: desconocer las elecciones y transformar al país a través de la resistencia civil y aboga por el recuento total que restablecería la credibilidad de los comicios. Esta reivindicación legítima ha sido empañada por estrategias antidemocráticas, como solicitar la intervención del Tribunal Electoral y condenar de antemano su fallo, irrumpir en una ceremonia en la Catedral, bloquear avenidas con apoyo del gobierno de la ciudad. Las marchas y los mítines hubieran sido la mejor fuerza moral hasta el 6 de septiembre. Una vez conocido el fallo, se podría actuar en consecuencia. Ahora se corren los riesgos de la pérdida de capital político, la provocación y, lo peor de todo, la represión".

SÁBADO 26 DE AGOSTO

Bárbara Belajak del *Observer* de Texas viene a la casa. Está fascinada por el movimiento de resistencia civil pero para variar México le

241

parece complejo y difícil de entender. Le digo que si lo primero que hace en las mañanas al abrir *La Jornada* es ver las caricaturas de los moneros, El Fisgón, Ahumada, Hernández, Magú (y Rius en sus historietas), logrará captar algo bien importante. La felicito por estar en México porque el plantón es el mayor movimiento social y electoral encabezado por la izquierda desde el cardenismo según Adolfo Sánchez Rebolledo. Me pregunta por el autoritarismo de AMLO. Le sorprende que sea yo tan poco política. Le digo que lo que a mí me consta es el heroísmo de los mexicanos más pobres en el plantón, de las intrigas entiendo poco, por eso, porque no soy política. En la tarde, después de su visita, no puedo ir al Zócalo porque el dolor de garganta me atosiga.

Gerardo Arreola, corresponsal de *La Jornada* en Cuba, escribe que el semanario *Granma Internacional* publicó que el candidato presidencial mexicano AMLO "es el centro de una conspiración orquestada por el gobierno de Fox para impedir su llegada al poder con un programa de justicia e inclusión social".

Gabriela Romero Sánchez notifica que "hoy arribarán a la ciudad de México los integrantes del movimiento Ciudadanos en Marcha, quienes el 30 de julio salieron de la ciudad de Tijuana. Mientras llegan nos enteramos de que caminaron veintisiete días desde Tijuana para unirse a un Zócalo repleto en el que López Obrador pregunta si la CND debe nombrarlo 'presidente legítimo de la República' o 'jefe de gobierno en resistencia'.

"José Alcaraz encabezó el viaje: 'Somos veinte personas que participamos en este sacrificio como una ofrenda a nuestro México, para que no se llegue a la violencia'.

"En una bitácora de más de veinte hojas enumera las mentadas y frases de apoyo que recibieron durante su paso por Baja California, Sonora, Sinaloa, Nayarit, Jalisco, Michoacán y el Estado de México. De todas, la ciudad que más los maltrató fue Guadalajara. También en las cercanías de Morelia, Michoacán, fueron agredidos física y verbalmente. 'Fue un momento difícil porque no habíamos experimentado la intolerancia en carne propia'.

"Tras dar más de cuarenta millones de pasos desde Tijuana hasta México, DF, a lo largo de veintisiete días, a temprana hora, llegaron los veinte integrantes del movimiento con el lema: 'Veinte mexicanos luchamos por cien millones'. Aseguraron ser de todas las ideologías políticas".

Según Porfirio Rivera: "El recorrido de la caravana de vehículos en Nuevo León concluirá en el Monumento a la Madre, de Ciudad Guadalupe, porque 'no tienen progenitora' los que pisotean las leyes y se llenan la boca con llamados a respetar el estado de derecho y la legalidad. El país entero está descontento".

El IFAI se niega a que se revisen documentos

En el plantón me aborda Leonor Carrizales:

—¿Ya sabe que el IFAI se niega a mostrar los paquetes electorales?

—¿Qué cosa es el IFAI?

—Es el Instituto Federal de Acceso a la Información —me mira sorprendida—. Diversas organizaciones sociales han pedido revisar los paquetes electorales con base en la Ley Federal de Transparencia y el IFAI respondió que no porque no le tocan a él los comicios. El IFE es un órgano autónomo y no está sujeto a la autoridad del IFAI.

Jesusa me informa con júbilo: "La noche del 15 AMLO dará el Grito en el Zócalo, donde un día después se llevará a cabo la Convención Nacional Democrática".

AMLO DICE: "¡Que vivan los artistas!

"Muchas gracias a todos los artistas. [...] Es muy importante que se sepa que todos vienen a participar, a exponer de manera voluntaria, gratuita, nadie cobra. Todos estos actos extraordinarios son por la participación consciente de artistas, músicos, poetas, pintores, escritores, gente de teatro, en fin, el mundo de la cultura.

"Es muy importante también lo de mañana, porque los actores

principales son ustedes, es el pueblo. Ese coro monumental que el día de mañana tiene ya su función.

"Vamos a imaginar, ¿ustedes creen que esos pirrurris podrían estar aquí veintiocho días?

"[La gente responde que no.]

"Esa gente se mueve por la ambición al poder, por la ambición del dinero. Los que están aquí se mueven por convicciones, ideales, principios.

"Por eso es que decimos que tenemos lo mero principal: al pueblo decidido, consciente, a transformar a nuestro país. Esto no es poca cosa, esto a veces no es valorado adecuadamente, pero es necesario recordarlo.

"Por eso hoy que vi el periódico *Reforma,* las ocho columnas las dedicaron a decir que la gente del plantón está aquí porque aquí se les ofrecen viviendas.

"¿Ustedes están aquí a cambio de algo material?

"[La gente responde que no.]

"Ocho columnas en un periódico que supuestamente es un periódico serio, profesional, objetivo. [...] Siempre están hablando de que ellos representan la paz, nosotros la violencia. Todos los días nos agreden, ¿qué no es violencia calumniar, difamar? Por eso es que tenemos que seguir insistiendo en el debate del derecho a la información.

"[...] Ayer me hicieron una entrevista en un programa de radio, una mesa redonda para tratar los problemas del país, sin una opinión distinta entre los cinco o seis que participan en contra nuestra.

"[...] Queremos que nos inviten a debatir, para que podamos dar nuestro punto de vista.

"Aquí, en la dirección de este movimiento, hay académicos y maestros que pueden ir a debatir [...]. ¡Que abran la televisión para el debate!

"Miren, cuando me invitaban a una entrevista en la televisión los trabajadores, camarógrafos, todos me decían que estaban de acuerdo con nosotros. No sé cómo vayan a reaccionar ahora, pero antes se

tomaban fotografías conmigo y mostraban su simpatía. Aunque cuidan su trabajo, siguen pensando que este movimiento es justo.

"Si nosotros nos rendimos o claudicamos, entonces avasalla la derecha y no sólo pisotea la dignidad y la voluntad de los ciudadanos,
establece una democracia simulada y le da otra vuelta de tuerca a la
política de opresión contra los trabajadores y los pobres de este país.

"[...] Miren, que yo no iba a hablar, ya me piqué.

"[...] Hoy fui y regresé de Tabasco, estuve en mi tierra, en mi
agua, fui porque el 15 de octubre hay elecciones para gobernador,
para presidentes municipales, para diputados locales y tenemos que
apoyar a los candidatos de la Coalición, porque allá también, como
en Chiapas, se está formando un bloque del PRIAN para atropellar
la voluntad ciudadana."

Domingo 27 de agosto

A las diez, vamos Jesusa y yo en su Tracker al Zócalo para escuchar
a AMLO. Es muy raro que se retrase. Rayando las once (porque los
domingos la misa es de once) AMLO sale de su tienda de campaña
con su discurso en la mano. Irma Arana de Ciudad Obregón me llama por teléfono: "Quiero ver a AMLO". Se lo digo a Jesusa pero
tiene otras preocupaciones: "Elena, no podemos pasar a todos los
que quieren ver a AMLO. Que lo escuchen en la asamblea". "Es
que Irma es una gran luchadora." "Elena, tengo mucho que hacer.
En la tarde es la cantata en el Monumento a la Revolución, no puedo ocuparme de tu Irma ahora."

El coro monumental del Monumento a la Revolución

De todos los espectáculos ninguno mejor que el gran coro de más
de mil personas bajo la dirección de Eduardo García Barros El Ganso, música de Arturo Márquez, textos de Martin Luther King y de
Gandhi, la soprano Regina Orozco y cantantes de ópera profesio-

nales entrelazan sus manos para rodear el Monumento a la Revolución que bautizaron con el nuevo nombre de Monumento a la Revolución Pacífica.

"¡Soñé / que soñando esta-ba-a-á! / un sueño que yo soñé / y en el sueño desperté / que soñando no soñaba / aunque al soñar sollozaba / porque soñando quería / que aquel sueño que tenía / fuera ensoñación feliz! / ¡el sueño de mi país/ es un sueño todavía!"

De las cuatro esquinas del Monumento volaron palomas de la paz y cayeron miles de serpentinas. Una lluvia de confeti cubrió a los espectadores. Dos actores se descolgaron como los voladores de Papantla desde lo alto.

Eduardo García Barros enseñó a la gente a seguir el compás con el pie y a entonar al unísono: "Ten-go un sue-ño". Él mismo podría ser un metrónomo gigante que nos enseñara a todos a medir el tiempo y a saber cuáles son las blancas y las negras. Formó un coro que deja un nudo en la garganta. Es tan bello que me pregunto qué pasaría si el propio Eduardo hiciera con este mismo coro una cantata con uno de los textos más hermosos que he leído, el "¿De qué nos van a perdonar?", del Subcomandante Marcos, que *La Jornada* publicó en enero de 1994. ¿No son las mismas palabras de Marcos una gran cantata?

"¿Cómo podemos sentirnos orgullosos de ser mexicanos? A partir de este fraude y la respuesta de la gente. Por eso estoy dedicando mi vida a la lucha —me dice Jesusa en uno de nuestros múltiples viajes al Zócalo—. No es el momento de sentarse en casa a ver qué dice el Tribunal. Para mí sería terrible que la gente se quedara en su casa y aceptara las atrocidades cometidas.

"¿Quién se pone a luchar si no siente que miles luchan por la misma causa?

"Mientras que el PAN y el aparato de Estado pagan millones por sus campañas, aquí nadie cobra.

"Yo creo que a nadie le encanta levantarse a diario a las cinco de la mañana para exponer su desacuerdo. A nadie le gusta tener que desplazarse de todos los puntos de la República para venir al DF a manifestarse. En Wal-Mart, una señora enojada preguntó quién había puesto los $600 por cada persona que viajó a la manifestación del domingo 16 de julio. Si de veras cree que dieron $600 a cada simpatizante, estaríamos hablando de 900 millones de pesos, el costo de un millón y medio de personas. Somos los primeros acarreados que pagamos por serlo."

La gran inteligencia de Jesusa

Resistencia Creativa ha tomado la ciudad con un grupo cada vez más grande de activistas a partir del martes 19 de julio. Sabritas, Jumex, Banamex, Méxicana de Aviación, Santa Fe, Wal-Mart, Plaza Universidad, la Bolsa Mexicana de Valores, son parte de la ruta de la alegría ya que las marchas de Jesusa son un surtidor de ingenio. Ahora todo el mundo quiere saber qué va a hacer Jesusa mañana, qué plaza se va a tomar. Los centros comerciales que suelen parecer funerarias en las que nadie sube la voz (inmediatamente llega la seguridad) estallan en canciones, consignas, algarabía, relajo, sorpresas, risas. Jesusa, Regina Orozco, Daniel Giménez Cacho, Alexis Forcada, Liliana Felipe, acusan de viva voz a Sabritas, Bimbo, Kimberly Clark por su apoyo a Felipe Calderón.

"Wal-Mart es una transnacional que hizo política al proponer a un candidato en sus cajas registradoras y en sus carritos del súper. Repartió propaganda del PAN. ¿Cómo es posible que aceptemos que Estados Unidos invada México desde 1860 —a través de la televisión y la infiltración económica y cultural— y resulte imperdonable reclamarle a Wal-Mart?"

Quisiera no ir a Wal-Mart, pero a cada rato me gana el tiempo. Megacomercial Mexicana está mucho más lejos.

Las verdades de Jesusa

Cada vez es más numeroso el grupo de Resistencia Creativa que seis mujeres policías custodian cuando van a tomar Wal-Mart o la Bolsa Mexicana de Valores. Al principio se asustaron al igual que los azorados ciudadanos y ahora se divierten con todo lo que dice Jesusa. Las tomas se convierten en una fiesta de la inteligencia y la crítica social. "¿Ahora qué van a hacer? ¿Hoy de qué se va a tratar?", preguntan contentas las policías. Son espectadoras entusiastas que además se felicitan de que el movimiento siga creciendo. Primero eran cincuenta manifestantes, luego ciento cincuenta y ahora trescientos cincuenta a pesar de que todos trabajan.

No es fácil para la gente darse el lujo de exigir sus derechos porque tienen que conseguir el sustento antes de andar protestando. Ir de *shopping* resulta hilarante y la voz poderosa de Regina Orozco que blande al aire comida chatarra es una denuncia que no se había visto en México.

La resistencia civil instaura una nueva modalidad: la diversión. A su lado, la de los panistas de Clouthier parece lúgubre. "Yo creo que lo más importante de la resistencia es contar con la risa del pueblo —dice Jesusa—. Si cuentas con ella, ya la hiciste porque generalmente se la toma con una gravedad tremenda y eso de meterse a un súper es una especie de ofensa al capital, a los poderosos. Todo en México se toma como una ofensa.

"Si no sabemos protestar es porque hemos resistido muchas humillaciones. La palabra *resistencia* va para los dos lados. Resulta difícil entender cómo hemos aguantado tantos fraudes, humillaciones, pobreza, robo, corrupción. ¡También para eso se necesita resistencia!

"Hacemos cola y no protestamos, nos echan el automóvil encima en el paso peatonal y no nos quejamos, nos hacen esperar y no nos rebelamos. Si alguien se mete en la cola y reclamas, el villano eres tú por reclamar. Si alguien hace trampa, el que ofende eres tú al señalarlo. Si alguien pone una música insoportable en un restaurante y pides que la apaguen, el energúmeno, el neurótico, el aguafiestas eres tú. Tenemos una cultura de agachados que viene de tan lejos que no reaccionamos. Las mujeres, sobre todo, son unas dejadas. Pero eso se acabó.

"Creo que nuestra dejadez ha sido metida a hierro y a fuego. Si a ti te golpean, agachas la cabeza. A ver, tú, indio patarrajada, bajado del cerro a tamborazos, no mereces más de lo que nosotros te dejemos hacer y ser. Si te pegamos, te aguantas. Si te robamos, te callas porque si levantas la voz eres un renegado, ladino, irrespetuoso, corriente, vulgar, naco, mal nacido.

"Nuestra sociedad tiene una larga tradición de esclavitud. A los sirvientes los tratamos como inferiores. Son miles las historias de muchachas embarazadas por el hijo del patrón que terminan corridas por la señora de la casa. Durante siglos nos hicieron creer que no somos iguales. ¡Hazme favor, una señora de Coyoacán me dijo que una sirvienta no podía ser como ella! En una sociedad racista y clasista, acostumbrada a tener servicio doméstico, levantarle la voz al patrón es una ofensa. Imposible exigir derechos desde la posición de subalterno.

"Apoyar a Maximiliano no era más que una respuesta de acomplejados que se creían europeos [¡ay, Jesu, a mí me hace mucha ilusión Maximiliano!]. Nunca entendieron la grandeza de la cultura mexicana. Quienes reaccionan con odio a López Obrador se sienten gringos, europeos, una sociedad aparte. En esta época en que una exposición de arte azteca causa asombro en Europa y Estados Unidos y miles de espectadores hacen cola frente a tres piezas de la cultura huasteca, habría que reflexionar en cómo es posible que un estrato social de México se considere superior porque su ideal es Estados Unidos.

"Creo que no hay nada más vergonzoso, ridículo y patológico que pensar que eres superior a otro ser humano. Eso sí es de una gran vulgaridad. Lo vengo diciendo desde hace años y más ahora que entré en contacto hace cinco años con mujeres indígenas: el racismo es el cáncer de México. Cuando podamos decir que somos iguales, entonces México será un país decente.

"He pasado toda mi vida despotricando contra las injusticias pero grité en el desierto. Esta vez no, ahora la gente está decidida a no dejarse pisotear, y si no aprovechamos este momento, volveremos a la humillación y a presenciar el robo de los hijos de Martha Sahagún y cómo el gobierno cerró un hotel de Huatulco al que sobrevoló un helicóptero para que se asoleara en la playa con su familia el candidato de la derecha. Si el estado de Oaxaca cierra un hotel para complacerlo, imagínate lo que él hará si permitimos que sea presidente.

"Para mí *igualdad* es la palabra clave. ¿Por qué se atreven los franceses a quemar un campo de cultivo de trigo transgénico? Porque no se sienten inferiores y están dispuestos a luchar. Esto no quiere decir hacerte justicia por mano propia, sino protestar contra remedios legaloides y leguleyos que tuercen la ley.

"Llegó la hora de que los ciudadanos mexicanos digamos: 'Ya estuvo bueno', 'Basta'. Hay otras maneras de ejercer la ley que no sean la fuerza y la presión violenta.

"La interpretación de la ley también está sujeta a la moral de los jueces. Lo que vemos es la inmoralidad de nuestro aparato de justicia. La justicia suele ir mucho más despacio que la necesidad de justicia. Obviamente buscamos que se cumplan las normas establecidas entre todos, pero olvidamos que pueden utilizarse de manera abyecta. Cuando el gobierno está equivocado, es muy peligroso tener razón.

"Fox declaró que él no ve crisis postelectoral. Es un presidente ciego y sordo al reclamo de un tercio de los votantes que son muchos más si contamos a los que no les permitieron votar en las casillas especiales y los que rasuraron del padrón. Me recuerda a Porfirio Díaz que preguntó cuando Madero entraba por Reforma: '¿Qué es esa turba que avanza?' Y le respondieron: 'Son unas señoras que vienen a vitorearlo'. Lo creyó ¡y de ahí directo al *Ipiranga*!

"Aunque la resistencia civil esté en una etapa didáctica, nos enseña a respetarnos a nosotros mismos. Tenemos que aprender a organizarnos, saber hasta dónde podemos llegar. Como no lo habíamos hecho antes, desconocemos el límite preciso. Pero también hay que definir la frontera de quienes enarbolan el estado de derecho.

"Le tengo miedo a la represión, a que el gobierno y los empresarios suelten a grupos paramilitares o golpeadores como lo hicieron Díaz Ordaz en el 68 y Echeverría en el 71. Creo en el despertar de la conciencia popular: un pueblo pobre que adquiere conciencia de su dignidad y no está dispuesto a que le sigan haciendo las mismas porquerías."

"¿Y el Ejército?"

"Probablemente los soldados, que también son pueblo, no le entren a la represión porque ver la foto del candidato del PAN y la maestra Elba Esther Gordillo en primera plana en *La Jornada* basta para cobrar conciencia. ¿Cómo es posible que ellos sean los gobernantes de México? Elba Esther no tiene ya cara para presentarse no sólo por la cantidad de cirugías plásticas sino porque le extirparon su ética y su moral. ¿Cómo podemos aceptar que el candidato del PAN salga sonriente al lado de una fiera cuya traición es más que pública?"

¿Qué les estás haciendo a tus hijos?

En la noche, nueva llamada de Kitzia, mi hermana. Sé que lo hace porque está bien preocupada. Lo de ella es amor del bueno. "¿No te das cuenta de que friegas a tus hijos y al resto de la familia? Les estás cerrando puertas a tus hijos. México es así. ¿Te das cuenta o no te das cuenta de nada? Felipe lo va a hacer bien, mana, yo te lo digo, tengo mis fuentes de información, sabe lo que hace." "¿Cuál Felipe?", pregunto y se enoja. "Calderón, mana, no te hagas buey, Calderón y no el loco ese que está llevando el país al abismo… [hace una pausa]. ¿Cuándo se va a acabar el plantón en el Zócalo?", pregunta más alivianada. "El plantón es una experiencia que les recomendaría a todos", respondo. "No tienes remedio, mana, de veras es preocupante." La oigo triste e intento consolarla y colgamos. Después de todo, ella tampoco la tiene fácil con Alejandro, su hijo encamado hace más de treinta y tres años.

Ahora sí que me llovió

Mi amiga de infancia también me conmina: "Elena, ¿con quiénes estás? Ésos son mexicanos de escasa instrucción, no tienen oficio ni beneficio y están al margen de todo. Tú también eres simplista, ¿o no me digas que no te das cuenta? ¿Dónde está tu cabeza? ¿Acaso AMLO va a meterse a las propiedades de los ricos para quitárselas como lo hicieron en Cuba en 1959? ¿Qué logró Cuba? ¿Estar en la quinta chilla? ¿Los homosexuales perseguidos y en la cárcel? Tú que te dices liberal, la verdad, no te entiendo. Castro se enfermó de poder y AMLO no tiene madre. Además, empobrecer a los ricos no va a resolverles nada a los pobres y va a espantar a los inversionistas extranjeros. O eres pendeja o te haces. Tu postura es superretrógrada. Costa Rica es un país pequeño sin petróleo y sin ejército pero sus empresas son eficientes y vive en paz. La llaman la Suiza de América. En cambio, Venezuela y México, los dos países petroleros, viven empantanados en el aceite negro de la corrupción y no salen adelante."

Guerra sucia contra los simpatizantes de AMLO

"[...] La llamada 'guerra sucia' contra AMLO, se ha extendido hasta sus simpatizantes, pues en varios *blogs* se arremete de manera visual y verbal contra quienes participan en sus asambleas informativas", según Emir Olivares Alonso.

"En algunas escenas se tacha de 'indios' y 'borregos' a quienes apoyan al candidato perredista. En otras se arremete contra madres solteras, niños y adultos mayores. También se han inventado canciones en las que se le llama Peje-ndejo al ex jefe de Gobierno del DF.

"En otro *blog* sale el video de una marcha en que se gritan consignas, pero la clásica frase 'El pueblo unido, jamás será vencido' cambia a: 'Al Peje ardido, lo siguen puros indios'."

La constancia de los manifestantes apabulla a Jesú: "Mira, en cuatro semanas no los he visto sino leer periódicos, escuchar radio, ver los noticieros y jugar ajedrez, que es un juego intelectual. Cuando no están de acuerdo con la tele o el radio, lo dicen muy claro. También ven películas, una señora se petrificó ante la de Gandhi, estaba totalmente conmovida. ¡Vivo en un ambiente de alta cultura y de gran eficacia! ¿No te quieres cortar el pelo? ¡Aquí hay un peluquero excelente! ¿Quieres que te hagan un traje sastre? ¡Olvídate de Nina Ricci, aquí hay un sastre de primera! ¿Quieres un postre? Allá en el campamento de Morelia hay un chef extraordinario. En las tiendas de campaña, la discusión es de alto nivel. ¡Ya quisiera Enrique Krauze! Los participantes cuestionan cada argumento, saben reflexionar. Su instrucción es la vida. La gente que pasa se queda a escuchar y los del plantón son los mejores propagandistas de sí mismos".

El body paint en Reforma y Bucareli

Hace días, Reforma y Bucareli era parada obligada para los dos millones de personas en la marcha; ayer se convirtió en escenario de un *body paint*.

La modelo es delgada, morena y de ojos grandes. El artista viste una playera sin mangas, es de ojos pequeños y tiene un tatuaje en el antebrazo derecho. Ambos exigen voto por voto, casilla por casilla, según Agustín Salgado.

Un muchacho del campamento de la delegación Benito Juárez coloca una bandera tricolor como fondo del escenario. Otra joven aporta un cartel con el rostro de AMLO. "Hay que dejar en claro que esto es un acto de resistencia civil pacífica y no una provocación. Encuerarse no es tan fácil y a todos nos cuesta trabajo."

AMLO DICE: "[...] Les ganamos limpiamente el 2 de julio por 125 mil votos de ventaja y les volvimos a repetir la medicina, la dosis ahora en la elección estatal.

"Hoy cumplimos veintinueve días en asamblea permanente y en resistencia civil pacífica. Por eso quiero hacer también un reconocimiento sincero a todos los que han permanecido en estos campamentos, mujeres, hombres, niños, adultos.

"[...] Les reitero que estoy muy orgulloso de ustedes. Algún día muchos de los que ahora nos cuestionan o no nos entienden reconocerán que este movimiento ha sido por el bien del país y de todos los mexicanos, que todo este esfuerzo es para alcanzar una sociedad mejor y un México incluyente donde no haya tanta pobreza y desigualdad social, donde no haya racismo, discriminación y podamos vivir libres de temores y verdaderamente en paz con nuestra conciencia, con nosotros mismos y con el prójimo.

"[…] Esta resistencia civil pacífica es al mismo tiempo una resistencia cultural porque apunta a cambiar la conciencia de nuestro pueblo.

"Como escribió un poeta y pintor: 'La resistencia comienza cuando dejamos de pensarnos como nos piensa el poder'. Esto, creo yo, se logra cuando la gente piensa y decide por sí misma hacer algo para cambiar la realidad injusta que vive. Es entonces cuando inicia algo verdaderamente nuevo.

"En esta ocasión, agradezco el apoyo de nuestros diputados y senadores que haciendo honor a la responsabilidad que tienen como representantes populares harán sentir la voz de nuestro movimiento en la Cámara de Diputados durante el informe presidencial. Les agradezco su apoyo y su respaldo.

"No esperábamos una actitud distinta de nuestros legisladores.

"Es obvio que ellos no podrían formar parte del coro y la comparsa que pretende hacer creer que todo marcha bien en nuestro país.

"[…] Los jueces encontraron que en 43 por ciento de las casillas fueron introducidos votos de manera ilegal, un promedio de seis votos por urna, la mayoría en favor del candidato de la derecha.

"También comprobaron que en 30 por ciento de las casillas se robaron diez sufragios en promedio, emitidos a favor del candidato presidencial de la Coalición por el Bien de Todos.

"El Tribunal también encontró que se agregaron en forma artificial al candidato del PAN 1.14 votos por casilla en promedio.

"Por eso podemos afirmar, de manera categórica, que nosotros ganamos la elección presidencial.

"[…] La sentencia del Tribunal Electoral, que ordenó la apertura parcial de los paquetes electorales, establece textualmente: 'El número de ciudadanos debe ser igual al número de boletas depositadas en la urna y a la votación emitida'.

"No es posible que la Suprema Corte esté secuestrada por un grupo y que nada más sirva para legalizar los despojos que comete el fuerte, que nada más sirva para proteger a los delincuentes de cuello blanco, que no tenga nada que ver con el pueblo.

"Nunca hace justicia a los mexicanos, y así están casi todas las instituciones del país. Les digo a nuestros adversarios: ¿cómo es que piden al pueblo respeto a las instituciones y a la ley, si ellos no respetan la voluntad de la gente?

"¿Cómo quieren que aceptemos sin chistar lo que se dice en los medios de comunicación, cuando son usados para llevar a cabo una operación propagandística de sometimiento a favor de la derecha y del autoritarismo?

"¿Cómo piden silencio y aceptación a la decisión del Tribunal si ello implica que se consume un golpe de Estado en nuestro país?

"¿Qué de veras creen que les vamos a seguir rindiendo pleitesía y aceptándoles todo como si fuésemos esclavos?

"¡Ya no!

"Les pregunto a nuestros adversarios:

"¿Es legal y legítimo sólo lo que ellos ordenan y disponen?

"¿Qué sólo en nuestro país es legítimo lo que deciden Carlos Salinas, Diego Fernández de Cevallos, Roberto Hernández, Vicente Fox y otros rufianes?

"¿Sólo es legítimo y legal en México lo que resuelve el hampa de la política?

"[…] Se van a burlar de nosotros, se van a reír y van a decir que estamos locos por convocar a la Convención Nacional Democrática y por decir: ya no nos importa lo que hagan, no tenemos ningún respeto por sus instituciones, porque no son las instituciones del pueblo.

"[…] Se van a burlar, se van a reír, pero debemos tener presente la historia. ¿Qué no los poderosos decían lo mismo, se burlaban, en los tiempos de Hidalgo y Morelos; qué no decían que Hidalgo y Morelos eran herejes y los excomulgaron; qué no insultaban a Juárez y le decían indio mugroso; qué a Madero no lo acusaron de ser un iluminado, un espiritista; qué a Villa y a Zapata no los trataron de bandoleros y delincuentes, y qué no ahora ésos son nuestros héroes nacionales?

"Recordemos las palabras de Gandhi, ese gran luchador que nos dejó su ejemplo de cómo un pueblo puede vencer a través de la resistencia civil.

"'Primero te ignoran. Luego se ríen de ti. Después te atacan. Entonces ganas'.

"Y así va a ser.

"No nos comparamos con esos grandes hombres, pero hemos aprendido de su ejemplo porque sabemos de dónde venimos, conocemos la historia, esa gran maestra de la vida.

"[…] Tenemos todo un reto por delante y una gran tarea por cumplir. Si logramos que nuestras propuestas se discutan en todo el país, habremos dado un paso importante. Si logramos construir con la Convención un espacio democrático y representativo, estaremos iniciando una profunda renovación de la vida pública de México.

"Amigas y amigos:

"Tengamos confianza en nuestras decisiones, nos asiste la razón histórica y la nación lo necesita.

"Es ahora o nunca.

"El sistema político está en crisis, el sistema político está podrido por dentro y es más dañino para México simular que no pasa nada y seguir con la misma comparsa, con la comedia de siempre.

"Actuemos con decisión y firmeza. Sigamos manteniendo nuestra resistencia civil pacífica. Quienes pensaron que nos íbamos a desgastar no tomaron en cuenta que hay mexicanas y mexicanos con decoro, dispuestos a defender la dignidad y las causas justas de nuestro pueblo.

"Les digo también, refrendando un compromiso, yo no voy a traicionar al pueblo de México, no voy a claudicar.

"Me siento muy fortalecido por el apoyo de ustedes. Se han lanzado en estos días nuestros adversarios con todo.

"¿Qué ha pasado? Ahí andan queriendo darle legitimidad al pelele candidato de la derecha con encuestas.

"¿Qué ha pasado con nosotros? Aquí estamos con el apoyo de millones de mexicanos, con nuestra moral en alto, con nuestras convicciones.

"Por eso no me siento solo, no estamos solos, estamos todos juntos porque queremos un México justo, democrático y libre, queremos vivir en una patria diferente, ya no queremos que haya mexicanos de primera y de segunda, no queremos que haya 50 millones de pobres que carecen hasta de lo más indispensable cuando México ocupa el cuarto lugar en multimillonarios en el mundo, ya no queremos vivir en un mar, en un océano de desigualdades.

"¡Arriba los de abajo! Tiene que haber justicia e nuestro país.

"De todo corazón, muchas gracias por no dejarse, muchas gracias por no rendirse.

"Desde lo más profundo de la historia de nuestro país, recordamos estas palabras del presidente Benito Juárez. Él decía: 'El pueblo que quiere ser libre, lo será. Hidalgo enseñó que el poder de los reyes es demasiado débil cuando gobierna contra la voluntad de los pueblos'."

LUNES 28 DE AGOSTO

Como con Juan en el D'André. En los muros cuelgan un sinfín de fotografías de personalidades, desde Gabriel García Márquez hasta Tongolele. Los dueños vienen muy amables a saludarnos. Juan insiste: "Te están usando y tú te dejas, todos te usan y tú ni cuenta te das. Tu vida es otra. Lo tuyo es escribir. Salte, te estás haciendo un daño irreparable. ¿Quieres echar por la borda tu trabajo de años? Lo que sucede es que te has hecho una imagen de ti misma que no quieres abandonar. Te das perfecta cuenta de tu vanidad y eres incapaz de renunciar a ella".

Pido una ensalada de berros con tocino, especialidad de la casa y me la como despacio para no atragantarme. Juan pide un filete a la parrilla y una copa de vino de la casa. "¿Quieres postre?" "No, ya me endulzaste la comida." Durante la comida, desde que AMLO anunció su nombramiento pienso en qué será mejor, si presidente legítimo o jefe de gobierno en resistencia. Recuerdo a la multitud frente al templete coreando "pre-si-den-te, pre-si-den-te, pre-si-den-te" y se me hace un nudo en la garganta.

En la tarde voy al Zócalo cuyas posibilidades son aún más sorprendentes que las que dice Jesusa porque alguien me ofrece unas empanadas y otro una buena limpia. ¿Por qué puerta entraré ahora? No todos los días es buena la del templete que podría ser la de elección puesto que allí está AMLO. Entro por la carpa de Michoacán y camino. Sonrío de antemano. El Zócalo me sienta. El aire se ha vuelto mío, el espacio también de tan conocido. Todo en el Zócalo adquiere un sentido nuevo, la libertad, la gente allí suelta y tranquila que oye una conferencia, juega ajedrez, sonríe, se rasca la cabeza, mira hacia el templete, la comida, el agua, no hay que beber mucho para no tener que ir a orinar. Creo que por primera vez en mi vida pruebo lo que es la lucha, pero la lucha impulsada por uno de los motores más poderosos del mundo: el amor, porque si toda esta gente aquí en el Zócalo no se quisiera, esto sería un infierno. Me abrazan. Mi cuerpo todavía pide muchas cosas. Cuando llego a la carpa de Jesusa me encuentro a Dolores Heredia, ¡qué guapa es, Dios mío!, enfrascada con Jesusa en una discusión sobre las instituciones. "La lucha a través de las instituciones actuales ya no tiene sentido —dice Jesusa—. Habría que derribarlas, encontrar nuevas formas de organización social y política. Tiene razón Andrés Manuel al mandarlas al carajo."

El cardenal está triste: a un amigo no se le paga de esa manera

—Jesusa, parece que el cardenal está enojado con el plantón…

—No, los que están enojados son los del plantón y me la paso reteniéndolos, diciéndoles que contengan su rabia…

—El cardenal Norberto Rivera acusó a AMLO de ser el autor de los ataques en su contra.

—Lo que te puedo decir es que en Catedral hay mucha vigilancia y es difícil faltarle al respeto: hay hasta elementos del Estado Mayor en los campanarios. Lo que sí, nos tienen muchísima curiosidad porque a cada rato se asoman y nos vigilan como cancerberos. Tienen muchas orejas. ¿Qué podemos hacerles nosotros?

—Entrar a la Catedral e interrumpir la misa...

—No me consta...

—Jesusa, no te hagas, siempre te vistes de Papa...

—De papa, de zanahoria, de betabel, de apio, de chícharo.

La Presidencia ya no sirve

Para Javier González Garza "el esquema político mexicano está agotado y las instituciones, hechas pedazos. La primera de ellas, la Presidencia, ya no sirve para la realidad mexicana y Fox terminó por agotarla.

"Tampoco funcionan la forma de hacer elecciones ni las alianzas 'en lo oscurito' entre el poder económico. La Suprema Corte es un viejo frac lleno de polilla que cuelga de la vitrina del poder, oliendo a naftalina. Con un poco de aire que le dé, se desmorona a pedazos".

Rocío González y Érika Duarte, que ya se han vuelto mis amigas de tanto leerlas, dicen que "los simpatizantes de la CPBT que duermen del Zócalo hasta la Fuente de Petróleos comenzaron a organizarse para elegir a los 400 mil delegados del DF a la CND convocada por AMLO.

"Con la *pejecopia,* una hojita que circula en la Gustavo A. Madero y Tláhuac, los simpatizantes divulgan los preparativos a la CND.

"'Señores, ¿cómo es posible que estemos en esta lucha, pero no dejamos de ver Televisa ni de tomar coca-cola? Mientras sigamos comprando Sabritas, seguimos llenando el bolsillo de aquellos que hacen la guerra sucia en contra de nuestro movimiento', se indigna Rafael Sánchez Martínez, quien toma el micrófono de una de las tribunas en el campamento de Cuauhtémoc y sentencia: 'A los que nos atacan les pedimos que no confundan la humildad con la debilidad'.

"'Hoy llegas tarde a la chamba, mañana puntual a la historia', 'Hoy no se ve televisión, hoy se lucha por la dignidad. Mañana también', son frases que pueden leerse a lo largo del corredor de la resistencia. 'Fox, no hables de democracia, porque tú no la hiciste, la destruiste', estalla como un cohete en un cartel".

MARTES 29 DE AGOSTO

A las doce participo en un homenaje a Miguel Covarrubias en San Ildefonso. Paloma Porraz, la directora del museo, logró traer de San Francisco seis murales verdes y azules de Miguel Covarrubias e intituló la exposición "Esplendor del Pacífico". Después los panelistas, entre otros la autora de su biografía, Adriana Williams, Rocío Sagaón, Julio Faesler, Berta Cea de la Embajada de Estados Unidos y la consejera cultural Donna Roginski, comemos muy rico en El Cardenal, lleno a reventar. Todos los interesados en Covarrubias están de plácemes y yo encantada con Guillermo Arriaga. Me cuenta que doscientas cincuenta mil personas han acudido al museo a pesar del plantón. Sin él, probablemente serían cien mil más.

Según Selene Rivera de *El Universal* museos como el de Antropología, el Rufino Tamayo y el de Arte Moderno (MAM) —algunos de los más cercanos a los campamentos colocados a lo largo de ocho y medio kilómetros— reportan bajas de 30 a 90 por ciento en entradas.

"Cifras proporcionadas por el área de prensa del Instituto Nacional de Bellas Artes (INBA) revelan que en el museo Rufino Tamayo las visitas han descendido en un 50 por ciento, mientras que en el MAM hasta un 90 por ciento. En cuanto al Museo Nacional de Antropología, sus visitas se han reducido a un 30 por ciento.

"El Museo Tamayo, ubicado en Reforma y Gandhi, recibía entre setecientas y ochocientas visitas al día el fin de semana y ahora registra ciento sesenta y cuatro visitas.

"El MAM, en Reforma y Gandhi, en un domingo normal tenía de 1 500 a dos mil visitantes; ahora van cuatrocientos. Entre se-

mana lo visitaban quinientas personas a diario y ahora, según los ta-
quilleros, sólo tiene cien."

Hoy es un día importante porque a partir de hoy el TEPJF va a
desahogar los 364 recursos de impugnación hasta el 1º de septiembre.

Alonso Urrutia escribe que "tras cuarenta y siete días de diligencias, presentación de pruebas y análisis de los comicios del 2 de
julio, el TEPJF realiza la sesión pública que más expectativas haya
tenido en su historia: el desahogo de 375 juicios de inconformidad
presentados originalmente por la CPBT —que promovió 242— y
el PAN —que interpuso 131—, además de dos ciudadanos contra
la elección presidencial. Aunque no trascendió la mecánica de la sesión, se espera que sólo se diriman los recursos y se deje pendiente
el cómputo definitivo".

Menuda, activa, Raquel Sosa, secretaria de Cultura del Distrito
Federal, visita los campamentos todos los días. "Desde un principio
intenté cerrar la brecha entre la alta cultura y la llamada popular, y
este plantón es, sin duda alguna, la manifestación cultural más importante de los hasta ahora excluidos. ¡Observa a la gente en el Zócalo defender valores, cuidar su campamento, escuchar ópera, hablar
en público, debatir! La Liga de Escritores y Artistas Revolucionarios,
la LEAR, sabía que ser artista es ser educador."

La Unión Europea

"La UE guarda un 'persistente silencio' ante el fraude electoral en
México, y frente a las 'brutales agresiones' que diversas policías han
cometido en el estado de Oaxaca", denunció Tobías Pfluger,
miembro de la Comisión Parlamentaria para las Relaciones Exteriores y portavoz del Grupo Confederal de la Izquierda Unitaria
Europea e Izquierda Verde Nórdica.

El pasado 16 de mayo, Pfluger envió una carta al presidente Fox
en la que protestaba por los "múltiples casos de abusos y violaciones sexuales" a mujeres en los días 3 y 4 de mayo en San Salvador
Atenco, municipio de Texcoco.

Un imperativo ético

Jesusa habla tanto de la resistencia civil pacífica y la desobediencia civil de H. D. Thoreau que los huelguistas dan cátedra en las carpas acerca de la lucha social no violenta. En la resistencia civil se cruzan la ética y la política, pero según Jesusa lo más importante son las iniciativas ciudadanas en las que debe privar la creatividad. "Nada de aburrir a la gente. Se puede ser insumiso y seducir a la familia." A la pregunta de qué significa la insumisión política, Jesusa aclara que es la negativa a prestar servicio militar por convicciones éticas, políticas o religiosas; la negativa a pagar impuestos, por ejemplo, cuando el dinero se destina a armamentos; la negativa a consumir ciertos productos, el boicot por razones de conciencia; ayunos, huelgas de hambre; las "tomas" de tiendas de autoservicio y su clausura; el cacerolismo; la ocupación sorpresiva o momentánea de establecimientos públicos o privados, de representaciones diplomáticas y comerciales; brigadas informativas en salas de espera de aeropuertos, oficinas públicas, clínicas, hospitales, terminales de autobuses, centros comerciales, iglesias, bancos, cafeterías, cines, teatros, salas de concierto, escuelas, medios de transporte público; visitas colectivas no anunciadas a periódicos, emisoras de radio y televisión locales, etcétera.

Cuando alguien pronuncia la palabra *ilegal,* Jesusa responde que la resistencia es parte de los derechos civiles y políticos —no hay nada que temer— y que H. D. Thoreau lo considera un deber y un imperativo ético. "Tanto sus demandas como los medios para conseguir su resolución eran legítimos." "¿Por qué legítimos?" "Porque no causaban molestias a terceros. Si tú te niegas a obedecer una ley injusta por motivos de conciencia estás en tu derecho. Los objetores de conciencia están en su derecho. El más fuerte no puede imponer su ley."

"La derecha mexicana e internacional vinculada a nuestro país va con todo para impedir que la izquierda llegue al poder", me dice Javier Aranda. Como nunca antes, los medios se han quitado la careta, sólo hay que ver cómo le entraron a la guerra sucia.

"Los enemigos de AMLO son los empresarios, medios, alto clero, ejército y los burócratas. En cambio AMLO está solo, no lo apoyan ni el EZLN, ni Cárdenas, ni una enorme cantidad de perredistas."

Le digo a Javier que me gustaría platicar con mi cuate Raúl Álvarez Garín que se ha mantenido al margen. También Adolfo Gilly es cardenista y hace años que no lo veo.

"Es la eterna división de la izquierda. A ver qué sucede con la Convención Nacional Democrática porque también es vulnerable y se le puede atacar."

La sala superior del TEPJF y el fallo del Tribunal

Alonso Urrutia y Jesús Aranda de *La Jornada* informan que "la Sala Superior del TEPJF desechó por improcedentes o infundados la enorme mayoría de los 375 juicios de inconformidad en contra de la elección presidencial. En el caso de los presentados por la CPBT, el pleno determinó que el rechazo obedeció a la falta de firmas, recursos extemporáneos, no acreditar hechos y las causas de nulidad, hasta porque sus promotores carecen de personalidad legal para efectuarlo".

"[...] Horacio Duarte consideró lamentable que el Tribunal resolviera los 375 juicios de inconformidad en un corto tiempo y sin ofrecer detalles del contenido de los acuerdos.

"[...] 'Deploramos que se alegue que no se concretaron los hechos, y en su resolución, que no conocemos, no individualice los distritos y no informe cómo quedó el recuento de las 11 722 casillas abiertas. Hay una total falta de transparencia, porque no conocemos cuáles fueron las casillas y los distritos que se han anulado ni el impacto en los resultados', expresó."

El profesor emérito Raúl Carranca y Rivas señaló a los magistrados —según Karina Avilés y Emir Olivares Alonso—: "Con todo respeto, quisiera verles la cara si se atreven a decir que hubo imparcialidad, objetividad y legalidad en la elección, pues deben pensar que esas caras se van a reflejar en un futuro, en el que van a quedar hechos basura".

Para el catedrático de la UAM, el constitucionalista Elisur Arteaga, los siete magistrados del TEPJF se "lavaron las manos" y así consumaron el triunfo de Calderón.

Treinta y cinco científicos de la UNAM

"Treinta y cinco científicos de la UNAM y la UAM, así como de otras instituciones académicas del país, sostienen que debido al cúmulo de irregularidades, errores y 'manipulación' en el conteo de votos, 'los resultados del IFE son inaceptables'. Demandaron —según Víctor Ballinas y Enrique Méndez— al TEPJF el recuento total de los sufragios.

"Manifestaron no militar en ningún partido. 'El extraño comportamiento de las cifras provocó dudas en cada uno de nosotros. El hecho de que no haya habido brincos en el PREP ensombrece el resultado y evidencia manipulación en los datos para colar los votos de más a menos'. Aparte explicaron que cada uno hizo su análisis por separado, y después, al comentar los resultados entre ellos, vieron que coincidían en sus conclusiones. 'Hubo manipulación masiva de datos, fraude y miles de irregularidades en los resultados electorales del 2 de julio'."

Setenta tabasqueños

Mariana Norandi cuenta que "tras veinte días de marcha desde Xalapa, Veracruz, un contingente de aproximadamente setenta simpatizantes de AMLO [...] llegó el sábado a la ciudad de México y se presentó a las afueras del TEPJF para protestar contra el resultado favorable al panista Felipe Calderón.

"Los tabasqueños cargaron un gran féretro, símbolo de la muerte de la democracia.

264

"Una de las mantas decía: 'La democracia falleció el 2 de julio de 2006. La esperanza de resurrección comienza el 16 de septiembre'.

"[…] La protesta finalizó con un *performance*. Un personaje disfrazado de presidente de la República movía los hilos de un títere pelón, chaparro y de anteojos: Felipe Calderón."

José Blanco opina: "La Convención puede decidir convertirse en el mayor obstáculo posible a la gobernabilidad. No tendríamos paz, podríamos tener violencia grave, no habría reforma del Estado, no habría condiciones de mejorar la vida de la República en ningún sentido. La democracia iría hacia atrás, y acaso tuviéramos un escenario de parálisis económica, con desempleo creciente. Una Convención estéril.

"La reforma del Estado no generará bienestar social por ella misma. Pero una reforma que propicie la gobernabilidad y el acuerdo interpartidario puede crear las condiciones para la formulación de programas de educación, de salud, de infraestructura, de productividad, de justicia social, que llevarán a este país, finalmente, por un rumbo efectivo de desarrollo."

El alarido

La frase de AMLO "¡Que se vayan al diablo las instituciones!" escandaliza a los bienpensantes. Según mi amigo Javier Aranda, las instituciones en México no son ejemplares pero tampoco merecen que las manden a la basura. Además, si AMLO hubiera ganado serían parte de la democracia. Sin embargo, no estamos lejos de los murales de Orozco en que la justicia con los ojos vendados y borracha levantaba sus balanzas chuecas. ¡Nada más horrible que los jueces con sus birretes y sus togas mancilladas! Sifilíticos, viciosos, corruptos, ¿con qué derecho tienen en sus manos el destino de la patria? Sin embargo, López Obrador no puede poner a todos en el mismo costal y olvidar que algunas instituciones en México sí han funcionado, el IFE de Pepe Woldenberg en el 2000, la Secretaría de Relaciones Exteriores con Luis Padilla Nervo y Manuel Tello. ¿A poco no fue una institución en sí Isidro Fabela? ¿A poco no lo fue Lázaro Cárdenas? ¿Y el mismísimo Benito Juárez que tanto cita el propio AMLO? Los estadounidenses creen en sus instituciones, en su Congreso, en su Departamento de Justicia, en sus grandes universidades: Harvard, Yale, Princeton, Stanford, en su sistema de seguridad social. Los mexicanos creemos ante todo en la Virgen de Guadalupe y a ésta, hasta la fecha, AMLO no ha cometido el error de mandarla al carajo.

Castigan a taxistas por faltar al plantón

Manuel Durán y Ernesto Osorio en *Reforma* relatan que al menos trece taxistas fueron suspendidos por no pasar la noche en los campamentos en apoyo a Andrés Manuel López Obrador.

"[...] Luis Noriega, dirigente de la organización de taxistas Iskra, reconoció que desde el pasado 21 de agosto sus ciento ochenta taxistas y los de San Cosme participan con guardias de doce horas en los campamentos."

El TEPJF desecha los 375 juicios de inconformidad promovidos contra la elección presidencial. AMLO acusa al Tribunal de "asumir una actitud cómplice, convalidar el fraude y respaldar a los delincuentes que nos robaron la elección". Presenta un proyecto de siete puntos para discutirse en la CND; uno de los temas propone "desconocer a Calderón como presidente de la República", y otro decidir si el presidente legítimo o el coordinador de la resistencia tomará posesión el 20 de noviembre o el 1° de diciembre.

MIÉRCOLES 30 DE AGOSTO

Como con Guadalupe Terrats en El Tajín y siento un frío espantoso. Llega Pablo Amor, mi primo al que nunca veo y se sienta con nosotras. Convenzo a Guadalupe Terrats de que Leonora Carrington debería obtener el premio Montblanc y está de acuerdo. Ya no voy al Zócalo porque no se me quita esta maldita gripa. Leo a Simone Weil que es la mujer que más me conmueve sobre la tierra después de Mamá y de Jesusa Palancares. Y ahora es cuando más me gustaría saber de opresión social: "La fuerza que posee la burguesía para explotar y oprimir a los obreros reside en los fundamentos mismos de nuestra vida social y no puede ser abolida por ninguna transformación política y jurídica. Esta fuerza es ante todo y esencialmente el régimen mismo de la producción moderna, es decir, la gran industria [...]. Así, la completa subordinación del obrero a la empresa y a los que la dirigen se basa en la estructura de la fábrica y en el régimen de propiedad. [...] La tarea de los revolucionarios consiste esencialmente en la emancipación, no de los hombres, sino de las fuerzas productivas. [...] Marx evidentemente no supone que los hombres transforman conscientemente su estado social para mejorar su situación económica. Sabe muy bien que hasta nuestros días las transformaciones sociales jamás han ido acompañadas de una clara conciencia de su verdadero alcance; admite, pues, implícitamente, que las fuerzas productoras poseen una virtud secreta que les permite superar los obstáculos".

Sí, AMLO puede ser presidente

Andrea Becerril recoge la declaración de Leonel Cota Montaño. "A quienes se burlan o pretenden calificar de inconstitucional el hecho de que AMLO pueda ser nombrado presidente legítimo de la República por la Convención Nacional Democrática (CND) el próximo 16 de septiembre, se les olvida la historia del país."

José Galán, José Antonio Román, Alfredo Méndez, Víctor Ballinas, Georgina Saldierna y Patricia Muñoz informan en La Jornada que "al Tribunal Electoral del Poder Judicial de la Federación (TEPJF) le faltó exhaustividad y transparencia. Junto con el Instituto Federal Electoral, los magistrados desacreditan todo el sistema electoral mexicano, afirmó Jaime Cárdenas Gracia, mientras que Porfirio Muñoz Ledo señaló que si la elección presidencial se declara 'limpia', se estará cometiendo 'un grave error histórico' y se consumará 'un atraco de consecuencias irremediables para el país'.

"[…] Así continuaron ayer las reacciones en torno al tema electoral. El ex consejero electoral Cárdenas Gracia señaló que el Tribunal no se está dirigiendo a la sociedad; está pensando que el litigio se constriñe a las partes en conflicto, cuando los ciudadanos también somos parte de ese conflicto postelectoral.

"[…] Al respecto, el ministro jubilado de la Corte Juventino Castro aseguró que el máximo Tribunal del país sí tiene facultades para entrar a temas electorales y analizar si hubo violaciones a las garantías constitucionales en los pasados comicios".

La prensa internacional

Sergio Aguayo Quezada escribe el 20 de septiembre en *Reforma* que "el periódico español *El País* se ha destacado por la dureza de sus críticas editoriales a López Obrador; y sin embargo también informa sobre la negación de los medios electrónicos.

"El *The New York Times* destacó que si bien nadie puede pedirle a AMLO que reconozca su derrota, lo instó a poner fin a sus protestas y respetar la decisión del tribunal. El *Times* destaca el error de Felipe Calderón, al rehusarse al recuento voto por voto, pues en un país 'en donde el fraude solía ser rutina, un recuento total podría en verdad haber sido lo mejor'.

"*La Opinión,* de Los Ángeles, considera que 'es cada vez más irresponsable [AMLO] y preocupante su retórica, que ahora lo lleva a desconocer a las instituciones mexicanas'.

"En Francia, la prensa destacó el rechazo de López Obrador a la decisión de los magistrados, cuyo fallo, según publicó *Le Figaro,* 'no revela más que pequeñas anomalías que no justifican la anulación electoral'. Destaca que ahora sólo queda por ver la capacidad del movimiento civil para mantener la resistencia. Entre 7 y 9 por ciento de la población se manifiesta dispuesta a la desobediencia civil.

"*Libération* señaló el riesgo de enfrentamientos entre el Ejército y los seguidores de López Obrador el 16 de septiembre, día del desfile.

"El *Financial Times* coincidió con la posición editorial del *The New York Times* al señalar que aunque un recuento total de votos sería la mejor manera de comprobar la imparcialidad de la elección, es hora de que AMLO acepte el resultado si éste es ratificado por el TEPJF.

"*Los Angeles Times* optó por una posición alarmista, al advertir ayer que se está cociendo un 'golpe de Estado' en México, por parte de AMLO y sus simpatizantes. El juego de AMLO es hacer al país ingobernable. 'El gobierno de Fox ha demostrado una admirable contención, pero AMLO está esperando algún tipo de enfrentamiento violento con las autoridades federales para ganarse puntos de opinión pública que tanto necesita'.

"A la vez, invita a las 'voces democráticas' de la izquierda mexicana a 'distanciarse del atentado de golpe destructivo de AMLO', y señala que gente como Cuauhtémoc Cárdenas debiera 'decir basta y alentar a todos a que respeten el resultado de la elección'.

"El Center for Economic and Policy Research, CEPR, de Washington, hizo un análisis de los datos publicados en la página de Internet del Tribunal Electoral del Poder Judicial de la Federación (TEPJF), en los que encontró que tras el recuento de más de 11 mil casillas 'hay una reducción significativa de votos' para el candidato presidencial panista, Calderón.

"[...] Mark Weisbrot, director adjunto del CEPR, dijo que ese análisis comprueba que el resultado es inexplicablemente parcial.

"Patrick McElwee del mismo equipo afirmó que debe replantearse el conteo de los sufragios. 'No podemos asegurar que hubo un fraude, pero es muy difícil pensar en otra explicación.'

"En declaraciones al *Financial Times*, AMLO reconoció que la estrategia de resistencia civil que impulsa en la ciudad de México le está restando apoyo popular en México.

"[...] Reconoció no haber tenido más opción que retar a las autoridades.

"No puedes pararlos a menos que tomes este tipo de pasos. Lo que estamos haciendo es una forma de luchar contra el fraude y superar la ausencia de información —argumentó—; si no hubiéramos tomado Reforma, no existiríamos."

Alonso Urrutia de *La Jornada* informa que "Ted Lewis, director del programa de Derechos Humanos de Global Exchange, sostuvo que, 'independientemente de la resolución judicial, para la democracia mexicana es muy importante un recuento ciudadano de la votación en los comicios presidenciales'.

"La democracia en México resintió lo cerrado de la contienda, porque es claro que las instituciones no tienen la misma credibilidad de antes. [...] Una manera de que el IFE recupere su reputación como institución transparente y equitativa es atender la iniciativa de un número creciente de ciudadanos para hacer un recuento total de la votación, lo que requerirá una participación amplia y plural de todas las tendencias políticas".

El control de los procesos electorales

Carlos Montemayor asevera que antes los legisladores recién electos calificaban las elecciones organizadas por el propio gobierno federal, "al finalizar el siglo XX la sociedad mexicana se propuso crear dos instituciones que de manera independiente y autónoma se ocuparan, una de ellas, de la organización de los comicios y, la otra, de la calificación de éstos, con el fin de terminar con la inercia de las elecciones de Estado. [...] El IFE y el TEPJF debían asegurar que los procesos electorales no gravitaran ya en función del poder político en turno, decíamos. Pero los consejeros actuales del IFE demostraron con creces su parcialidad".

"Stalin lo dijo bien: los que votan no deciden nada —según Alejandro Nadal—, los que cuentan los votos lo deciden todo. Y así es. Lo que se necesita (entre muchas otras cosas) es expropiar el poder de los encargados de la contabilidad de votos para regresarlo a los votantes.

"[...] El voto supuestamente nos hace iguales a todos. Por un instante fugaz, escondidos tras las cortinillas en la casilla electoral, emitimos un voto que debe contar igual para todos. Las transacciones monetarias, en cambio, son la medida de la desigualdad. El poder que me dan las guineas que tengo en la bolsa depende exclusivamente de la falta de guineas en la bolsa del vecino, sentenció el filósofo John Ruskin en 1862."

JUEVES 31 DE AGOSTO

Hago todo lo que no he hecho en estos últimos días: banco, farmacia, súper. A mediodía como con Julio Scherer en La Paixa en avenida de La Paz, carísimo. Encontramos a Pepe Woldenberg y a dos amigos suyos. Obviamente, Julio les comunica su indignación pero su furia es simpática como él y hasta nos sentamos con ellos durante unos minutos mientras Julio discute: "Hoy lo que prevalece en la conciencia pública es que aquí hay un fraude muy grande. Exigir el recuento de los votos es perfectamente razonable".

En la noche vienen a merendar Michael Schuessler, Miguel Capistrán y Susan Cofer Jones, poeta que vive en San Miguel Allende y sabe todo de medicina alternativa. Michael regresa mañana a Estados Unidos y lo voy a extrañar.

En el Zócalo, AMLO convoca a todos para decidir de qué manera protestarán contra el Informe de Fox. El jefe de la bancada perredista, Javier González Garza, está que arde contra Fox, ese "traidor a la democracia cuyo nombre es preferible olvidar por el momento".

"Fox, dejas tu Informe y te vas", señala una pancarta que recuerda el "comes y te vas" a Fidel Castro, en la cumbre de Monterrey.

Al pronunciar un discurso en la UNAM, Jesusa Rodríguez criticó a los jóvenes que se dejaron intimidar por las amenazas de funcionarios universitarios. "Ustedes están rebasados por los ancianos y los adultos. O hacen un esfuerzo para sumarse a la lucha contra la imposición y el golpe de Estado o van a quedar como cobardes".

Entre cada grupo musical del concierto en la explanada de la

UNAM los organizadores gritan "Incorpórense a la lucha", pero no mencionan a AMLO ni al PRD, sino al EZLN, a los pueblos indios, a los presos políticos de Atenco. Se limitan a lanzar consignas contra el fraude electoral.

Adolfo Sánchez Rebolledo opina que "antes de ir al Congreso a presentar su Informe, el presidente Fox se encomendará a la Virgen de Guadalupe, como lo hizo al tomar posesión. En la Basílica hará el balance íntimo de los últimos años y luego se dirigirá a la realidad, es decir, al infierno. En seis años, el presidente de la alternancia dilapidó el llamado 'bono democrático', las esperanzas de millones en el cambio y ahora nos deja un país más dividido, marcado por el influjo del clasismo, del temor irracional a la revuelta de los de abajo y la incertidumbre sobre el futuro. [...] El presidente Fox hizo esfuerzos inauditos para no gobernar".

Resurgen las versiones del desalojo

—Dicen que ahora sí van a desalojar —llega don Sebastián a la tienda de campaña de Jesusa.

—No se preocupe, don Sebas, a cada rato nos dan esos informes pero aquí todo tranquilo.

—Dicen que a los que se van a chingar primero es a los de la Fuente de Petróleos.

—Ni lo crea, no van a hacer nada.

—Sí, sí, no se confíen, ya vi a muchos soldados. En la madrugada del viernes, día del Informe, van a venir los de la PFP a desalojar el corredor. Si vienen nos iremos sin oponer resistencia como lo ha pedido AMLO porque además tienen armas y nosotros no.

Lorenzo Meyer escribe en *Reforma*: "[...] Como bien señala Porfirio Muñoz Ledo, a partir del 2003 la energía de Los Pinos se concentró en un objetivo [...]: impedir por todos los medios el triunfo de la izquierda en el 2006. [...] Obsesionado por su 'reproducción' el presidente descuidó muchas áreas de su responsabilidad, lo que facilitó el crecimiento de otros auténticos riesgos para el país.

La lista de éstos es impresionante. "El sindicato de maestros ha servido a la perfección al proyecto reproductivo de Fox y del PAN, pero en la tarea fundamental de elevar la calidad de la educación, la alianza Fox-SNTE ha fracasado en grande".

El narcotráfico

"[...] Según datos del 2005 de la Office of National Drug Control Policy de Washington, las organizaciones mexicanas de narcotraficantes obtienen ingresos por 13 800 millones de dólares anuales.

"[...] El sector petrolero es fundamental para México, pero la decisión de Fox de irse por la vía fácil y sustituir con los ingresos de PEMEX los recursos que no pudo obtener mediante una reforma fiscal, ha llevado a que esa empresa estatal tenga que entregar al gobierno las dos terceras partes de sus ingresos totales (66 mil millones de dólares) que sirven para cubrir un tercio del gasto público."

Según Ernesto Osorio de *Reforma*, "[...] sólo tres palabras le bastan a Guadalupe Acosta Naranjo para describir en qué se ha transformado el corazón político del país después de treinta y un días de plantón: 'Es un pueblo'.

"[...] Y como en cualquier pueblo, ha habido casos de delincuencia, espionaje y algún provocador. Hace dos semanas, dice, se descubrió que había un agente del CISEN quien se identificó como Manuel Zamorano.

"Días atrás fueron atrapados un 'raterillo', menor de edad, y un empistolado. Ambos fueron remitidos a las autoridades".

AMLO DICE: "[...] Estamos juntos desde hace treinta y tres días que iniciamos esta resistencia civil pacífica.

"Después de dos días de un recorrido por Tabasco, mi tierra natal, estoy aquí con ustedes.

"[...] Tengo que lamentar que, al término de la gira, ya cuando nos disponíamos a salir anoche a la ciudad de México, después del último acto, en Jalpa de Méndez, en el traslado al aeropuerto, hubo un accidente lamentable de periodistas de una televisora. Quiero enviar desde aquí mi más sentido pésame a los familiares, a los amigos de Ramón Manjarrez, camarógrafo, que el día de ayer en ese accidente perdió la vida. Tenemos que homenajear a Ramón el día de hoy porque él cubrió, junto con otros compañeros, toda nuestra campaña.

"Y porque nunca vamos a estar en contra de los trabajadores de los medios de comunicación. [...] Una cosa es la política, otra cosa son los trabajadores de los medios de comunicación. Para ellos nuestro respeto y nuestra admiración.

"[...] ¿Cómo va a haber dos gobiernos? Que se queden ellos con su gobierno, el gobierno de la mafia, el gobierno de los delincuentes de cuello blanco, y nosotros, con mucha dignidad, vamos a tener nuestro gobierno de la República.

"[...] Se cree que el gobierno es un palacio, toda la parafernalia del poder, las instituciones; tenemos que plantear cosas nuevas. Queremos instituciones, pero no estas instituciones podridas que padecemos en la actualidad.

"[...] ¿Cuál es mi propuesta? Primero, no aceptar el cómputo oficial del Tribunal Electoral del Poder Judicial de la Federación. [...] Segundo, se rechaza la usurpación y se desconoce al candidato que busca ocupar un cargo que no le dio el pueblo de México.

"[...] El punto tres es el más importante. Dice: propongo que la Convención Nacional Democrática resuelva, previa deliberación, si constituimos un Gobierno de la República o una Coordinación de la Resistencia Civil Pacífica.

"¿Qué es la República? [...] Es el gobierno de la cosa pública, el Gobierno de la República.

"Lo otro es una Coordinación de la Resistencia Civil Pacífica."

VIERNES 1º DE SEPTIEMBRE

Vienen a desayunar Irma Arana y su marido entusiasmados con AMLO. Trabajo en un artículo para *Proceso* sobre Carlos Monsiváis.

En realidad estoy superdesconcentrada por la gripa y porque me angustia lo que va a suceder hoy en la noche en la Cámara, día del Informe. ¿Correrán peligro los legisladores del PRD? ¿Cómo le irá a Javier González Garza?

Según Alejandro Encinas, entrevistado por Ángel Bolaños Sánchez, "se esperan por lo menos seis movilizaciones de la CNTE, de la Unión Nacional de Trabajadores y del Sindicato Mexicano de Electricistas, de la APPO (depende del resultado de sus negociaciones con la Secretaría de Gobernación) y otros. [...] El cerco y el despliegue policiaco-militar establecido en todo el perímetro de San Lázaro es un 'operativo' de excepción y de ahí parte la preocupación de la CPBT".

AMLO es severo al dar sus órdenes: "De nosotros no vendrá la violencia porque nuestro movimiento es y seguirá siendo pacífico. [...] No vamos a caer en la trampa de quienes piensan que nuestra protesta concluirá en un enfrentamiento violento".

Frente a la multitud que no deja de corear "¡Ni un paso atrás, ni un paso atrás!", AMLO señala que toda la energía, la imaginación y el talento deben concentrarse en organizar la CND. Eso es lo que realmente preocupa a los adversarios, porque de ahí saldrá "nuestro propio gobierno".

Muchos llevan ramos de flores que pensaban entregar a la policía y a los soldados que cercaron el Palacio Legislativo de San Lázaro y pancartas de todos tamaños unidas por la frase: "Fox, traidor a la democracia".

Se cancela el Informe

"¡Se acaba de cancelar el Informe!" "¡Fox no dio su Informe!" "¡No lo dejaron entrar!" "¡Ganamos, ganamos!" A pesar de la llovizna, los manifestantes exaltados bailan en el Zócalo, se abrazan, levantan los puños y cuando Jesusa dice en el micrófono: "El presidente Vicente Fox está saliendo del Congreso por la puerta trasera de la historia", los magnavoces amplifican la noticia y la gente brinca, ondean los paraguas, las banderas amarillas. Toda la plaza se prende.

"¡Sí-se-pudo! ¡Sí-se-pudo!"

Temo que Jesusa se desnude porque ése es su estado natural, pero el asma la detiene.

Jesusa, a medio escenario, acompañada por una mandolina, canta "Fallaste, corazón", dedicada a Fox y todos entonan a Cuco Sánchez con las palabras que propone Jesu: "Fallaste a la nación, no vuelvas a apostar".

En la noche, a pesar de que me siento de la santa patada por la gripa, Carlos Perzabal viene a buscarme para ir lejísimos casi en Xochimilco a la linda casa de Sarita Ayala a un grupo de lectura que trabaja con gran seriedad en el que han leído *El tren pasa primero*. Benigno Casas me hace una excelente crítica, los demás me dan mucho cariño. Les cuento que cientos de hombres y mujeres querían ir a San Lázaro y estaban que ardían cuando López Obrador les pidió que no lo hicieran y los policías se quedaron de a seis. Ahora los diputados son otros y no van a dejar que el presidente tome posesión. Les repito las palabras de Jesusa Rodríguez que todavía me emocionan: "Fox está saliendo de San Lázaro por la puerta de atrás de la historia".

Pierden empleo por plantón

Dayna Meré publica en *Reforma* que muchas personas han perdido su empleo por el plantón: "[...] Sonia Álvarez ingresó al hotel Misión Colón Reforma como intendente de áreas públicas, con un sueldo de $2 400 al mes, pero debido al plantón la empresa recortó a doce personas... entre ellas a Sonia.

"El bloqueo ha dejado un saldo en los hoteles del Paseo de la Reforma. Guadalupe González llevaba dos meses en la limpieza del lobby del mismo hotel y tuvo que ser despedida.

"'Ya encontré un nuevo empleo, ahora soy camarista en el hotel Eurostar de la Zona Rosa, pero gano menos, allá me daban $2 300 al mes, más $150 o $200 de propinas a la semana'.

"Guadalupe, de veinte años, vive con su papá, quien vende papas fritas en la calle, y su mamá, quien labora en una tienda de artesanías".

Hugo Corza en *Reforma* publica algunas reacciones: "[...] Claudia Mejía, oficinista, vive en Azcapotzalco y trabaja en la Torre Mayor, ya no puede ir al club deportivo, ahora debe llegar a su oficina a las cinco y media, como parte de un programa de contingencia que en su empresa diseñaron por el plantón en Reforma.

"Sin embargo, a Claudia eso no le genera más problemas, pues es una de las resignadas.

"'Estoy superacostumbrada, ya no me afecta; ya no estoy enojada, ya me acoplé, y muchos de aquí me han dicho lo mismo; decimos «¡qué friega!», pero ya, te acoplas a eso'.

"Otros, como Yolanda Salgado, confirman que ya encontraron cómo hacer para llegar y salir de la zona sitiada por los perredistas; sin embargo, dice, el costo sigue siendo alto y no quiere seguir pagándolo.

"[...] Un par de ejecutivas de Banamex asegura que [...] 'los que están en el plantón se la pasan todo el día jugando futbol y cuando atravesamos Reforma se ha incrementado el nivel de guarradas que te dicen'".

Fabiola Cancino de *El Universal* informa que "la Cámara Nacional de Comercio, Servicios y Turismo de la Ciudad de México (CANACO) aseguró que cincuenta empresas del corredor Reforma-Centro Histórico han sido obligadas a cerrar; además, 2 600 personas quedaron sin empleo por el plantón de la Coalición por el Bien de Todos.

"Destacó que la instalación de campamentos desde hace un mes provoca que nadie venga y más de 35 mil compañías dejaron de vender hasta 60 por ciento menos de lo habitual.

"La Cámara de Comercio en Pequeño de la Ciudad de México (CANACOPE) entregó ayer a la Comisión de Derechos Humanos del Distrito Federal (CDHDF) 1 551 cartas de ciudadanos y pequeños comerciantes que manifiestan su preocupación por el bloqueo.

"Por separado, la CANACO-Ciudad de México, que preside Lorenzo Ysasi, señaló que el bloqueo ha propiciado pérdidas por alrededor de 4 950 millones de pesos".

AMLO DICE: "[...] Hace unos días dije aquí con mucha claridad que ese traidor a la democracia quería que este importante asunto lo resolviéramos enfrentándonos a la policía y al Ejército. Se equivocan. Nosotros no tenemos nada que ver ni que dirimir con la policía y con el Ejército. Éste es un asunto político, no policiaco ni militar.

"¿Por qué tanta desesperación, tanto nerviosismo, tanto miedo? [...] Lo que quieren es que caigamos en la trampa para justificar la represión y no lleguemos a lo que verdaderamente les preocupa. ¿Qué es lo que les preocupa? La Convención Nacional Democrática. ¿Por qué les preocupa? Porque ya hemos decidido hacer a un lado a todas esas instituciones caducas, corruptas, que no sirven para nada y no representan el interés general.

"[...] Vamos a la Convención porque vamos a tener un gobierno de la República. ¡Que se vayan al diablo con sus instituciones!

"Lo que más les preocupa es eso, que ya no estamos dispuestos a aceptar las reglas de su juego, que ya no les vamos a rendir pleitesía, lo que más les preocupa es que vamos a tener nuestro propio gobierno de conformidad con el artículo 39 de la Constitución. Y sí, va a haber dos gobiernos como lo dije ayer y lo repito: el gobierno del hampa de la política, de los delincuentes de cuello blanco, y el gobierno surgido de este movimiento popular y ciudadano.

"[...] Dicen que va a ser una República patito, dice un comunicador que antes era un periodista más o menos competente (que ahora se entregó por entero a la mentira y no cabe duda de que el hombre que se entrega por entero a la mentira pierde hasta la imaginación y el talento) que va a ser una República patito. ¿Y la de ellos no es una República patito, chatarra? Vamos por eso a crear nuestro gobierno y ése es un cambio, una revolución en la conciencia [...].

"Hago un llamado a los militares para que actúen con rectitud y respeten los derechos del pueblo y no se vaya a utilizar al Ejército disfrazado de Policía Federal Preventiva, y aclaro porque la mayor parte de los elementos de la Policía Federal Preventiva proviene del Ejército: si la Policía Federal Preventiva actúa reprimiendo a la gente la culpa va a ser directamente del Ejército, no van a poder encubrir un operativo de represión con el uniforme de la Policía Federal Preventiva ni utilizando a las guardias presidenciales, al Estado Mayor Presidencial. Estoy hablando con mucha claridad para que se entienda.

"Nuestro movimiento siempre será pacífico, vamos a respetar la institución militar pero exigimos respeto a los derechos de los ciudadanos, a la libertad de los ciudadanos.

"[...] Miren, yo vengo de luchar de tiempo atrás por la democracia, hace quince años estaba yo aquí en el Zócalo cuando el éxodo por la democracia para que nos respetaran el primer ayuntamiento que se ganó en Tabasco. ¿Por qué decidimos en ese entonces caminar mil kilómetros de Tabasco a la ciudad de México? Para evadir el acoso, no caer en la trampa de la represión.

"[...] Esa vía de resistencia civil pacífica da frutos, todo está en mantener los principios, en mantener el movimiento, en mantener en alto nuestra moral, en no claudicar, en no transar."

SÁBADO 2 DE SEPTIEMBRE

"¿Viste? ¿Viste? Fox no dio su Informe. En el Zócalo están de plácemes". "Yo lo hubiera dado a huevo". "Yo no. No hay que provocar. Le habrían faltado al respeto." "¡La lluvia de huevos y de jitomates que le tenían preparada!" "EL PRD y el PT tomaron la tribuna del Congreso de la Unión." "No lo dejaron. Se la ganó a pulso." "Ésta es la primera gran alegría desde el horrendo 2 de julio."

Total, entre cientos de militares del Estado Mayor Presidencial, el presidente entregó el paquete con su Informe: "Ante la actitud de un grupo de legisladores que hace imposible la lectura del mensaje que he preparado para esta ocasión, me retiro de este recinto".

Los perredistas pitaron los ciento veintiocho silbatos de árbitro, modelo Fox 40 Classic, que Jesusa les compró en una tienda de deportes. El ruido intolerable hizo que no se escuchara al mandatario.

"No estoy de acuerdo con esta acción", declaró Dante Delgado, el jefazo de Convergencia.

Los diputados y senadores dijeron que la suya era una protesta contra el "impresionante e indignante operativo de las fuerzas de seguridad que tienen cercada la casa del Congreso por tierra y aire".

Gabriela Romero y Agustín Salgado recogen el beneplácito de los ciudadanos que sienten que "la toma de tribuna por parte de los legisladores del PRD en San Lázaro inyectó nuevos bríos en los simpatizantes de AMLO que lo disfrutaron bien y bonito.

"Fue muy emocionante. Es algo que fortalece al movimiento. Hubo quien lloró de alegría al ver por TV que Fox no podía entrar al recinto".

Los militares y policías le exigieron a la senadora Rosario Ibarra de Piedra comprobar su condición de legisladora, así como a otros senadores y diputados del PRD.

Emilio Ulloa exclamó: "¡Esto es brutal!"

Rosario Ibarra recordó la fábula de la luciérnaga y el sapo: "'¿Por qué me escupes?', el sapo contestó: 'Porque brillas'. De eso hay que acordarse cuando nos lancen escupitajos".

En un mensaje transmitido en cadena nacional por radio y televisión, Fox condenó a los diputados y senadores del PRD que le impidieron dar lectura a su último Informe. "Asumieron una actitud contraria a las prácticas democráticas y al ejercicio de las libertades." "No es un agravio a mi persona, sino a la investidura presidencial y al pueblo mexicano."

Voy a Chihuahua invitada por Enrique Servín a su feria del libro. Más que de *El tren pasa primero* hablo de AMLO. El espacio que me destinan se abarrota porque el mío es el último acto de la feria. Hablamos mucho del movimiento de desobediencia civil. No sé si a los organizadores les guste porque el gobernador es priísta pero el acto se transforma en un mitin lopezobradorista. Me despiden entre porras de "pre-si-den-te, pre-si-den-te". Estoy muy contenta.

AMLO, *el intolerante*

José Luis Cuevas opina en su "Cuevario" en *El Universal*: "Mi primer encuentro con López Obrador fue hace algunos años en un restaurante chino en la calle Ámsterdam.

"Llegó acompañado de Enrique González Pedrero, quien nos presentó. Nada sabía yo de él. Ignoraba por completo su trayectoria política. Tenía yo frente a mí a un hombre silencioso, poco simpático. Se despidieron y fueron a ocupar su mesa. Yo había llegado acompañado de mi yerno, a quien le comenté: 'He notado en este señor cierta antipatía hacia mi persona'.

"Pocos años después volví a saber de él cuando fue nombrado jefe de Gobierno. Por un periódico me enteré que había decidido retirar todo subsidio al Museo José Luis Cuevas y a otros centros de cultura. Enojado por esta absurda decisión protesté enérgicamente en mi columna 'Cuevario'. Echó marcha atrás, y quizá por consejo de Alejandro Aura —que en aquel entonces trabajaba con él—, volvieron los raquíticos dineros a las arcas de los centros de cultura que de esta manera siguieron funcionando.

"López Obrador nunca ha puesto un pie en el Museo Cuevas, a pesar de que siempre se le invitaba a las actividades. Nunca tuvo la atención de disculparse. Volví a verlo cuando en el Paseo de la Reforma se inauguró mi exposición de 'Animales impuros'. En aquella ocasión fue Julieta Campos quien leyó un espléndido texto sobre mi trayectoria artística. Al jefe de Gobierno lo vi a distancia, silencioso como siempre. Lo noté indiferente, o quizás aburrido. Surgió en mí la idea de que la cultura no era primordial para él.

"Cuando llegaron las elecciones, López Obrador denunció que se había cometido un fraude cuando se anunció que Felipe Calderón había ganado por un corto margen. Como muchos otros, lo creímos y manifestamos nuestro descontento. Yo encabecé a los pintores que en masa acudimos a la Procuraduría General de Justicia del DF para denunciar que unas mantas habían sido destruidas por cuatro facinerosos. Ya habíamos hecho antes unos pendones en los que exigíamos que se hiciera un recuento de los votos. Los autores fuimos Vicente Rojo, Gilberto Aceves Navarro y yo. El pendón mío fue el más explícito. Mi Giganta levantaba el brazo derecho sosteniendo una pancarta que decía 'Voto por voto y casilla por casilla'. Los pendones fueron colocados en la fachada del edificio del Gobierno del DF.

"Unos días después, a través de Julio Derbez, antiguo amigo mío, fui llamado por Felipe Calderón para que lo visitara en el Club de Industriales, donde tiene sus oficinas. Su intención era manifestarme su indignación por la destrucción de mi escultura *Figura obscena,* delito cometido por el presidente municipal Leoncio Morán, perteneciente al PAN. Me comentó ser un gran admirador de mi obra y me sorprendió que supiera tanto sobre mi trabajo de artista. Al final de la reunión que duró media hora, me pidió que le firmara una litografía mía que había adquirido hacía algunos años. Cumplí con su deseo y nos despedimos cordialmente.

"Al día siguiente en el diario *La Jornada* apareció una foto mía en la que estoy firmando la litografía que se titula *L'amour fou.*

"Este hecho despertó la furia de los perredistas y mi pendón, en el que manifiesto mi apoyo a López Obrador, había desaparecido.

"Yo no pertenezco a ningún partido, pero estoy del lado de la ley. Es lógico pensar que mi admiración por López Obrador se ha enturbiado. He dejado de creer en él. Después de todo su acción de destruir mi pendón es tan intolerante como la que manifestó el presidente municipal del PAN en Colima al dañar mi escultura *Figura obscena".*

AMLO DICE: "[...] Quiero ahora reconocer la actitud de ayer de los legisladores de la Coalición por el Bien de Todos. Todos sabíamos que iban a estar a la altura de las circunstancias. [...] ¿Saben por qué se avanza y por qué se dan actos de dignidad y de decoro como el de ayer? Porque no se acepta la negociación de siempre. Cuando no les pueden agarrar la pierna, políticamente hablando, a nuestros dirigentes, no saben qué hacer nuestros adversarios. ¿A qué están acostumbrados? A la cooptación, para decirlo amablemente, a la compra de conciencias, a la compra de lealtades.

"¿Qué tienen ellos? Fuerza bruta, dinero y capacidad para corromper a los adversarios.

"[...] Una de las cosas que ayer quedó de manifiesto es que si no transamos y ponemos por encima de los intereses personales, de los intereses de partido inclusive, el interés general, vamos a triunfar. ¡La patria es primero!

"[...] Imagínense cuántos telefonazos recibieron los dirigentes de nuestros partidos de la gente del gobierno, cuántos llamados al diálogo, entre comillas, cuántas proposiciones indecorosas de nuestros adversarios. Muchas y se mantuvieron firmes. ¿Y por qué actúan así nuestros legisladores? Porque son gente con principios, con ideales y también porque hay este movimiento y no se le puede dar la espalda al pueblo ni traicionar al pueblo de México."

DOMINGO 3 DE SEPTIEMBRE

Regreso a México de Chihuahua y voy al Zócalo. Allí está parado Daniel Molina y su figura me es entrañable porque lo recuerdo trepado en un edificio caído durante el terremoto de 1985 y cómo sacó a la gente y ayudó después creando con Raúl Álvarez Garín un centro de información sobre los efectos del sismo (CIASES) en la colonia Condesa al que acudían los damnificados no sólo a contar su historia sino a que los orientaran psicológica y económicamente. Daniel Molina fue el ángel de la guarda de los mexicanos del Centro —siempre el centro— y permaneció en la calle mucho más tiempo que las autoridades. Me dice que el miedo no es tanto contra AMLO sino contra quienes lo seguimos, un miedo al despertar popular, el miedo a los nacos. "¿Sabes cómo nos dicen los niños bien de la Condesa a los lopezobradoristas? Los Wiskas, como la comida para gatos, porque los gatos nos prefieren. Es de un clasismo y de un odio terrible, pero al mismo tiempo hay un reconocimiento de que somos muchos y más que ellos, porque de diez gatos, ocho prefieren Wiskas. Los mexicanos somos como el atole, tardamos mucho en calentarnos, pero cuando lo hacemos es difícil enfriarnos. [...] ¿El tráfico imposible? No es de ahora. La concentración vehicular del DF por kilómetro lineal es la más alta del mundo, y la velocidad promedio es de catorce kilómetros por hora."

Roberto Garduño, Emir Olivares y Juan Balboa dicen: "La amenaza esgrimida por Acción Nacional de solicitar al IFE el retiro del registro al Partido de la Revolución Democrática como organización política fue considerada por diputados de PRD, PT y PRI una 'bravata' y un referente inequívoco de los últimos días del presidencialismo.

"Sólo demuestra que 'el panismo busca acrecentar aún más el clima de confrontación', coincidieron integrantes de la Liga Mexicana por la Defensa de los Derechos Humanos (Limeddh) y de la Comisión Mexicana de Defensa y Promoción de los Derechos Humanos".

Los acuerdos de San Andrés

La convención indígena desconocerá al estado que excluya a los pueblos indios, exigirá que se asuman los acuerdos de San Andrés Larráinzar, sentará las bases para la creación de un nuevo constituyente que refunde el Estado-nación, replanteará las instituciones y evitará los festejos por el aniversario número doscientos de la Independencia en nuestro país, porque "los indígenas seguimos igual".

Héctor Díaz Polanco, antropólogo, destacó que una democracia no puede estar completa sin incluir los acuerdos de San Andrés Larráinzar por lo que la CND "será un buen escenario para replantear la unidad del proyecto indígena". Raúl Vera, obispo de Saltillo, dijo que se "quiere dejar fuera otro modo de pensar y la posibilidad de construir un México diferente".

AMLO reconoce a los legisladores que impidieron que Fox leyera su Informe y se unen en una coalición parlamentaria: PRD, PT y Convergencia. Dice que nos encaminamos hacia una nueva República. Reitera una y otra vez que el ejército "no vaya a caer en la tentación de reprimir al pueblo".

AMLO DICE: "[...] Me gustaría mencionar, para que quede muy claro, que no tenemos nada en contra de ninguna corporación religiosa, que somos respetuosos de todas las Iglesias, de todas las creencias, como también respetamos a los librepensadores.

"No tenemos nada, tampoco, en contra del Ejército mexicano, le guardamos respeto como institución fundamental para la defensa de la soberanía nacional y ya no queremos que se utilice para suplir las incapacidades de los políticos, del gobierno civil y mucho menos para reprimir al pueblo que lucha por la justicia, la libertad y la democracia.

"Hago esta mención porque se presentaron problemas en la Catedral. Llamo a todos ustedes a que respetemos a las Iglesias, las creencias de nuestro pueblo, cualquiera que sea, y respetemos también a los ministros de culto, respetemos también a las autoridades eclesiásticas.

"[...] Son ustedes mujeres, hombres extraordinarios, es un orgullo estar junto a ustedes, con mujeres, con hombres, con niños, con adultos, con familias completas."

LUNES 4 DE SEPTIEMBRE

Jesusa me dice que con esta gripa no puedo quedarme a dormir. En la casa, a las tres de la mañana, suena el teléfono. Una voz masculina me dice: "Escritora, a ver si viene a ponerme una dedicatoria en mi verga, vieja pendeja" y cuelga. Estoy tan agripada que me pongo a llorar.

Jaime Avilés pondera el colosal esfuerzo de los simpatizantes de AMLO. "[...] En consonancia con su discurso del pasado jueves, en el que mandó 'al diablo a las instituciones corruptas', ayer AMLO propuso que la Convención Nacional Democrática del próximo sábado

16 de septiembre siente las bases de un nuevo Congreso Constituyente, del cual —no lo dijo, pero todos los que lo escuchaban atentos lo dieron por hecho— saldrán las nuevas instituciones republicanas.

"[...] 'A nosotros anoche nos cayó un aguacero, pero a Vicente Fox el viernes le cayó un diluvio por traidor a la democracia', proclamaba una cartulina en el centro de la plaza, cerca del gran campamento del estado de Veracruz, donde alguien presumía de lo sabrosa que estaba la comida —'estamos tragando tres veces al día y tenemos doctor gratis las veinticuatro horas'—, pero se preguntaba si acaso el plantón había dejado 'de ser incómodo para los ricos'.

"¿Cinco semanas después de haber establecido el plantón, el movimiento de AMLO continúa en ascenso? Corrección: han pasado más de dos años y medio y esto no parece estar desfondándose ni mucho menos."

La arquidiócesis

Alma Muñoz entrevista al cardenal Norberto Rivera: "La arquidiócesis de México negó que la jerarquía católica apoye al Partido Acción Nacional (PAN) o al gobierno federal en materia política. 'No ha habido hechos indebidos de la jerarquía durante el proceso, y menos declaraciones partidistas, por lo que sería injusto señalar alguna intervención en esa línea.'

"La sociedad mexicana 'no puede seguir un camino de confrontación entre sectores ni generar una guerra ficticia a partir de convicciones distintas. El camino hacia el progreso y la justicia no puede darse mediante la división del país en la derecha y la izquierda, los pobres y los ricos, los buenos y malos, los de arriba y los de abajo, el pueblo y el gobierno'."

Rocío González y Érika Duarte informan que "en la sexta semana de la resistencia civil pacífica, a los cientos de carteles, caricaturas y pancartas en contra de la imposición se sumaron los motivos tricolores en banderas, campanas, moños, cadenas y rebozos elaborados con papel de china o crepé.

"Desde las primeras horas y hasta la puesta del sol, los simpatizantes de la Coalición por el Bien de Todos diseñaron sus adornos con papel picado verde, blanco y rojo para formar las consignas 'Voto por voto', 'AMLO presidente' o 'Viva México'."

El desfile del 16

Frente al IMSS, en el campamento de Álvaro Obregón, María Teresa Estrada, una de las más entusiastas activistas, dijo que invitaría a integrarse a todos los campamentos a la "insurgencia simbólica". La idea es recrear el momento en que el pueblo mexicano se levantó en armas a través de jóvenes que caractericen a las principales figuras independentistas, entre ellas Josefa Ortiz de Domínguez, Ignacio Allende, José María Morelos y Pavón, así como criollos e indígenas, encabezados por el cura Miguel Hidalgo.

Otra de las ideas corre a cargo de los integrantes de la Gran Logia Independencia número 2, que recoge llaves y objetos de metal para fundirlos y hacer la Campana de la Democracia, que se dará al líder perredista, como símbolo del movimiento.

La marea amarilla bajó en el Zócalo

Francisco Reséndiz en *El Universal* pondera algunas muestras de agotamiento del plantón: "Por primera vez desde hace casi cuarenta días el Zócalo de la ciudad de México dejó de ser un hervidero de gente. Poco a poco la efervescencia de hace un mes comienza a apagarse y ahora, en domingo, los asambleístas que han pasado ahí día y noche salieron, bote en mano, a pedir monedas.

"Ayer Andrés Manuel López Obrador apareció en el templete como los últimos domingos y habló, en su asamblea informativa, de la resistencia, de la lucha por la democracia, de la construcción de nuevas instituciones y del ejército, y nuevamente fue vitoreado por miles. Pero ya no tantos.

”La plazuela estaba a reventar, pero debajo de las veintiún carpas de lona blanca instaladas en la Plaza de la Constitución casi no había nadie. En las terrazas del Majestic, el Gran Hotel y el Holiday, pocos lopezobradoristas y muchos comensales escuchaban con atención.

”Y ahí estaba López Obrador de camisa blanca y pantalón caqui. Hablaba y recibía cascadas de aplausos de cientos, pero quienes estaban fuera de la plancha no lo podían ver, las carpas lo impidieron, pero igual reventaban en gritos de apoyo.

”A unos metros un tractor con remolque y un jeep. 'Aquí está la tanqueta del pueblo', dice un letrero. En el cajón que jalaba, cuatro estacas sostenían cabezas cercenadas de cerdos con antifaces pintados de plumón negro; debajo de cada una se leía una hoja de papel:

”'Fox, traidor a la democracia', 'Felipe, pelele de los ricos', 'Ugalde mapache' y 'TEPJF, asesinos de la soberanía'. Un chico pateaba un balón que tenía montada una máscara de Vicente Fox. 'Para las tanquetas, mi espíritu de victoria', decía una de las pocas mantas de ayer.

”Las calles cercanas a la plancha de cemento ahora lucían vacías, ya no se veían las mareas amarillas. Y las mantas, aquellas que reventaban contra Fox, Ugalde y Calderón, no llegaron. Los comercios operaban normales, las estaciones del metro Allende e Hidalgo, abiertas. Como si nada.

”Desde el cruce de Bucareli y Reforma, sobre Juárez y Madero, ya no se siente la fiesta de otros días.

”Y los guerrerenses, zacatecanos, hidalguenses, oaxaqueños y chiapanecos caminan con botes por una moneda. Sobre las mesas de los campamentos otros botes esperan que el dinero llegue solo. Piden ayuda, la solidaridad de quienes los visitan en domingo.

”'Ya doblamos al presidente, hemos ganado', dice una mujer que se sienta al borde de la acera, en el cruce de Madero e Isabel La Católica. Un pequeño de ocho años asiente con la cabeza y le responde: '¿Y ahora qué vamos a hacer? ¿Ya nos vamos a casa?' La mujer le dice que no”.

AMLO DICE: "Como ocurrió en la época de Hidalgo y Juárez, tenemos ahora la visión de defender y rescatar al sistema republicano.

"[...] Nunca me he sentido solo, siempre me han acompañado ustedes. Quiero decirles que mi estado de ánimo es de lo mejor, me siento fortalecido.

"[...] Hay veces que se logran las transformaciones desde el poder y la mayoría de las veces [...] se logran con movimientos populares como éste.

"[...] Imagínense cómo estaríamos si sólo dependiéramos del Tribunal, por eso fue adecuado abrir el camino a la Convención Nacional Democrática, porque ahí vamos a deliberar muchos representantes de todos los pueblos qué vamos a hacer hacia delante porque ya no queremos seguir por el camino trillado de siempre.

"[...] Tenemos que pensar en cuál es el órgano de gobierno, si es, insisto, un Gobierno de la República o una Coordinación Nacional de la Resistencia.

"[...] Otra opción es que sea un jefe de Gobierno de la Resistencia, otra opción es un presidente de la Resistencia, otra opción es un coordinador de la Resistencia y hay una última opción propuesta hoy que es muy interesante: comisario del pueblo, como se les llamaba antes a los verdaderos servidores públicos.

"[...] Cuando la Independencia de 1810, se planteó la abolición de la esclavitud. Y ¿se logró de inmediato? ¡No!, llevó tiempo, pero el cura Hidalgo tuvo la visión y la gente la resolución de que era necesario luchar en contra de la esclavitud y así se avanzó hasta conseguir la libertad."

MARTES 5 DE SEPTIEMBRE

Muchas llamadas telefónicas. Tengo que hacer dos textos, uno sobre la Ruta de la Amistad y otro sobre la educación para Silvia Cherem. Me siento *out,* sólo puedo pensar en los que están en el Zóca-

289

lo. Han de sentirse desolados. Jesusa me llama: "¡Qué chingadazo! ¡El TRIFE le dio el gane a Calderón! ¡Aquí la gente está llorando! El primer chingadazo fue cuando el TRIFE dijo que sólo iba a abrir el 9 por ciento de los votos pero esto no tiene madre. Por lo pronto AMLO rechazó el fallo del TRIFE y desconoce a Calderón. No sabes cómo se pusieron las cosas en el Tribunal Electoral, la gente se desesperó y según Claudia Salazar 'dejó embarrada' en los barrotes del Tribunal Electoral su frustración. Un joven de Nayarit rompió en llanto cuando uno de los oradores del mitin anunció que el fraude se había consumado".

"Parado con dificultad sobre una valla y abrazado a los barrotes que protegen el tribunal, Salvador lloró más de una hora y mantuvo su mano izquierda con los dedos en V.

"'Es que me acuerdo de la miseria de mi tierra y de cómo los ricos se van a seguir haciendo de dinero porque no ganó López Obrador', dijo desde arriba sin soltar su gorra con el logotipo del PRD.

"Abajo, Mariana Ojeda sostenía un rosario y rezaba para que a los magistrados los 'iluminara' Dios, aunque ya estaba claro que no iban a reconocer el triunfo del tabasqueño.

"Enojada, Mariana escuchaba los argumentos de la magistrada Alfonsina Navarro, respecto a que el Tribunal resolvía conforme a hechos concretos y no quimeras.

"'¡Por eso al diablo con las instituciones, al diablo con este Tribunal!', gritó Mariana con los ojos rojos.

"A unos pasos Teresa Moscoso, del grupo de Salina Cruz, Oaxaca, que se mantiene en plantón en el Zócalo, lloraba también.

"[…] 'Mi gallo es mi gallo y nuestro voto lo vamos a hacer valer'.

"Rosa Alcántara gritó: 'No nos vamos a dejar, vamos a seguir en la lucha, estas lágrimas son de impotencia, de coraje, porque los magistrados no nos oyeron, pero vamos a seguir hasta el final'. Se abalanzó con sus compañeros sobre los barrotes y les gritó 'fraude, fraude' a los panistas que iban de salida y 'rateros, rateros' a los magistrados electorales.

"Una ola de insultos rebasó los barrotes, se lanzaron huevos, dinero falso y limones […]. Los ánimos candentes se calmaron cuando el ex senador Miguel Moreno Brizuela recordó que era un movimiento de resistencia pacífica, convocó a la asamblea de las diecinueve horas con AMLO y declaró clausurado el plantón en las afueras del tribunal."

"¿Vas a venir?, pregunta Jesusa. "Sí, claro, ahora mismo." "El TRIFE añade que Fox intervino y lo sanciona pero eso no contó para modificar la elección y dice que *sí* hubo irregularidades pero fueron superficiales y *sí* hubo intervención de los empresarios pero fue poquito. Es una gran vergüenza." "Total, Jesusa, le dan el gane a Calderón." "Ni lo digas, no lo vamos a permitir. Es indignante. Acaba de acercarse un señor de ochenta años llorando y me dijo: 'Es que no les importamos'."

Según Francisco Reséndiz de *El Universal* "a las siete, los medios internacionales difunden la victoria calderonista. Aparece López Obrador. Lo espera un Porfirio Muñoz Ledo que impaciente pasea de un lado a otro. Chanona y Dante platican en corto. Cerca, Alberto Anaya, con Gonzalo Yáñez. Rosario Ibarra, de negro y la foto de su hijo en el pecho, se para frente al micrófono, menudita pero firme y habla.

"[...] La gente, enojada, triste, abrumada por la decisión de los magistrados, busca cualquier pretexto para descargar su furia.

"López Obrador habla. Debajo de las carpas hay pocos. Sigue el boteo... de los que ya no tienen dinero. Los que están cerca del templete se paran pegaditos, uno al otro, los ancianos y algunos niños dormidos cubiertos con impermeables de $10.

"La lluvia escurre por las paredes de Palacio y Catedral. Andrés Manuel López Obrador desconoce al presidente electo. Arenga a miles que apiñados bajo paraguas y plásticos se le entregan. [...] Desconoce al presidente electo y exige construir un nuevo gobierno.

"[...] A Antonio Salazar, hidalguense de Zacualtipán, bajito, con gorra regalada de Pilgrim's Pride, le falta el brazo derecho y tiene los ojos enrojecidos. 'La gente no lo va a permitir, el pueblo no lo dejará asumir, no lo dejaremos'.

"Tres mujeres, con casacas de satín que forman la bandera nacional, se deshacen en llanto. A unos metros, dos mujeres consuelan a un hombre de aproximadamente treinta y cinco años de edad que de repente grita insultos a los magistrados".

Francisco Cárdenas Cruz escribe también en *El Universal*: "En cuatro horas que duró la mañanera sesión del TEPJF, los magistrados dieron a conocer el conteo final que favoreció a Calderón por 233 831 votos, o sea 0.56 puntos porcentuales, dos menos de los que tuvo inicialmente, lo que en cualquier otro país hubiera obligado a una necesaria segunda vuelta que aquí no prevé la legislación electoral en vigor desde hace diez años y que tendrá que obligar a una reforma a fondo que incluya al Instituto y al Tribunal Federal Electoral que en este proceso perdieron la credibilidad y confianza ciudadana que habían ganado con enorme esfuerzo".

La asamblea coordinadora en defensa de la democracia del IPN aprobó once puntos que presentará en la CND, según Mariana Morandi: la defensa de la educación pública, laica y gratuita; la reforma integral del Estado que privilegie las políticas públicas sociales; un mayor presupuesto para la federación politécnica, y la defensa de la soberanía nacional y de los energéticos.

El director Enrique Villa Rivera prohíbe cualquier tipo de propaganda electoral e impidió que Julio Hernández López, el autor de "Astillero", diera una conferencia en el auditorio de la ESIME.

En *Reforma*, Miguel Zacarías asegura que "cuando Rosa ve las cartas, hace una mueca de sorpresa. En la franela roja de la mesita donde lee el destino, un as de espadas, otro de bastos y un caballo de espadas, la crispan.

"'Hay algo mal aquí, es la muerte […], es el as de bastos, el as de espadas, es brujería y esto es muerte, tienen que levantar este plantón pero ya y no ponerse necios', afirma encarrerada.

"'Y por si fuera poco: caballo de espadas.'

"'Eso es infantería, pueden ser los federales', se exalta.

"Es su pronóstico para el movimiento de Andrés Manuel López Obrador. Para reafirmarlo jura que ella no se aparecerá por ahí, del 14 al 16 de septiembre.

"Una humareda de incienso envuelve su pequeño espacio a la salida del metro. A sus pies, en una cajita sobresale Elfo, su chamán favorito, un muñeco desalineado y greñudo. A medio metro, la copa de incienso. Ella, sentada en un banquito, lee la suerte a cambio de $30, ajena a los curiosos.

"[...] A un costado de doña Rosa, en el pasillo que da al frente de Catedral, hay puestos de pulseras, de tatuajes y de jovencitos que se ponen rastas.

"Antes de pronosticar el destino del movimiento lopezobradorista, habla del futuro personal de su interlocutor.

"Primero, saca tres tandas de siete cartas, luego una de cuatro, y finalmente otras tres.

"En el preludio del destino que tendrá el movimiento de protesta sale as de oros, as de copas y as de bastos.

"'Tres cartas, aquí están los fracasos, porque esto no va a triunfar, le tienen que dar algo a fuerza a la gente que anda aquí, algún huesito, pero sólo a la gente, pero no esperen que vaya a triunfar esto.'"

AMLO DICE: "En este día aciago, difícil para la democracia en México, pero que al mismo tiempo permite iniciar una etapa nueva, quiero expresar a ustedes [...] que nunca voy a dejar de luchar por mis ideales y por mis convicciones.

"[...] Nunca voy a dejar de luchar por una nueva economía, por una nueva forma de hacer política y por una nueva convivencia social, más justa y más humanitaria.

"[...] Nunca voy a aceptar la política tradicional: ésa donde todos los intereses cuentan, menos el interés del pueblo.

"[...] Nunca voy a transar con el hampa de la política ni con los delincuentes de cuello blanco. Nunca voy a doblegarme ante los clasistas, racistas, fascistas, que hipócritamente aparentaban ser gente de buena voluntad.

"[...] Nunca voy a dejar de apoyar y de proteger a la gente humilde, a los humillados, a los desposeídos y a los pobres de México.

"Y nunca, jamás, voy a traicionar al pueblo de México.

"[…] Los magistrados del Tribunal Electoral del Poder Judicial de la Federación se sometieron, no tuvieron el arrojo, la dignidad, el orgullo, la arrogancia de actuar como hombres libres. Optaron por convalidar el fraude electoral; de esta manera, se violó la voluntad popular y se fracturó el orden constitucional.

"[…] Expreso mi decisión de rechazar el fallo del Tribunal Electoral del Poder Judicial de la Federación y desconozco a quien pretende ostentarse como titular del Poder Ejecutivo federal sin tener una representación legítima y democrática.

"[…] ¿Qué es lo que sigue, porque muchos de ustedes seguramente se están preguntando, qué sigue, hacia dónde vamos? Y también tenemos que tener claro qué es lo que van a hacer nuestros adversarios.

"[…] Primero van a buscar legitimarse en el extranjero, van a empezar a llegar los reconocimientos de los gobiernos extranjeros.

"[…] Lo segundo, la cargada. Van a ver ustedes cómo las corporaciones empresariales y otras agrupaciones van a manifestar su adhesión a lo que popularmente se conoce como el besamanos.

"[…] Lo tercero, la subordinación de los medios de comunicación para quemarle incienso al candidato de la derecha, al presidente espurio, ilegítimo, al pelele que quieren imponer.

"[…] Ponerse de tapete como siempre lo han hecho, porque estamos pasando una etapa también aciaga en cuanto a la libertad de expresión.

"[…] El punto cuatro, golpes espectaculares, es decir, a ver cómo confunden a la gente.

"El punto cinco. Van a empezar a repartir migajas para tratar de ganarse a la gente humilde, a la gente pobre, traficando con la necesidad y la pobreza del pueblo.

"[…] El último punto es el de la negociación con nosotros.

"[…] Yo quiero informarles a ustedes en esta plaza que los dirigentes, los legisladores, los gobernantes electos de la Coalición y muchos ciudadanos que están en este movimiento se han comportando a la altura de las circunstancias.

"[…] ¿Qué nos metieron en la cabeza durante mucho tiempo?

Que teníamos que entrar al aro, que teníamos que hacerles el juego, que teníamos que pensar como ellos lo deciden y que teníamos que rendirles pleitesía, a pesar de la humillación y del ultraje.

"[...] Nos vamos a congregar aquí, el día 16 de septiembre, representantes de todos los pueblos de México, vamos a estar miles de mexicanos, que hemos dicho: ¡se acabó!

"[...] Que quede muy claro: que nadie se crea menos que nuestros adversarios. Al contrario, de este lado hay mucha autoridad moral. Nosotros mantenemos principios, ideales, estamos defendiendo una causa justa, tenemos que sentirnos orgullosos.

"Los que tienen que sentirse avergonzados son ellos, los hipócritas que decían que iban a cambiar al país y lo que hicieron fue profundizar aún más en el régimen de corrupción y de privilegios.

"[...] Pregunto a ustedes: ¿Están tristes?"

"¡Nooooooooooooooo!"

"Eso es. Que nadie se apachurre, vamos hacia adelante, es un timbre de orgullo estar participando en este movimiento, debemos actuar con la frente en alto, nosotros podemos ver de frente a cualquier persona, no tenemos nada de qué avergonzarnos, estamos luchando por una patria nueva, por nuestros derechos y por los derechos de todos los mexicanos."

MIÉRCOLES 6 DE SEPTIEMBRE

Francisco Bolaños me entrevista en mi casa sobre Carlos Fuentes, a petición del director del Canal 22. Procuro toser y sonarme mucho antes para no hacerlo durante la filmación y, ¡oh milagro!, da resultado. En vez de ir al Zócalo me pongo a leer las pilas de periódicos que tengo pendientes.

El secretario general del PRD, Guadalupe Acosta Naranjo, señala que el fallo de los magistrados constituirá el último eslabón en la cadena del robo de las elecciones a la Coalición. Así se habrán cerrado todos los cauces jurídicos para la defensa del voto, aunque aún no están considerados los de carácter político.

Enrique Méndez trae las últimas declaraciones de AMLO: "En la víspera de que el Tribunal Electoral del Poder Judicial de la Federación (TEPJF) califique la elección presidencial del 2 de julio, AMLO declaró que su estado de ánimo 'es de lo mejor', y advirtió que el movimiento de resistencia y sus acciones a futuro no están sujetos al fallo de los magistrados.

"Este movimiento ya rebasó la lucha política de que nos respeten la Presidencia de la República. Ahora este movimiento está llamado a transformar al país.

"[...] Al comienzo de la asamblea, el ex embajador de México ante la ONU Porfirio Muñoz Ledo afirmó que López Obrador es el 'presidente elegido por los mexicanos', y la resistencia civil asentada en el Zócalo 'está velando armas, armas cívicas y armas políticas. En unas cuantas horas las autoridades electorales dirán su palabra, pero ésta no será la última. La última de las palabras corresponde al pueblo'".

José Blanco nos da su opinión: "La palabra *odio* está apareciendo con frecuencia creciente, al menos en los medios escritos, ya como advertencia, como preocupación, como miedo, como afirmación.

"Los de abajo, permanentemente agraviados en la patria de la desigualdad, han padecido sin cesar medidas tomadas desde el Ejecutivo, que han agraviado a muchos mexicanos. Fox remató, redondeó y completó la montaña del odio que las clases dominantes y los gobiernos fueron creando en las décadas revolucionarias, que a marchas forzadas trabajaron por acrecentar los neoliberales priístas, y que Fox remató con su ignorancia supina, su insensibilidad, su torpeza política, su tozudez sin par.

"La vida institucional se erosionó gravemente, antes de que pudiera madurar, por la estrechez de miras de los partidos, por la ambición y corrupción de muchos dirigentes, por la falta de entendimiento de lo que es un país en el que la democracia funciona, y las instituciones y las leyes gobiernan, y en el que caudillos y populismos ni de izquierda ni de derecha debieran tener lugar ya más.

"[…] Fox puso muchas fresas en el helado, pero puso dos de a kilo: la pretensión del desafuero de Andrés Manuel López Obrador y, como remate, la campaña del miedo contra el mismo candidato del brazo de su ilegal campaña a favor del aspirante del PAN. Fox deja la República en su peor momento, habiendo acicateado el odio con la fuerza del Estado. Fox, un hombre que actuó con demasiada frecuencia fuera de la ley, activamente o por omisión, que protegió negocios de sus antiguos y de sus nuevos parientes, que esperemos sean aclarados y castigados debidamente".

Jaime Avilés escribe: "¿En qué momento se instaló el odio entre nosotros? Hoy en día todo el mundo conoce anécdotas de personas que se liaron a golpes porque una llevaba el moñito tricolor en la solapa o una cartulina pegada al vidrio del coche con una leyenda de 'Repudio total al fraude de Fecal', en tanto que la otra ostentaba en el vidrio trasero de su vehículo el muñequito de AMLO pintado por Hernández pero adulterado por el vengativo mensaje de: 'Sonríe, no gané'.

"[…] A falta de carisma personal, oferta política atractiva o capacidad para generar esperanzas entre el pueblo, el candidato presidencial de la derecha entró a la contienda esgrimiendo la herramienta del odio como recurso supremo. En un acto de irresponsabilidad que lo descalifica por completo, Felipe Calderón trajo desde las catacumbas españolas del franquismo a un especialista en odio llamado Antonio Solá. Éste le vendió la receta al PAN, a las televisoras, a los empresarios y al 'gobierno' de Vicente Fox. Todos contribuyeron a desplegar con ilimitados recursos la asombrosa campaña propagandística que inoculó el veneno del odio en este país.

"[…] Hay quienes todavía no se dan cuenta del material explosivo que están manejando. Uno de ellos, faltaba más, es Calderón. La frase que a últimas fechas más le gusta pronunciar en público dice: 'Gané, pésele a quien le pese, y duélale a quien le duela'. Pero ayer se superó a sí mismo innovando lo siguiente: 'Gané voto por voto y casilla por casilla'. Eso es una provocación que no puede venir de nadie, pero mucho menos de él. ¿De quiénes se está burlando? ¿Y en nombre de quiénes y lo hace para qué?

"Incluso al calor de la lucha contra el golpe de Estado, y el fraude electoral, urge una clínica de odio antes que sea demasiado tarde.

"A lo largo del corredor diariamente acuden personas sin distingo de rango económico, nivel educativo, nacionalidad ni religión. Tal es el caso de la señora Herlinda Yolanda Valdés, quien, con una Biblia en la mano, recorre los diferentes campamentos compartiendo versículos con alusiones al movimiento de resistencia civil.

"Durante su conversación la mujer de unos cincuenta años, de pelo cano y anteojos, cita pasajes bíblicos, como los del libro Mateo 5, que asientan: 'Bienaventurados los que tienen hambre y sed de justicia', o aquel que señala: 'Bienaventurados los que padecen persecución por causa de la justicia, porque de ellos es el reino de los cielos'. O bien, el versículo 9: 'Bienaventurados los pacificadores, porque ellos serán llamados hijos de Dios'."

En la revista *Emeequis,* Óscar Camacho Guzmán y Alejandro Almazán Rodríguez analizan por qué perdió López Obrador:

—Vamos a ganar sin la televisión.

Unos segundos después de beber otro sorbo de café chiapaneco, AMLO les advirtió a sus colaboradores: "Voy a ser el primer candidato en ganar sin la televisión".

"Bernardo Gómez, vicepresidente de Televisa y amigo de AMLO, [...] en aquellos primeros días de diciembre de 2005, buscó algún encuentro con AMLO, ya como candidato de la CPBT, para ofrecerle facilidades de tarifas.

"Pero López Obrador no aceptó. Para AMLO, Gómez había sido parte de la conspiración que el panista Diego Fernández de Cevallos, el ex presidente Carlos Salinas de Gortari y el empresario Carlos Ahumada habían confabulado para exhibir en Televisa a colaboradores lopezobradoristas que se embolsaban fajos de dólares.

"Federico Arreola se reunió con Gómez, pero tanto él como AMLO estaban convencidos de que la televisión no era necesaria para ganar.

"La propuesta que Gómez le planteó era inflexible: el paquete de spots en horarios triple A tendría un costo de 500 millones de pesos.

"AMLO había determinado gastar un monto de 80 millones de pesos para medios y serían utilizados sólo en caso de una emergencia: si es que en las encuestas Felipe Calderón o Roberto Madrazo atentaran contra la cómoda ventaja que para entonces gozaba AMLO.

"Gómez, entonces, abrió la oferta [...]. Bajar costos y ofrecer mayores bonificaciones para la Coalición: por 260 millones de pesos [...] garantizaba que en la televisora AMLO tendría los mismos espacios que Calderón y Madrazo.

"Pero no hubo trato.

"Enfrentado a la propaganda negra de Felipe Calderón y a la fuerza de los miles de spots con que Vicente Fox se entrometió en la campaña para apoyar al panista, AMLO acabó doblegándose ante Televisa y las demás televisoras: sumó 16 316 spots, que equivalen a tres días y seis horas, unas cuatro más que Calderón, para convertirse en el candidato que más gastó en spots televisivos.

"En los días en que Felipe Calderón remontó en las encuestas externas e internas, Televisa se las cobró sin pudor: AMLO envió a Manuel Camacho Solís a negociar un contrato con Televisa. Antes de dejarlo plantear el acuerdo, le dijeron al ex regente capitalino que el PRD tenía una deuda atrasada y que no habría trato hasta que se liquidaran algunos millones no pagados por Rosario Robles.

"Dentro del equipo lopezobradorista se concluyó que Marcelo Ebrard negociara con Televisa.

"'Televisa no se cerró', dice uno de los colaboradores de AMLO. 'La trampa fue abrir la puerta y meternos. ¿Ahora cómo vamos a defender el discurso de que la tele hizo ganador a Calderón?'"

La Sala Superior del TEPJF

El editorial *La Jornada*, titulado "La burla", dice: "Ayer la Sala Superior del TEPJF falló —en las dos acepciones de la palabra— y convirtió en verdad jurídica la validez de las elecciones presidenciales celebradas el 2 de julio, con base en inciertos resultados presentados por el IFE. En términos jurídicos la resolución es inatacable, por más que haya sido un ataque a la inteligencia de los ciudadanos: en vez de colocarse al margen de las posturas partidarias, así como de las presiones gubernamentales y empresariales, y fundamentar su juicio en una visión de Estado, los magistrados optaron por chapotear en los alegatos facciosos y por incursionar en la feria de descalificaciones; así, en vez de impartir justicia, tomaron partido; lejos de velar por la vigencia de las instituciones, terminaron por marginarlos de la actual crisis política; en vez de proponer soluciones a la grave polarización que vive el país, decidieron acentuarla.

"[...] Si la distancia entre el México oficial y el México real se hizo enorme en los años del foxismo, ayer se generó un abismo entre la verdad jurídica y la verdad popular. La última palabra de las instituciones fue una negativa a resolver la confrontación política más severa y preocupante que ha vivido el país en muchas décadas; con ello se formalizó la ruptura entre el poder público y un sector de la población movilizado ahora en contra de lo que percibe como una imposición, pero cuyos agravios son más añejos, extensos y profundos: es la expresión de los de abajo, de los marginados por el modelo económico imperante, de los excluidos de las decisiones, de los principales afectados por el vasto latrocinio gubernamental, de los discriminados, de las víctimas de la arrogancia del poder, de los nacos de siempre".

Julio Hernández López advierte: "A los jurisperitos especializados en comicios les pareció poca cosa que Vicente Fox se convirtiera en un peligro para los comicios ('un riesgo' escribieron, modosos, los magistrados). La maquinaria propagandística con cargo al erario que exhortaba a los mexicanos a mantener el mismo caballo, pero con nuevo jinete sexenal, o a seguir 'en el mismo camino' pareció asunto menor a los magistrados, que por causas parecidas habían dictaminado nulos algunos procesos estatales, años atrás. La injerencia de los grupos empresariales en favor del candidato de la derecha tampoco tuvo un significado determinante, a ojos de los juzgadores oficiales. Ni la guerra sucia. Ni las malas cuentas aritméticas, ni la apertura ilegal de paquetes electorales. Todo fue demasiado poquito. Una nimiedad operativa que produjo un triunfo numérico también por una nimiedad: 233 831 sufragios de diferencia.

"[...] Ya hay presidente electo (léase eyecto), gritan quienes desean que la varita mágica de lo judicial resuelva un conflicto político y social. Respeten las leyes, advierten quienes no quieren ni pueden reconocer que la resolución del Tribunal Electoral de este martes es una pieza de magna hipocresía jurídica y de histórico incumplimiento de responsabilidades profesionales".

Alonso Urrutia y Jesús Aranda dicen que "aun cuando se reconocieron irregularidades importantes en el proceso, el TEPJF declaró válidas las elecciones de 2 de julio pasado y consideró presidente electo al panista Felipe Calderón para el periodo 2006-2012. Conforme a las cifras oficiales, el michoacano obtuvo 14 millones 916 927 votos —35.71 por ciento—, frente a 14 millones 683 096 de AMLO —35.15 por ciento—, es decir, una diferencia de 233 mil 831 sufragios, 0.56 por ciento".

En su dictamen final sobre los comicios del 2 de julio, el TEPJF reconoce las intervenciones de Fox a favor de Calderón durante la campaña y la conducta ilícita de los empresarios que gastaron fortunas contra López Obrador. Sin embargo, declara presidente "electo" a Calderón quien hace un llamado al diálogo y a la unidad, mientras que a la mitad de los votantes los consume la rabia. AMLO declara que nunca reconocerá "a quien pretende ostentarse como titular del Poder Ejecutivo federal sin tener una representación legítima". Nace el grito "¡Es un honor estar con Obrador!"

AMLO DICE: "[...] Imaginemos nada más cuántos días llevan ustedes aquí, si tuviésemos que desembolsar, si los partidos estuviesen pagando la comida, pagando el día de trabajo que ustedes pierden, todo el sacrificio, pues no tendríamos ninguna posibilidad de hacerlo.

"[...] Si este movimiento se mantiene es porque ustedes participan no sólo con su presencia, sino con sus escasos recursos, eso nunca lo van a entender nuestros adversarios. Nunca van a entender que este movimiento se le debe al pueblo.

"¿Saben por qué no entienden eso? Porque para ellos el pueblo no existe, siempre hemos dicho aquí que para ellos la política es asunto de los de arriba, y ahora lo que se está demostrando, repito, es que la política es asunto de todos ustedes.

"Si se tratara de un movimiento de resistencia de la derecha, imagínense si iban a quedarse a dormir en los campamentos, si iban a aguantar la lluvia y el frío y todas las inclemencias del tiempo. ¡No!

"Estarían en hoteles, si es que duraran treinta y nueve días, porque no ha habido ningún movimiento en México y esto es muy importante porque ustedes son los protagonistas principales, ningún movimiento en México ha resistido tanto, luchando por la libertad, la justicia y la democracia.

"[...] Porque yo sí perdono, porque no odio, pero no olvido, eso sí, no olvido, lo que no acepto es el racismo, porque el hombre o la mujer no valen por el color de su piel, valen por su integridad moral, valen por su dignidad, por sus principios, no valen por el dinero que tengan, valen por la forma en que trabajan y educan a sus hijos, ésa es la gente que vale verdaderamente, no los fantoches que se creen más que otros."

JUEVES 7 DE SEPTIEMBRE

A las siete de la mañana suena el teléfono para una entrevista de radio de Guadalajara. Javier Aranda me llama porque a las doce pasarán por mí para participar en un programa sobre Carlos Monsiváis que obtuvo el premio Juan Rulfo 2006. ¡Qué bueno! Ningún novelista, ningún cuentista, ningún poeta, ningún ensayista lo merece más que él que es un gran inventor del lenguaje, un gran demócrata y un gran cronista de la vida cotidiana y de la modernización urbana. ¿Qué haríamos sin Monsiváis?

En el Canal 22, en los Estudios Churubusco, después de que nos dan una manita de gato y nos polvean para que no brillemos, hablamos Fabrizio Mejía Madrid, Juan Villoro (muy, muy bien), Javier Aranda y yo.

En la tarde cae un aguacero y ya no voy al Zócalo. Me congelo en mi cuarto de trabajo y corro a cambiarme a una piyama de oso con patas y ya en la cama leo a Carlos Fuentes. A las cinco de la mañana suena el teléfono. "Abuelita, soy tu nietito de París —dice una voz de hombre— y nunca pensé que fueras tan pendeja y no le hicieras honor a tu nombre." Luego cuelga. Me desconchinflo. Amanece lloviendo.

La opinión de Octavio Rodríguez Araujo es que "el Tribunal Electoral del Poder Judicial de la Federación (TEPJF) tuvo en sus manos la posibilidad de evitar la crisis que tiene a México en vilo. No lo hizo, con lo que no sólo se atacó a sí mismo, desprestigiándose, sino que se convirtió en cómplice de una imposición política cuyas consecuencias son impredecibles.

"El TEPJF cometió deliberadamente dos errores inaceptables para cualquier jurista: considerar cada una de las posibles causales de nulidad de las elecciones sin relacionarlas con el conjunto, y negarse al conteo de todos los votos.

"[…] La diferencia entre la aberración por consigna en la que cayeron los magistrados del TEPJF y un dictamen independiente, libre y autónomo hubiera sido de gran importancia no sólo jurídica sino política. Pero es obvio que a los magistrados no les importó la salud de la República sino su futuro político y quizá sus cuentas bancarias.

"[…] Hay quienes insisten en que si se contaran los votos el resultado sería idéntico al dado a conocer por el IFE (aunque ha cambiado ya). Pero los mismos que defienden este supuesto son los que se han negado sistemáticamente a que se cuenten, incluso después de que la elección presidencial ya fue calificada por los cuestionados magistrados del TEPJF […]".

La entrega de la constancia de mayoría

Según Alonso Urrutia: "Fue una ceremonia breve, demasiado breve. No más de diecisiete minutos en los que Felipe Calderón Hinojosa recibió la constancia de su nueva calidad: presidente electo.

En la Sala de Plenos del Tribunal Electoral escuchó el corolario expresado por el presidente del organismo, Leonel Castillo: '[...] con lo anterior, quedan firmemente establecidas todas las condiciones jurídicas para que se lleve a cabo el relevo presidencial el próximo día 1º de diciembre'. Afuera del Tribunal llovían huevos que se estrellaban en la explanada y crecía el coro de repudio al fraude electoral de centenares de seguidores de López Obrador. El acceso principal fue el único que no resguardó ayer la Policía Federal Preventiva (PFP), que se apoderó de los alrededores del inmueble para salvaguardar el paso del presidente electo, ministros e invitados, quienes accedieron por la puerta trasera".

Julio Hernández López da su visión de las cosas: "Felipe Calderón asumió su condición jurídica de presidente electo usando la puerta trasera y haciendo trampa al reloj".

Alma E. Muñoz y Gustavo Castillo informan que "unos tres mil simpatizantes del ex candidato presidencial de la Coalición por el Bien de Todos impidieron que Calderón ingresara por la puerta principal del Tribunal Electoral del Poder Judicial de la Federación (TEPJF) para recibir la constancia de presidente electo.

"No obstante, ocurrieron algunos incidentes, como el que sufrió el ex secretario de la Reforma Agraria Florencio Salazar, quien recibió una patada, además de que le arrojaron puños de tierra y líquido cuando intentaba ingresar a la ceremonia.

"Desde temprana hora, mil doscientos policías y militares cerraron el tránsito vehicular y peatonal en calles aledañas al Tribunal, lo que provocó descontento entre los habitantes de la zona de Culhuacán.

"Los manifestantes comenzaron a llegar en 'operación hormiga' a las tres de la tarde, y cerca de las dieciséis horas sumaban casi tres mil.

"Entre las acciones de protesta, dos mujeres se despojaron de parte de sus ropas: una quedó en paños menores y otra mostró los senos y se colocó en los pezones logotipos del PRD. Corearon frases como 'Felipe, entiende, el pueblo no te quiere', 'Sufragio efectivo, no imposición' o 'El usurpador no pasará'".

Protesta en Televisa

Antes de AMLO, Jesusa Rodríguez habló de la protesta de un grupo de jóvenes que irrumpieron sobre el set durante la transmisión en vivo del programa *Otro rollo* de Televisa. "Nunca en la historia de la televisión se había visto algo así, que se expresara el repudio al pelele de Calderón con la consigna que escuchamos de ¡sufragio efectivo, no imposición!

"'¡Ese apoyo sí se ve!', gritó Jesusa y pidió un aplauso para 'esos muchachos que lograron hacer escuchar su voz en un medio cerrado por completo al movimiento de resistencia civil'.

"Dijo que sabía que Televisa ya no transmitirá programas en vivo, o por lo menos no permitirá que haya público, para evitar que la inconformidad se exprese al aire."

"Los magistrados son unos cínicos", me dice el estudiante de noveno semestre en la Facultad de Ciencias Políticas de la UNAM Arturo Navarrete Juárez.

"Desde que empezó el proceso postelectoral se preveía cuál sería el resultado. Es absurdo que permitan la intromisión del presidente y del Consejo Coordinador Empresarial. Es imposible que no puedan medir el impacto de los spots en radio y televisión contra AMLO durante el proceso electoral.

"Es notorio que la guerra sucia contra AMLO influyó en el resultado de la elección. Si en su momento no retiraron los spots, ¿qué se podía esperar de ellos? La gente de AMLO también se equivocó al creerse invencibles. AMLO no creía que podía perder y se confió demasiado. Cuando reaccionó ya le habían comido el mandado."

El tata Samuel Ruiz

Andrea Becerril y Enrique Méndez informan que "el obispo emérito de San Cristóbal de Las Casas, Samuel Ruiz García, se solidarizó con el movimiento. Visitó al campamento de Chiapas en la Plaza de la Constitución y fue nombrado delegado honorario a la Convención Nacional Democrática.

"[...] destacó la importancia de la protesta social, sobre todo cuando se trata de defender los derechos de los más pobres".

"Tras reconocer el triunfo de Felipe Calderón, la Conferencia del Episcopado Mexicano (CEM) pidió no subestimar el liderazgo y la fuerza de Andrés Manuel López Obrador, porque sus acciones pueden 'ir en detrimento' del gobierno del panista", según Alma E. Muñoz.

"El obispo Abelardo Alvarado, responsable de la relación Iglesia-Estado, expuso que López Obrador tiene 'ofrecimientos mesiánicos de solución', un discurso violento y de confrontación y los diputados del PRD son un lastre por su oposición ciega a todas las iniciativas del gobierno."

Emilio Carballido, intelectual comprometido

Según los corresponsales de *La Jornada*, "Carballido consideró que los magistrados del Tribunal Electoral del Poder Judicial de la Federación (TEPJF) se 'hicieron guajes e indebidamente validaron el fraude electoral', al ratificar el triunfo del panista Calderón, lo que según el dramaturgo evidentemente significará un retroceso democrático en México.

"'La comunidad intelectual debe alzar la voz y desconocer a Calderón quien no ganó las elecciones. No puede ser nuestro gobernante, punto.

"'[...] La derecha, los empresarios y el gobierno federal calcularon mal las consecuencias de imponer a un presidente ilegítimo, pues no está lejano el riesgo de una revuelta ciudadana. [...] Son ellos [el gobierno y el PAN] los que están destruyendo, provocando y queriendo que haya sangre, violencia, para que digan «miren qué violentos son», pero los simpatizantes de López Obrador estamos tranquilos por el momento'".

René Drucker Colín es muy claro: "[...] Los seguidores del TEPJF argumentan que no hay pruebas del fraude y que López Obrador está enloqueciendo, porque no sabe ser perdedor, amén de muchos otros 'argumentos' que más bien son insultos. Todos sabemos que cuando los argumentos están plagados de insultos es que faltan argumentos".

"¿Consummatum est?" pregunta Octavio Rodríguez Araujo: "Dice la leyenda que éstas fueron las últimas palabras de Jesús en la cruz, pero sin interrogación. Lo que en español quiso decir, siempre siguiendo la leyenda y el Evangelio de San Juan, fue que todo se había acabado, que todo se había cumplido. El empleo de estas palabras suele ser a propósito de un desastre y de un gran dolor. La interrogación la uso para preguntar si de verdad todo se acabó. Aunque el desastre y el dolor sí existen, como se prueba con algunas fotografías de gente que ingenuamente quiso creer en las instituciones, pienso que no, que en realidad todo empieza ahora que el Tribunal Electoral del Poder Judicial de la Federación (TEPJF) resolvió torpemente que Felipe Calderón Hinojosa sea el próximo presidente de los Estados Unidos Mexicanos.

"[...] En una democracia madura, no me cansaré de repetirlo, los votos se hubieran contado en su totalidad, era la única forma de transparentar una elección bajo sospecha. No se hizo, y el Tribunal no quiso hacerlo; ahora ya sabemos por qué, aunque lo sospechábamos."

El ómbudsman Emilio Álvarez Icaza

"Una parte significativa de las 869 quejas tienen un alto contenido racial y discriminatorio. Las 869 quejas se refieren despectivamente a quienes están en el plantón. Hacen referencia a un contenido racial o de discriminación significativo, y eso nos preocupa", declaró el ómbudsman capitalino, Emilio Álvarez Icaza, a Agustín Salgado de *La Jornada*.

"Los visitadores presentes a lo largo de estos días en el plantón no observamos ni suciedad, ni desorden ni insalubridad y creo que esto es importante ponderarlo.

"Hay quejas de que la gente en el Zócalo es muy sucia, muy desordenada, que hay mal olor y que… no, no quiero repetir las expresiones, porque me parece que sería repetir esa cultura de discriminación que no acompaño. Pero en todo caso, lo que yo diría, por lo que los observadores han reportado, es que no se actualiza ese tipo de denuncia. No es el caso.

"[…] Todo lo que estamos viendo es producto de la polarización que se vivió durante el proceso electoral. Lo hemos señalado, es como si el país se dividiera en 'pirrurris y nacos', en izquierdas y derechas, y hay que tener muy claro que debemos hacer un esfuerzo por la reconstrucción del tejido social."

La CND

Érika Duarte y Rocío González aseguran que "ayer, simpatizantes de AMLO se congregaron a lo largo de los campamentos del Zócalo a la Fuente de Petróleos, para registrar a los delegados a la Convención Nacional Democrática (CND).

"Estudiantes, obreros, profesionistas, campesinos, amas de casa y jubilados de diversas zonas de la ciudad y del país acudieron a inscribirse. Fue el caso de la señora Cristina Valle, quien vino de Oaxaca.

"Dijo estar dispuesta a regresar el día 16 para participar en la Convención, 'porque ya no es posible seguir como vamos, con tanta pobreza, injusticia y desigualdad, y con instituciones que sólo favorecen a los privilegiados'.

"[…] Sin distingos de edad, clases sociales y ocupaciones, quienes simpatizan con el movimiento de resistencia civil acuden a los módulos y exponen sus razones como Mariana Martínez Velasco, de quince años, quien dijo que participa porque 'gobernantes como Andrés Manuel son los que requiere este país, sobre todo la gente más pobre y necesitada'. En su colonia, Parajes de Buenavista, en la delegación Iztapalapa, 'vivíamos en condiciones de marginalidad, no había ni calles pavimentadas, pero AMLO nos ayudó mucho y ahora contamos con servicios públicos. Mucha gente que no tenía ni para comer ahora puede mandar a sus hijos a la escuela; por ejemplo, en mi caso, gracias a él estudié'."

En *Reforma*, Lorenzo Meyer escribe: "El Tribunal Electoral del Poder Judicial de la Federación (TEPJF) encontró problemas en la elección presidencial del 2 de julio pasado pero al final declaró ganador por medio por ciento al candidato de la derecha. Legalmente, ya no hay nada más que hacer y así se ha cerrado el último capítulo formal de la conflictiva elección.

"Pero no fue un cierre con broche de oro sino todo lo contrario. No logró disipar las dudas que una parte de la ciudadanía mantiene en torno a la legitimidad del triunfo que ha avalado el entramado institucional vigente. La decisión del TEPJF intentó apegarse a la letra de la ley pero de ninguna manera a su espíritu, y justamente por eso, a la vez que cierra, también abre un nuevo y muy difícil capítulo en la historia política de México. Ante la negativa del TEPJF a sacar las conclusiones posibles de la obvia parcialidad que afectó al proceso, así como a restaurar la certeza en torno a los resultados en el total de urnas que arrojaron votos de más y de menos, el derrotado ha optado por no reconocer la legitimidad del fallo".

En el Zócalo todos preparan la CND mientras que a Calderón le dan casi a escondidas y en unos cuantos minutos la constancia de presidente electo. ¿Habrá o no desfile? ¿Qué hará el ejercito el 16 de septiembre? ¿Cómo lo van a resolver Encinas y Abascal? Ambos confirman que habrá desfile militar y después de éste, agrega Encinas, se llevará a cabo la CND.

AMLO DICE: "[...] Cuarenta días de resistencia civil pacífica y aquí estamos, bajo la lluvia, resistiendo.

"[...] ¿Por qué estamos convocando a la Convención Nacional Democrática? Porque sabíamos de antemano, no somos ingenuos, que el régimen está podrido, que las instituciones están tomadas y las mantienen secuestradas unos cuantos privilegiados, que las instituciones de nuestro país no responden al mandato constitucional ni atienden los asuntos de interés general, lo que tiene que ver con la mayoría de nuestro pueblo.

"[...] Es asamblea soberana la Convención, puede reunirse cada seis meses.

"[...] Les quiero decir que estoy muy contento de que se haya tomado esta decisión. Si no se hubiese convocado a la Convención, estaríamos ahora en la disyuntiva de aceptar o no al gobierno espurio, pero ahora afortunadamente ya tenemos trazado un camino, sabemos hacia dónde ir, no nos van a poner condiciones, no vamos a entrar al aro, no vamos a aceptar las reglas de siempre, no les vamos a convalidar su fraude, que se queden con sus instituciones corruptas, nosotros vamos a crear aquí nuestra instancia de gobierno y vamos hacia adelante.

"[...] Originalmente son siete miembros de la Comisión Nacional Organizadora, los voy a dar a conocer: José Agustín Ortiz Pinchetti, Rafael Hernández Estrada, Dante Delgado, Socorro Díaz, Jesusa Rodríguez, ¿la conocen?, Fernando Schütte y Elenita Poniatowska.

"Ahora de siete pasa a nueve porque se incorporan Federico Arreola y Chaneca Maldonado.

"[...] Éste es un movimiento amplio, plural, incluyente, es un movimiento que reúne a hombres y mujeres libres de todas las condiciones sociales, de todas las corrientes del pensamiento, de todas las religiones, a pensadores libres, en fin, es un movimiento representativo de lo que es nuestra gran nación.

"[...] Saben, cuando comenzábamos nuestro movimiento, antes de ser jefe de Gobierno de la ciudad, luchábamos por la democracia, recuerdo que me reuní con un grupo del movimiento nacional de jubilados y de pensionados, puros adultos mayores, y ¿saben ustedes cuál era el lema de estos ancianos respetables?: 'Dejar de luchar es empezar a morir'.

"[...] Cuarenta días en resistencia civil pacífica. Esto no tiene precedente en la historia de México, ya estamos haciendo historia, ¡y lo que viene!"

VIERNES 8 DE SEPTIEMBRE

Salgo a Durango, invitada por Cristian Salazar. Me siento bien en el avión, es maravilloso volar y encontrarse el cielo azul encima de las nubes color chocolate que cubren la ciudad de México. Durango precioso, tanto como Chihuahua pero mejor porque me llevan al Hostal de la Monja de anchos muros de piedra. Es una casa antigua, los techos altos, las ventanas también. Todo me sabe a naranja, estoy en el corazón de una naranja. Presento en la universidad *El tren pasa primero,* pero como suele suceder el tren corre como bólido y se convierte en AMLO. El auditorio lleno a reventar, muchas mujeres toman la palabra y hablan espléndidamente. Estoy superemocionada y agradecida. Una señora, así sin más, pone en mis manos un rebozo y se va sin darme su nombre. "No quiero que le dé frío." A la salida, entro a una carpa de solidaridad con el plantón en México.

Proceso *pide acceso a las boletas*

José Galán informa que "con la negativa de dar acceso a las boletas electorales a organizaciones civiles y medios de comunicación, como la revista *Proceso,* para hacer un recuento apartidista, el IFE busca ahora, de forma fáctica, una nueva categoría dentro de la Ley Federal de Transparencia y Acceso a la Información Pública, señalaron ayer académicos de la UNAM, representantes de colectivos civiles y ex consejeros electorales.

Irma Eréndira Sandoval, del Instituto de Investigaciones Sociales de la UNAM, sostuvo que ni el IFE ni el Tribunal Electoral "han salido bien parados de su prueba histórica, como tampoco el COFIPE.

"A los funcionarios del IFE les urge incinerar las boletas para que no queden supuestas pruebas de la elección".

Hugo Almada, de Alianza Cívica, consideró que el nivel de "arcaísmo" en las instituciones y procesos electorales quita transparencia y certeza a los comicios y sus resultados.

También en *Proceso,* John Ackerman, del Instituto de Investigaciones Jurídicas de la UNAM, sostuvo que la solicitud de acceso a las boletas para un recuento ciudadano tiene como fin "conocer la verdad histórica".

"Si aplicáramos de forma más general la lógica del TEPJF, nos estaríamos enfrentando a escenarios verdaderamente inverosímiles. Por ejemplo, no tendríamos por qué anular una casilla 'taqueada' donde se hubieran encontrado 299 boletas de más, si el candidato ganador en tal casilla hubiera obtenido una ventaja de por lo menos trescientos votos. Pero sí se anularía una casilla donde se hubiera encontrado una sola boleta adicional en una casilla donde hubiera empate. Esta forma de proceder sienta un precedente muy peligroso. A partir de ahora, el relleno de urnas será permitido siempre y cuando la irregularidad no sea 'determinante' para el resultado de esa casilla, aunque sí lo fuera para la elección en su conjunto."

Ciro Pérez Silva y Roberto Garduño afirman que "Las bancadas de PRD y PT en la Cámara de Diputados rechazaron ayer la promulgación del bando solemne por el que se da a conocer a todo el país la declaración de presidente electo en favor de Felipe Calderón Hinojosa, al tiempo que abandonaron el salón de sesiones después de advertir que la emisión de este documento 'lesiona profundamente nuestro accidentado camino a la democracia y [...] construye una nueva afrenta al pueblo mexicano y fortalece el movimiento de resistencia civil pacífica en contra de la imposición de un presidente ilegítimo e ilegal, producto del acuerdo de los grupos de poder que han empobrecido a los mexicanos'".

Según Enrique Méndez y Andrea Becerril: "Andrés Manuel López Obrador pidió a sus simpatizantes en el día cuarenta de la resistencia civil que se concentren en organizar la Convención Nacional Democrática, sin preocuparse mucho por lo que haga el 'usurpador' Calderón, a quien vaticinó que deberá enfrentar divisiones por el cobro de facturas de los que le ayudaron a cometer el fraude electoral, entre ellos Elba Esther Gordillo y Roberto Hernández.

"'Entre mafiosos hay una máxima: cuando se reparte mal el botín, hay motín. ¡Van a ver cuando les empiece a pedir su pago de facturas la maestra Elba Esther Gordillo! Cuando les diga: «Yo les di tantos votos, eché a andar un operativo para sacar votos que eran de la Coalición. Yo te ayudé en el fraude, me tienes que dar la Secretaría de Educación». Ahí vamos a saber lo que sucederá.

"'En ese gobierno espurio, del hampa —insistió— comenzarán los pleitos, los problemas por el reparto de cargos que los llevará a la división, y no dudó de que así como Roberto Hernández impuso a Vicente Fox que designara secretario de Hacienda a Francisco Gil Díaz, ahora con más derecho le van a pedir al pelele que les entregue esa secretaría, porque la quieren para ellos.'

"Por eso, insistió ante sus seguidores, que aguantaron otra vez la lluvia, no deben hacer caso de las burlas de quienes consideran el movimiento 'fuera de la realidad. No nos preocupa lo que puedan decir analistas, comentaristas y alcahuetes de la derecha, tenemos lo fundamental, que es la razón y al pueblo de nuestro lado', expresó.

"'¡Tenemos lo mero principal...!', dijo. Y la gente completó la frase: '¡güevos, güevos!' AMLO sonrió y precisó que se refería a 'la autoridad moral'.

Enrique Méndez y Andrea Becerril informan que "Porfirio Muñoz Ledo reveló ayer que cuenta 'con información del más alto nivel en el Poder Judicial' de que Vicente Fox intimidó a los magistrados del Tribunal Electoral del Poder Judicial de la Federación (TEPJF) para obligarlos a emitir el fallo por el que se validó el fraude electoral del pasado 2 de julio.

"'Hace quince días hubo una reunión en la casa del presidente de la Suprema Corte de Justicia de la Nación, Mariano Azuela, en la que Fox presionó a los magistrados para que pasaran por alto todas las irregularidades y declararan presidente electo a Calderón, con el argumento de que de lo contrario provocarían una crisis política y un colapso económico, con fuga de capitales y otras consecuencias nefastas para el país'".

Juicio político a los magistrados

"Investigadores y académicos de instituciones superiores de educación pública, entre ellas las universidades Nacional Autónoma de México y Autónoma Metropolitana, presentaron ayer en la Cámara de Diputados una solicitud de juicio político en contra de los magistrados del Tribunal Electoral del Poder Judicial de la Federación (TEPJF). [...] Hay elementos científicos suficientes para dudar de los resultados electorales y dar paso al conteo de voto por voto 'que 70 por ciento de los mexicanos estamos reclamando. Nosotros, como científicos, tenemos la certeza absoluta, sin lugar a duda, de que el conteo que se hizo fue equivocado, que tuvo fallas importantísimas a nivel de captura y procesamiento de los datos que enviaron las 130 mil y pico de casillas'."

Bolívar Huerta dice: "Desafortunadamente ni el Tribunal pero tampoco la propia Coalición por el Bien de Todos hicieron mucho caso al grupo de investigadores que sin cobrar trabajaron días y noches para demostrar que había gato encerrado en los datos del IFE. Son pocos los que han reconocido este trabajo y muchos los que lo han descalificado. En Italia, sólo bastó que un semanario de izquierda denunciara la existencia de un programa informático que supuestamente transformaba los votos blancos en votos a favor de Berlusconi para que el Parlamento ordenara un nuevo recuento de esos votos. Por mala fortuna vivimos en el segundo mundo donde los políticos están muy lejos de los académicos y ciudadanos".

Jorge Camil escribe que "Al fondo del Salón de Plenos del Palacio Legislativo, en medio de los nombres de los héroes que forjaron la patria, colgaban dos espectaculares banderas mexicanas frente a frente: testigos mudos del México dividido que dejó el gobierno de Vicente Fox: derechas e izquierdas, norte y sur, ricos y pobres; mexicanos de primera y de segunda; ciudadanos con oportunidades en un país con esperanza y compatriotas desahuciados en un país sin esperanza; mexicanos privilegiados que viven en territorio nacional, y aquellos que trabajan en el extranjero para enviar las remesas que constituyen (¡a lo que hemos llegado!) una de nuestras más importantes fuentes de divisas. Dos enormes banderas que cobijan con idéntico símbolo, escudo y colores a un país cuadriculado por divisiones subyacentes que hoy afloran finalmente a la vista de todos".

Ángel Bolaños asevera que "el jefe de Gobierno del Distrito Federal, Alejandro Encinas, aseguró que personal de la Dirección General de Servicios Urbanos tendría limpio el Zócalo, la calle de Madero y las avenidas Juárez y Reforma en un plazo de ocho o diez horas a partir de que la Coalición por el Bien de Todos decida retirar los campamentos de resistencia civil pacífica contra el fraude electoral".

Pierde casa y marido por andar en el plantón

Inti Vargas en *Reforma* cuenta cómo "desde hace cuarenta días, Ofelia vive en el plantón en el Zócalo. Lo hace convencida de la causa que defiende, pero también porque sus ideales la dejaron sin marido y sin casa.

"*Aquél*, como se refiere a su segundo esposo Wilfrido con quien estuvo casada siete años, la acompañó en los primeros días después de la elección del 2 de julio, pero después le confesó que sentía más simpatía por el PRI que por el PRD, y la dejó.

"Le dije que se fuera, que era un traidor. Luego regresé a mi casa y él ya no me dejó entrar. Me dijo que quería divorciarse y me quitó las llaves'.

"Desde entonces, Ofelia, toluqueña de sesenta y cinco años buscó cobijo en alguna de las cinco carpas que el Edomex mantiene en la plancha de la Plaza de la Constitución.

"Ayer durmió en la del municipio de Ecatepec, donde se encargó de la cocina junto con una amiga que ahí encontró.

"'Mi papá conoció a Lázaro Cárdenas, era ferrocarrilero. No iba a cambiar todo lo que he luchado por un vago. Él [Wilfrido] era un vago y yo lo hice un hombre de bien. Qué bueno que con Wilfrido no tuve hijos.

"'De mi casa, extraño el baño. Aquí casi no me baño, porque no es lo mismo'.

"Para comprobar que su militancia partidista no es de ayer, Ofelia saca de su monedero una credencial decolorada de afiliación al PRD, firmada por Cuauhtémoc Cárdenas Solórzano en 1989.

"'¿Qué va a hacer cuando quiten las carpas?' 'Les voy a hablar a mis hijos en Toluca. Me voy ir para allá nomás recoja las cosas de mi casa. Me dicen que puedo pelear la casa, pero no sé, ahorita hay que estar aquí apoyando la resistencia'".

AMLO DICE: "[…] Todos los días yo me reúno con dirigentes de los partidos para elaborar de manera conjunta la estrategia que sigue nuestro movimiento.

"[…] No cualquier ciudadano se comporta como lo hacen ustedes. Ustedes encarnan el decoro de millones de mexicanos, ustedes representan la dignidad de millones de mexicanos, porque la lucha por la que están aquí es la de todos los mexicanos, incluidos los que no ven con buenos ojos nuestro movimiento.

"[…] Dicen que la nuestra es una República imaginaria, nosotros decimos que el pueblo tiene derecho a cambiar, a modificar la forma de su gobierno y no nos pidan que, ante el atropello de la voluntad popular, ante el fraude, luego de que han pisoteado los principios constitucionales, tengamos que seguirles rindiendo pleitesía, quemándoles incienso, aplaudiéndoles. ¡No! Ya eso se acabó.

"[…] Vamos a crear nuestro gobierno de manera legal, legítima. Legal porque nos amparamos en el artículo 39 constitucional, que establece el derecho soberano del pueblo a formar su gobierno, a cambiarlo y a modificarlo y abolirlo, si está de por medio la felicidad del pueblo.

"[…] Sólo imaginen ustedes lo que puede hacer el titular de un Poder Ejecutivo, un presidente de México, legítimo. ¡Recorrer todo el país, ir a todas las comunidades a escuchar al pueblo!

"Una de las cosas que hace falta en México es escuchar a la gente. La voz del pueblo es la voz de la historia. Con escuchar las demandas de la gente, darle aliento y apoyo, denunciar las arbitrariedades, con eso se gobierna este país.

"[...] La defensa, por ejemplo, de la educación pública. ¿Qué es lo que quiere la derecha? Borrar todo lo que tiene que ver con la educación pública gratuita en nuestro país para impulsar la privatización de la educación.

"La educación no es una mercancía para quien la puede adquirir. La educación no se puede convertir en un privilegio. La educación es un derecho de nuestro pueblo y lo vamos a defender.

"Y vamos a defender a las universidades públicas: que tengan recursos suficientes y no se olvide que la función básica de la Cámara de Diputados es la de aprobar el presupuesto. Eso no va a depender del presidente espurio sino de los diputados y ahí tenemos muchos representantes que van a defender el presupuesto a favor de la educación.

"Tiene que haber recursos suficientes para la educación, sobre todo en el nivel universitario, para que no haya rechazados. Desde que se aplica este modelo neoliberal, las autoridades tomaron el pretexto de que no hay espacios y que, por lo mismo, tienen que rechazar a muchachos. Utilizan como elemento para excluirlos el que no pasan el examen y eso es mentira.

"El problema es que no hay espacios y no los hay porque no hay inversión en las universidades públicas. Vamos a buscar presupuesto suficiente, que se abran los espacios para que ningún joven que quiera estudiar sea rechazado, estudiar es un derecho constitucional que vamos a hacer valer.

"Aquí me podría pasar toda la noche hablando de cuántas tareas tendría un gobierno del pueblo. He hablado un poco de lo que corresponde a la cultura. ¡Imagínense que nos organizáramos para el fomento a la cultura! Ustedes lo han constatado, llevamos cuarenta y un días en resistencia y todos los días hay una gran actividad cultural en todo el corredor, desde el Zócalo hasta la Fuente de Petróleos, a lo largo de ocho kilómetros y medio.

"[...] Ustedes están claros de que tenemos imaginación y mucho talento en los que conducen este movimiento, para hacer un gobierno ejemplar.

"[...] Hasta el día de hoy el reporte que tenemos son 341 mil delegados registrados para la Convención Nacional Democrática."

IV
UN NUEVO DERECHO:
LA FELICIDAD

Regreso a México de Durango. ¡Qué bien me fue! Mi anfitrión Cristian Salazar y su familia son un encanto y su devoción por López Obrador, total. Además, Durango es la tierra de los Revueltas y es fácil abrazarse a José, a Silvestre que no conocí, a Fermín que sólo vi en su pintura, a Rosaura, la sal de la tierra bastillando sus enaguas. Visito a Mane, a Thomas, Andrés y no veo a Nicolás porque fue a dormir con un amigo. Me fascinan los abrazos de Thomas, me reconcilian con la vida. Es como si me entrara un rayo de sol al corazón. ¿Cómo le haría Mamá para aguantar la soledad? Mane se ve muy bien y espero con toda mi alma que esté contento, su expresión y su sonrisa lo confirman. Me es indispensable la sonrisa de mis hijos.

Voy al Zócalo en la tarde, la atmósfera lluviosa desperdiga a la gente. El Tribunal es el responsable del desánimo. Con mucha razón, Jaime Avilés llama a los jueces magistransas que se doblegaron ante las cúpulas empresariales, Fox, Elba Esther Gordillo, los gobernantes priístas y el IFE.

La inexistencia de la democracia

Dos estudiantes, María Maya y Pedro Sánchez Pérez, discuten:

—Pues el PAN hizo más pobres a los pobres y más ricos a los ricos.

—Más bien fueron Fox y Martita…

—Lo grave es que el gobierno del PAN va a ser tan unilateral como el de los Estados Unidos. No es el presidencialismo lo que nos daña tras el fraude electoral sino la corrupción, la falta de democracia.

—Pero el presidencialismo en sí es antidemocrático.

—En Morelia, a Calderón lo recibieron con una pancarta de "Pinche usurpador", "¡Obrador, aguanta, el pueblo se levanta!", "¿A qué vienes, pinche usurpador?" Un hombre desfiló frente a los policías con diez urnas entrelazadas y un letrero: "Estamos encabronados".

En la UNAM

Jesusa me dice que por fin reaccionan los estudiantes y se han agrupado en una convención democrática universitaria, organizada en la UNAM. "Ya era hora que llamaran a reconocer a Andrés Manuel como presidente legítimo de los mexicanos. Parece que también quieren la reforma del Estado." "¿Qué es eso? Aunque ya me lo explicó mi hijo Felipe a cada rato se me va." "¡Ay, Elena, no te lo voy a explicar ahora, es algo así como la construcción de un nuevo pacto nacional! La CND también aprobó por unanimidad desconocer a Calderón, reconocer a López Obrador como presidente legítimo de México y reactivar en todo el país el movimiento indígena-campesino."

Busco las estrellas en la noche. La lluvia las espanta porque no veo a ninguna. Guillermo, mándame estrellas. Recuerdo cómo cada noche de tu vida levantaste la cabeza hacia el cielo para buscarlas. Lo hacías automáticamente, era una deformación profesional y me gustaba mucho ese gesto tuyo. Guillermo Haro, ¿dónde estás? ¿En qué estrella? ¿En qué lucha por tu país? ¡Ya viejo decías que con gusto te irías de guerrillero!

Mis muertos me acompañan y me preguntan qué haces y les respondo que ahora ando en el plantón no porque sea revolucionaria, ni marxista ni leninista sino porque aquí hay gente tan buena y noble como la que conocí durante mi adolescencia, mi juventud

322

y mi madurez, aristócratas desprendidos con los que no hablo de lucha de clases (porque no sé hablar de eso) sino de libros y de autores como si estuviera tomando el té con María Teresa Rincón Gallardo de Riba, la dulce, la linda amiga de mi madre o con Carmelina Ortiz Monasterio que convirtió su vida en una ofrenda. Al igual que los ricos, los proletarios pueden ser arrogantes y corrientes (porque la insolencia es siempre corriente) y sus aspiraciones los asemejan: tienen una casa y quieren otra, un coche y quieren otro, pero aquí en el plantón sólo hay gente que desea que se acabe un sistema represivo, sí, pero lo desea como si tomara el té de las cinco, con elegancia.

A las dos cuarenta de la mañana suena el teléfono y miro el reloj. Una voz masculina muy bella y amistosa me tutea: "Elena, un hombre acaba de entrar a tu jardín. Llama a la policía". "¿La po-lic-í-a?", digo aterrada porque no me sé un solo teléfono ni de la Cruz Roja ni de la policía. "Si quieres llamo yo", dice la voz cálida y cuelga. Por un momento pienso que el que me habla es un vecino considerado. Me pongo la bata y prendo todas las luces de la casa. Armada de valor, bajo hacia la puerta de la calle. La Plaza Federico Gamboa o calle de San Sebastián vacía me asegura que no hay nadie. Regreso y tardo mucho en dormirme. De todas las agresiones recibidas, ésta es la peor porque experimento por primera vez algo apenas presentido: el odio.

Luis Villoro escribe en *Proceso*: "Con su fallo, el Tribunal Electoral del Poder Judicial de la Federación no estuvo a la altura que esperábamos. Desoyó las voces indignadas de muchos ciudadanos. Todos esperábamos un fallo equitativo que diera satisfacción a las demandas de revisión presentadas por la Coalición. Pero la indignación no basta. ¿Cuál sería la respuesta adecuada frente al fallo?

"La mejor respuesta no debería reducirse a la actual coyuntura electoral. Debe abrir un camino, vigente para un largo plazo. Éste debe basarse en la necesidad de avanzar colectivamente hacia un proyecto nuevo de nación definitivo, desde abajo y por la izquierda. El movimiento zapatista ha tenido razón. El presidencialismo es un sistema caduco. Igual lo es la democracia representativa basada únicamente en los partidos, la 'partidocracia'. Habría que avanzar hacia formas de democracia 'participativa' y aun 'comunitaria', más allá de los partidos. Pero, ¿cómo lograrla?

"López Obrador cuenta ya con un caudal político considerable. Quienes votamos por él tenemos la obligación de no malgastarlo en actos provocadores contraproducentes. Nuestra lucha es a largo plazo. En cambio, démosle apoyo y confianza para que pueda encabezar un proyecto de renovación radical de la República, sin violencia, dentro de la legalidad".

"Adelgaza" el plantón

Según Ernesto Osorio de *Reforma,* adelgaza el plantón y las carpas de los dieciséis campamentos de las delegaciones del Distrito Federal están prácticamente desiertas durante el día.

"Sólo en televisores y con pocos espectadores se repiten las arengas de López Obrador, así como documentales sobre la vida de Gandhi y discursos del presidente de Venezuela Hugo Chávez.

"[…] En las carpas de Jalisco, Guanajuato, Nayarit y Estado de México duermen unas ciento ochenta personas. En la de Nuevo León, dos personas venden tés curativos y en la de Chiapas conservan el altar donde ofició Samuel Ruiz."

AMLO DICE: "En la Convención, todos debemos decidir el camino que tomaremos. Por eso hoy quiero proponerles que abramos un gran debate nacional. "[…] También tenemos que tener en cuenta otra interrogante para resolverla en definitiva en la Convención: ¿vamos a reconocer a un presidente espurio y a un gobierno ilegítimo?"

"A Calderón debería darle vergüenza decir que es el presidente electo, cuando bien sabe que no ganó la Presidencia de la República.

"[...] En este gobierno de Vicente Fox, han abandonado el país por necesidad, tres millones de mexicanos, a razón de 500 mil por año, que abandonan a sus familias, abandonan su pueblo para ir a buscar trabajo del otro lado de la frontera.

"Por eso vamos a insistir en una nueva economía, se tiene que echar a andar la actividad productiva y se tienen que generar empleos.

"[...] Tenemos toda la legalidad que nos da la Constitución, el amparo del artículo 39 constitucional y la legitimidad que nos da el pueblo para constituirnos en gobierno.

"[...] Se ha venido dando una privatización silenciosa de la educación pública porque cada vez se destina menos presupuesto a la educación pública y ésa es la causa por la que no hay espacios en las escuelas preparatorias, las universidades públicas, por eso miles de jóvenes son rechazados año con año y se usa el pretexto de que se les rechaza porque no pasan el examen de admisión, cuando no se les admite porque no hay espacio, no hay inversión suficiente para la educación pública, el proyecto que tiene la derecha es dejar de lado la educación pública y abrir espacios para la privada.

"[...] Aquí en la ciudad las cuotas promedio en universidades privadas llegan a ser hasta de cinco salarios mínimos en promedio y ustedes saben que el 75 por ciento de la gente del Distrito Federal apenas gana dos salarios mínimos.

"¿De dónde va a sacar un padre de familia para pagar una colegiatura de cuatro, de cinco salarios mínimos, de 3 000, 4 000, 5 000, $6 000 al mes para costearle los estudios a un joven?

"[...] Vamos a defender la Universidad Autónoma Metropolitana, el Politécnico, la UNAM, todas las universidades públicas de nuestro país.

"Y en el caso migratorio, ¿qué tarea tenemos por delante? No permitir que en el 2008, como está pactado, queden libres las importaciones de maíz y de frijol. Hay un acuerdo para que en el 2008 se permita la libre importación de maíz y de frijol, si ese acuerdo se lleva a la práctica, se estaría dando el golpe definitivo a tres millones de familias campesinas.

"¿Qué va a suceder si entra en vigor esa cláusula? Va a crecer la corriente migratoria. Por eso vamos a defender ese punto, no va a entrar en vigor esa cláusula en el 2008…"

DOMINGO 10 DE SEPTIEMBRE

Al salir del Zócalo después de la misa de once lopezobradorista, Aurelio Fernández, director de *La Jornada* de Puebla, y su hijo Juan Aurelio ofrecen darme un aventón a Chimalistac, pero antes me invitan a comer al D'André, lo que me cae de pelos porque en la casa no hay ni una tortilla partida por la mitad. Ambos son inteligentes y están prendidos con el plantón. Escucharlos es un aprendizaje.

Juan Aurelio Fernández, quien de niño asistió a una escuela activa, hace su licenciatura en historia en la UNAM y dice que pertenece a una generación acostumbrada a perder, a una izquierda a la que le robaron el triunfo, como en el 88, una izquierda rezagada. "De repente, en el 2006 se dibujaron nuevas expectativas, hubo indicios claros de que íbamos a ganar, pero nadie pensó en un plan B en el supuesto caso del fraude. Nos quitaron de nuevo el triunfo. […] Algunos de mis amigos están con La Otra Campaña, podemos estar en desacuerdo con AMLO pero debemos aprovechar la coyuntura del levantamiento popular."

"La Universidad siempre ha sido el caldo de cultivo de los movimientos sociales. Y ahora nadie quiere saber de paros porque la huelga nos dejó muy mal sabor de boca.

"A fin de cuentas, hay dos cosas distintas: el movimiento de AMLO y el del PRD. También los muchachos de La Otra Campaña llevan años buscando un movimiento como el de AMLO, y no le entran probablemente porque ellos no lo convocaron."

Aureliano, Juan y yo comentamos a José Agustín Ortiz Pinchetti, quien escribió que "el dictamen del Tribunal Electoral seguramente pasará al registro de la ignominia judicial"; a José Galán que dice que "el racismo y el clasismo son el resultado del enfrentamiento entre los ricos y los pobres y que el fraude está en la mente de todos desde Salinas de Gortari en 1988". También hablamos de Rolando Cordera, quien pregunta: "¿Qué tanto es tantito en política constitucional? ¿Cómo se mide el daño infligido a las instituciones políticas por el presidente Fox y los empresarios enfeudados, reconocido por el Tribunal pero soslayado inmediatamente en su sentencia?" Rolando dice que "la CPBT tiene que [...] demostrar su capacidad de fuerza transformadora. Lo que el país tiene enfrente es demasiado delicado para dejarlo en las manos invisibles del mercado o de unas leyes electorales cuya revisión urge".

Padre e hijo son muy inteligentes y me informan que la "ventaja" de Calderón, según los datos oficiales, fue de dos votantes por casilla. Respondo que no les entiendo absolutamente nada a los números, y que para mí la guerra sucia y las intervenciones ilegales de Fox y las del Consejo Coordinador Empresarial fueron determinantes. ¿El país va hacia la derecha? ¿El mundo mismo va hacia la derecha? Todos en la mesa estamos de acuerdo con lo que dice el sociólogo y antropólogo francés Loïc Wacquante: "[...] en México hay una desconexión cada vez más fuerte entre un sistema político que estaría girando solito, sobre sí mismo, y las demandas populares. [...] Los políticos mexicanos quieren ser como los estadounidenses o europeos, ingresar a la modernidad política, imitando a Blair, Clinton, Jospin o Bush. [...] Al imitar a los políticos del primer mundo, profundizan su desconexión con la gente común. Entonces, la esfera política evoluciona más y más en su propio mundo, como un planeta perdido y la sociedad grita: '¿Y nosotros qué? ¿Cuándo nos van a hacer caso?'"

Aurelio Fernández es un gran defensor de Lydia Cacho y a lo largo de la comida no mencionamos al góber precioso para que no se nos corte el apetito. ¡Pobre Puebla! ¡Pobre México! Entre los medios de comunicación que han apoyado a Lydia está *La Jornada* y la hermosa indignación de Rafael Barajas El Fisgón, quien tiene dos hijas y las protege.

El papel que los artistas han jugado en el plantón no tiene precedentes. Varios miembros de la comunidad pidieron que la cultura fuera punto de discusión en la CND y veinticinco pintores tomaron con sus obras la calle de Madero.

Ambos me dejan en mi casa. Quedé con Jesusa en regresar en la noche a dormir y sólo vine a Chimalistac por mis chivas. Chaneca dijo que también quiere quedarse pero que yo le preste piyama y se la lleve al recoger la mía en la casa.

La condición humana (ya sin Malraux)

Regreso en metro a velocidad supersónica. Adentro del vagón, todos se ven cansados. Seguramente salen de su trabajo. Desilusionados. Nunca he visto un rostro así de cansado en el plantón. La medida de la civilización no es la producción en bruto sino la artesanía, el amor que se le pone a un trabajo, la atención en todos los momentos del proceso creativo, las manos unidas a la cabeza y al corazón, no el automatismo frente a una máquina. Tenía razón Simone Weil que conoció en carne propia el trabajo en la fábrica y lo consideró una rígida, una mezquina esclavitud que mata cualquier impulso. ¿De qué fábrica, de qué embotelladora vendrán todos estos hombres y mujeres agotados?

Llevo dos bolsas con piyamas, suéteres, calcetines, chamarras para Chaneca y para mí. El metro me deja casi adentro de la tienda de campaña. Cuando llego, Jesu me dice que Chaneca, cansada, regresó a su casa, que me ponga las dos piyamas, las dos chamarras, cuatro pares de calcetines para quedar forrada y no me dé frío. "Además te vas a tomar un trago de cognac", y me enseña una botella que vinieron a regalarle, luego una canasta de dulces y lo más bonito, dos pancartas con rosas dibujadas que dicen: "Te queremos, Jesusa". Del techo cuelgan unas macetitas de flores, así como un cartel amarillo de un Niño Jesús con una aureola del PRD que se transformó en el Santo Niño de la Convención. Mientras Jesusa sube al templete recorro campamentos. ¿Qué cosa es nuestro planeta Tierra?, me pregunto al ver en una de las teles del Zócalo las noticias de Irak, los soldados estadounidenses que regresan con una pierna de menos, Cindy Sheehan, desesperada por su hijo, al lado de otras madres que se manifiestan frente a la Casa Blanca. Otro programa enseña a África. ¿Cuándo terminarán las hambrunas? Anoche (la única vez que llegué temprano a casa) vi la película de *La lista de Schindler* y se me escurrieron las lágrimas al grado de darme cuenta cuando sentí empapado el cuello de la piyama. ¿Qué mundo es éste en el que estoy viviendo? ¿Cuándo tendrán todos los hombres las mismas oportunidades y se habrán ido a dormir habiendo comido lo mismo? ¿Cuándo dejarán los poderosos de borrar de la faz del país a los que no lo son? ¡Pobrecito mi México, víctima primero del gordo cacique de Zempoala y después de la Colonia! ¿Sólo nos ha ido medio bien a partir de la Revolución Mexicana? Claro que no. Todavía hoy no reconocemos el valor de cada hombre sobre la tierra. ¡AMLO cita mucho a Benito Juárez! A mí me gusta Madero (siento que tengo mucho en común con él, y si no yo, mi familia, Mamá sobre todo) pero de ahí en fuera no puedo identificarme con Villa, está demasiado lejos. Decía Michel Poniatowski que hay una ley de la balanza, derecha, izquierda, y que después de años de izquierda sube al gobierno la derecha y así sucesivamente y es ingenuo creer a pie juntillas en la bondad de uno u otro. ¿No produjo la Revolución Mexicana además del millón de muertos un número infinito de millonarios?

A las siete de la noche escucho, desde abajo, entre Édgar Barraza y Leonor Gómez, quien se tapa la cabeza con su rebozo, el sermón de AMLO:

AMLO DICE: "[...] La felicidad del pueblo tiene que ser el fundamento de la nueva República y la razón de ser de su gobierno.

"[...] Les informo a ustedes que para el día de hoy calculamos ya medio millón, 500 mil ciudadanos registrados en la Convención Nacional Democrática y estamos seguros de que vamos a llegar al millón de delegados para el día 16.

"En la Convención vamos a resolver si aceptamos la República simulada o declaramos la abolición del régimen de corrupción y privilegios; vamos a decidir si desconocemos al gobierno de la usurpación o lo reconocemos; si creamos un gobierno, nuestro propio gobierno legítimo o una Coordinación Nacional de la Resistencia Civil Pacífica; vamos a decidir también si reconocemos y ratificamos a un presidente de México o nombramos a un titular del Ejecutivo, un jefe de Gobierno en Resistencia o a un coordinador de la Resistencia Civil Pacífica.

"[…] Estoy absolutamente convencido de que vamos por buen camino, ése es el mejor deseo. Aquí, en el Valle de México, los pueblos indígenas para despedir a alguien y desearle lo mejor tienen esa expresión: buen camino. Vamos por buen camino."

Dos de todo

A las once de la noche, estoy por envolverme como taco cuando llega AMLO (¿no que se dormía como las gallinas después de su sermón?). ¡Qué plática tan cálida entre Jesusa, Alejandra Frausto, Daniel Giménez Cacho, Dolores Heredia, Ricardo Deneke El Chango y Gerardo Fernández Noroña! Apenas si cabemos en la tienda de campaña pero la pasamos bien. Habla de la CND y afirma que nada le gusta tanto como ir al campo, salir a provincia, "ésa es mi gente" la que se arremolina anhelante con su esperanza saliéndole por todos los poros. "Eso es lo que me alimenta: salir. En eso podría yo pasarme la vida."

Cuando AMLO se despide, Fernández Noroña se va a su propia carpa, Daniel y Alejandra cada quien a su casa y nos quedamos cuatro: Dolores Heredia, Ricardo Deneke, Jesu y yo. Me pongo todo doble y Jesusa insiste en que además duerma en una tienda de campaña pequeña dentro de la tienda grande. "Así no te enfermas." "Me voy a asfixiar." "No, apenas así aguantas el frío. Ándale, métete." Jesusa que nunca bebe se toma otro trago de cognac. Me cuida como a su mamá. Antes de dormir me fijo bien en Dolores que es muchísimo más bonita que en su película *Santitos*. Es muy sano dormirse con la cara de una mujer bonita impresa en las pupilas. Dolores y Ricardo duermen en catres. Antes de acostarse sacan el *I Ching* para leerlo y se extasían, lo que dice es fabuloso: ¡una vaca amarilla, una vaca amarilla! pero a mí me gana el sueño. Entre los *oh* y los *ah* de admiración, me quedo dormida. Duermo como los angelitos al lado de Jesusa que cae como piedra en pozo. Amanezco contenta junto a ella, oh Jesu, mi niña, mi combatiente, la que me enseña lo que puede ser la revolución. El *I Ching* en el hexagrama 49 dijo: "Las revoluciones que mejoran, que regeneran, son siempre necesarias, sin embargo, hemos de tener en cuenta que toda revolución significa conflicto, lucha, antagonismo, oposición. Por eso las revoluciones son algo serio a lo que sólo hay que recurrir en momentos de verdadera necesidad, en aquellos momentos en los que no queda otra solución. Las cosas están en cambio continuo, por eso es necesario ordenarlas periódicamente. Es decir, la realidad se basa en la lucha entre el orden y el caos. Todo cambio implica un cierto grado de caos, por eso, tras todo cambio se ha de proceder a ordenar las cosas. Cuando las cosas están ordenadas y en equilibrio tienden a envejecer, a corromperse, por eso es necesario el cambio y el caos correspondiente. De esta manera, la vida son ciclos de cambio-caos y de orden, de ying y de yang. El sabio sabe prever, reconocer, las diferentes épocas y anticipadamente toma medidas correspondientes a cada una".

Lunes 11 de septiembre

¡Día padre! Desayunamos en La Blanca Jesu, Ricardo Deneke, Dolores Heredia, Lencho, mi yerno que llegó de Mérida y al terminar cada quien se va a lo suyo. Acompaño a Jesu a La Parisina a comprar listones tricolores para colgar los gafetes del cuello el día de la Convención y en el camino nos autodisparamos una "jicaleta" o sea una gran rebanada de jícama ensartada en un palito que la convierte en paleta, un invento que me hace muy feliz. Buscamos en varias tiendas hasta encontrar el listón más barato. Regresamos al campamento y ensartamos más de mil gafetes. "Te va a tocar repartir los gafetes del sur." "Está bien", respondo sin saber en la que me meto. (La verdad, nunca sé en la que me meto y sigo sin saber decir que no.)

A medio día acompaño a Chaneca, recién llegada a la carpa de Michoacán, a comer. La cocina es de una limpieza admirable. ¡Qué rápido pasa el tiempo, ya son las seis de la tarde!

Entrevisto a don Luciano González:

—¿Qué podemos esperar en el futuro además de los seis años de lucha?

—Un movimiento que fuerce a los gobernantes a transformarse en todos los niveles.

—Pero ¿cómo lo vamos a hacer?

—A mí me gusta la fórmula de los grupos de observadores y los que proponen alternativas en la cultura, en el ambiente, en la economía. A través de propuestas, tenemos que lograr una reforma del Estado. El peligro es que todo este formidable impulso del plantón se pierda apenas se levanten los campamentos y que el propio López Obrador se desinfle o haga política al estilo del PRI, es decir, olvide las grandes causas y se dedique a aliarse a uno y a otro para conseguir que la izquierda gane gubernaturas o presidencias municipales.

Imposible funcionar con esa brecha entre ricos y pobres

Ricardo Deneke, cineasta y fotógrafo, piensa que la necesidad de cambio en México es urgente. "Creo que hay una desigualdad radical, es imposible que un país pueda funcionar con esa brecha entre ricos y pobres y más cuando la gran mayoría son pobres, porque si fuera al revés tal vez sería maravilloso.

"AMLO representa una esperanza para los pobres y una amenaza para los ricos, que podrían ir a la cárcel o simplemente tendrían que pagar impuestos aunque tampoco creo que AMLO sea tan radical como para encarcelarlos a todos, pero sí les impediría que siguieran robándose tanto dinero. A Felipe Calderón le va a costar muchísimo trabajo gobernar y Andrés Manuel con su gobierno alterno va a marcar la agenda política del país.

"Los movimientos de resistencia civil pacífica son muy largos y se desintegran con facilidad. Hay gente que a lo mejor sí puede esperar seis años pero hay otra que vive al límite y está desesperada."

Emir Olivares Alonso informa: "Para encontrar una verdadera solución a la crisis del campo mexicano es necesario generar un pacto social, ya no con el gobierno, sino entre productores rurales y la sociedad mexicana en su conjunto", coinciden dirigentes de diversas organizaciones campesinas.

"Al hacer públicas trece propuestas que llevarán a la Convención Nacional Democrática (CND), los líderes de El Barzón, el Consejo Nacional de Redes Campesinas, la Coordinadora Nacional Plan de Ayala (CNPA), entre otras, destacaron que 'es impostergable salvar a México', y esto sólo se conseguirá con la revalorización del campo.

"Las propuestas para el sector rural que los campesinos llevarán a la CND, el próximo 16 de septiembre, establecen que hay que revisar el capítulo agropecuario del Tratado de Libre Comercio (TLC), pues 'los pactos económicos deben anteponer los intereses del pueblo a los intereses de mercado'."

—¿Supiste que quemaron las boletas electorales? —me pregunta enojada Jesusa—. La prisa con la que lo hicieron comprueba el fraude. Es una infamia.

—¿En 1988 quemaron las de Cárdenas?

—Claro, pero ahora no nos vamos a dejar como entonces, el movimiento social es mucho más fuerte, la gente está mucho más despierta, se ha vuelto mucho más sensible.

—¿Y las instituciones?

—¡Qué instituciones ni qué nada! ¿Te das cuenta de lo que está pasando? La gente se siente traicionada. ¿Tú sabes cuánta gente pidió el recuento? [Jesusa se irrita] Los fabricantes de jugos Jumex que apoyaron a Calderón ya no tienen que pagar el IVA, ¿te parece correcto? En México pagan impuestos los pobres. Son ellos quienes le dan recursos al país, no los que sostuvieron abiertamente la campaña del PAN.

El PRD se da un portazo a sí mismo

Denise Dresser escribe en *Reforma*: "Allí va de nuevo la izquierda a las calles. Movilizando, protestando, aventando huevos, lanzando escupitajos. Justificando su actuación sin límites con las dudas sobre una elección que el Tribunal Federal Electoral no pudo o no quiso esclarecer. Quejándose de la exclusión del sistema político pero ayudando a producirla. Hoy el PRD está atrapado en un círculo vicioso en el cual denuncia un portazo y se lo da a sí mismo. Reclama que se le negó la Presidencia pero a la vez se posiciona para no alcanzarla en elecciones futuras. Argumenta que las vías institucionales se le han cerrado pero contribuye a colocar obstáculos a lo largo de ellas. Quiere ser partido y movimiento social, sin entender que lo segundo puede ir en contra de lo primero. La Convención Nacional Democrática que el PRD ayuda a organizar no fortalece al partido. Al contrario: conspira contra él.

"[...] Porque mientras López Obrador consolida fanáticos, el PRD pierde electores. Mientras López Obrador consigue personas dispuestas a aventar huevos, el PRD pierde personas dispuestas a depositar votos. Mientras López Obrador celebra el 'servicio a la patria de gran valía', el PRD paga el precio de brindarlo. Los números duros están allí, en cada encuesta que revela la pérdida de apoyo para un partido que duplicó su votación y en el futuro se apresta a perderla".

En *El Universal* comenta Raymundo Riva Palacio: "Un poder paralelo real, con conexión entre el Congreso y las calles, sería un tormento para Felipe Calderón si López Obrador logra concretarlo".

Durante su primera gira como presidente "electo", los perredistas intervienen y Calderón tiene que cancelar un acto en Michoacán. Cuauhtémoc Cárdenas, en cambio, reconoce que ganó las elecciones y lo considera el primer mandatario del país. "Pésele a quien le pese y duélale a quien le duela, yo gané", se envalentona Calderón.

AMLO DICE: "[...] Y yo les quiero confesar algo, me gusta más cómo estaba redactado en 1814, en la Constitución de Apatzingán. [...] Por eso quiero volver a leer cómo estaba redactado el actual artículo 39 en el [...] artículo 4 de la Constitución de Apatzingán:

"Como el gobierno no se instituye por honra o interés particular de ninguna familia, de ningún hombre ni clase de hombres, sino para la protección y seguridad de todos los ciudadanos, unidos voluntariamente en sociedad; éstos —los ciudadanos, el pueblo— tienen derecho incontestable a establecer el gobierno que más les convenga, alterarlo, modificarlo y abolirlo totalmente cuando su felicidad lo requiera".

"Y eso es lo que vamos a hacer nosotros cuando la felicidad del pueblo lo requiera. Saben que se abandonó la palabra, el concepto, el término *felicidad* en el discurso político y nosotros tenemos que rescatarlo, porque a final de cuentas la esencia de lo que hacemos es para procurar la felicidad de nuestro pueblo.

"[...] Convocamos a la Convención Nacional Democrática, con la representación de todos los pueblos de México, para iniciar todos juntos y desde abajo la construcción de una nueva República, lo que implica cuando menos el establecimiento de cuatro condiciones básicas:

"*Uno. Una nueva economía.* Sostenemos que hay que cambiar la actual política económica porque no ha funcionado, no ha habido crecimiento económico ni generación de empleos y por eso millones de mexicanos han tenido por necesidad que abandonar el país para buscar trabajo del otro lado de la frontera.

"[...] *Dos. Una nueva forma de hacer política.* A partir de que este noble oficio no es asunto exclusivo de los políticos sino asunto de todos, como aquí se ha venido haciendo hace cuarenta y cuatro días. Hay que liberarse del político tradicional, del político prepotente, fantoche, mediocre y ladrón que tanto daño le ha hecho al país.

"[...] *Tres.* [...] Es un imperativo ético luchar por la justicia social. Además, debe entenderse que si persiste la enorme desigualdad no habrá para nadie garantías de seguridad, ni de tranquilidad, ni de paz. Necesitamos establecer una nueva convivencia social, más humana y más igualitaria.

"De ahí que la nueva República tendrá como objetivo principal el establecimiento de un estado de bienestar, igualitario y fraterno en el que los pobres, los débiles y los olvidados encuentren protección ante incertidumbres económicas, desigualdades sociales, desventajas y otras calamidades; una sociedad donde se pueda vivir sin angustias ni temores. Ese estado igualitario y fraterno debe concebir como ideal la protección del ser humano desde la cuna hasta la tumba. Ése es nuestro ideal.

"¿Y qué necesitamos, como punto cuatro, en una nueva República? Necesitamos una nueva legalidad. Es inaceptable que la justicia en México sólo sirva para legalizar los despojos que comete el fuerte, es inaceptable que haya impunidad para los delincuentes de cuello blanco y que sólo se castigue al que no tiene con qué comprar su inocencia. Además, hay que crear un nuevo andamiaje institucional y con ese propósito reformar la Constitución, lograr un nuevo orden que le dé sustento a la nueva República."

MARTES 12 DE SEPTIEMBRE

En la mañana veo a mi amiga Bárbara Belajak del *Texas Observer,* un semanario progresista en el que tengo un buen amigo, Louis Dubose. Bárbara va a escribir sobre el fraude y me hace muchas preguntas que intento contestar sin gran éxito porque también me las hago a mí misma. Llego al Zócalo a las tres y media de la tarde después de dejar gafetes en casa de Marta Acevedo. Faltan los listones que dejaré mañana. En la tienda de Jesusa no hay nadie. Deben haberse ido a comer.

Alto y fuerte, admiré a Gerardo Fernández Noroña en un programa de TV su congruencia y su contención. Ahora en el Zócalo, nos sentamos al solecito y me cuenta que lo educó su abuela y tuvo una formación universitaria marxista. "Hace diecisiete años fundé el PRD con mis compañeros." A diferencia de los que sólo se asoman a la misa de siete que oficia AMLO, Fernández Noroña se la vive en el plantón. "Imposible pedirle a la gente que haga lo que tú no haces.

"Como vocero del partido, a veces acierto, a veces no. No fui al PRD a ver qué le sacaba, sino a darle. Quiero que el país cambie, me duele su situación porque soy de origen humilde, pude ir a la universidad gracias al esfuerzo de mi familia. No olvido mi origen, tengo un compromiso con México."

Calderón, usurpador

"El 19 de febrero de 1913, Huerta encabeza un golpe militar, detiene al presidente constitucional Madero y al vicepresidente Pino Suárez, los manda asesinar y el secretario de Relaciones Exteriores, que por ley tenía que ser presidente interino, dura cuarenta y cinco minutos en el cargo. El asesino, Victoriano Huerta, es nombrado presidente legal de nuestro país.

"Ésta es una demostración de que lo legal no siempre es justo y, mucho menos, legítimo. Carlos Salinas de Gortari fue presidente constitucional, legal, pero no tuvo legitimidad. AMLO será un presidente legítimo.

"En *Juárez y su México,* de Ralph Roeder, Maximiliano pierde frente a un Juárez, pobre, acompañado por su sola dignidad, su firmeza y las guerrillas que lo respaldaban. Al final Juárez restaura la

República. Me parece que es un ejemplo de cómo pueden revertirse condiciones desfavorables.

"Dicen los chinos que crisis es oportunidad."

"[...] El Andrés Manuel de hoy no se concibe a sí mismo como dirigente de su partido, tampoco, por ahora, como candidato presidencial en 2012 sino como motor y bujía del movimiento perpetuo cuyo objetivo único es hacer imposible al legítimo ganador de la elección presidencial ejercer su mandato constitucional", dice Jorge Alcocer en *Reforma*.

Amalia García

Según Víctor Ballinas, la gobernadora de Zacatecas, Amalia García Medina, reclamó —en nombre de los mandatarios perredistas— a Felipe Calderón sus palabras del domingo pasado en la Plaza de Toros México, "donde usted afirmó que derrotó al pasado que amenazaba y aún amaga con atrapar a México en el odio y el rencor; que ganó un futuro de civilidad frente a un pasado de violencia; frente a ese pasado que desprecia la ley y aborrece a las instituciones [...], es inaceptable para quienes deseamos un México incluyente y plural.

"El que usted diga que frente al México del caos del 2 de julio ganó la democracia, frente a la fuerza de quienes apuestan a la violencia ha ganado la fuerza de los pacíficos, es inadmisible. Cuando usted se refiere a los que no votaron por el Partido Acción Nacional (PAN) descalifica a millones y millones de ciudadanos, lo cual resulta inaceptable en un México plural".

No queremos fotografiarnos a su lado

"¿Por qué esos quince millones de mexicanos y mexicanas que como nosotros votaron por la Coalición por el Bien de Todos somos descalificados? Esa visión es inaceptable, no podemos admitir que se nos acuse ni de vínculo con la violencia ni de desprecio a la ley a quienes pertenecemos a una opción legítima diferente de la del Partido Acción Nacional."

Los gobernadores de todos los estados de la República asistieron a la Conferencia Nacional de Gobernadores (Conago) pero, según dijeron los gobernadores perredistas, sólo lo hicieron como algo "institucional, pero asumimos la postura del Partido de la Revolución Democrática". Por eso, no se tomaron la fotografía oficial al lado de Felipe Calderón ni se despidieron de él.

Según Víctor Ballinas, "la seguridad en el complejo hotelero que cuida la reunión de la Conferencia Nacional de Gobernadores con la asistencia de Felipe Calderón fue grande y a los perredistas se les impidió llegar a la reunión, e incluso doce fueron detenidos.

"El Estado Mayor Presidencial cercó con vallas el hotel y colocó retenes a varias cuadras a la redonda.

"Los manifestantes llevaban pancartas: 'No pasarán', 'Repudio total al fraude electoral', así como carteles con la fotografía de Calderón con la leyenda: 'Presidente ilegítimo'".

"Sindicatos independientes, entre ellos la Alianza de Tranviarios, el del Colegio de Bachilleres, el Único de Trabajadores de la Industria Nuclear y el de Nacional Financiera, así como diversas secciones de la Coordinadora Nacional de Trabajadores de la Educación (CNTE) —según Patricia Muñoz—, no aceptarán el fallo del Tribunal Electoral del Poder Judicial de la Federación (TEPJF), no reconocerán a Felipe Calderón como presidente y proclamarán a López Obrador 'presidente legítimo' de México."

El Palacio ya no tiene bandera

"Ven, Elena —me dice Jesusa Rodríguez apenas llego al templete—, te quiero enseñar algo", y me señala el Palacio Nacional. "Mira, no tiene bandera, ése es un símbolo de que nuestro movimiento tiene la razón." "¡Ay, cómo crees!" "¡Claro que sí! Además está en un estado lamentable el Palacio, fíjate en la cantidad de vidrios rotos en las ventanas." Jesu sube al templete y les repite a sus numerosos seguidores: "La bandera mexicana de la azotea de Palacio se enredó en su asta y, movida por el viento, empezó a hacer un ruido espantoso como tratando de liberarse hasta que de repente explotó. Miren, el asta bandera está vacía, el Palacio de Fox no tiene bandera, es un símbolo de que nuestro movimiento tiene la razón".

"¡Es un honor estar con Obrador! ¡Es un honor estar con Obrador!", responde la multitud enardecida.

En el templete, aguarda una campana de bronce para dar el Grito.

Entre los múltiples regalos que la gente donó al Zócalo, Jesusa encontró un vestido de novia. Hubo una boda en el campamento de Chiapas y otra en el de San Luis Potosí. Julia Arnaud avisó que Jesusa, ella y yo estábamos invitadas a una de ellas a las tres de la tarde y Jesusa llevó el vestido. A la novia no le quedó pero a otra que quería refrendar sus veinte años de matrimonio frente al cura, le vino pintadito. Lloró de emoción porque "siempre quise casarme de blanco y hasta ahora se me cumple".

El gobierno alternativo

Elio Henríquez e Israel Dávila, de *La Jornada*, afirman que "al menos catorce organizaciones indígenas y campesinas de la selva y la frontera de Chiapas pidieron ayer a Andrés Manuel López Obrador que en la Convención Nacional Democrática (CND), el próximo día 16, 'ponga en marcha un gobierno alternativo, que defienda los más hondos sentimientos de la nación'".

Magdalena Gómez escribe: "Una vez más en nuestra historia los escenarios de la legalidad y la legitimidad tienen caminos opuestos. Consumado el golpe de Estado fraguado desde las entrañas del poder, hemos confirmado que en el país el orden constitucional está definitivamente trastocado; no existe el principio de división de poderes, sino que opera el de unión y complicidad de poderes".

Rocío González Alvarado de *La Jornada* afirma que "los simpatizantes de AMLO se preparan para dejar una memoria histórico-visual de la lucha que han seguido desde el pasado 2 de julio hasta la fecha, por lo que a las múltiples iniciativas culturales que han surgido en el movimiento de resistencia civil pacífica se suma una muestra cinematográfica, en la que se exhibirán cortometrajes de los propios activistas".

Los cortometrajes

"David Mendoza, uno de los promotores de esta propuesta, explicó que la idea es dejar constancia de la experiencia de los campamentos instalados desde la Plaza de la Constitución hasta la Fuente de Petróleos [...] que, sin duda, 'ya marcó la historia del país'. Se han recibido alrededor de diecinueve cortometrajes, cuya duración, según los requisitos establecidos, va desde los treinta segundos a los veinte minutos, divididos en dos géneros: ficción y documental.

"[...] 'No se va a premiar un buen trabajo de fotografía o edición, sino qué tanto se conmueve al espectador', señala. Se trata de realizaciones 'subjetivas, personales, y su importancia radica en un solo hecho: hacer un registro visual de lo vivido'.

"[...] 'Hay otros cortometrajes más elaborados, uno de ellos refleja la necesidad de la gente de tener un ideal para sentirse viva y de la importancia de que existan movimientos como éste para no dejar de soñar'."

AMLO DICE: "[...] De la Convención surgirá un nuevo gobierno y un programa de acción con cinco objetivos fundamentales: combatir la pobreza; defender el patrimonio nacional; desterrar la corrupción y la impunidad; garantizar el derecho a la información, y transformar a las instituciones.

"Precisamente, sobre este último punto se presentó hace un momento la propuesta de convocar a un Constituyente para reformar la Constitución.

"[...] También debe modificarse la Constitución para que la democracia deje de ser una farsa. Yo creo que de esto todos, todas, están conscientes. Todos los mexicanos sabemos que, como aquí lo expresó José Agustín Ortiz Pinchetti, hemos retrocedido con este agravio, con este ataque a la democracia que se da a partir del robo de las elecciones presidenciales.

"El conflicto de intereses, el tráfico de influencias, la impunidad, ni siquiera están tipificadas como delitos en nuestros códigos penales."

MIÉRCOLES 13 DE SEPTIEMBRE

En casa de Felipe, mi hijo, no hay gas. Qué lata, me cae encima todo lo de la casa que he descuidado porque vivo otra vida desde hace cuarenta y cinco días. También Pussy me llama malhumorienta que necesita dinero, ya se lo gastó en Sanborns, quisiera integrarla a mi vida pero a ella no le gustaría ir al Zócalo. "Mais qu'est ce que c'est tous ces gens?", me preguntaría azorada. ¡Qué preocupación esta prima-hermana y qué responsabilidad! Me han desconvidado del Instituto Municipal de Arte y Cultura de Puebla, Carlos Jesús Ortiz Hernández se hizo ojo de hormiga. Seguramente rechaza mi militancia política. Lo mismo Arturo Alpízar Muciño de Valle de Bravo que pidió una conferencia sobre *El tren pasa primero*. Mi Felipón está en México, así es que la desconvidada no me hace mella porque así puedo comer con él y escuchar todo lo que tiene que decirme sobre la reforma del Estado.

¡Órale! Al mediodía carta de Cuauhtémoc Cárdenas que me deja de a seis. Tengo que firmar día y hora de recibido. El papel es magnífico. La leo con respeto y sorpresa.

Carta de Cuauhtémoc Cárdenas

Elena:

En la edición del diario *La Jornada* (página 8) del 10 de septiembre aparece una nota encabezada "Marcos y Cárdenas no apoyaron a AMLO por envidia", en la cual se te atribuye, entrecomillada, la siguiente expresión: "Si estos tres personajes [en el texto de la nota se agrega a Patricia Mercado] se hubieran sumado, si no se hubieran echado para atrás, no habría la menor duda del triunfo de López Obrador, pero no lo hicieron por envidia".

No me corresponde hablar de las razones de Patricia Mercado ni del Subcomandante Marcos por haber adoptado las posiciones que adoptaron frente al proceso electoral reciente, pero puedo asegurarte que no fue la envidia lo que los motivó a actuar como lo hicieron, sino que, entre otras cosas, sólo ejercieron su derecho a pensar diferente.

En lo que a mí respecta, tu talento y trayectoria me obligan a darte una respuesta, obligadamente larga, de por qué no participé en la campaña de la Coalición por el Bien de Todos ni participo en la Convención Nacional Democrática, que empieza por decirte que la envidia no ha tenido lugar hasta ahora en mi conducta, ni pública ni privada, y que nunca me he echado para atrás frente a los compromisos que he asumido a lo largo de una ya larga vida.

Con Andrés Manuel he compartido por años propósitos y episodios importantes de la lucha por la democracia en nuestro país. Nunca exigimos incondicionalidad ni subordinación en nuestra relación. El trato en los muchos encuentros de los dos, puedo decirte, ha sido cordial y respetuoso.

Mis desacuerdos o desencuentros con él no son de carácter personal. Las diferencias que existen entre ambos son relativas a las formas de hacer y entender la política y sobre algunos aspectos programáticos, acentuadas, ciertamente, cuando se trata como hoy de los destinos del país y a partir de que se iniciara el proceso que debía conducir a la pasada elección del 2 de julio y respecto al cual ambos definimos con anticipación y públicamente nuestras posiciones frente al país y a la ciudadanía, él a través de sus "Veinte puntos", sus "Cincuenta puntos" y del libro *Un proyecto alternativo de nación,* yo mediante la publicación de *Un México para todos,* de autoría colectiva. Aun con esas diferencias, mi voto fue por todos los candidatos de la Coalición, como en su momento lo hice público.

Una de las discrepancias que resaltaría de esas publicaciones es con relación al juicio que hace, sin mencionar nombres, de la digna y firme defensa del principio de no intervención y de la paz que hizo Adolfo Aguilar Zínser como miembro del Consejo de Seguridad de la Organización de las Naciones Unidas.

Al respecto, Andrés Manuel escribió: "Después del triunfo de Vicente Fox, nuestra política exterior se ha conducido con desmesura. El resultado más notorio ha sido la afanosa intervención en el Consejo de Seguridad de la Organización de las Naciones Unidas (ONU) que en la práctica sólo vino a complicar aún más nuestra situación internacional", lo que me lleva necesariamente a preguntar si la política exterior de México debe plegarse incondicionalmente a la de Estados Unidos con el fin de no complicarse y olvidarse entonces de la defensa de los principios, de tomar decisiones soberanas en función de los intereses del país y de la dignidad misma de la nación, que gobierno y ciudadanos estamos obligados a respetar y a hacer valer.

Se dice también en ese proyecto: "Los sueños de ver a México como gran protagonista en el concierto de las naciones son sólo eso: espejismos protagónicos para alimentar ambiciones personales que nada tienen que ver con el país real", lo que me lleva a pensar que se quieren desconocer los logros de la política exterior mexicana como, entre otros, la aprobación por amplísima mayoría de la Carta de Derechos y Deberes Económicos de los Estados, el reconocimiento del derecho de los Estados a su mar patrimonial o la participación en el Grupo Contadora para lograr la pacificación de Centroamérica, que implicaron el despliegue de una gran actividad —y si se quiere llamar protagonismo— de la diplomacia mexicana.

Encuentro como una grave omisión de un candidato presidencial no tomar posiciones claras y públicas respecto a cuestiones importantes, tanto del momento como con consecuencias hacia adelante.

Puedo citarte los casos siguientes respecto a los cuales Andrés Manuel no se pronuncia todavía y que quienes consideramos prioritaria la lucha por el rescate y ejercicio pleno de la soberanía y por la cabal vigencia de un estado de derecho estimamos fundamentales: no ha habido una toma de posición en relación a los contratos de servicios múltiples de Petróleos Mexicanos; tampoco respecto a la ilegal prisión y la extradición hace unas cuantas semanas de seis ciudadanos vascos.

Sobre la iniciativa Sensenbrenner, que de llevarse a la práctica vulnerará los derechos de miles o millones de mexicanos en exilio forzado en Estados Unidos; la mayor y excesiva militarización de la frontera común del lado norteamericano, que constituye, sin lugar a dudas, un acto inamistoso hacia México; la iniciativa del Área de Libre Comercio de las Américas del presidente Bush y la propuesta alternativa de promover un acuerdo continental de desarrollo.

La iniciativa de ley de sociedades de convivencia, bloqueada en la Asamblea Legislativa del Distrito Federal en los primeros tiempos de su gestión; la falta de tacto y de oficio diplomático en las relaciones del gobierno mexicano con los gobiernos y jefes de Estado de Cuba, Venezuela, Argentina y Bolivia.

Reconocerás que en el círculo de colaboradores cercanos de Andrés Manuel se encuentran algunos de los que instrumentaron el fraude electoral y la imposición en 1988 desde el gobierno, el Partido Revolucionario Institucional, la Cámara de Diputados y la Comisión Federal Electoral, que impuso la banda presidencial a Carlos Salinas el 1º de diciembre de 1988.

Además, el que instrumentó la privatización del Canal 13 de la televisión; el que ha declarado que el proyecto económico de Andrés Manuel es el mismo que el de Carlos Salinas; el que pretendió promover la reelección de éste. Pero a ninguno, que se sepa, ha pedido Andrés Manuel explicación sobre su cambio de piel política y ninguno la ha dado públicamente.

Este mismo grupo es el que ahora, con algunas adiciones, acompaña a Andrés Manuel en sus nuevos proyectos y el de quienes podría pensarse que formarían parte de su gobierno, que no sería por sus antecedentes y falta de deslindes un gobierno identificado con los principios y las luchas del PRD y de manera más amplia con aquellos de la izquierda mexicana.

Sólo para argumentar sobre uno de los casos: de seguirse la política económica del salinato, se proseguiría con la enajenación del patrimonio estratégico de la nación y con el desmantelamiento de la planta productiva, se pondría en práctica una política entreguista en lo económico y de subordinación en lo político, se profundizaría el desastre productivo y social del campo mexicano, se mantendría acrecentado el flujo migratorio masivo hacia Estados Unidos y se haría cada vez más agudo el proceso de concentración de la riqueza en pocas manos.

Por otra parte, no se podrá decir que no manifesté oportuna y públicamente mi desacuerdo con la postulación por parte de la coalición Por el Bien de Todos, de la que el Partido de la Revolución Democrática fue el eje, de candidatos con posiciones públicas contrarias a los principios del PRD, que nunca se deslindaron de sus pasados políticos ni han explicado las razones de su traslado al PRD o cómo concilian un pasado antagónico con los principios del PRD al haber aceptado una candidatura de éste, que no los representa por sus trayectorias y posiciones políticas públicas.

Ahí están, como muestra, algunos que fueron candidatos y otros que ya son legisladores en funciones. En este caso, voces como la mía y las de muchos otros que sólo demandaban congruencia, fueron simplemente ignoradas.

En los últimos días de mayo hice público un documento a través del diario *La Jornada* denominado "Viendo hacia adelante: un camino democrático y progresista para México", en el cual planteaba algunas cuestiones que me parece fundamental que se lleven a la práctica en el próximo sexenio, que pudieran ser consideradas por los candidatos entonces en campaña.

No merecieron la mínima observación, ni en sentido negativo ni en positivo, por parte del candidato de la Coalición y la misma actitud de ignorar críticas, discrepancias e incluso planteamientos coincidentes con su línea política recibieron muchos de aquellos que por largo tiempo han militado en el campo progresista.

Digo en ese documento —y te lo reitero ahora— que al no haberse dado relevancia a la presentación y discusión de propuestas y compromisos por parte de los candidatos a lo largo de los meses de campaña, se hace necesario insistir en pensar y discutir el país que queremos, por encima de todo y antes que nada, así como en cambiar radicalmente la forma de hacer política, subordinándola a un proyecto de país y no a la simple ambición de poder o a la toma coyuntural de decisiones.

Entre las cuestiones básicas que no se discutieron en el ir y venir de las campañas estuvo la continuidad de la reforma electoral, que después del 2 de julio y ante los serios cuestionamientos que se han venido haciendo a la calidad del proceso electoral se ve aún más urgente, ya que a pesar de los muchos cambios que ha sufrido la legislación correspondiente, continúa inconclusa.

La gente reclama reducir y transparentar los gastos de las campañas; reclama que se llame a las cosas por su nombre, empezando porque las supuestas precampañas se reconozcan como campañas en la ley y en los cómputos de gastos y tiempos electorales; reclama abrir la posibilidad de candidaturas ciudadanas que no tengan que pasar necesariamente por la aprobación y gestión de los partidos políticos.

Además, facilitar el registro de nuevos partidos políticos, sin que el registro represente acceso automático a la asignación de dineros públicos; restituir en la ley la figura de las candidaturas comunes; reunir en no más de dos momentos dentro de un sexenio los procesos electorales federales, estatales y municipales; y establecer las dos vueltas en las elecciones, tanto presidenciales como legislativas.

En materia de reforma electoral, la medida más efectiva, aquélla donde se encuentra la principal respuesta a las exigencias populares, la reforma más de fondo es hacer equitativos los tiempos en los que partidos y candidatos tengan acceso a los medios electrónicos de comunicación, así como acotar los periodos en los que pueda hacerse propaganda dirigida al público, prohibiéndose a partidos, candidatos y particulares comprar tiempos en los medios electrónicos —televisión y radio comerciales— y que éstos sean asignados por la autoridad electoral de manera equitativa.

Lo anterior para que no sea el gasto mayor o menor en la compra de tiempos lo que determine la mayor o menor presencia de las alternativas electorales que se ofrezcan a la ciudadanía a través de esos medios. Así se tendrían campañas equitativas y se lograría una reducción sustancial de los tiempos y las erogaciones públicas —y en su caso privadas— en las campañas electorales.

Por otro lado, y también en relación con la cuestión electoral, debe legislarse para prohibir que en la publicidad que se hacen las dependencias oficiales a través de los medios de información —televisión, radio, prensa escrita— aparezcan imágenes y nombres de funcionarios, que si bien pudieron haber participado en la promoción o ejecución de algún programa o proyecto público, no hicieron sino cumplir con su obligación y en su caso, con un mandato ciudadano, pues fue irritante y ofensivo en las precampañas, como creo te consta, ver cómo candidatos o precandidatos de los tres partidos de mayor presencia nacional despilfarraron a lo largo del sexenio, y hasta que dejaron sus cargos, dineros públicos para su personal promoción político-electoral.

Es necesario comprometerse con reformar la reciente y vergonzosamente aprobada Ley de Radio y Televisión, recuperando para el Ejecutivo la capacidad de normar la operación de los medios de información electrónicos con sentido de servicio público y de equidad, abriendo las posibilidades, a partir de los avances tecnológicos en la materia, de otorgar nuevas concesiones a instituciones de educación superior, gobiernos estatales y municipales, organizaciones culturales y comunitarias y sociedades comerciales sin vínculos con los medios ya en operación.

Es ya oportuno también convocar a la revisión, con sentido y procedimientos democráticos, de las bases y los términos de nuestro pacto federal.

De esa revisión habrá de surgir la nueva Constitución que contenga la estructura y competencias de la Federación, los estados, los municipios y de los tres poderes de la Unión, que considere los derechos ya ganados por los mexicanos, sus nuevos derechos y los procedimientos para que el ciudadano o las colectividades hagan exigible su ejercicio frente al Estado.

Una que esté concebida visualizando la presencia de nuestro país en el mundo globalizado, que establezca los cauces para el tránsito de una democracia representativa plena, aún por alcanzarse, a una democracia de amplia participación social, así como los mecanismos de consulta ciudadana, iniciativa popular y de revocación de los mandatos, entre otras cuestiones.

Lo que hasta aquí te he expuesto son algunas de las razones que a mi juicio determinaron el número de votos que obtuvo Andrés Manuel el 2 de julio. Por estas mismas razones no creo, contra lo que tú has declarado, que mi ausencia de los actos públicos de la campaña haya provocado una dramática disminución de las preferencias electorales a favor de la Coalición. Seguir argumentando más sobre estas cuestiones sería entrar a un terreno estéril de especulaciones.

Yendo a otros temas, me preocupa profundamente la intolerancia y satanización, la actitud dogmática que priva en el entorno de Andrés Manuel para quienes no aceptamos incondicionalmente sus propuestas y cuestionamos sus puntos de vista y sus decisiones, pues con ello se contradicen principios fundamentales de la democracia, como son el respeto a las opiniones de los demás y la disposición al diálogo.

Me preocupa, asimismo, que esas actitudes se estén dando dentro del PRD y en sus cuadros dirigentes, pues se inhibe el análisis y la discusión de ideas, propuestas y alternativas entre compañeros, más allá de que esa cerrazón se extiende también a lo que pueda llegar de afuera del partido; que la conducción política y las decisiones tomadas después del 2 de julio, como el bloqueo de Madero, Juárez y el Paseo de la Reforma —excluyo la ocupación de la plancha del Zócalo— se estén traduciendo en pérdidas y desgaste del movimiento democrático en lo general y del PRD en lo particular.

Me preocupan los cambios contradictorios de línea política: a un medio de información norteamericano Andrés Manuel le declaró no ser de izquierda, cuando había declarado serlo a lo largo de precampaña y campaña. Por otro lado, el 10 de agosto pasado se publicó en *La Jornada* una entrevista que hiciste a Andrés Manuel en la que preguntaste: "Si llegaras a la Presidencia, ¿tendrías que moderarte?"

A lo que respondió: "Sí, la institución te lo exige, yo lo haría. Es más, durante la campaña y hasta ahora no he dicho cosas que pienso sobre mi país, porque me he autolimitado, porque mi rol es hasta ahora uno. Una vez que se resuelva este asunto [el conflicto postelectoral], ya veremos.

"Pero muchas cosas me las guardé porque uno tiene que actuar de una manera cuando es candidato y, desde luego, actuar de otra manera cuando se es presidente, y de otra manera como dirigente de la resistencia social. Pero en cualquier circunstancia uno tiene que mantener sus principios. Es nada más un asunto de matices, de moderación".

¿Por qué entonces guardarse de fijar posiciones y hacer propuestas, cuando era precisamente en su calidad de candidato a la Presidencia cuando se tenían que hacer definiciones que atrajeran con lealtad y orientaran con rectitud el voto de la ciudadanía? ¿No es principio básico de un comportamiento leal y democrático actuar con transparencia y hablar con la verdad? ¿Cómo lo explicas tú?

En reciente documento suscrito por Andrés Manuel se plantea que la Convención que él ha convocado para celebrarse el 16 de septiembre "decida si el órgano de gobierno y quien lo represente, se instale y tome posesión formalmente el 20 de noviembre o el 1º de diciembre de 2006".

Aquí me surge la siguiente pregunta: si se considera que el gobierno actual ha quebrantado ya el orden constitucional, ¿para qué esperar al 20 de noviembre o al 1º de diciembre, por qué no empezar por desconocer a la administración en funciones, como sucedió cuando el movimiento constitucionalista encabezado por el Primer Jefe Venustiano Carranza desconoció al gobierno usurpador de Huerta, a los poderes Legislativo y Judicial y a los gobiernos estatales que no acataran el Plan de Guadalupe?

No pienso que así deba procederse. Hacerlo sería un craso error, de altísimo costo para el PRD y para el movimiento democrático en su conjunto. Por el contrario, estoy de acuerdo con la sensatez y sabiduría de Luis Villoro, que en un artículo reciente dice que la discusión de un proyecto nuevo de nación requiere de tiempo para su debate y no puede aprobarse en un acto declaratorio en el Zócalo, al calor de un discurso, pues haría falta por lo menos la consulta y la anuencia de delegados de toda la República.

Es decir, agrego yo, de un amplio proceso de análisis y discusión, que en función de un proyecto de nación construido colectivamente en la pluralidad y mediante procedimientos democráticos desemboque en la elaboración de una nueva norma constitucional.

Villoro expresa también que "muchos no podemos estar de acuerdo con nombrar un nuevo presidente en rebeldía. Esto rompería, aunque sólo fuera simbólicamente, el orden constitucional. Para sostener una amplia y permanente oposición lo que menos necesitamos son actos provocadores.

Lo que sí es necesario, pienso yo con muchos conciudadanos, es caminar hacia la paulatina realización de un nuevo proyecto de nación para el porvenir cercano... Un proyecto de oposición podría seguir ciertas ideas regulativas: una nueva ley electoral; una nueva legislación sobre los derechos de los pueblos indígenas; resistencia contra la privatización de los recursos naturales; lucha contra la corrupción; ampliación de la educación en todos sus niveles; lucha para disminuir radicalmente la desigualdades económicas y sociales. Una izquierda nueva podría aglutinarse, sin perder diferencias, en las líneas de un proyecto semejante.

Como ves, con esta larga carta lo que hago es defender el derecho a disentir, a pensar diferente, a pensar que cuando se ha impedido ha conducido a dictaduras, opresión, represión, sectarismos e intolerancia, que, estoy cierto, ni tú ni yo queremos ver en nuestro país.

Muy atentamente

Cuauhtémoc Cárdenas Solórzano

Me rasco la cabeza intentando recordar cómo y cuándo dije lo de la envidia. Nunca lo escribí. Seguramente fue una pregunta al aire entre otras y respondí también un poco al aire que quizá por envidia pero no es una respuesta política ni mucho menos. Admiro a Cuauhtémoc, Mamá lo admiraba a través de Beto Álvarez Morphy, comí con él y con doña Amalia y Celeste (que me cae retebién porque para ella no hay nada peor que el poder y encaramarse a un estrado) en casa de Agustín Arroyo, el fallecido oftalmólogo. Cené con él en casa de Jesusa y Lili hizo unos pichones especiales al vino tinto. Recuerdo con qué atención y qué cortesía respondía a cada una de nuestras preguntas. ¡Y ahora esta carta! Voy al Zócalo con mi carta y nadie me pela. Jesusa no tiene tiempo y no sé a quién enseñársela. Mane y Paula no están y Felipe regresó a Puebla. ¿Y ahora qué hago? Podría llamarle a Julio Scherer pero jamás está en su casa en la tarde. ¡Híjole, qué sola estoy!

Con la carta en la mano intento ver a AMLO. Imposible. Le digo a Jesusa que quisiera enseñársela. Por fin, después de la alocución de las siete de la noche puedo abordarlo cuando pasa junto a la carpa de Jesusa ya para salir a la calle. Me dice que no quiere leerla y ante mi cara de preocupación exclama: "Estamos en algo mucho más grande, mucho más importante. ¿Qué más puedes querer que ser tú la que inaugure la gran Convención Democrática? Tú vas a ser la primera. Piensa en eso y no en la carta". Insisto: "¿No quieres leerla?" "No." En la mañana, antes de la recepción de la carta, Jesusa me llamó: "No te vayas a jalar los cabellos pero Andrés Manuel quiere que tú digas el discurso inaugural de la Convención". Me aterré: "¿Yo? ¿Por qué yo?" "Él te escogió a ti." "Pero ¿por qué no escoge a otro? ¿Yo qué voy a decir?" La verdad Jesusa tiene otras cosas en qué pensar que en reconfortarme y cuelga con un "Nos vemos en la tarde".

El desmantelamiento

Todos están desmantelando el plantón. Todavía subsiste el templete pero Jesusa tiene los brazos llenos de cachivaches. Es como si quitáramos la casa. Cada objeto tiene un recuerdo. Cuarenta y seis días son muchos. El Zócalo parece mudanza, la gente carga y descarga en unos automóviles: televisiones, licuadoras, cobijas, bolsas de dormir, hasta DVD.

Después del fiasco con AMLO le enseño la carta a Jesusa pero la fastidio. "Ahora no puedo, mañana la leo." Va y viene de su Tracker a la tienda de campaña.

—Jesu, mi carta —insisto.

—Deja eso por la paz y ayúdame con una entrevista a las mujeres de Guerrero. Allá están las dos. Lo que te digan puede servir para el texto que mañana va a decir Hermelinda Tiburcio Cayetano a nombre de las mujeres indígenas en la Convención.

En la tienda de campaña semivacía entrevisto a Josefina Flores Romualdo, mazahua de San Antonio Pueblo Nuevo, y a Libnik Irasema Ariza Chautla, nahua de Chilapa de Álvarez, Guerrero. "Las mujeres somos más marginadas que los hombres —dice Josefina—, aunque también los hombres son discriminados: nahuas, mixtecos, tlapanecos, amuzgos, los cuatro pueblos indígenas de Guerrero. Los maridos que pegan, el alcoholismo, la desinformación, la muerte materna son nuestro pan de cada día."

El Grupo Sur

La redacción de *La Jornada* afirma que para el Grupo Sur (Carlos Payán Velver, Víctor Flores Olea, Héctor Díaz-Polanco, Guillermo Almeyra, Marco Buenrostro y Cristina Barros) es vital "la acción de impedir la imposición de un presidente ilegítimo como parte de las decisiones de la Convención Nacional Democrática (CND), debe ir más allá de evitar la toma de posesión formal o protocolaria, porque lo significativo es evitar que el fraude y la Presidencia espuria se instalen en la conciencia de los mexicanos.

"[…] La CND debe transitar por dos vías paralelas: la institucional —partidos, legisladores, autoridades elegidas a partir de candidaturas de la Coalición por el Bien de Todos— y la de la propia ciudadanía organizada en torno a la Convención".

Mariana Morandi, Carolina Gómez, Ciro Pérez y Roberto

Garduño informan que: "En vísperas de la Convención Nacional Democrática, sindicalistas, grupos indígenas y campesinos dieron a conocer sus propuestas. En tanto, los diputados indígenas anunciaron que realizarán una Convención Nacional Indígena para hacerla coincidir con la de la CND y apoyar las acciones de resistencia civil".

La Jornada informa que "el ex coordinador de la campaña presidencial de AMLO en Chiapas, Plácido Morales Vázquez, propuso ayer que las bases de apoyo zapatistas sean invitadas a la Convención Nacional Democrática, que se realizará en el Zócalo capitalino.

"[...] En San Cristóbal de las Casas, Chiapas, Plácido Morales Vázquez manifestó que si se trata de una convención incluyente, 'tiene que incluir a todas las fuerzas democráticas del país que se han manifestado de una u otra forma'.

"[...] En el auditorio de la rectoría de la Universidad Autónoma de Guerrero, los simpatizantes de AMLO demandaron 'sacar el plantón de la ciudad de México y llevar la movilización a todo el país'".

AMLO DICE: "[...] Les comento a ustedes que ya están inscritos, como delegados para asistir a la Convención, 755 mil ciudadanos, mujeres y hombres. Ayer se tenían 628 mil y hoy ya hay un registro de 755 mil, es decir, del día de ayer a hoy más de 100 mil delegados se han inscrito en un solo día.

"[...] Para el día 16 vamos a llegar a la meta de un millón de delegados y puede ser que más de un millón de delegados asistan a la Convención Nacional Democrática.

"[...] Saben ustedes que eso de primera dama es monárquico, no es republicano, no puede haber primera dama porque eso implicaría que hay mujeres de primera y mujeres de segunda y eso no puede suceder en un país libre y democrático republicano. Todas las mujeres son iguales. Y lo mismo eso de pareja presidencial. ¿Cómo va a haber pareja presidencial si se elige al presidente de la República, no a una pareja presidencial?

"[...] Vamos a decidir si la Convención se mantiene como asamblea soberana, es decir, si la Convención no sólo tiene un carácter fundacional sino la aceptamos como la asamblea soberana de todo nuestro movimiento, y para eso tendrían que celebrarse reuniones cada seis meses o cada año. Eso lo vamos a decidir aquí el día 16.

"Otro tema que tiene que considerarse es el de nuestra actitud como ciudadanos con relación a la parte de la crítica política que va a surgir una vez que decidamos conformarnos en gobierno. Van a buscar burlarse de nosotros, tenemos que actuar con mucha dignidad y la verdad es que eso no nos preocupa mucho porque, como siempre lo hemos sostenido, es un timbre de orgullo estar luchando por la justicia, por la libertad, por la democracia y por la dignidad."

JUEVES 14 DE SEPTIEMBRE 2006

En el Zócalo, en la tarde, Jesusa, Liliana, Julia y Alejandra siguen vaciando la carpa y hay tristeza en su semblante. Son muchos los carteles acumulados en estos días. Recojo mi impermeable amarillo, regalo de Chaneca, y pienso que el Zócalo para mí nunca volverá a ser el mismo. Jesusa se preocupa mucho por el discurso de Hermelinda Tiburcio Cayetano, tiene que ser el mejor. Vino desde Ometepec con su niño de brazos y su marido que la ayuda en todo desde que la hicieron autoridad en su pueblo.

¡Ya nos vamos!

Una pareja me platica y los dos son feos y se ve que se quieren y son pareja y yo finjo oírlos mientras pienso que son feos. Estamos parados sobre las losas gastadas por nuestras pisadas pero pronto perderán su sentido. La plaza fue nuestro regazo, aquí nos conocimos los feos, los bonitos, los niños, los pejeviejitos, aquí sobre estas piedras han pasado los siglos y pasarán también nuestros pasos. ¿Quién se asoma a este escenario que no pertenezca? Ya no hay plantón, el inmenso amor del plantón quedó desmantelado, ya todos levantaron su casa.

355

Si bien el gobierno de AMLO tendrá como sede el Distrito Federal, "recorrerá todos los pueblos, todas las regiones de México".

La próxima reunión de la CND será el 21 de marzo de 2007, día del natalicio de Juárez.

La campana de bronce

En el campamento de Andrés Manuel López Obrador unos simpatizantes descargan una monumental campana de bronce de una tonelada de peso que el señor Nabor Girez Girez, de la Fundidora Tizapán de Santa Clara del Cobre, ha traído para la celebración del Grito en rebeldía.

La campana aguarda, como una señora gorda y paciente, al pie del templete a que Andrés Manuel le dé audiencia.

El Zócalo ha cambiado. Ahora sí se ven muchas filas de policías que le quitan su intimidad, su calor de hogar. Al pie de Palacio Nacional, esperan a que nos vayamos. "¡Lárguense!" parecen decirnos. Se ven muy feos, grises y verdes. Quién sabe qué orden les habrán dado. También están los de la Policía Federal Preventiva. Sólo nos miran pero su sola presencia es amenazadora.

"Vienen a sacarnos", me dice doña Luchita. "Van a tomar todas las puertas al Zócalo aunque nosotros ya las cerramos."

Levantar un campamento después de casi dos meses es difícil porque ya éramos una ciudad con su cocina, su patio de recreo, su teatro, su cine, sus baños, sus excusados, su mercado, sus camas con sábanas y cobijas, sus tendederos, su iglesia, su hospital, sus guarderías. Todo menos cárcel y prostíbulo aunque allí nacieron varios romances que acabaron en el altar y se separaron algunos que antes se amaban porque no coincidieron en la lucha. "¿Cuántos crees que vivimos aquí?" Jesusa asegura que son más de sesenta mil. Lo que sí nunca vi fue un perro aunque Jaime Avilés vio un león lopezobradorista, un león chiquito pero león.

"La Comuna del Zócalo", se lee en una manta colocada en una de las entradas del campamento y evoca el intento de Francia hace siglo y medio por ir hacia la libertad, la igualdad y la fraternidad.

"¿A poco ya nos vamos?", se acerca desolado don Pedro Sánchez Martínez. Al ver el movimiento en los campamentos en la calle Madero, el retiro de carteles y dibujos, algunos simpatizantes, como Marco Antonio Montero, se acercan a preguntar si se retira el plantón. "Sí, pero todavía vamos a dar el Grito, hay mucho trabajo, no se desanime, todavía vamos a estar juntos." "¿Pero ya nos vamos?" "¿A poco quería quedarse toda la vida? Ahora vamos a colgar banderas patrias, puro verde, blanco y colorado, aquí mismo las estamos haciendo."

La arrogante pretensión de AMLO

—El "proyecto alternativo de nación" de AMLO es arrogante y no funciona —me dice Sandy Celorio, mi amiga—. Actúa como si no fuésemos ya una nación constituida.

—¿Por qué me dices eso?

—Parece cacique, haz de cuenta que estoy leyendo a Martín Luis Guzmán. No creo en el nacionalismo revolucionario. La izquierda critica la globalización pero no ofrece ningún proyecto para acabar con la pobreza. La izquierda en México es ineficaz.

Erika Duarte y Rocío González informan: "A dos días de que se levante el plantón del Zócalo a la Fuente de Petróleos, la actividad no decae en algunos puntos, sobre todo los más cercanos a la Plaza de la Constitución, mientras en los más alejados los simpatizantes de AMLO guardan sus pertenencias y barren la calle. Unos están contentos por la Convención Nacional Democrática, otros tristes porque ya se van.

"Muchos habitantes de los campamentos de Reforma llegan al Zócalo a bloquear los accesos, para impedir que la PFP desaloje la plaza, como lo ordenó Fox.

"Al mismo tiempo, el ejército colocó en la acera del Palacio Nacional una triple valla, pero las casas de campaña aún permanecen, por lo que el espacio para la ceremonia del Grito estará ocupado exclusivamente por seguidores de Andrés Manuel López Obrador. La doctora Sonia del Toro Arias, quien desde hace cuarenta y seis días dejó su propio consultorio para atender a los manifestantes desde el Barrio Móvil, ubicado a un costado del Hemiciclo a Juárez, advierte: 'Aquí seguiré mientras haya gente que me necesite'".

Marcelo Ebrard recibe la constancia de Jefe de Gobierno electo.

VIERNES 15 DE SEPTIEMBRE

Llego al hotel Azores, en la calle de Brasil, a las diez de la mañana. Chaneca reservó tres habitaciones. Jesusa ya se instaló. Dejo mi maleta en el cuarto 217 y voy al Zócalo. Son muchos los preparativos para el Grito y mañana es la Convención. Ya pergeñé mi discurso y lo guardo en el ropero de la habitación. Mamá, ayúdame; papá, no me olvides; Dios mío, ampárame, sólo falta que le ruegue a Jan que está en el cielo. Jesusa, agotada, me pide que la acompañe al Gran Hotel a comer algo. Su cansancio es tal que se queda dormida frente a la sopa de tortilla que acaba de ordenar. Echa la cabeza para atrás en el asiento de cuero, cierra los ojos y su respiración se vuelve uniforme. Cubro la sopa con otro plato y espero, inquieta. Pasan diez minutos y cobijo su sueño. De pronto entra Dante Delgado, sin darse cuenta la despierta y le pide no sé qué cosa y Jesusa se pone a llorar. Él se apena: "Lo has hecho todo muy bien, estamos muy orgullosos de ti, muy contentos, te admiramos". Se va a otra mesa y Jesusa come su sopa de tortilla ante mi preocupación. Vamos al baño, nos echamos agua en la cara. Con su bolsita del mandado a cuadros rojo y blanco de plástico y su rebozo blanco, Jesusa se dirige a la mesa a la que llaman de logística donde decidirá con Dante Delgado y otros la estrategia de la Convención.

A eso de las cinco, Isela Vega se sienta en la mesa en la que entrevisto a Francisco Ramos Stierle. Isela Vega es jaladora, solidaria, me cae muy bien.

Francisco Ramos Stierle: un científico en el plantón

"Soy miembro del INAOE (Instituto Nacional de Astrofísica, Óptica y Electrónica) en Tonantzintla, Puebla. Hice mi maestría en astrofísica con Luis Carrasco y mis asesores fueron Octavio Carmona y un inglés que contrataron para el gran telescopio milimétrico David Hughes. Me dedico a planetas fuera del sistema solar. Decidí ir a Berkeley, pero no sólo para buscar planetas grandes (ahora se han detectado alrededor de ciento ochenta planetas grandes como Júpiter), sino tan grandes como la Tierra.

"He llegado a la conclusión de que el universo es mi patria.

"Como nuestro sol hay 200 mil millones de soles y como nuestra galaxia hay mil millones de galaxias. Es muy factible que haya otros planetas con vida aunque no tengamos comunicación con ellos.

"Vine al plantón a decir 'en qué puedo ayudar', a pesar de ser estrellero. Trabajo aquí con un amigo de KPMA, la estación activista de radio más grande de Estados Unidos. La Carta de la Tierra es otra de mis preocupaciones, di una conferencia en el templete del Zócalo y dije que 'la bondad en las palabras crea confianza, la bondad en el pensamiento crea profundidad, la bondad al dar crea amor. Entonces, la forma más elevada de sabiduría es la bondad. Si quieres ser un rebelde, sé bueno'."

La familia Condes Lara viene de Puebla a celebrar el Grito y el último día del plantón. Entre tanto, toman café en el Gran Hotel. Delia Domínguez Juanaro, también poblana, se emociona: "Soy de una familia tradicional pero muy nacionalista, festejamos el Grito en casa año tras año. Es la primera vez en cuarenta y cinco años que tengo la oportunidad de venir al Grito a la ciudad de México y me siento parte de la historia".

Enrique Condes Lara continúa: "A Fox (rijoso, bravero, hablador) lo obligamos a dar el Grito en Dolores, Hidalgo. El Cobarde, le dicen. Venimos treinta mil poblanos con nuestros propios recursos y mucho entusiasmo".

A las siete vamos Isela Vega y yo del Gran Hotel al templete. Es el último día del plantón, el de "Las golondrinas", el de los puños en alto, el golpeteo de cucharas contra los sartenes y el grito que acompaña a AMLO desde la época del desafuero: "¡No estás solo, no estás solo!"

El Zócalo ya es distinto. La mayoría de las carpas se han desmontado. En el templete, Porfirio Muñoz Ledo sostiene que el espíritu de rebelión del 15 de septiembre se siente en toda la plaza. De la Convención Nacional Democrática surgirá "la cuarta República de México".

"¡No vamos a levantarnos en armas, vamos a levantarnos en almas, porque ésta es una revolución de las conciencias!

"Tras la Revolución de 1910, los grupos de poder siguen saqueando los recursos naturales, persiste la explotación del trabajo humano, se padecen falsas aristocracias y, sobre todo, se conculca el voto popular.

"Por ello, la Convención fundará una nueva República, en ejercicio legítimo de la soberanía, y no sólo porque lo dice el artículo 39 de la Constitución, sino porque nadie puede arrebatarle al pueblo su derecho inalienable de decidir su destino."

Entre los oyentes se levanta una cartulina con la "Oración al fraude": "Monseñor Abascal, ayúdale a Fecal. Santo IFE devoto, auméntale los votos. Santa Televisión, bendice la elección. San Marcial Maciel, ruega por él".

Hoy es una noche especial. Encinas dará el Grito con Rosario Ibarra de Piedra y Carlos Abascal y tañerá una campana que donó el fundidor de San Luis Potosí. No llueve y la plaza reverbera de luces. No lo puedo creer, no llueve. Canta Eugenia León, canta Regina Orozco, me siento junto a un grupo de cinco mariachis y cuando le pregunto al mariachi principal por su adhesión a AMLO me sorprende al responder que a ellos Jesusa les va a pagar e igual cantaría por Calderón.

AMLO DICE: "Estamos muy contentos, porque el traidor a la democracia no estará aquí. ¡Que se vaya con su hipocresía a otra parte! ¡No lo queremos aquí! [toda la plancha de concreto grita y chifla: '¡Yuuuuju! ¡Sí se pudo, sí se pudo!']

"[...] Además, esa cortesía política a Encinas fue en reconocimiento a que el gobernante capitalino no se dejó presionar por 'los derechistas y fascistas' que le exigían usar la fuerza pública para desalojar y reprimir a quienes ayer prácticamente concluyeron el plantón que por cuarenta y siete días mantuvieron en la Plaza de la Constitución, Madero, Juárez y Paseo de la Reforma.

"Muchos de ustedes seguramente van a extrañar estos momentos tan importantes de convivencia humana, de fraternidad, de verdadera amistad, de compañerismo. A pesar de la nostalgia, les digo que han sido muchas las enseñanzas que hemos recibido porque ha sido un proceso de enseñanza-aprendizaje, con mensajes, con conocimientos de ida y vuelta.

"No me rendiré, continuaré en la lucha sin claudicar.

"[...] Aunque uno es fuerte para enfrentar la adversidad, y siempre los ideales y los principios lo sacan a uno adelante, de todas maneras en los momentos difíciles estar aquí con ustedes es la renovación de la esperanza, de la alegría.

"Concluimos esta etapa que ha sido muy entrañable [...], creo que todos estamos llenos de sentimientos y no quiero abundar sobre este asunto, porque quiero mantener mi entereza."

El Grito

La plaza, que primero apareció semivacía, está llena a reventar y la emoción es grande. Pululan las pancartas contra el fraude electoral. "Felipe, entiende, la gente no te quiere." "Nunca serás mi presidente." "Señora Hinojosa, ¿por qué parió esa cosa?" "¡Sí se pudo, sí se pudo!" "¡Es un honor estar con Obrador!" "¡Obrador, Obrador, Obrador!", es el grito del Grito en el Zócalo que va desde Palacio Nacional hasta el Antiguo Palacio del Ayuntamiento. "¡Qué bonito es el Zócalo sin Fox!", me dice doña Luchita, que nunca le ha temido al desalojo aunque los rumores han sido constantes. "Van a subir por la salida del metro, van a asaltarnos, van a caernos por detrás." Entre las pancartas se asoman, como en cualquier 15 de septiembre normal, puestos de banderas y sombrerotes de paja caricaturescos especialmente horribles, carritos de camotes y de elotes, sombreros inmensos de los que me chocan, huevos llenos de confeti, serpentinas, rehiletes, trompetas, toda la parafernalia que apoya nuestro patriotismo.

Esta noche, el Grito de Independencia es una oportunidad para miles de personas en la Plaza de la Constitución de expresar su repudio al fraude electoral, a la pobreza, al desempleo, al maltrato social y a la campaña racista del PAN y de los empresarios contra los que siguen a AMLO, según Andrea Becerril y Enrique Méndez. "Nos llaman chancludos, nacos, chusma, indios, mugrosos, pelados. ¿A poco creen que no lo sabemos?"

Fox Quesada abandonó la plaza. A lo mejor le dieron el pitazo de que en el templete (por consejo de Chaneca) colgarían frente al balcón presidencial una gigantesca manta con grandes letras negras: "Traidor a la democracia". Doña Luchita me dice: "Ése judas no tiene pantalones".

A las once de la noche, desde el balcón de la esquina del Antiguo Palacio del Ayuntamiento que todos llamamos la Jefatura de Gobierno, Alejandro Encinas da un grito distinto en la ceremonia del 196 aniversario del inicio de la guerra de Independencia: "¡Viva la soberanía popular!", aunado al grito de "¡Viva Juárez y vivan los héroes de la Independencia!"

Todos somos niños y gozamos de los juegos pirotécnicos. A Andrés Manuel también se le quitan veinte años de encima cuando levanta los ojos cada vez que se ilumina el cuadrado de cielo azul marino encima de nuestra cabeza exactamente igual al cuadrado del Zócalo.

De pie, cuan largo es, a un lado del balcón, Carlos Abascal es abucheado pero no pierde la compostura. Rosario, chiquitita, levanta el puño izquierdo. De pronto Chaneca y yo volvemos la cabeza hacia AMLO en el templete y vemos que lo abraza una mujer y de lo más confianzuda recarga su cabeza en su hombro.

"¿Quién será esa bruja?" Él mira hacia el cielo y no parece tener conciencia de esa vieja de cabello ensortijado que intenta abrazarlo. "¿Quién es la changa esa?", me pregunta Chaneca furiosa. "Ni idea, pero si quieres ahora mismo la matamos." ¡Viva México, viva México, viva México, viva México! A muchos se nos llenan los ojos de lágrimas. Una ceremonia así no volveremos a verla, un Grito así, quién sabe cuándo lo escuchemos. ¿Qué irá a pasar el próximo 15 en el año 2007?

Durante quince minutos estallan los fuegos artificiales que Marco Polo trajo de China a Occidente y que magnificaron los Luises de peluca blanca en Versalles, los lores en el Castillo de Windsor, los grandes de España, las piezas de agua de los palacios europeos en las que venían a caer las luces anaranjadas, verdes, azules, amarillas, rojas, violetas, las luces de Bengala (¿por qué se llamarán luces de Bengala?)

Cuando anuncian que en Dolores Hidalgo está lloviendo a cántaros, los fuegos artificiales nos parecen aún más extraordinarios. Fox y Martita se esconden en Dolores Hidalgo tras una tupida cortina de agua. Les llueve sobre mojado. Ha de estar lloviéndoles por dentro. Pienso: "No hay que regocijarse demasiado, a lo mejor también a nosotros nos llueve mañana".

Luego AMLO desaparece como la Cenicienta, antes de que den las doce, sin decir agua va, sin avisarle a nadie, con su único zapatito de cristal por una valla que lo protege y lo encamina hacia la estación Zócalo del metro, que le permite cruzar túnel adentro el Pasaje Pino Suárez y salir a la calle donde lo espera Nico con su calabaza en marcha.

¿Escuchará AMLO los últimos gritos de "Es un honor estar con Obrador"?

Julia Arnaud solloza y siento sus lágrimas de niña sobre mi mejilla. ¡Qué bueno que pueda llorar así! Mis ojos están secos como los de López Velarde, pero tengo un infinito deseo de llorar. Cuando uno está viejo, ya no llora. Mamá ya no lloraba, yo tampoco. Julia que es una becerrita de panza llora porque todo esto se acaba y regresamos cada uno a casa, a nuestra rutina, a nuestra soledad, a encontrarle otro sentido a la vida, y ella *pernoctó* (¡qué fea palabra!) aquí todos los días entregada en cuerpo y alma y a lo mejor ésta es la experiencia más enriquecedora de su joven vida. Marcela Rodríguez y yo nos abrazamos también y la emoción nos embarga. Sí, esto es histórico, es parte de lo que somos, de lo que queremos ser. Lástima que no lo ven nuestros hijos. Quisiera que aquí estuvieran Mane, Felipe y Paula. Los extraño. Me encantaría tener al lado a mi Thomas que siempre me pregunta de política.

Jesu, frente a nosotras en el templete, se ha enredado su rebozo en la cabeza como lo hace cuando algo va a costarle trabajo. Clausura aquí una etapa de su vida pero inicia otra porque ella va a seguir. (Yo también pero como me dice Paula: "Mamá, tú tenías un proyecto de vida antes de que se te apareciera López Obrador. ¿Vas a dejar de escribir?")

Jesu nunca va a dejar la lucha. Esto es sólo el principio. A lo mejor lo que ya ha terminado es su carrera de actriz porque la política ya se la tragó. Está enojada, la embarga la esperanza, está enojada, quiere un país nuevo, está enojada, ya no tiene paciencia, está enojada, de ahora en adelante va a caminar por la vida diciéndoles a los tibios y a los pusilánimes su verdad. "Ya no voy a guardar silencio, Elena, ya no puedo, nunca pude pero ahora menos." Como el sargento Pedraza al ganar la medalla de plata en 1968, aquí ha dejado los bofes. Anoche, ella sola desmontó la tienda de campaña, obviamente la más llena de todas puesto que fue la más utilizada. Escombró, cargó, empacó, guardó, llevó maletas y costales a su Tracker, fue y vino hasta la extenuación. Ya muy noche, nadie le ayudó, todos regresaron a su casa o quizá ella despachó a sus chalanes, la única en el Zócalo, sola, ay de mi llorona, llorona, llorona de ayer y hoy, ay de mi llorona sin hijos, toda sola, pañuelo en mano, recoge y recoge como soldaderita a la sombra de Catedral, ay de mi Jesusa qué va a ser de ti con esta revolución que emprendes en la que a lo mejor te quedas sola, por audaz, por definitiva, porque la lucha lleva a otra lucha y a otra y nada termina nunca como tú ahora que barres y acomodas. Ahora entiendo mejor el significado de la palabra *recoger,* hacerse cargo, responsabilizarse. De por sí, Jesusa cuida a los demás. De por sí, es ordenada. Si alguien lo ha dado todo durante estos cuarenta y ocho días ha sido ella.

Al final del Grito, los del plantón tenemos que entregarle el Zócalo al ejército para preparar el desfile militar del 16. Es el 196 aniversario de la Independencia, ¿alcanzaré el 2010? ¿Qué pasará en 2010? Inés tendrá casi diez años, Carmen ocho, Luna siete, Cristóbal once. Mis diez nietos tendrán cuatro años más y los grandes estarán hablando de novios, cada quien con su celular, cada uno deshojando su margarita.

En el hotel Azores hay mucho ruido, en las aceras venden elotes, juguetes de plástico, globos, tres hot-dogs por diez pesos. ¿Serán de perro o de rata? Camino por la calle de Brasil repitiendo el Grito como el padrenuestro y lo entiendo por primera vez, es la independencia de mi país, la independencia de todos los prejuicios que me han apesadumbrado, la independencia de tantas ataduras, la independencia de mis hijos y nietos que quiero libres, la independencia de todos los niños de México, la independencia de México, la independencia que debo practicar en los últimos años de mi vida.

Llegamos al hotel y el encargado le dice a Chaneca que no hay habitación para ella. Todo está lleno. "Es el colmo, yo hice las reservaciones y no tengo cuarto", se enoja. En el comedor formamos una larga mesa festiva y degustamos un tamal yucateco o oaxaqueño comprado en la calle por Javier Cabral y como somos muchos hacemos ruido. De la gerencia nos avisan que algunos huéspedes piden que nos callemos. "Dame tu llave", me dice perentoria Chaneca, después de comerse tres tamales. Se la doy y sube a dormir. Ante mi consternación, Jesusa interviene: "No importa, vente a dormir a mi cuarto". Cuando paso a recoger piyama y cepillo de dientes, Chaneca duerme a pierna suelta. Jesusa y yo hacemos lo mismo, ya una vez dormimos juntas en la Feria del Libro de Guadalajara, cuando el homenaje a Soriano. "Estoy feliz, esos cinco kilos que nunca lograba bajar los he bajado en estos cuarenta y ocho días de chinga. Es más, bajé seis. Voy a estar muy bien para Sevilla."

El Frente Amplio Progresista

"Va a haber un nuevo Frente Amplio Progresista, el FAP", me informa Jesusa. Me retraigo ante esa nueva sigla. "¡Qué lata!", respondo. "¡Qué poco política eres!" "¡Es que a mí no me gustan los políticos! ¡No les entiendo nada y mucho menos a sus siglas!" "Bueno, como ya ganaron el 35 por ciento de la votación nacional, el PRD, el PT y Convergencia se unieron en el FAP que nacerá mañana en el Zócalo."

Pasado mañana, al finalizar el desfile, los coches volverán sobre el Paseo de la Reforma, llegarán tranquilos hasta el Zócalo y recordarán que durante cuarenta y ocho días les impidieron el paso. Quizá los padres de familia regresen al Zócalo con sus hijos a decirles: "Mira, aquí en este pedacito de la plaza dormí durante cuarenta y ocho días". "Aquí se desfondó el cielo y nos cayó encima." "Vivimos todos los días con el temor de que la Policía Federal viniera por nosotros."

Gabriel León Zaragoza informa que "la Iglesia católica saluda el encuentro 'pluricultural y social' [...]. La Convención dará pautas para la modificación de las instituciones del Estado, consideró el arzobispado de México por conducto de su vocero, Hugo Valdemar, quien indicó que 'todos los mexicanos somos conscientes de la necesidad de transformar al país'.

"[...] Si López Obrador es nombrado presidente de la República por la CND se trataría de un cargo 'meramente simbólico, porque a nivel institucional ya hay uno electo'. La diócesis de Saltillo, Coahuila, puntualizó que si la Convención busca un nuevo orden social mediante un cambio radical de las instituciones, de ésta debe emerger una coordinación cuyo liderazgo recaiga en diversos personajes sociales y no sólo en la figura de López Obrador".

Emiliano Ruiz y Claudia Guerrero de *Reforma* informan: "Rosario Estrada corta una col. Prepara la comida para los simpatizantes de San Luis Potosí, que aprovechan las últimas horas de estancia para ir a La Basílica.

"[...] En el campamento del PT en Nuevo León, Natalia Ventura dice: 'Ya estamos un poco cansados. Nos da tristeza, no crea que no, porque vamos a partir y nos tenemos que separar'.

"Los carteles se apilan en paquetes. En la mañana llegan tres mil con la foto de AMLO y la leyenda 'Presidente'.

"Su saco oscuro está cruzado por una banda tricolor. De todos los campamentos llegan coordinadores a recoger carteles, producidos en la imprenta que tiene el PT en la capital del país.

"Pero queda la nostalgia. Jorge Palacios, un abogado de Guanajuato, luce una playera de la CND.

"'De alguna manera duele; vivir en el corazón de Tenochtitlan es un gran honor', dice su camiseta.

"¿Qué van a hacer los que comen tres veces al día en el plantón? ¿Qué harán sin el olor de las albóndigas que hierven en pequeñas estufas? El Zócalo y los distintos campamentos a lo largo del Paseo de la Reforma actuaron como corte de los milagros y Pedro Sánchez Pérez pudo exclamar: 'Hace más de un mes que hago las tres comidas diarias y por eso rezo para que el plantón nunca se acabe'. Muchos indigentes se acercan y en su hambre puede medirse el abandono en que la ciudad tiene a su gente. Algunos de plano son viejos pordioseros de barba crecida y ropa luida. Uno llega con sus perros y sus gatos. Lo jubilaron de barrendero y no le alcanza para alimentarlos. Comparte lo que le dan con sus animales. 'Aquí les damos de comer a todos, a los perros y a los gatos también'.

"¿En qué piensan los hombres y las mujeres que viven en la calle que han sido bien tratados durante estos días del plantón? Viven a la buena de Dios, algunos traen al mundo entero en su carrito del súper, viajan ligeros, pero de sus bolsas de plástico sacan verdaderos tesoros, hasta condones. Pero ¿con quién harán el amor? Todos tienen un perro. ¿Qué se preguntarán a sí mismos? Desde luego, cuando se hunden en la oscuridad de la noche y desaparecen quién sabe bajo qué marquesina, no parecen preocuparse por el futuro. Están más allá del bien y del mal. Uno de ellos levanta el pulgar: 'A mí AMLO no me va a dejar'."

SÁBADO 16 DE SEPTIEMBRE

A las diez vamos al Monumento a la Revolución pero no vemos el desfile aunque yo pensé con gusto que nos detendríamos a mirar deportistas, soldados y jóvenes atletas. Liliana nos alcanza. Hay otra reunión de trabajo con Dante Delgado a la que asistimos Jesusa, Chaneca y yo. "¿No vas a tener frío?", pregunta porque estoy vestida de blanco con la falda larga de piquitos. La Convención se inicia a las tres. A la una y media regresamos al Zócalo sin comer. Se ve extrañamente vacío, como si lo hubieran desvestido. Ya no hay grúas y unos empleados municipales arreglan el sitio después del desfile. Cuesta mucho trabajo subir la manta que va detrás del templete. Esperamos. El cielo casi blanco como mi vestido tiene una actitud extraña. Llegan otros comisionados, suben al estrado por escaleras endebles, frente a nosotros se agrupa la multitud: miles de delegados esperan. De pronto el cielo se nubla y en menos de lo que canta un gallo cae el agua. El aguacero es fuertísimo y todos se mantienen de pie en el Zócalo. Arriba, Chaneca, Jesusa, José Agustín Ortiz Pinchetti que todavía camina mal, después de su caída, miran a la multitud. Sin decir agua va, el cielo nos anega. Pobrecita de toda la gente, ¿dónde va a resguardarse? Claro que no traigo paraguas y trato de meterme entre tablas y fierros debajo del templete. De pronto se me aparece un gordo, alto, bigotón que grita con voz de mando: "A usted no le puede pasar nada" y me echa encima una de las mantas: "Te amlo, AMLO". Me empapo de las rodillas para abajo pero por lo demás estoy totalmente seca. Pienso que Mane, perdido entre la multitud, debe estar empapado y a él le dan gripas con facilidad. ¿Dónde guarecerse en la inmensa explanada empacada de gente? "Llueve y llueve, la gente no se mueve", corean. ¿Y Jesusa? ¿Y Chaneca? ¿Y Lupita? ¿Qué pasará con el sonido? ¿Se echará a perder?

Miles de delegados de la CND han llegado desde distintos estados. Los más numerosos son los 52 mil delegados de los 212 municipios de Veracruz. Le sigue Michoacán, con más de treinta mil simpatizantes.

Érika Duarte cuenta de un campesino originario de Maravatío, Michoacán, quien "se levantó temprano para bañarse, ponerse ropa limpia, su sombrero de palma y colgarse su gafete que lo acredita como delegado a la Convención y equipado con toda la voluntad y la esperanza de una vida mejor llegó al DF a sus setenta y cinco años. Aún siembra maíz, sorgo, chiles y calabacitas. Ante 'el abandono y desprecio que vive el campo, me vi en la necesidad de venir porque la situación ya es inaguantable. [...] Hay ocasiones en que les he entregado mi cosecha a los intermediarios y cuando regreso a cobrar, resulta que se fueron y se llevaron todo. ¿A quién le reclamamos, quién nos responde?'"

Los desastres de la patria

Luis Villoro escribe en *Proceso*: "Las formas de protesta han dividido a la izquierda y amenazan con diezmarla. AMLO se debate entre atender a la misión que se asigna a sí mismo como líder o mantener unida a una izquierda más amplia en sus corazonadas. Del 2 de julio hasta la fecha, ha actuado como si el respaldo fuera automático y se desprendiera en forma lógica de lo que propuso antes de la elección.

"[...] AMLO, con excesiva frecuencia, se desentiende de las razones de quienes no están ahí, ante el templete de sus preferencias. No se ha presentado como un estadista que concibe un país capaz de incluir a quienes no votan por él, sino como un caudillo en feliz retroalimentación con sus seguidores. Muy rara vez trata de persuadir. Los desastres de la patria son tan evidentes que considera que basta exponerlos ante sus fieles. [...] La plaza representa para él la verdad y la televisión un simulacro. [...] La paradoja es que en las plazas siempre son más los que no llegaron. El afán de estar cerca de los otros desemboca así en una situación excluyente.

"[...] La izquierda enfrenta un desafío mayúsculo: una estrategia incorrecta puede poner en entredicho una causa justa. No hay duda de que la elección fue desigual, pero hay diversas formas de elaborar políticamente la injusticia. [...] Quien es vencido por las malas dispone de fuerza moral. No es lo mismo resignarse que aprovechar una derrota injusta para construir y confirmar que se tenía razón".

El cielo del Peje se despeja

Por fin a las cinco y cinco, el cielo se despeja y mojados hasta los huesos los convencionistas nos alisamos el cabello y tratamos de recobrar la compostura. José Agustín Ortiz Pinchetti, al lado mío, está hecho una sopa y exprime su gorra con dos manos. ¿Con qué secarlo? Podría yo quitarme el fondo para dárselo, pero aquí arriba del templete, frente a todos, no me atrevo. Me preocupo por su salud porque hace tiempo se rompió la pata y camina con bastón. El pelo de Chaneca está ensopado y el rebozo de Jesusa escurre agua. En cambio a López Obrador lo cubrieron todos los paraguas de sus guaruras. Empieza el acto. Veo los miles de rostros vueltos hacia el templete y me conmuevo. ¡Cuánta esperanza en ellos! Me embarga una emoción mucho más grande que yo, me ahogo, como si hubiera quedado dentro de una esfera de vidrio y tuviera que debatirme sola allá adentro. Híjole, a ver si aguanto.

Dante Delgado me llama para iniciar la CND. Es el momento solemne y digo: "Siendo las cinco y cinco de la tarde del día 16 de septiembre de 2005 (me equivoco y corrijo: 2006) con base en lo establecido en la convocatoria del 15 de agosto del presente año, ante la presencia de los delegados efectivos que la conforman, me es grato declarar legalmente establecidos los trabajos de la Convención Nacional Democrática para lo cual doy lectura al artículo 39 de la Constitución Política de los Estados Unidos Mexicanos que a la letra dice: La soberanía nacional reside esencial y originariamente en el pueblo. Todo poder público dimana del pueblo y se instituye para beneficio de éste. El pueblo tiene en todo tiempo el inalienable derecho de alterar o modificar la forma de su gobierno. Que los trabajos de esta Convención Nacional Democrática sean para el bien de todos y de México".

Luego sigo con lo mío.

"Hoy, 16 de septiembre de 2006 es la gran fiesta que esperábamos hace años, la de la Convención Nacional Democrática. Nos reunimos porque la democracia empezó a perderse cuando Lázaro Cárdenas dejó el poder en 1940. A los presidentes que siguieron los enceguecío el poder y el dinero y se dedicaron a hacer negocios al amparo de su puesto público.

José Clemente Orozco tuvo razón al alzar su mano llena de pinceles rojos y fustigar la corrupción, el influyentismo, el maltrato, la pobreza, el saqueo, la falta de educación en todos sus niveles, el racismo y el clasismo, las desigualdades económicas y sociales que dividen al país y nos agobian. Hoy en pleno 2006, 85 por ciento de los mexicanos ganan menos de cinco salarios mínimos, es decir, $5 400 mes y para nuestra vergüenza hay quienes sobreviven con mucho menos, ya no se diga, los diez millones de indígenas que además han sido despojados de sus tierras.

"Andrés Manuel López Obrador ha repetido en muchas ocasiones que los que lo seguimos somos hombres y mujeres libres. No se vale la consigna: o estás conmigo o eres mi enemigo. Queremos estar en la realidad y la inteligencia de que un ser humano depende de su aceptación de la realidad. Nos ha costado mucho ser lo que somos y quizás éste sea el momento de vernos con ojos críticos. Ser crítico de uno mismo es clave para ser crítico de una situación ya sea personal o política y todos lo sabemos, lo personal es político. Nuestra capacidad crítica es lo que nos endereza y nos hace libres, el fanatismo limita, vuelve intransigente y lleva al abismo. El primer respeto en la vida es el respeto a uno mismo y el respeto a lo que piensa, lo que cree y lo que decide el otro. A lo largo de cuarenta y ocho días hemos sido los actores de un cambio con Andrés Manuel López Obrador y eso también nos lo tienen que respetar.

"Cuauhtémoc Cárdenas me honró al escribirme una carta [en ese momento se desata una rechifla que me agarra por sorpresa, me destantea y me apena y no sé si continuar. Dante Delgado se acerca y me dice: 'Sígale, Elena, sígale, no se detenga' y sigo sintiéndome muy mal y repito las dos palabras *una carta*], una carta que agradezco porque oír al otro engrandece y contribuye al diálogo, pero sigo pensando que la elección fue injusta y fraudulenta y que hacemos bien al defender nuestra dignidad.

"[…] Vuelvo a repetirlo, somos hombres y mujeres libres, no somos borregos y estamos aquí porque queremos luchar contra la corrupción y la desigualdad. Como borregos no le servimos para nada a Andrés Manuel López Obrador, como seres pensantes, sí, y nos subleva haber tenido que padecer una campaña sucia implementada y pagada por los dueños del país, porque sabemos que los empresarios y los políticos cómplices hicieron todo para derrotarlo. Ahora, en esta Convención Nacional Democrática, buscamos una salida para que nuestro país sea tan grande como lo merecemos. Somos gente de bien que nos hemos esforzado toda la vida por salir adelante. Aquí estamos reunidos para encontrar entre todos una solución, y vamos a encontrarla dentro de la mayor honestidad, la mayor limpieza, la mayor claridad, la mayor tolerancia porque los sectarismos y los gritos llevan a la represión. Y desde luego nuestra solución será como ha sido nuestra resistencia, pacífica.

"Hoy es un gran día, es el día de nuestra conciencia, dialoguemos con ella para que en ella se haga la luz."

Cuando termino, siento el corazón en la garganta. Dante Delgado le pasa el micrófono a Rafael Hernández Estrada, quien hace una relatoría de las actividades previas a la Convención, los foros de discusión, las asambleas y sus resultados condensados en tres puntos: desconocer la validez de la elección presidencial del 2 de julio; apoyar los cinco puntos contenidos en el programa de la Convención Nacional Democrática, y convocar a un Congreso Constituyente. Vuelvo a mi lugar junto a José Agustín Ortiz Pinchetti, que parece una estatua de agua. Tiembla. Le pregunto si no se enfermará y me dice que se siente perfectamente bien. Tras de mí veo a los otros oradores: Rafael Barajas El Fisgón, Malú Micher, Luis Javier Garrido, Hermelinda Tiburcio, la dirigente y fundadora de Nosotros los Pueblos Mixtecos, y a Martín Esparza Flores.

Al tomar el micrófono, Rafael Barajas El Fisgón dice:

"En una ocasión, Vicente Fox felicitó a una señora de condición humilde por no saber leer ya que así no se deprimiría leyendo periódicos. El mensaje era claro: 'No se amargue el día leyendo lo que hago o digo, mejor disfrute de mi imagen en la pantalla'. Para este gobierno, como para los anteriores, más vale apantallar que informar."

"Información es poder, por eso, a lo largo de la historia, los gobiernos autoritarios han hecho todo por censurar, restringir, controlar y manipular la información. La mentira esclaviza, en cambio, la información contribuye a la democracia. De hecho, así lo reconoce la legislación mexicana; la Ley Federal de Transparencia y Acceso a la Información Pública Gubernamental se expidió con la finalidad expresa de contribuir a la democratización de la sociedad mexicana y a la plena vigencia del estado de derecho. Sin embargo, las nuevas tecnologías han cambiado totalmente las reglas del juego informativo.

"En la era del internet, es imposible censurar u ocultar la información; pero en la sociedad de los videoclips existen infinidad de técnicas para manipular las percepciones: 'Dadme un candidato popular y os mostraré un peligro para México'. Gracias a la presión de la sociedad, en prácticamente todos los periódicos nacionales, ya existe el derecho de réplica. Debemos presionar para que se abra el derecho de réplica en la información televisiva.

"La enorme capacidad de penetración y manipulación de la televisión les permite a los consorcios televisivos crear ambientes a voluntad e imponer una agenda a corto plazo. En México, donde existe un duopolio televisivo, los magnates informativos se han convertido en actores importantes de la escena política nacional; esto les permite imponer sus intereses particulares sobre el bien común, como en el caso de las reformas a la Ley de Radio y Televisión.

"[…] Por el bien de todos, es necesario revisar a fondo las reformas a la Ley de Radio y Televisión aprobadas hace unos meses por el Senado, con miras a limitar el poder de los monopolios mediáticos mexicanos.

"El poder de la televisión es grande; implanta sus agendas a corto plazo, pero la verdad siempre termina por imponerse. En 1968, la televisión repitió hasta el cansancio que Díaz Ordaz era un buen hombre atacado injustamente por hordas de estudiantes y, en 1988, insistió en que Salinas de Gortari era el presidente más legítimo de nuestra historia; hoy todos sabemos la verdad. Hoy, esa misma televisión nos atosiga con el sonsonete de que Calderón ganó limpiamente las elecciones y de que no aceptar esos resultados es atentar contra la paz.

"A pesar de que los medios electrónicos ocultaron la información de la Coalición por el Bien de Todos, tenemos sobradas evidencias del fraude; por lo demás, quien pone en riesgo la paz, en la tierra de Juárez, es quien no respeta el derecho ajeno.

"Quien tiene la verdad y tiene paciencia no tiene por qué hacer concesiones. Si los medios no informan, tendremos que informar nosotros. Por el bien de todos, por la democracia, la libertad de expresión y el derecho a la información, debemos romper el bloqueo informativo que le hacen la mayoría de los medios a este movimiento; debemos apoyar a los medios que difunden los hechos que los demás ocultan y crear canales alternativos para informarnos e informar sobre el fraude, para que la verdad se imponga lo más pronto posible.

"La libertad de expresión que hoy tenemos es resultado de una lucha de varias generaciones de periodistas y de lectores de periódico, radioescuchas y telespectadores. Esta lucha por la libertad de imprenta es una lucha por la verdad y contra la impunidad de los poderes fácticos; es la lucha de González Schmall por documentar los negocios de los Bribiesca, es la lucha contra la impunidad de los delitos de panistas notorios como Carmen Segura, Santiago Creel, Estrada Cajigal, Serrano Limón; es la lucha contra grupos delincuenciales que están cada vez más ligados a las élites políticas; es la lucha ejemplar de la periodista Lydia Cacho contra la red de pederastas de Jean Succar Kuri y sus amigos Kamel Nacif, Gamboa Patrón y Mario Marín.

"[…] Las campañas de desprestigio, basadas en mentiras, no son un acto de libertad de expresión; al contrario, ponen en riesgo este principio. Ante la falta de ética de ciertos consorcios mediáticos y de ciertos comunicadores, debemos crear la figura de un ómbudsman informativo, un defensor de la sociedad, independiente del gobierno y los poderes fácticos."

Las elecciones son la más alta manifestación
de la soberanía de un pueblo

Cuando le toca su turno a Luis Javier Garrido dice:

"La Convención Nacional Democrática a la que ha convocado Andrés Manuel López Obrador es la expresión del pueblo mexicano en rebeldía ante los grupos que pretenden imponerle un gobierno espurio e ilegítimo. La resistencia civil es un derecho legítimo de los pueblos cuando son violados sus derechos fundamentales, pero es también una obligación de todos, pues si las elecciones constituyen la más alta manifestación de la soberanía de un pueblo en un régimen democrático y representativo, el fraude electoral de 2006, preparado y ejecutado por el gobierno federal en nombre de una minoría que se ha apropiado ilícitamente de los recursos de la nación, y en contra de las mayorías del pueblo de México, es un atentado contra la soberanía nacional.

"La Convención se halla ante una responsabilidad histórica, pues debe actuar no sólo con acciones inmediatas para defender a los pobres, a los humillados y a los excluidos, reivindicar el patrimonio de la nación, ampliar el derecho a la información y luchar contra la corrupción y la impunidad, sino que ha de tener también como uno de sus ejes fundamentales el de la renovación de las instituciones: sentar las bases para el México de mañana e impulsar el tránsito hacia una nueva República.

"[…] El gran reclamo que tiene la nación, luego de los excesos y la corrupción de muchos gobiernos, es que se termine la impunidad en el abuso del poder y se someta a quienes gobiernan a un estricto régimen de responsabilidades. El presidente de la República, que debería ser un garante de la legalidad de las instituciones, en los hechos actúa por encima de las leyes y dispone de manera patrimonial de los bienes nacionales y los recursos públicos para beneficiar como jefe de facción a intereses privados nacionales y extranjeros a los que se halla asociado. Hay que terminar con el presidencialismo y sus excesos, retirándole al Ejecutivo atribuciones en lo político y en lo económico, limitándole la facultad reglamentaria y, sobre todo, sometiéndolo a un estricto marco de responsabilidades: ampliando las causales para formarle juicio político y reconociéndole al pueblo el derecho inalienable que tiene en todo momento de exigir la rendición de cuentas y revocar el mandato de quienes gobiernan. Hay que acotar el poder de los funcionarios para evitar la impunidad y la corrupción, reformando el marco institucional, pues como lo vieron muchos mexicanos, desde Morelos hasta Zapata, sólo el poder del pueblo puede detener el poder de los gobernantes, por muy poderosos que éstos pretendan ser.

"[…] La nueva República no es concebible si no se da vida real al régimen federal y a la autonomía municipal, pues hasta ahora las estructuras del poder centralista no se han democratizado, por lo que es imprescindible impulsar cambios constitucionales en lo político, en lo fiscal y en lo hacendario que, por un lado, sustenten un federalismo real y, por el otro, propicien una vida autónoma real de los municipios, logrando una mayor descentralización del poder. No habrá municipios verdaderamente libres sino luego de reformas en lo político, lo administrativo y lo fiscal que les reconozcan y garanticen su autonomía. Descentralizar el poder debe significar fortalecerlo, no debilitar a las entidades y hacerlas más vulnerables ante las ambiciones del exterior.

"[…] La nueva República, que debe sustentarse en el pueblo, ha de ser una tarea de todos y en particular de esta Convención Nacional Democrática y del legítimo gobierno del país que encabeza Andrés Manuel López Obrador, legal y legítimamente electo presidente de los Estados Unidos Mexicanos el 2 de julio."

Hermelinda Tiburcio Cayetano de Ometepec, Guerrero, se ve muy bonita con sus trenzas, su rebozo y su vestido de satín rosa. Abajo del templete, entre los oyentes, su marido la escucha con el hijo en brazos. Hermelinda habla con voz fuerte, clara, que llega lejos frente al millón y pico de oyentes. No se engenta porque tiene algo qué decir. Jesusa habrá de analizar más tarde: "A nadie se le oyó tan bien. Fue la que mejor habló, la que más caló en los oyentes".

Durante los discursos, AMLO se mantiene de pie, muy serio, muy grave, el ceño fruncido, los brazos cruzados, enfundado en su traje azul marino, cosa rara, bastante bien cortado. Cuando toma él la palabra vuelve el grito de los últimos días "pre-si-den-te, pre-si-den-te-, pre-si-den-te".

AMLO DICE: "Amigas, amigos, delegadas, delegados de todos los pueblos, colonias, municipios, regiones, estados de nuestro país.

"Hoy es un día histórico. Esta Convención Nacional Democrática ha proclamado la abolición del actual régimen de corrupción y privilegios y ha sentado las bases para la construcción y el establecimiento de una nueva República.

"Antes que nada, conviene tener en claro por qué hemos tomado este camino. Es obvio que no actuamos por capricho o interés personal. Nuestra decisión y la de millones de mexicanos aquí representados es la respuesta firme y digna a quienes volvieron la voluntad electoral en apariencia y han convertido a las instituciones políticas en una farsa grotesca.

"¿Cómo se originó esta crisis política y quiénes son los verdaderos responsables?

"Desde nuestro punto de vista, la descomposición del régimen viene de lejos, se acentuó en los últimos tiempos y se precipitó y quedó al descubierto con el fraude electoral.

"Esta crisis política tiene como antecedente inmediato el proyecto salinista, que convirtió al gobierno en un comité al servicio de una minoría de banqueros, hombres de negocios vinculados al poder, especuladores, traficantes de influencias y políticos corruptos.

"A partir de la creación de esta red de intereses y complicidades, las políticas nacionales se subordinaron al propósito de mantener y acrecentar los privilegios de unos cuantos, sin importar el destino del país y la suerte de la mayoría de los mexicanos.

"[...] En este marco de complicidades y componendas entre el poder económico y el poder político, se llevaron a cabo las privatizaciones durante el gobierno de Salinas.

"También, en este contexto, debe verse el asunto del FOBAPROA, el saqueo más grande registrado en la historia de México desde la época colonial.

"Recordemos que Zedillo, con el apoyo del PRI y del PAN, del PRIAN, decidió convertir las deudas privadas de unos cuantos en deuda pública.

"A la llegada de Vicente Fox se fortaleció y se hizo más vulgar esta red de complicidades, al grado que un empleado del banquero Roberto Hernández pasó a ser el encargado de la hacienda pública.

"[...] Ahora bien, conviene preguntarnos por qué este grupo (Roberto Hernández, Claudio González, Carlos Salinas, Mariano Azuela, Diego Fernández de Cevallos, Gastón Azcárraga) fue capaz de desatar tanto odio, por qué llegaron incluso al descaro de promover la intolerancia, el clasismo y de utilizar el racismo para distinguirse y descalificar lo que nosotros dignamente representamos.

"La respuesta es sencilla: tienen miedo de perder sus privilegios y los domina la codicia.

"Por eso no aceptan el Proyecto Alternativo de Nación que nosotros postulamos y defendemos. Por eso, para seguir detentando la Presidencia de la República, no les importó atropellar la voluntad popular y romper el orden constitucional.

"[...] Se equivocan, no pasarán. Se equivocan porque afortunadamente hoy existe en nuestro país una voluntad colectiva dispuesta a impedirlo y porque millones de mexicanos no queremos que el poder del dinero suplante al poder público, que debe ser el verdadero poder político.

"Por todas estas razones, esta Convención, de conformidad con el artículo 39 de la Constitución vigente, ha decidido romper con ellos, recuperar nuestra soberanía y emprender el camino para la construcción de una nueva República.

"Pueden quedarse con sus instituciones piratas y con su presidente espurio, pero no podrán quedarse con el patrimonio de la nación, ni con nuestras convicciones, ni con nuestra dignidad.

Amigas y amigos:

"Estamos aquí para decirles a los hombres del viejo régimen que no claudicaremos. Jamás nos rendiremos. Estamos aquí para decir a los cuatro vientos que defenderemos el derecho a la esperanza de nuestro pueblo, que no aceptamos el oprobio como destino para nuestro pueblo.

"Que se oiga bien y que se oiga lejos:

"No aceptamos que haya millones de niños desnutridos y enfermos, y sin porvenir.

"No aceptamos que a los jóvenes, que nacieron bajo el signo del neoliberalismo, se les quite el derecho al estudio y se les condene a la marginación social.

"No aceptamos la falta de presupuesto ni las campañas de desprestigio contra la educación pública.

"No aceptamos la violación de los derechos de las mujeres.

"No aceptamos que las mujeres, para conseguir trabajo, tengan que ser vejadas, porque así lo imponen las reglas inhumanas del mercado.

"No aceptamos la discriminación por motivos religiosos, étnicos o sexuales.

"No aceptamos que la mayoría de los ancianos del país vivan en el abandono, y que quienes se hayan jubilado después de toda una vida de trabajo reciban una bicoca de pensión.

"No aceptamos que a los trabajadores, después de los cuarenta años de edad, se les nieguen las oportunidades de empleo y se les trate como parias sociales.

"No aceptamos que el salario mínimo no alcance para que el trabajador viva y mantenga a su familia con dignidad y decoro.

"No aceptamos que, ante la escasez de puestos de trabajo, mujeres y hombres tengan jornadas laborales de más de ocho horas al día.

"No aceptamos el trabajo infantil.

"No aceptamos que millones de mexicanos se vean obligados a abandonar a sus familias y sus pueblos, para ir a buscar trabajo del otro lado de la frontera.

"No aceptamos que el campesino y el productor tengan que

vender barato todo lo que producen y comprar caro todo lo que necesitan.

"No aceptamos la privatización de la industria eléctrica ni del petróleo en ninguna de sus modalidades.

"No aceptamos que haya borrón y cuenta nueva. El FOBAPROA no es un caso cerrado, es un expediente abierto.

"No aceptamos el saqueo del erario. Le daremos seguimiento puntual al manejo del presupuesto, a los contratos de obras y servicios y denunciaremos permanentemente todo acto de corrupción.

"No aceptamos el nepotismo, el influyentismo, el amiguismo, ninguna de esas lacras de la política.

"No aceptamos el abandono al campo.

"No aceptamos la cláusula del Tratado de Libre Comercio, según la cual para el 2008 quedarán libres las importaciones, la introducción de maíz y de frijol del extranjero.

"No aceptamos la competencia desleal que padecen los productores nacionales en beneficio de los productores extranjeros.

"No aceptamos que se siga degradando nuestro territorio, los recursos naturales, por la voracidad de unos cuantos nacionales y extranjeros.

"No aceptamos que continúe el monopolio de empresas vinculadas al poder que rehúyen a la competencia y obligan a los consumidores mexicanos a pagar más que en el extranjero por las comunicaciones, los materiales de construcción, las tarjetas de crédito y otros productos y servicios.

"No aceptamos la manipulación que practican algunos medios de comunicación, ni su desprecio altanero por la cultura y por el buen gusto.

"No aceptamos el autoritarismo, la represión ni la violación de los derechos humanos.

"Y menos aceptamos que todas estas grandes injusticias sean producto de la fatalidad y del destino de nuestro pueblo. No, compañeras y compañeros, amigas y amigos, éste es el saldo lamentable del régimen antipopular y entreguista que ha venido imperando y que hoy hemos decidido abolir. Por eso es un día histórico.

"¿Cómo imaginamos a la nueva República? La nueva República tendrá, como objetivo superior, promover el bienestar, la felicidad y la cultura de todos los mexicanos.

"Aspiramos a una sociedad verdaderamente justa, elevada sobre la base de la democracia y de la defensa de la soberanía nacional.

"Nos interesa entendernos con todos los sectores de buena voluntad, pero vamos a persuadir y convencer que por el bien de todos, primero los pobres.

"Promoveremos que se eleve a rango constitucional el Estado de Bienestar para garantizar efectivamente el derecho a la alimentación, el trabajo, la salud, la seguridad social, la educación y la vivienda.

"Exigiremos que se pague la deuda histórica con los pueblos y comunidades indígenas, y pugnaremos por el cumplimiento de los Acuerdos de San Andrés Larráinzar.

"Construiremos una nueva legalidad donde las instituciones se apeguen al mandato constitucional, sirvan a todos por igual y protejan al débil ante los abusos del fuerte.

"Vamos a emprender una renovación tajante de la vida pública desterrando la corrupción, la impunidad y el influyentismo. Ya nadie podrá sentirse dueño y señor en nuestro país.

"Amigas y amigos:

"En el proceso de construcción de la nueva República tenemos que atender y cuidar tres aspectos fundamentales:

"*Primero*. No caer en la violencia, evadir el acoso y mantener nuestro movimiento siempre en el marco de la resistencia civil pacífica.

"*Segundo*. No transar, no vendernos, no caer en el juego de siempre, de la compra de lealtades y conciencias disfrazada de negociación.

"*Tercero*. Luchar con imaginación y talento paral romper el cerco informativo y crear mecanismos alternativos de comunicación. Tenemos que hacer posible que la verdad se abra paso y llegue hasta el último rincón de nuestra patria.

"Amigas y amigos:

"El día de hoy, esta Convención Nacional Democrática ha tomado decisiones trascendentes. Son muchos los frutos de esta asamblea fundacional. No sólo hemos rechazado al gobierno usurpador sino que hemos decidido emprender la construcción de una nueva República.

"Se aprobó también el plan de resistencia civil pacífica y la preparación de los trabajos para la reforma constitucional y lograr que las instituciones sean verdaderamente del pueblo y para el pueblo.

"Fruto de este proceso que ha desembocado en la Convención Nacional Democrática ha sido, sin duda, la creación del Frente Amplio Progresista.

"Esta nueva agrupación política será el espacio para articular a todos los ciudadanos y organizaciones políticas y sociales que se expresaron durante la campaña, así como para recibir nuevas adhesiones.

"El Frente Amplio Progresista surge en el momento preciso en que, a la vista de todos, se ha conformado un bloque de fuerzas derechistas, a partir de la alianza abierta y descarada entre el PAN y las cúpulas del PRI.

"De modo que el Frente Amplio Progresista tendrá como objetivo principal enfrentar al bloque conservador, al brazo político de la minoría rapaz que tanto daño ha causado a nuestro país.

"A final de cuentas, volvemos a lo que ha sido la historia de México. Antes eran liberales y conservadores. Ahora, en la lucha política de nuestro país habrá dos agrupamientos distintos y contrapuestos: derechistas y progresistas.

"Esta Convención ha decidido crear también un nuevo gobierno, que se instituye para ejercer y defender los derechos del pueblo.

"El gobierno que emerge será obligadamente nacional. Tendrá una sede en la capital de la República y, al mismo tiempo, será itinerante para observar, escuchar y recoger el sentir de todos los sectores y de todas las regiones del país.

"[...] ¿Por qué acepto el cargo de presidente de México?

"[...] Acepto el cargo de presidente de México porque rechazamos la imposición y la ruptura del orden constitucional. Aceptar el fraude electoral, como algunos están proponiendo, y reconocer a un gobierno usurpador, implicaría posponer indefinidamente el cambio democrático en el país.

"Nuestros adversarios se imponen con el dinero, el prejuicio conservador, la injusticia, la ilegalidad, la propiedad de muchísimos medios informativos. Nosotros contamos con la voluntad de cambio de millones de personas.

"El régimen político de ellos se agotó; en cambio, desde nuestro punto de vista, la Presidencia, esta Presidencia, simboliza las esperanzas, los esfuerzos y el anhelo de justicia social del pueblo de México.

"[...] Además, el encargo de presidente de México se me confiere en el marco de un movimiento empeñado en transformar las instituciones y refrendar la República, es decir, aclarar el sentido de la vida política, hoy tan enturbiado.

"[...] Es obvio que acepto este honroso cargo no por ostentación o por ambición al poder. Lo asumo, incluso a sabiendas de que también por esto voy a ser atacado. Pero lo hago convencido de que así voy a seguir contribuyendo, junto con muchos otros mexicanos, mujeres y hombres como ustedes, en las transformaciones del país, por nosotros y por las nuevas generaciones, por los que vienen detrás, por nuestros hijos, que podamos verlos de frente y no nos reclamen porque en estos momentos de definición supimos estar a la altura de las circunstancias.

"Además, en las actuales circunstancias, aceptar este encargo es un acto de resistencia civil pacífica, y es lo que más conviene a nuestro movimiento. Es un tengan para que aprendan, un tengan para que aprenda a respetar la voluntad popular.

"Amigas y amigos, compañeros, compañeras:

"Les hablo con sentimiento y con el corazón. Es un timbre de orgullo, es un honor representarlos. Tengan la seguridad de que lo haré con humildad y convicción. No voy a traicionarlos, no voy a traicionar al pueblo de México. Es un honor estar con ustedes y voy a ser siempre su servidor.

"[...] ¡Que viva la Convención Nacional Democrática! ¡Que viva la nueva República! ¡Viva México! ¡Viva México! ¡Viva México!"

En el estrado

Sobre el estrado estamos sentados, salvo Jesusa que permanece de pie, los de la Comisión Política Nacional: Berta Maldonado (Chaneca), Socorro Díaz, Federico Arreola, Dante Delgado, Rafael Hernández Estrada, José Agustín Ortiz Pinchetti y Fernando Schütte, más los miembros de las comisiones organizadoras estatales, algunos de los cuales también están en el templete. La Comisión de Resistencia Civil la integran Jesusa Rodríguez, Martí Batres, Guadalupe Acosta, Gerardo Fernández Noroña, Layda Sansores, Herón Escobar, Carlos Ímaz, Ramón Pacheco y Alfonso Ramírez Cuéllar.

Cuando se dice el nombre de Carlos Ímaz para la Comisión de Resistencia Civil, en la gigantesca plaza resuenan chiflidos y gritos de "Ímaz no, Ímaz no". Esos gritos me lastiman porque a Ímaz lo conozco desde niño con su fleco rubio casi igual al de ahora. Después de la UNAM, hizo un posgrado en Stanford. Es el autor de dos libros sobre personajes indígenas, *Rompiendo el silencio, biografía de un insurgente del EZLN* y *Tierna memoria,* la voz de un niño tzeltal insurgente, también zapatista. Su padre y su madre son grandes republicanos. Su madre, Montserrat Gispert, a quien le decíamos Betty, por Betty Boop, me acompañó varias veces a Lecumberri en 1968. Ímaz, el esposo de Claudia Sheinbaum, nunca pisó la cárcel, no tenía por qué. "Ímaz sí, Ímaz sí" habrán de vitorearlo más tarde cincuenta o más simpatizantes. Una semana más tarde, cuando Ímaz presenta un libro en la Feria de Raquel Sosa, el público lo aplaude y varias filas se ponen de pie. Tienen razón. Ímaz no puede ser el chivo expiatorio, la víctima propiciatoria. Otra debería pagar por él.

A la Comisión del proceso constituyente la conforman Enrique González Pedrero, José Agustín Ortiz Pinchetti, Jaime Cárdenas, Ignacio Marbán, Elisur Arteaga, Horacio Duarte, Arturo Núñez, Ricardo Monreal, Leticia Bonifaz, Julio Scherer Ibarra, Juan Ramiro Robledo y Eduardo Beltrán.

Tanto Jesusa Rodríguez como José Agustín Ortiz Pinchetti están en dos comisiones.

Los aplausos vuelan como palomas que baten alas encima de nosotros. El cielo es transparente. La lluvia le lavó hasta el último trapito al Zócalo y a las calles aledañas.

Vuelvo la cabeza para buscar a Lupita Loaeza, porque me preocupa su suerte. Pero allí está, su cabello mojado pero su huipil seco. Seguramente Héctor Vasconcelos, que es muy protector, está cerca de ella.

Las preguntas son: "¿Estás de acuerdo en reconocer al usurpador Felipe Calderón como presidente de la República?

"¿Estás de acuerdo en rechazar la República simulada y en declarar la abolición del régimen de corrupción y privilegios?

"¿Estás de acuerdo en reconocer el triunfo de Andrés Manuel López Obrador en las elecciones?

"¿Estás de acuerdo en que Andrés Manuel López Obrador sea reconocido como presidente de México o como coordinador de la resistencia?

"En su caso, ¿estás de acuerdo en que Andrés Manuel López Obrador integre un gabinete y recabe fondos propios si es reconocido como presidente?

"Si es reconocido como presidente, ¿qué fecha sería mejor para su toma de posesión: el 20 de noviembre o el 1° de diciembre de 2006?

"¿Estás de acuerdo con la realización de un plebiscito para impulsar un proceso constituyente?

"¿Apruebas la integración de las comisiones de la Convención?

"¿Estás de acuerdo en que la próxima reunión de la Convención Democrática Nacional sea el 7 de marzo de 2007?"

No hay una sola mano que se levante para votar en contra. ¿Qué una convención es unánime? ¿Todos pensamos igual? ¿La lluvia nos ha anegado la voluntad? ¿Ya queremos ir a nuestra casa a secarnos? Muchos deben estar en contra de que AMLO se declare "presidente legítimo", pero no levantan la mano. Paco Ignacio Taibo II habrá de contarme que la levantó para votar en contra y vio que todos los que votaron *no* fueron avasallados por el *sí* de la multitud. ¿Les habrían mochado la mano si se hacen más visibles? Paco se rebela: "Yo ya me gané la autoridad moral para decir: 'Estoy en contra y que nadie me hostigue'. En campamentos me he manifestado en contra, y nadie me ha silbado o sacado de ahí. La forma de votación de la Convención me pareció pésima pero es la eterna debilidad de los movimientos masivos".

A pesar de que todos siguen temblando de frío, sale un gran calor de la plaza. Nadie se ha ido, nadie o quizá muy pocos se resguardaron de la lluvia, no hay un solo incidente desagradable, ningún grupo radical, Andrés Manuel se mantiene de pie, discreto, no nos mira a los del templete, mira a la multitud que a su vez no le quita los ojos de encima. Es en él en quien convergen las esperanzas. O-bra-dor, O-bra-dor, O-bra-dor. Pre-si-den-te, Pre-si-den-te. AMLO ni se inmuta, es obvio que van a nombrarlo presidente. El suyo es un canto de victoria.

Todo el mundo levanta la mano, no hay una sola voz disidente en la unidad del coro y eso me inquieta y desordena. ¿Será la lluvia? ¿Por qué no hay quienes elijan a un jefe coordinador de la resistencia y no un presidente? ¿Por qué esta unanimidad ofensiva? ¿Es esto una convención? ¿O somos demasiados y no hay tiempo de discutir? ¿Cuál va a ser nuestro poder real?, me pregunto. Todos dicen que sí a las propuestas. ¿Así fue la Convención de Aguascalientes? Estaba yo persuadida de que se discutiría, se expondrían distintos puntos de vista. Soy una ilusa, ¿cómo van a discutir más de un millón de hombres y mujeres en una plaza pública? ¿Qué mecanismo lo permitiría? Sin embargo, debería encontrarse la forma para que unos y otros hicieran oír su voz. ¿Qué pensará Jesusa?

Conmueve el fervor de la gente, los rostros que logro percibir en la multitud, mujeres ansiosas, viejos luchadores que van hacia la tercera edad, niños que no tienen más remedio que estarse quietos porque si no perderían a sus padres y también a la democracia.

AMLO es presidente legítimo

La Convención Nacional Democrática (CND), integrada por un millón 25 724 delegados registrados, nombra "presidente legítimo de México" a Andrés Manuel López Obrador, al "reconocer su triunfo en las elecciones presidenciales" del 2 de julio pasado.

Tomará posesión del cargo en el Zócalo el lunes 20 de noviembre, aniversario de la Revolución Mexicana.

¿Cómo será eso? ¡Se me enchina el cuero!

La CND constituye el Frente Amplio Progresista. La Convención también acuerda volver a reunirse en asamblea el 21 de marzo de 2007.

No sólo el Zócalo está abarrotado, también las calles. Allí en Madero, en 5 de Mayo, en 20 de Noviembre, en Isabel la Católica, los delegados escuchan a través de altavoces. El terrible aguacero no los corrió o ya están curados de espanto. Las azoteas de los tres hoteles de la Plaza de la Constitución hierven de simpatizantes que tampoco se movieron durante la tromba.

Al final, cuando cae el crepúsculo, nos dispersamos. ¿Tendrán los lopezobradoristas aquí presentes un techo seguro, una habitación, un baño de agua caliente y comida? Puedo poner mi mano al fuego que Ortiz Pinchetti va a ir a su casa a darse un buen regaderazo, lo mismo Dante Delgado, Chaneca, Horacio Duarte. ¿Pero a los de abajo (del templete) quién les va a brindar apoyo si ya se acabó el plantón? ¿Dónde los albergues? ¡Qué orgullo el gafete! Un hombre con sombrero de palma me enseña el suyo: "Mire, Elena, trae su firma". Me da pena y lo abrazo. Chaneca ya se fue a su casa y Jesusa y yo regresaremos al hotel Azores para salir hasta mañana, domingo. Todavía hay mucho que poner en orden. Ya atiborramos la habitación de banderolas, almohaditas, revistas, discos y folletos y qué sé yo. Cientos de hombres, mujeres, ancianos y niños caminan por grupos en la calle, familias enteras, provenientes de diversos estados del país. ¿Quién los atiende? ¿Quién les da las gracias? Muchos de ellos vivieron en el Zócalo cincuenta días con sus noches y aguantaron la épica granizada, las tormentas casi cotidianas. A muchos les dio gripa, muchos sufrieron con la decisión del TRIFE. Veo rostros de desvelo, ojeras y pienso que seguro viajaron toda la noche para estar presentes en la Convención. Algún adicto al plantón lleva más de mes y medio fuera de su tierra, alejado de su familia, de su vida habitual, de sus costumbres.

17 DE SEPTIEMBRE

Amanezco molida a palos. Extraño el Zócalo, bueno, en realidad lo que extraño es a la gente. ¿Cómo estará doña Luchita, cómo se sentirán los amigos con los que hablé casi a diario? ¡Cuántas horas pasé en los campamentos que ahora extraño como extraño el sonido de una guitarra en alguna de las carpas, la conversación con el amigo, la reflexión política, el amanecer a las seis de la mañana!

Al día siguiente de la Convención, después de recoger mis chivas en el hotel Azores y dejar a Jesu con Lili, voy medio desinflada, mejor dicho, totalmente desconchinflada —porque terminó el plantón y el Zócalo vacío me da una tristeza infinita—, a casa de Paco Ignacio Taibo II a las cuatro de la tarde con mi cuate Giovanni Proiettis que quiere entrevistarlo para su periódico *Il Manifesto*. Más tarde, en el Museo de la Ciudad habrá una conferencia de prensa con los corresponsales sindicalistas que vinieron del extranjero a la toma de posesión y Jesusa me pidió: "Ven, es bueno que tú estés, hay un francés". Los nombres de los delegados extranjeros son Julio Yao de Panamá, Julio Turra de Brasil, Daniel Gluckstein de Francia, y Alan Benjamin de Estados Unidos. Habré de escucharlos con interés en compañía de Gianni sobre todo a Alan Benjamin de Estados Unidos. ¡Qué padres son los gringos cuando son de izquierda!

Por una vez no me pierdo para ir a casa de Paco Ignacio y Gianni y yo subimos la escalera que lleva al segundo piso de su bella casa y la de Paloma. Paco alega que AMLO es sordo funcional, no oye. "Tiene una habilidad para escoger a los peores amigos posibles. Los últimos eran Norberto Rivera y Carlos Slim, quienes tardaron diez minutos en darle la espalda y apuñalarlo en cuanto el país se tensó. El tipo de cuadros que reúne no tienen fuerza propia, no vienen del movimiento, los nombró con el dedo, tienen oscuros pasados. Toda la caterva de ex priístas sólo tiene la fuerza que él les da. [...] Creo

que a corto plazo el movimiento va a ir creando sus propias diri-
gencias de abajo hacia arriba. No estoy en contra de que ahí estén
Arturo Núñez, Manuel Camacho Solís o Socorro Díaz porque es el
momento de un frente amplio, lo que digo es que ellos no me representan."

Volví a ser yo con López Obrador

Antes del plantón, en Puerto Vallarta acompañé a un mitin a entusiastas promotores de AMLO, el doctor Salvador Flores Navarro, su
esposa médica también, María Isabel Medina de Flores. Hoy están
en mi casa acompañados de Liborio Saldaña y Mireya Acosta, inge-
niera civil de la Universidad de Guadalajara que sintió que volvía a
nacer en el plantón y aguantó todas las tormentas. "Cuando des-
puntó AMLO volví a ser yo." La que más habla es ella que incluso
tiene una solución al problema de la falta de dinero:

—Si somos un millón y medio los que nos registramos como
delegados y cada quien da un peso al mes, tendremos un millón y
medio de pesos mensualmente. Del lado del PAN derrochan el dinero, nosotros pagamos impuestos, y si el gobierno que queremos
establecer es el de AMLO, éste va a ser nuestro impuesto. Un peso
al mes no significa nada.

—El problema es recaudarlo.

La izquierda mexicana tiene ya "presidente legítimo"

En España, *El Mundo* anuncia que "la izquierda mexicana proclama
a López Obrador 'presidente legítimo' del país. [...] Decenas de miles de izquierdistas mexicanos, que aseguran hubo fraude en las elecciones presidenciales de julio, han declarado al candidato perdedor,
Andrés Manuel López Obrador, 'presidente legítimo'".

El País dice que López Obrador "fue proclamado 'presidente legítimo de México' por cientos de miles de seguidores, convocados

bajo el nombre de la CND en la plaza del Zócalo de la capital de México. Eran las siete y media de la tarde en México, y la una y media de la madrugada en la España peninsular. Brazo en alto, los cientos de miles de asistentes a la Convención votaron porque el día 20 de noviembre López Obrador tome posesión de su cargo. La fecha está cargada de simbolismo: el 20 de noviembre es el aniversario de la Revolución Mexicana".

La BBC de Londres considera que la "crisis mexicana" se agudizó: "Los multitudinarios simpatizantes del derrotado candidato presidencial Andrés Manuel López Obrador lo han elegido líder del gobierno paralelo. Los asistentes a la CND votaron por jurarlo como presidente legítimo el 20 de noviembre, once días antes de que Calderón sea nombrado oficialmente".

El deterioro y la corrupción de las instituciones

La opinión de José Agustín Ortiz Pinchetti me es muy valiosa: "La irregularidad de las elecciones y la división entre los mexicanos ha hecho patente no sólo el deterioro y la corrupción de las instituciones, sino el carácter piramidal de nuestra sociedad dividida en estamentos, en la que la movilidad social se ha estancado junto con el crecimiento. La exigencia de reformas profundas y hasta la constitución de una nueva República empieza a convertirse en una exigencia colectiva, que comparten incluso los que no creen en el fraude y los que están con la derecha".

Un gobierno itinerante

Arturo Navarrete comenta: "La Convención Nacional Democrática tiene que liberarse de los dinosaurios de la izquierda, que provienen en su mayoría de la derecha, que salga la gente de abajo para arriba y que la busquen en las universidades. Somos muchos los que podemos aportar y nadie nos pela… Queremos una agenda definida que nosotros mismos establezcamos, que sea nuestra propiedad, que no la secuestren los de siempre que proponen lo mismo al calor de su conveniencia. Ya estamos hasta el copete de los grupos dirigentes y al rato también vamos a estarlo del propio AMLO si no cambia de equipo. Sin esto, la Convención no va a durar y quedará como una protesta más.

"¿Qué va a proponer la Convención al Congreso, por ejemplo? ¿O qué va a resolver de manera tangible en la sociedad?"

"Pinche puta vieja, te vamos a matar", dice Marta quien trabaja conmigo hace años; la han despertado en la madrugada en estos días cuando estoy en el Zócalo. Los ojos se le agrandan tras de sus anteojos. "¡Qué gente tan grosera, ¿verdad?", concluye con filosofía. "¿Te da miedo, Marta?" "La verdad, sí, y más miedo le daría a su mamá de verla ahora."

Una semana después

Pasan los días y le doy vueltas a la melancolía. Jesusa está exhausta y no la he visto. Viví días que no tenía previstos y nunca imaginé, días que me llenaron y ahora busco hasta en mi casa que se ve extrañamente vacía. ¿Dónde está mi Zócalo? De la plaza salió algo que yo intuía pero no había experimentado porque en el 68 y en el 85 sentí miedo, rabia, congoja pero el plantón me dio una visión que agradezco. Mi primo Michel Poniatowski escribió un libro sobre Talleyrand, por lo tanto debería yo conocer las intrigas de la política pero ¡oh, ilusa!, no sabía ni de qué se trataba, y sé que tampoco jamás tendré las herramientas para entender los tejemanejes de la derecha ni de la izquierda. Descubrí que la política es una maraña de componendas, argucias, egoísmos, voracidad, que nada es como se dice. Estos días me embarraron en la cara el duro tejido, la jerga sucia que no absorbe las aguas negras; lo único que alcancé a entender y a "amar desaforadamente" como AMLO fue a la gente. Hasta mi coche se acostumbró a ir solo por 20 de Noviembre y desembocar en el Zócalo. ¿Cuántos sentirán la misma tristeza que me atenaza?

Todavía recuerdo el momento en que todos enmudecieron ante la propuesta de AMLO: permanecer en el Zócalo. Desde el Zócalo hasta los ahuehuetes de Chapultepec subiendo por el Paseo de la Reforma nos quedamos sin habla. Pasó un minuto antes de que el mensaje cayera hasta el fondo del entendimiento. ¿Qué proponía AMLO? ¿Qué íbamos a responder a ese gran acto de desobediencia civil? "¿Nos vamos?" El "no" resonó como un trueno. "Nooooo." El grito de Tenochtitlan, el grito que abarca más de quinientos años, el grito de los vencidos, el grito desgarrador de 1910 que mató a un millón de mexicanos, el grito de nuestros antepasados cuyos huesos palpitan bajo las baldosas estalló como alguna vez estallaron los volcanes, el Popocatépetl y el Ixtaccíhuatl.

Todos nos volvimos volcanes. Alteramos el paisaje, lo cambiamos irrevocablemente, ahora somos nosotros el terremoto de 1985, somos los mismos que salimos de los escombros, los mismos que tocamos en las campanas de Catedral la muerte del PRI, su paternalismo, su autoritarismo, su corrupción rampante, los mismos que en 1988 toleramos que nos robaran la elección. ¡Otro gallo nos habría cantado si Cárdenas hubiera gobernado en vez del Innombrable!

Ahora la plaza ha vuelto al lugar de su quietud como dice la filosofía náhuatl. El Zócalo, centro de las movilizaciones, es tierra de AMLO, es suyo, es el sitio de México que mejor conoce. Es su matriz, su abrazo paterno y materno, su espacio político, su piedra de sacrificio, su comedia y su tragedia, el eje de sus pasiones y el de su desencanto, el de su condena y su redención. Si él dijera que se sabe de memoria cada una de sus piedras, cada uno de los vidrios de las ventanas de sus palacios yo le creería a pie juntillas. Si dijera que cada una de las piedras podría repetir las palabras allí escuchadas, siempre radicales, siempre políticas en una perpetua confrontación con el poder, yo le daría la razón. Si dijera que las voces de protesta aún rezumban en sus oídos estaría en lo cierto. Allí palpitan todavía las palabras del desafuero y sus buenas razones para luchar contra el atropello. Allí también resuenan las protestas contra el fraude, la voz de Jesusa dándole indicaciones a la multitud para levantarse contra la estafa y descalificar el proceso electoral. Allí se levanta el sacrificio de los que permanecieron en la plaza cuarenta y ocho días con sus noches.

Sigo leyendo periódicos como desaforada como para no perder la emoción de los días en el Zócalo. ¿Cómo fortalecer la legitimidad democrática en México? La gente de buena fe —que hay mucha— sabrá afianzarla. El 20 de noviembre de 2006, el 35.31 por ciento del electorado, o sea 14 756 350 de hombres y mujeres que votamos por AMLO lo haremos presidente legítimo en el mismo Zócalo en el que protestamos. Finalmente, he sido testigo —como diría Adolfo Sánchez Rebolledo— del "mayor movimiento social y electoral encabezado por la izquierda desde el cardenismo".

El 21 de septiembre leo a Lorenzo Meyer que siempre me reconforta y señala el camino: "Una radiografía parcial pero interesante de la red de intereses que da forma a la coalición que hoy sostiene a Felipe Calderón y a su proyecto se puede encontrar examinando las congratulaciones que se publicaron en la prensa apenas se le declaró presidente. Quienes felicitaron —y se felicitaron— públicamente por el triunfo de la continuidad son un conjunto representativo de la coalición que ha manejado por decenios a México, aunque hay ausencias notables. Para empezar, y por el lado de la religión organizada, está el episcopado mexicano, encabezado por el arzobispo primado de México Norberto Rivera (el obispo de Saltillo, Raúl Vera, es una interesante excepción en este bloque). A ello hay que sumar docenas de asociaciones con connotación religiosa, algunas de larga y clara trayectoria política, como Pro Vida y la Unión Nacional de Padres de Familia. En su felicitación, el Consejo Nacional de Laicos incluyó líneas de política a seguir, pues dijo a Calderón: 'Conocemos su formación personal... por eso esperamos de usted un férreo defensor de los valores universales, pidiéndole que esto se refleje, concretamente, en los programas y contenidos de la Educación Nacional'. No podía faltar la vieja Unión Nacional Sinarquista. Por el lado del gran capital, destaca el aliado abierto del PAN: el Consejo Coordinador Empresarial, pero también la Asociación de Bancos de México, la Cámara Nacional de

Telecomunicaciones por Cable, la Asociación Mexicana de Intermediarios Bursátiles, los fabricantes de medicamentos, las instituciones de seguros, los de la industria electrónica, las financieras, cadenas de cines, gasolineras, casas de cambio, ganaderos, agricultores, etcétera.

"[...] La izquierda no tiene nada que se compare a la élite que hoy arropa al presidente electo. El Frente Amplio Progresista es su núcleo institucional —PRD, PT y Convergencia— junto con los gobiernos del Distrito Federal y un puñado de estados. En realidad, el poder de la izquierda es hoy más potencial que real y, sobre todo, descansa en una incógnita: la capacidad de AMLO y de la Convención Nacional Democrática para sostener una campaña permanente de agitación y propaganda, que no sólo desgaste al panismo en el poder sino ensanche y fortalezca la base social de sus futuras acciones electorales".

Espero que este movimiento deposite en mí únicamente lo esencial. Ahora sé que para AMLO están los que son sus amigos y luego los que son útiles en determinado momento. No me hago ilusiones. Jesusa y yo somos útiles, ella mucho más que yo puesto que es una activista y yo me inclino por la soledad aunque me cale. Aprendí más de esa multitud sobre el amor y la compasión, el desinterés y la entrega que todo lo aprendido en el mundo de las apariencias.

Leo, leo, vuelvo a la vida cotidiana. Regreso a mi admirado Enrique Galván Ochoa que siempre les abre un espacio a los lectores. Tomo té negro en una taza blanca al lado de una pulcra servilleta con orillas de llorar mientras alguno de los siete canarios canta que es una gloria. Vuelvo a mis bebederos. La política mexicana vuelve a los suyos.

Pienso en el Zócalo. A veces lo recuerdo como un mercado, a veces su silencio roto de pronto por los claxonazos de los júniors que descendían de las Lomas a mentarnos la madre me estremece. ¿O serán los chavos banda del Centro que se ríen de nosotros? A veces recuerdo la tormenta que limpiaba el olor de la mierda, nuestra mierda. A veces pienso que fuimos un campamento de guerreros que pasan la noche en vela en víspera de un gran combate. A veces busco al Zócalo en lo más profundo de lo que soy y no sé explicármelo. Extraño la civilidad amorosa de la gente, su camino ascendente, su sabiduría. A veces la Coyolxauhqui me toma de la mano y me destaza y tiene el rostro de Jesusa o el de la mujer enmascarada de tierra que amamanta a la niña vieja Frida Kahlo, pero el Zócalo ya no huele a tierra porque es de piedra y hace mucho le arrancaron los árboles. A veces la situación es tan mágica que no me sorprendería si empezaran a salir rosas de un ayate. A veces se me sube la presión, las sombras en la tienda de campaña se corporizan y oigo un rumor de fragua y sé que vamos a regresar. Somos un millón dispuestos a poner nuestro cuerpo cada vez que se llame a detener un atropello, una privatización, un fraude.